希望の歴史学

藤間生大 Tōma Seita 著作論集

藤間生大［著］
磯前順一
山本昭宏［編］

ぺりかん社

希望の歴史学——藤間生大著作論集＊目次

【凡例】

・本書の著者は藤間生大、編者は磯前順一・山本昭宏であるが、収録された各文章の執筆者は次の通りである。

編者まえがき（山本昭宏・磯前順一）／はじめに（藤間生大）／日本史・東アジア史・世界史について語る（藤間生大・岡本悳也〈司会〉・北古賀勝幸〈発言〉・不明〈質問〉）／研究と実践（藤間生大）／二つの敗北期（藤間生大）／古代における民族の問題（藤間生大）／五〇年の歳月を経て（藤間生大）／前近代東アジア史研究の方法論についての一考察（藤間生大）／古代東アジアの終末感（観）（藤間生大）／旧谷中村の石仏（藤間生大）／「おわりに」に代えて（藤間生大）／藤間生大著作文献目録（水野公寿編・磯前礼子補訂）／解説 希望の歴史学（磯前順一・山本昭宏）／編者あとがき（磯前順一）

・インタビューおよび各論攷の初出は、各文章の末に＊で示した。

・藤間生大執筆の各文章は、編者の判断により、明らかな誤記は訂正し、一部の表記は整え、仮名遣いは現代仮名遣いに改めるなどした。また、漢字は固有名詞をのぞき、原則として通行字体に改めた。

・藤間生大執筆の各文章、および解説の引用文における〔　〕内は編者による補筆である。また、省略は「……」、改行は／で示した。

著者近影（合志市自宅の書斎にて。2016 年 7 月）

著者近影（合志市須屋さくらんぼの自室にて。2018 年 1 月）

編者まえがき――解題 今なぜ藤間生大なのか――

山本 昭宏
磯前 順一

藤間生大《とうませいた》という歴史家は、現在では忘れ去られようとしている。しかし、同時にいまなお希望の歴史学者であり続けている。藤間は、一九五〇年代の英雄時代論において一世を風靡したあと、マルクス主義歴史学の後退とともに忘却されるという不遇をかこってきた。しかし、それでも彼の学問への信念は揺らぐことはない。それは彼の自我が極度に強いのではなく、むしろ逆に私欲というものが皆無に近いためである。つねに他者の幸福のために、幸福な社会の実現を信じて学問に従事してきた。そうした無名の他者の眼差しを意識しているかぎりにおいて、彼の学問は揺らぐ必要はないのだ。

時間の波は、流行廃りの一時的な評価を洗い去り、その作品が秘める真の力を顕在化させる。藤間の学問もまた、一九三〇年代から二〇一〇年代にいたる八十年という一般の人間の一生分の歳月を通して、真の評価を始める時期にいたったと編者は考えている。学問と実践との結びつきが薄くなる一方の現代に、藤間の学問を再配置することで、現在の私たちが立っている位置を、明瞭に意識できるのではないだろうか。

決して短いとはいえない忘却の時間は、藤間の学問をありのままに評価するために必要だったのかもしれない。もっとも、藤間生大自身の意図と完全に合致する評価がされるとは限らない。それでも、時代の変化という紆余曲折を経て、その思想が再び取り出されるとき、それは多くの人々の心の中で咀嚼され熟成された新たな思想としての輝きをまとうはずだ。個人の名望ではなく、それが失われる中で得られる半永遠的な思想の輝き。それこそが、本人の人生がそれゆえどれほど難儀なものであっても、思想が辿るべき幸福な運命なのではなかろうか。

そもそもマルクス主義という思想は、藤間が指摘するように、終末論としての千年王国の思想の流れを汲むものだったと言える。「救済」は、人間個人が望んで得られるものでも与えられるものでもない。だから、人々は神々の王国の到来を待ち望んだ。その思想を世俗化しつつ、個人を歴史変革の主体として捉え直したものが、まさしくマルクス主義の革命思想であったと理解できよう。本書の編纂が、彼が生涯を賭けて願った現世救済への遠い道の、せめて一里塚になればと願っている。

「暗い時代」の希望

二〇一八年現在、百五歳の歴史学者、藤間生大（一九一三〜）は一九三〇年代から四〇年代の困難な政治的状況と向き合うことで自らの学問を形成した。この時代の歴史学は、特に近代史の研究において沈黙を余儀なくされた。他方で、古代史と中世史だけは、なんとか研究を続けることができた。藤間は、渡部義通、石母田正、松本新八郎らとともに、自主的な勉強会を続け、『歴史学研究』に研究を発表していた。

ナチス時代のドイツにおいて、公共空間での政治的な発言が封殺されていく過程を辿ったハンナ・アレントは、その時期を「暗い時代」と呼んだ。藤間たちは、まさに「暗い時代」との格闘のなかで、自らの学問を練り上げていったのだった。「暗い時代」の学問という意味では、二〇一〇年代の現代日本社会を取り巻く状況は、藤間たちが経験した状況と、重なり合うところが多いのではなかろうか。

もっとも、戦中期と現代とでは異なる点は多い。たとえば、戦中期には、「聖戦」や「皇軍」といった鮮明なイデオロギーが掲げられ、イデオロギー的にも政治勢力としてもいかなる敵と戦えばよいかがはっきりしていた。これに対して、現在は、敵対するイデオロギーや政治勢力が不鮮明であるかのようにも思われる。それは藤間がすでに一九九五年の随筆「二つの敗北期」で指摘していたことである。もはや個人や国家という主体が明確なイデオロギーの容貌を帯びなくなり、グローバル資本主義の影に飲み込まれて、「主体なき主体」として、自らの魂を失ってさまよっているようにも見える。こうした違いはあるものの、戦中期と現代を、「全体主義」（アレント）の時代と呼んで理解することは可能ではないだろうか。

今から思えば、藤間生大という歴史学者の不思議なところは、こうした暗い時代においてもつねに「明るさ」を失わなかったことにある。暗い全体主義の時代のみならず、戦後歴史学の民族運動の挫折期にも彼は決して希望を見失わなかった。かつて、こうした藤間の姿勢は、反省を知らない性格としてマイナスに評価されてきたところがある。しかし、いまや反省をしたとされる人々が切り開いてきた戦後社会の無残な状況を鑑みると、彼らの反省の仕方が妥当であったのかを再吟味しなければならない時期にあると言えよう。

たとえば、一九九〇年代以降の日本で盛んになった国民国家批判は、今日ではすっかり鋭い牙を抜かれた常套句と化してしまった。国民国家を批判する研究者こそが、国民国家を批判しない研究者たちを排除する特権的なコミュニティを形成しているようにさえ見える。そこでは、国民国家を言下に批判しないものはナショナリストとして議論の場から排除される。こうした議論を排除した言論空間もまた、彼らが批判対象とするナショナリズムの論理に汚染されているように見えないだろうか。何よりも、ナショナリズムを批判さえしておけば、自分はリベラリストだという発想が、すでに思考停止の産物に他ならない。そこではナショナリズム批判という批判的思考が、思考することを必要としない、主体を押しなべて均質化する「言説」に堕落している状態が見て取れる。そうした思考停止状態こそが、アレントが「凡庸な悪」と呼びあらわしたところの「精神なき専門家」（ウェーバー）の姿ではないだろうか。

翻ってみたとき、藤間が牽引してきた一九五〇年代の民族論が「ナショナリズムなき民族主義」であった可能性はないのだろうか。事実、そこには民族主義批判者との間に激しい議論が学会でおこなわれており、開かれた議論が学界に存在していたことは確かである。このような、暗黙化の排除を伴わない公共空間が（もちろん一定の限定範囲であるにせよ）今よりも広範な形で見られた。そして何よりも、米国の極東政策の中で、民族論に賭けた藤間たちの行為は、それが今日から見ていかに欠点を持つものであったにせよ、思考停止とは逆に、ひとつの思考を積極的に選択する行為であった。あえてナショナリストの汚名を引き受けながら、彼らが民族論のかなたに見いだそうとした可能性とは何であったのか。その可能性と限界を、藤間の仕事に即して改めて見極めることが、「暗い時代」に覆われつつある今だからこそ求められているのではなかろうか。

加えて、実証偏重の現代歴史学に対する一つの批判としても、藤間の仕事は再評価されねばならない。現代日本の歴史学には、長いスパンで歴史を捉え、叙述しようとする構想力が弱い。また、近年は、専門の「タコツボ化」が指摘されると同時に、それを越えるものとして、「グローバル・ヒストリー」や「リージョナル・ヒストリー」が喧伝されるようにもなった。しかし、こうした新たな潮流が提示する歴史の構想力も、一国史的歴史像からの転換も、すでに藤間たちの仕事が実践していたことである。

その一例を挙げておこう。一九七〇年代の藤間は、一国史的な視座を越えた「東アジア世界論」を構想していた。そこで藤間が注目したのは、東アジアに内在する流通経済のメカニズムを身に着けた民間人たちの存在であった。情勢論や生産力論のみでなく、人とモノの移動という側面からも、東アジア世界を把握しようとしたのである。そして、彼らが時にキリスト教の信者であったことに藤間は注目する。ここに、マルクス主義的な東アジア論が、宗教という上部構造に接合していく魅力的な思考回路の萌芽がすでに見られるのである。

こうした藤間の仕事は、優れて「現代的」であり、私たちに多様な視点を提供してくれる。本企画では、多岐にわたる藤間の仕事をそれぞれ「敗北から学ぶ」「国家と民族」論」「東アジアの終末論」の三つの柱に整理した。そして、これらの論考を補う意味で、第一部に「日本史・東アジア史・世界史について語る――藤間生大先生の歴史研究の歩み」を配した。

第一部　インタビュー

「日本史・東アジア史・世界史について語る――藤間生大先生の歴史研究の歩み」。熊本学園大の元同僚たちを聞き手として『熊本学園大学経済論集』（三巻一・二合併号、一九九六年九月）に掲載されたものである。

藤間へのインタビューは、他にも存在する。まず、藤間生大・西嶋定生・斉藤博（司会）「座談会　歴史学と学習運動：全体史と地方史の視座から」（『我孫子市史研究』一三、一九八九年）。そして、本書掲載のインタビュー。さらに、藤間生大・宮地正人（聞き手）「日本古代史から東アジア世界史へ」㈠―㈢（『歴史評論』六二二号、六二四号、六二五号、二〇〇二年二月、四月、五月）の三本が代表的なものである（本書の「藤間生大著作文献目録」参照）。

三本のインタビューは、藤間が東アジア論を展開していた時期に行われたものであるため、民族論から東アジア論への展開、そして終末論を主眼としたものであるという点で共通性を有する。晩年の藤間がどのように自分の学問の展開を理解しているのかを知るには、この三本のインタビューを確認するのが良いだろう。藤間と西嶋との対談は相手が冊封体制論の論者であることもあり、東アジア論に特化した議論になっており、晩年の論点であった奴隷制と差別の主題が深く語られている点に特長がある。宮地によるインタビューは、近代史の第一線の研究者による聴き取りであることもあり、藤間の研究活動そのものを昭和史の一齣として捉える視点に長け、石母田正や渡部義通らとの交流のエピソードが交えて語られている時代的な証言としても貴重である。

本インタビューは、かつての同僚たちによる敬意に満ちた藤間の学問への聞き取りである。戦前の古代家族論から終末論にいたる藤間の学問的展開が詳細に検証されている。ここでは、藤間の学問の基本的な流れを知るために、本インタビューを収録することにした。藤間自身も熊本時代の仲間との研究交流を知ってもらいたく、このインタビューの収録を強く望んだ次第である。

第二部　論攷

・「敗北から学ぶ」

一九五一年の歴史学研究会の大会で、藤間は当時のマルクス主義の公式見解を踏まえて「近代以降に形成された「民族」とは別に、古代にも「民族体」はあった」という見地に立ち、「ヤマトタケルは、古代の民族（体）の表現である」と主張した。そして、「民族」から「革命」の力を引き出すために、国民的歴史学運動に関わっていくことになる。

こうした一九五〇年代初頭の歴史学は、「敗北」に帰結したと評されることが多い。「人びとのための学問を」という強い問題意識は全否定されるべきものではないが、「運動」としては失敗に終わった。では、当時「民族」を掲げた歴史家たちは、その「敗北」をいかに引き受けたのだろうか。その引き受け方を吟味すると同時に、藤間の言動も含めて改めて再評価すべき時期にあると思われる。

政治的な敗北は学問の力では変えようがない。だからこそ、政治的な「敗北」を学問がいかに引き受け、いかにそこから学問的な成果を引き出すことができるのか。そこに歴史的経験の批判的咀嚼としての学問の価値が問われている。この優れて現代的な問いかけに対する一つの答えを、藤間から導き出したいのだ。

「敗北から学ぶ」のセクションには、以下二本の論文を掲載する。まず、国民的歴史学運動を総括し、そこから研究を再出発させる時期に書かれた論考を掲載した（「研究と実践——傷ついた心の人のために」、『立命評論』一九五六年二月。原題の副題は「傷つける心の人のために」だが、本書への収録に際して、本人の希望により副題をあらためた）。さらに、一九三〇年代から四五年までの「敗北期」と、ソ連崩壊以降の「現代」の「敗北期」を重ねたエッセイ「二つの敗北期」(『歴史学研究月報』四二二号、一九九五年)を収録した。

・「国家と民族」論

「国家と民族」論も、藤間の仕事の柱となるものだった。藤間は国家を論じる際、常に次のような問題意識を抱いていた。すなわち、時代とともに役割を変える天皇制に関する様々なイデオロギーを必要としたものは、天皇制自体ではなく、階級国家であったという認識である。とくに東アジアの近代論を研究するようになった一九七〇年代以降、玉体を権力闘争の道具として用いるしたたかな幕末の政治家たちを見るにつれて、藤間は天皇制という表象の背後に国家という本質を見出すようになる。

この問いに答えるために、藤間は民族概念に注目する。そこには、民族(体)とよばれる歴史的に構築された共同体と国家に集約される支配権力との緊張関係こそが、日本の歴史を貫く縦糸に他ならないという藤間の理解があった。こうした理解に基づき、たとえば、藤間は『古事記』における「ヤマトタケル」の叙述に、古代天皇制思想への批判を読み込み、これこそが民族の表現であると評価した。『古事記』という天皇家の歴史を、権力のイデオロギーに支配されながらも民衆が下から横領するという観点から批判的に再解釈するという試みは、藤間の研究姿勢を端的に示すものであり、一九九〇年代に日本でも流行したポストコロニアルのもくろみを、そのはるか以前に実践した先駆的取り組みだったともいえる。このように、藤間の「民族論」の射程は広く、いまこそ再検証されるべきではないだろうか。

「国家と民族」論」には以下の二本の論考を掲載する。まず、一九五〇年初頭に、民族をめぐる論争を引き起こした「古代における民族の問題」(『歴史における民族の問題――歴史学研究会一九五一年度大会報告』岩波書店、一九五一年)を掲載する。そして、石母田正『歴史と民族の発見』(平凡社ライブラリー、二〇〇三年)の「解説」にあたる「五〇年の歳月を経て」を収録する。これは、石母田論にとどまらず、一九五〇年代初頭の歴史学界における民族の問題を、晩年の藤間の視点から整理したものである。

・東アジアの終末論

石母田の口利きで、東京のアカデミズムを離れて熊本に移った後の藤間の論考を収録した。藤間は熊本の地から東アジア世界を視点に据えた世界史を構想するようになる。藤間と石母田は終生変わらぬ信頼の絆で結ばれ、ともに東アジア論を展開するものの、東京というメトロポリスから東アジア世界を俯瞰する石母田と、熊本という地方から見つめる藤間ではその目に映じた東アジア像は相当に異なるものであったようである。

本書の「はじめに」にかかげた文章において自ら述べるように、そこで藤間は終末には明るさが必要だとあえて語る。終末にこそ明るさが生まれ、新たな希望が灯されるのだと。そこから藤間は一連の「終末論」を展開し続けてきた。

今日、あまり省みられることのない藤間の「東アジアからの世界史」という構想は、彼の晩年の主軸を成す主題である。この時期の藤間は、詩という表現から時代を読み解き、官人でもあり学者でもあった詩人の社会的経済的基盤を探るという一九五〇年代以来の方法を東アジアを舞台に展開していった。興味深いことに、石母田の東アジア論が古代国家論に結実したとするならば、藤間の東アジア論は終末論に帰結しつつある。一九五〇年代の民族論によって時の人となった石母田と藤間が、年月を経てそれぞれに帰結した先を丁寧に吟味し、そこから果実を受け取ることは後続する私たちにとって重要な使命であろう。そこに私たちは、戦後歴史学の表舞台に輝き続けた石母田とは異なる、時代を愚直に見つめる「強靭な不屈の精神」を見いだすことだろう。

東アジアの終末論では、以下の三本の論考を掲載する。まず、東アジア研究の方法論を論じた「前近代東アジア史研究の方法論についての一考察――一九七九年度歴研大会総合部会の鬼頭報告に関連して」（『歴史学研究』四七六号、一九八〇年一月）と、その実践である「古代東アジアの終末感（観）――発端としての中国を主なる例にして」（『歴史学研究』六六二号、一九九一年八月）を収録した。最後に、足尾銅山鉱毒事件により廃村になった旧谷中村の墓地にある石仏から、中国・朝鮮半島・日本にみられる半跏思惟像を論じていくエッセイ「旧谷中村の石仏」（『歴史評論』五三四号、一九九四年十月）を収録した。

＊　　＊

加えて、「はじめに――終末にひそむ希望」として、二〇一六年五月に磯前が行った最新のインタビューを収録した。また、「「おわりに」に代えて――石母田正氏告別式弔辞」（『歴史評論』四三六号、一九八六年年八月）を収録した。藤間が晩年にたどり着いた学問の境地とその人柄がうかがわれる内容となっている。

そして、水野公寿編・磯前礼子補訂による「藤間生大著作文献目録」（底本は、水野公寿『藤間生大著作文献目録』藤間先生の著作を読む会、一九九五年）を掲載した。

加えて解説として、磯前順一・山本昭宏「希望の歴史学──藤間生大とマルクス主義歴史学」を掲載した。藤間生大の歴史学の特徴を学史および日本近代史の中に位置づけつつ、「希望の歴史学」という視点からの再評価を試みたものである。

以上のように本書に収められた作品は、一九八〇年代以降の作品を中心に、一九五〇年代から二〇一〇年代までの、約六十年以上に及ぶ藤間の長い思考を代表する作品を収めた構成となっていると言えるだろう。

はじめに――終末にひそむ希望――

わざわざおいでくださってありがとうございます。

近年、石母田正についても考えて続けてきた。そこで、石母田についても少し意見を言わなくてはいけないという問題が出てきたわけですよ。というのは、石母田は『中世的世界の形成』を書いた後、いわゆる古代の「頽廃」ということを色々言っているんだが、彼はそれを克服することをしなかったという見解を特に最近持つようになったわけです。

『中世的世界の形成』を書きながらも、その「頽廃」がただ「頽廃」で終わってしまった。当時としては「頽廃」ということも重要な意味があるが、歴史家としては、「頽廃」というやつを克服するものがなくてはその後の時代は出てこない。だから、私が近来の研究で古代の「頽廃」というものを論じ続けてきたのは、その克服をね、考えてきたからです。「頽廃」だけでは、そこで研究が終わってしまうんだよね。「頽廃」という意識ではなく、何かそこに新しいものがあるということを発見しないと、「頽廃」が残ってしまう。「頽廃」という意識になると、そこから先に進みようがない。やはり誤りとか、欠陥とかあったとしても、「頽廃」では、抜け道を自分で閉ざしてしまうと。これを石母田としてはやるべきであったし、やる力はあるはずだが、それが出てこなかったというところに、彼としてはおそらく終生の残念さを見ているわけである。それを彼の死の直前に言ってみたいと思ったが、彼の晩年の病気の具合を見たのでは、とても言うことができなかった。

古代が中世になるためには「頽廃」みたいなものがあるかもしれないが、そこに含まれるエネルギーと知恵というものが当然あるはずだ。おそらく石母田が死に臨んで、「頽廃」ではなくして、やはり「頽廃」の形をとるかもしれないが、それを乗り越えていくものを探すべきだった。あるいは、そういう関係の研究を、本人自身でなくても周辺から突いていくべきであった。この点が石母田の不幸であった。周辺がそれを奉るばかりで、突いていくことがなかったのは石母田の悲劇であった。彼ならばそれはできたはずだと思うが、人間の寿命というものもあるから、やはりの後進の人間がやるべきだと思う。

私は熊本に来て、終末論に関する文献をたくさん手に入れることができた。そのことが、やはり自分の石母田に対する疑問点の重要な根拠になっただろうと私は見ているわけだよ。石母田にはその後の中世の文献が、ある意味では足りなかったのだろうか。あるいは、ヨーロッパの中世をもう少し頭において古代の終末観をいかにすべきであるか、ということをやるべきであった。ただ、私もそのためにどういう本を読んでいけばいいか。中世史ものをただ一生懸命読んでいけばいいのかというと、そういう意識では終末感の問題はやはり分からなかった。そのとき、ヨーロッパや中国、とくに南北朝時代を突いていけば、もう少し長い展望の利く問題が出てきたに違いない。

それで、私自身はとにかく、「終末」という形に安住しないで、「終末的」な新しい展開という問題にやはり気付くべきであった。こう私は見ている。それで私は後の文献でお分かりのように、中世の問題を割合突いている。しかし、困ったのは語学の問題もあって、中世の問題、あるいは「頽廃」とか「停滞」というものの中における新しいものを引っぱりだすという努力が、健康の関係もあって手に負えなかった。しかし、これは周辺の研究者が「頽廃」とされる問題をもう少し徹底的に探せば何とかなるのではないだろうか。

私としては熊本へ来た後、古代ではなく、むしろ中世の方に力を注いだ。そして、今なお考え続けている。ヨーロッパの中世のいったいどこを扱えばよいのだろうか、北方の諸民族から引っ張ってくればいいのだろうか、あるいはわれわれの身近である高句麗の辺りで探すことはできないだろうか。

私が見たところでは、高句麗の宗教というものを十分摑んでいないこともあるせいか、「終末」を越える契機を見出すことができなかった。ヨーロッパの宗教も、私は研究が不十分なものだから、ただヨーロッパの歴史をスムーズな連続相で捉えるのではなく、古代と中世のミックス、その葛藤というものがやはりキリスト教の中にもあったのはないか。そういう意識で地図を広げながら、いったい、中世はどこから来たのだろうか、という疑問をいつも持つわけです。これはあるいは、アジアと中国との境あたりの諸民族のあいだにも何かないだろうか、それが後の中世に入り込んでいるのかもしれない。そういうことが、私の頭にいつも出てきているのです。人と人が触れ合う中で、古代末期に終末論が次第に東に伝わり、そのなかで終末論一色だった観念の中に、希望の萌芽が生じてきたように思うのです。それが中世の幕開けであったのではなかったのでしょうか。

私が困ったのは、いったいヨーロッパの問題でも、その中世のいわゆる過渡期の、古代から「終末」にいたる過渡期の問題を何とかもう少し突いたら、何かが出てくるのではないだろうか。日本でもやはり、彼が古代から中世の問題を突いていくこと。この点がもう少しあったら、「頽廃」であるとか「終末」であるという点について乗り越えていくことができるのではないだろうか。

だから日本に関する「終末」の問題は、中世の宗教ですよ。親鸞とその周辺をもう少し突いたら、親鸞ばかりでなく、中世を築いた連中の中における「終末」を越えるメカニクス、これを何人かの歴史的人物をつかまえたらやれるのではないだろうか、という気持ちが、私には今もあるんですよ。

二〇一六年五月

熊本大震災の一カ月後　自宅にて　藤間生大

第一部　インタビュー

日本史・東アジア史・世界史について語る

——藤間生大先生の歴史研究の歩み——

司会　熊本商科大学は一九九四年（平成六）四月より熊本学園大学と改名しました。それとともに、『熊本商大論集』も幕を閉じ、新たに学会組織の下、熊本学園大学『経済論集』を刊行することとなりました。レフリー制も採用し高度な学術雑誌たらんと努力しているところです。しかしながら、現在の学問的状況を反映して、専門化の進化が専門の異なる会員相互の議論、意見交換の機会を少なくしているというのも現実です。そこで編集委員会としましては、多くの会員が興味や関心を共通するテーマで特別企画を用意したいと思っております。第一巻第三・四合併号の「北古賀理事長を囲んで」という座談会はその第一弾で、今回はいわばその第二弾として企画いたしました。

藤間生大先生は経済学部の大先輩で、歴史学の大家でいらっしゃることは改めてご紹介するまでもないと存じます。歴史は専門外の者でも興味をもつ人が多いということで藤間先生にこの企画についてお願いするというのも失礼かなとも思いましたが、この機会に近年の激動する世界史の動向も踏まえて先生のお話をおうかがいできることは大変良い機会だと思いご無理お願いしました。

青春は心の持ちようだという有名な言葉がございますが、先生はますますお元気で研究会に出席し、図書館に通い、執筆活動に専念されています。先生のその溌剌たるお姿にも常々私共は敬服しておりますが、本日は忌憚のない質問をさせていただいて、先生に存分に語っていただければと思います。よろしくお願いします。

藤間　司会の岡本悳也さんから、私の歴史研究の歩みで座談会をというお話をいただいたのは、一九九六年二月十九日であった。今さら昔の話をするのは興味がないとおことわりした。しかしなにか問題を出していただくなら、私の勉強になるので座談会に参加しますといってしまった。歴史研究者の仲間から同じような希望をうけるとき、いつもいう私の返事である。

私は研究のときどきの歩みを、なにかと書いているので、いまさら同じことを話すのは興味がない。そうかといってむげにことわるのも失礼なので、同じ歴史研究者の仲間意識と年配者をたてにして、問題を出して議論してくださるならと不遜な言辞を加える。これで大体御注文を辞退してきた。

思わずいつものくせが出てしまった。しかし今回は専門の違う方からわざわざ私の話を聞いてくださるのであり、この機会に専門外の私の不慣れなことが聞けそうなので、岡本さんの御企画に喜んで応ずることにしたが、岡本さんの準備の周到には意表をつかれた。

今回の質問は四〇〇字詰め一五枚分はあろう。これは四回目のそれである。これまでの三回の質問に毎回、私が答えをさしあげた。四月二十日の「座談会」は、その三回目の質問とそれに対する私の答えと少しばかりの資料のコピーを出席者の皆さんに配り、発言をお願いした方の趣旨もよりよく理解できた。岡本さんの鮮やかな司会で問題に応じての展開を、各人の発言を促しながらしていただいた。たとえば鄭鳳輝さんの韓国近代詩の紹介はその一例である。この雑誌での座談会の発表の時には、鄭さん提起の作品は掲載していただく予定である。

質問は、岡本さん自身の質問だけでなく、私の希望などを考慮して、各先生方に質問や疑念を出していただいていたものを編集して、私に提示された。専門外の私の著書を読んだり、私が会員になっている「熊本近代史研究会」に参考文献を借用したりなどされた。このため毎回の質問は、いつも取捨が加えられた。本稿に掲載された四番目の質問も四月二十日の座談会の成果とその後の考慮に基づく質問になっている。もはや私の能力をこえる。しかしこうした機会はないから、あえて意のあるところを述べさせていただいた。

Ⅰ　戦前・戦中・戦後
——日本史研究事始めから『日本古代国家』まで

質問1　先生は一九三六年三月早稲田大学文学部史学科を卒業されています。先生が早稲田大学の史学科で日本史を専攻しようとされたいきさつについてまずお話を聞かせて下さい。日本史専攻を決められた頃にはもう皇国史観批判、天皇制批判という立場は確立されていたのでしょうか。戦時中の古代史研究はそのような立場からのものですが、先生がそのような立場を確立されるにあたっての影響はどのようなところからだったのでしょうか。

藤間　史学科に入学したのは、中学校の教師になるためで、研究者になるつもりはなかった。早稲田にはいった一九三一年（昭和六）は就職難時代。本当は文学科に入りたかったが、文学科よりは史学科の方が就職の見込みがあると、受験雑誌に出ていたので史学科に籍をおいた。三六年の卒業期には就職難は文学科と同じであった。史学科に入りはしたが、史学の本はろくに読まないで、小説や文学評論ばかり読んでいた。本を読む楽しみを身につけることになった。そのため就職難は気にはなっていたが、心身状況は高揚した。

その学生時代の読書の事情を、すでに歴史研究を専門にしていた一九五〇年に出した『歴史の学び方』の序文で、次のように書いた。中野重治・蔵原惟人などの著作や文学論争を感激をもって読んだ。歴史研究法・歴史方法論と銘をうった本を読むよりは、はるかに歴史のなにものたるかを学び、歴史研究の方法もわかった（伊藤書店、五頁）。なまいきを言うようだが、当時の私はそのように考えていた。予科を終わり大学に進むと、小説ばかり読んでいることができなくなった。一九三六年度（昭和十一）の卒論に「武士階級の成立」を選択することにした。武士階級の経済的基礎を知るには、当時若い研究者によって進められていた荘園研究をしなければならない。当時の早稲田には荘園研究を指導してくれる方はいないし、ろくに文献もない。当時ときどき購読していた雑誌『唯物論研究』の会にはいろいろな部会があり、その歴史部会に藁でも摑む気持ちで出かけた。四月頃であった。偶然その会で大学時代友人であったが、学生運動で学校を退学させられた和島誠一がいて、私の日本古代史研究の先達となった渡部義通を初めとする、当時「新興史学」と称された伊豆公夫・早川二郎などを紹介してくれた。当時和島は渡部の勧めで考古学の研究をはじめていた。伊豆にはその後いろいろお世話になった。これらの人々から無意識であったが教わることが大きかったのであろう。三六年一月末の締切に出した卒論二百六十枚は、自分でもこうしたものが書けるのか思って嬉しかった。

一九三八年から『日本歴史教程　第三冊』（七世紀半ばの大化改新から一二世紀末の鎌倉幕府の成立まで）の執筆のための作業を、渡部義通主導の下に石母田正・松本新八郎とともに進めた。しかし状況は、上記『教程』の出版は不可能なので、四人は分担に基づく主題の下に研究論文の作成とその発表につとめた。渡部は四〇年十一月逮捕・投獄。かれの戦争中の研究は、戦後一九四八年刊行の『古代社会の構造』（伊藤書店）によって、はじめて日の目をみた。

研究は、「新興史学」の主題であった日本古代の奴隷制社会の存否とその構造的特質の究明という方向を目指し、アジア的生産様式論が念頭にあったようだが、主力は前者の課題をいかに具体的に把握するかに集中した。兵隊と国民のはげしい天皇制信仰に直面し、天皇制批判の方法論とそれの具体化は、この方法論がもっとも有効だと確信していた。論文は一九三九年から毎年一回は発表した。

石母田は冨山房の教科書編纂部、私は日本評論社の書籍編集部に勤めていた。同社の伊豆公夫のお世話で一九三八年九月頃入社。編集・校正に従った。社員のみなさん勉強家なので教わることが多く、仕事の一例として資料にあげ

資料1　日本歴史学大系（※は既刊、○は原稿入手のみ）

日本文化の黎明（山内清男）
日本古代史に於ける神話と現実（肥後和男）
中世的世界の形成（石母田正）○
日本古代史に於ける思想と仏教（川崎庸之）
万葉人の生活構造（北山茂夫）
律令体制衰亡史の諸問題（竹内理三）
鎌倉封建制の基礎構造（松本新八郎）
日本中世商業史（小林良正）
日本中世の村落（清水三男）※
日本中世の社会と政治（鈴木良一）
徳政論（中村吉治）
桝の研究（宝月圭吾）
崩壊期庄園の研究（舟越康寿）
近世封建農村の成立（今井林太郎）
近世日本農業の構造（古島敏雄）※
近世農村社会史（児玉幸多）
幕末貿易史の研究（石井孝）※
近代日本産業史序説（信夫清三郎）※
日本漁業史（羽原又吉）
現代日本史学史（大久保利謙）

た叢書を計画・実行した。四二年に刊行した信夫清三郎の著書を進めているうちに興味がわき、叢書（資料1）を計画した。大部分は私達が会員であった歴史学研究会の先達で、私より五、六年ぐらい上の年配であった。あとで石母田・松本をいれた。僅か四人の出版、一人の原稿入手にとどまった。戦争は深刻になるのでと原稿の完成をせかしたが困難な状況になり、戦災で印刷所は焼け、いかんともできなかった。しかしこれらの方々は一人の戦病死もなく、戦後ほとんどそれぞれの業績をしあげられたのは幸いであった。もちろん社のいろいろの分野の出版に従っていた。日本評論社の諸君のおかげで視野をひろげ、人物地図を豊かにすることができた。

質問2　先生の日本史研究は古代史から始まり数多くの著作がありますが、一般によく知られ、よく読まれたのは『日本古代国家』（一九四六年）ではないかと思います。

執筆は戦争中で戦後すぐに公刊されました。本日ご出席の深町郁彌、嶌啓先生達のように戦後間もなくの時代に青春を送られた学生、知識人の人達にとっては、日本史専攻であるか否かにかかわらず大変感銘深い一書であったと聞いております。しかし、一九六〇年安保の後の高度成長期以降大学に入った世代には、歴史専攻の学生には読まれたと思いますが、一般にはもうそれほど読まれなくなってきたのではないかと思います。

そこで、後学の者のために『日本古代国家』に代表される先生の古代史研究の問題意識、分析の視点、研究方法の特徴といったものをお聞かせいただけませんでしょうか。

藤間　この質問を読まれた方は、現在はそれほど読まれていない『日本古代国家』は、学史的な関心ならともかく、経済畑の機関誌の座談会で今日聞くことはないと思われるにちがいない。実は、昨年の一九九五年二月号の『歴史評論』に「古代国家論への一考察」、今年同じ雑誌の七月号に「「シンポジュウーム 国家形成史の再検討」への寸感」の拙稿で、近来の日本古代史研究者の国家研究を、近来の私の研究を援用してはいるが、根本的には『日本古代国家』の理論で批判している。この本は、私としてはまだ死んではいないので、現在の私の話として聞いていただきたい。そのことはこの本が出た直後、一九四六年七月二十四日付の『日本読書新聞』に掲載された石母田の書評の次の一部を読んでいただければ、推察できるのではないかと思う。

「本書は第一章古代家族、第二章氏族、第三章古代国家、第四章総括」、「最も単純な範疇である古代家族から、複雑な政治的社会としての国家へと上昇してゆく方法論的意味をふくんでいる。同時に注意すべきことは古代家族、氏族、古代国家が……歴史的な展開過程でもあるということであって、其の意味で史書としての本書の構成は学問的に厳密である」。この方法論を例をあげていうと、商品・貨幣・資本の範疇で資本主義の本質を把握した『資本論』の「商品」は、古代の昔から存在していたそれではなく、人間の労働力が商品になった時期のそれである。この「資本（産業資本）」はこの新たな「商品」と不可分の関係にある。

もちろん資本と商品との関係をそのまま古代の昔に適用しようとはしない。われわれが研究しようとしたのは、古代天皇制国家のもとにおける家族が、その社会特有の構造を持っているのかどうかということであった。多様な家族形態が存在しているが、それらの家族は非血縁者や奴婢をも包括する大家族形成の出現を内在する奴隷制社会を形成し、それは擬制としての「氏族」という政治的社会を出現させ、ついで古代天皇制国家という擬制的な家族国家に到達するが、もはやそこでは血縁の表現は思想の範囲にとどまり官僚組織が貫徹する国家になっている。しかし始めからこうした三段階の体系を構想して、私はまとめたものではない。ひとつひとつ論文を書いているうちに、こうなった。

本書の第一章の「古代家族」は、戦後の古代史研究のなかでもっとも多くの方にとりあげられた課題の一つであった。しかしその論議は、当時の家族形態は早婚家族か複合大家族かとすることに集中し、今日も合意を見ない。そのように解釈は違うが、古代家族を古代家族としてのみとりあげ、古代天皇制国家の体制の下でどうしてそうした家族構成が出現し、いっぽうこの下部の構造が古代天皇制の形成にいかに係わるかとする視角が論争に見られなかった。

しかしこうした議論をつうじて、史料として主として使った正倉院文書の戸籍・計調などの調査が発展して、新たな事実が発見され、多様な研究方法によって新たな解釈もうまれて五十年近い。社会構成史的な研究方法は、これまでの研究成果の効果的な取捨に役立つはずであったが、その後の中世・近世の研究に適用された社会構成史の方法論は単純化されていった（上部構造と流通面での欠落は、その一例）。これまでの「古代国家論争」も放置のままである。

本誌の主な読者には、資本論云々の個所はともかく、家族の問題については、興味もうすく理解もしにくいかもしれないが、一九七四年刊行の早川庄八『律令国家』（『日本の歴史4』小学館、二〇五―一七頁）を参照していただければ、問題の所在がはっきりすると思う。ただし先ほどの古代天皇制＝古代社会構成における家族構成の視点は欠落。

質問3　敗戦は、天皇制論を解禁し、先生の戦時中の古代史研究の公刊等は神格天皇制、皇国史観批判という意義を持っていました。戦後民主主義、象徴天皇制成立という中で、天皇制の歴史研究はどう進められてきたのでしょうか。あるいは、どう進められるべきだったのでしょうか。戦後、すぐに発表されました、羽仁五郎「天皇制の解明」（『毎日新聞』一九四六年一月十二日、十三日）、津田左右吉「建国の事情と万世一系の思想」（『世界』一九四六年四月号）等を手がかりにお話しいただけませんか。前者は天皇制に対する啓蒙的批判の限界を、後者は今日にいたる象徴天皇制のある意味での定着を予知させるものではなかったのかという気がいたします。

藤間　戦後に書きくわえた『日本古代国家』第四章に、羽仁の名はあげていないが、当時の啓蒙的な天皇制批判の一つとして批判している（三三四―三五頁）。「質問3」はそれについての見解である。戦後期に早々と読んでくださって感謝します。天皇信仰の重さをしり、その解明のための研究に苦労してきたので、我々歴史研究者の大先輩である羽仁の本格的な天皇制批判がきけなかった不満から、先の批判がうまれたのである。しかし今にして考えると、戦災の焼け跡や天皇信仰が強く残っている時期、羽仁の天皇告発の発言はそれ自体必要であったたし、効果もあった。今年の一九九六年一月、重厚な近代史家の大久保利謙が『日本近代史学事始め——歴史家の回想』を岩波新書で発表した。大久保が井上清と藤間生大にひどく攻撃を受けたと書いているぞと、友人からおしえられた。批判したもう一人の方は覚えていたが、大久保のことは忘れていた。『朝日評論』一九四七年三—四月号の「〝くにのあゆみ〟の検討——共同研究」を取り出してみた。全力的に論難している。しかし現在の私はすこしも恥ずかしいとは思っていない。当時、国定教科書『くにのあゆみ』の批判を組織した者の一人でも私はあった。批判は必要であったし効果もあげたとおもっている。それにしても先の「日本歴史学大系」のリストに大久保の名がでている。何度か自宅にいって山路愛山を中心にした著作をお願いした。重厚な先輩の研究者であることは存じあげているが、思想というものは非情をもたらすものである。遅ればせながら、ここで氏の冥福をいのる。

津田左右吉は「今日にいたる象徴天皇制のある意味での定着を予知させるものではなかったのかという気がします」。まさにそうです。しかしそれだけ。「日本憲法の究極理念である、主権在民、人権保証、戦争放棄においては……相容れず……反対をとった」と、家永三郎は指摘している。一九六五年以来、教科書検定制度を違憲として今日も努力してきた家永三郎が、戦前の津田の業績に基づいて執筆した教科書の記載を、戦後に発表した津田の改定した記事を根拠にして文部省の検定官が不合格としたのである。この戦いで家永が身をもって体得したこの事実とかれの長年にわたる津田・美濃部達吉などの日本近代思想研究は、これまでにそしてこれからも越えがたい、六一八頁におよぶ重厚な『津田左右吉の思想的研究』（岩波書店、一九七二年、上記引用は五九二頁）を、生み出すことになった。

津田の戦後の自著の改定が真実であれば問題はないが、史実に基づかない天皇の賛美やその他いろいろの面での改悪がなされている事実を、戦前・戦後の著書の精細な比較によって、家永は明白にしています。

質問4　井上勲『王政復古』（中公新書、一九九一年）を参考にしての質問です。明治維新の際、王政復古とは神武創業の始めに基づくことが宣言されました。このような王政復古の性格が皇国史観、神格天皇制に直結することになるわけですが、他方、神武創業以降の全ての制度、組織、慣行を否定して創業の原点に復帰するわけですから大変ラディカルな性格をもっていたと思います。そしてそのことが日本がアジアで唯一短期間で欧化政策に成功した背景をなしているのではないかと思います。そして、近代日本の功罪はここに起因すると思います。皇国史観、神格天皇の非科学性、前近代性のみに目を奪われては歴史のダイナミズム、逆説あるいは明治のリーダーの歴史感覚を見誤るのではないのかと思いますがこのへんのところについて先生のお話をおうかがいしたいのですが。

藤間　「皇国史観、神格天皇の非科学性、前近代制のみに目を奪われては歴史のダイナミズム……を見誤る」。こうした発言が質問のなかにあったので、井上勲の本に言及するまえに、一言しておきたい。

評価が『日本資本主義発達史講座』などを念頭において の評価ならデマといわざるをえない。著作を読まず、口こみでの評判をたよりにしているためではなかろうか。私が早稲田に入った一九三一年春頃から準備が進められ、それに参加して三二年から三三年にかけて発表した山田盛太郎の業績の一例を見ても分かるように、当時、よくもこれだけ膨大な資料に基づいて日本経済全体の近代化を解明したものだと、感嘆する。しかしその「近代化」は「前近代性」によって制約された体制となっていることを解明し、より開明的な近代社会への道を模索している。初めに「前近代性あり」ではない。

特に『講座』のなかの羽仁・服部之総などは、近世にも射程距離を伸ばし、一八世紀末あたりから全国各地のいるところで澎湃として出現してきた国民各層の間に権力に対する不満・嫌悪・反抗をともなう、新しいそして多くの各階層にわたる人々の生きざまを発掘し、叙述している。それらは、韜晦・絶望・刑死・抵抗などさまざまの現れをとってはいるが、長期的な展望でみると次の時代の先駆をなすものであったことを解明している。こうした近代史学はそれ以前から先人によって発掘されていたが、『講座』は一つの運動体となって画期的にそうした研究方法を促進し、若い世代に深い感銘をあたえた。次代を準備する研究者出現の準備となった。一九五一年出版の遠山茂樹の『明治維新』（岩波全書）と井上清の『日本現代史 第一巻 明治維新』（東京大学出版会）などは、それまでの成果を、戦後はじめて総括した仕事であった。

こうした戦後における近代史学の学風は広がりかつ深まった。全国各地の有名・無名の人々が予想もできなかった資料の発掘と歴史の研究が出現した。研究者の層と数は画期的に拡大し、全国的な存在となった。

中央政界に飛び交う明治の元勲などと称される有名政治家に視野が限られた従来の明治維新史を克服し、国民史としての日本一九世紀史の研究と叙述を可能にさせ、そうした成果も出現している。幕末・維新期をとりあげる戦後の作家の作品が手堅い資料調査と研究をともない、歴史研究者に刺激や教訓をあたえている実績も、専門研究者の動向と同じ次元で配慮しなければならない。

しかし近代化を明白にしてその制約を解明しようとした目的と手段が逆転して、前近代性のレッテルはりにつとめる知的怠慢が現在の末流あるいは知識人の「常識」の中にあることを、私は否定しない。また現在の日本の多くの社会科学者が共有している、現代認識にたいする方法論模索の苦渋は、この分野にも浸透している。地道な資料発掘の方法論や歴史認識にも、それは窺える。生みの苦しみであろう。本誌の主とする読者が経済研究者とそれの若い世代と考えたので、近代史研究状況の一片を紹介した。質問にあった井上勲の著書にふれておく。

本の結語に「廃藩置県・市民平等・国民皆兵」が「神武創業の始めに原ずいておこなうことができる」（三四〇頁）。少しでも近代史学の成果を参照すれば、上にあげた三つの事項は、それの社会的基盤、その条件を創意工夫で実現しようとした人、それに反対した人、それがおりなす複雑な葛藤、しかし手に汗をにぎる歴史を知ることが出来る。そうした当時の苦心の作業が、「神武創業の始めに原ずいておこなうことができる」なら、二〇世紀の今日の難業も、「民主々義」を口にすれば、すべて乗り切ことができるといった発想と同じである。

「神武創業」を進言した人物は、岩倉具視のブレントラストの一人国学者玉松操である。明治元年欧米と国交の約束をしたとき、攘夷の念の強い彼は具視をなじった。具視は情勢で止むを得ないとこたえ、操は「奸雄」のためにしてやられたとなげいた。その後、操は「侍読」にはなった（『岩倉公実記』中巻、皇后宮職、一九〇六年、六一頁）。君徳輔導をつとめるが、君の責任論は口にしない、グループの一人である。そこでの操の行動はつまびらかでない。

スローガンというものは作者の手をはなれて自己運動をする。しかしそこにはつねに主体とその活動が介在する。「開け、ゴマ」では、「歴史のダイナミズムを見あやまる」。上記の三つの事業は本書叙述の対象外であると著者が弁明されても、結論は前提の総括である。前提各所に引用される、政界おえら方の「言葉」にたよりすぎる方法論の必然的な帰結である。

質問5　先生は三、四世紀を対象に「英雄的叙事詩的古代」というビジョンを提示され、英雄時代論争をリードされました。その後、特に近年考古学上の発見が相次いでいます。また、文献学的考証も進んできているのではないかと思います。先生のビジョンはこのような近年の研究動向に支持されているのでしょうか。

藤間　質問に出ている「英雄的叙事詩的古代」のお尋ねには困った。一九五〇年代には歴史畑のみでなく、方々でも話題にされたが、六〇年代には話題にされなくなった。経済学畑では、なお更そうであろう。しかし八六年に死んだ石母田は生涯をつうじてそうであったように、私自身も今もってこの主題に愛着し、六〇年代以後、日本古代史関係の著書や論文には必ずといってよいほど言及し、この座談会の原稿とかさなる時に草した一文のなかに、この問題を書き込み、さる六月に発表した。

一般状況とわれわれのあいだに或る大きなギャップのある問題を、こうした座談会ではなしをするのは、時間をとりすぎることになりかねない。課題の趣旨と、「英雄的叙事詩」の状況の一端を知っていただくことにとどめました。

「英雄的叙事詩的古代」のビジョン

この課題は、さきほど言ったように、今の日本古代史研究の世界では年配者は忘却（時々この言葉を耳にする）、若い人は知らない。したがって近年の考古学・文献学は縁のないものになっている。特に考古学のその後の状況は日常の行政発掘におわれ、せっかくの発掘成果は個別分散、総括されない。ジャーナリズムと行政の村起しに追われてトピック的な話題に追われている。

しかし考古学の研究者もさるもの、これまで予想もできない巨額の発掘費で方法論に基づく計画的な巨大な発掘をするようになり、若手のみではないが各地各様の研究集団の出現と交流、韓国・中国の共同の発掘と話し合いは、まだ僅かではあるがその成果の印刷物は相当に普及。これまで続いた個別分散の発掘家では事態に対応しきれないとする心境は浸透しているようです。

一方文献の面、日本の国家成立の時期論を例にとる。七世紀・五世紀・三世紀、の三説が並行。これを「七五三論争」と名づけている考古学者がいます。文献派は七世紀の大化改新をもって日本の国家の発生とみる者が多いという。「英雄的叙事詩的古代」は無関心。その国家成立説は、古代ギリシャの共同体社会から国家成立の過程が基準になっての見解である。この点でのギリシャ史認識は、ヨーロッパではマルクス派もアカデミー派も同じ。しかし一九五三年以来のミケーネ文書の解読によって、この常識は崩壊しはじめた。これまで共同体社会と考えられた社会は国家が成立している階級社会であり、その国家形態は君主制であり、貴族制である。研究者によるとその君主制はアジア的なそれだとする説もある。これまで国家成立以前の原始的な自由・平等のギリシャ古代史像は、後世のギリシャ社会美化の反映以外のなにものでなかったのである。

すでに古代ギリシャ史の研究者から、日本の古代史家のギリシャ史参照の方法に批判が出ているが旧態依然。根拠としている日本の古代文献研究の方法の再検討を必要とする。「質問2」の答えで、「古代家族」と「氏族」に見られる血縁的形態における擬制的＝政治的・階級的性格を指摘する私説を紹介しました。現在の一部の古代史研究者に対する当方の批判の根拠です。

「支持されて」いるかどうかの問題でなく、上記の考古学と文献学の近況をいかに活用するかが課題。とくに考古学の一部では、かつては考えられなかった事実認識が可能になったので（単なる珍しい遺物・遺跡の提起でなく総括的判断に濾過された認識）、法則的な把握の楽しみがあり議論もしやすい状況になっている。一般的な紹介が長くなった。それでもギリシャ古代史認識の発展は、その時代の民主政治の再評価をせまるだけでなく、近代西欧の民主制をリアルに把握するための示唆の一つにもなるのではないかとみている。

日本の英雄的叙事詩

やまと・たけるの例をあげる。話としては熊襲を女装して「退治」したことなどで御存じであろう。その後の様子を知っていただきたい。凱旋して帰ると、父の天皇景行は東方にしたがわぬものどもがいる、平定に行けとたけるに命ずる。東方に向かう途中、伊勢神宮につかえる叔母をたずねる。私は西方の悪人たちを平らげてまだ間がないのに、天皇は軍衆もくれないで東方を攻めよといわれる。天皇は私に死んでしまえと考えておられるのでしょう、そう考えざるを得ません、といって泣いた。おばはたけるを激励するためにスサノウノミコトがヤマタノオロチを退治した剣が神宮にあるのを、たけるにさずける。

東方の平定は進められるが、敵の計略にかかって死に直面することもあり、今の東京湾を渡るとき海が荒れて船はぐるぐるまわって進まない、妻のおとたちばながこれは海峡の神のたたり、わたしがあなたの身代わりになって海にはいります。たけるはかろうじて海を渡りきる。征服地の関東から帰るとき、山から海をみわたし「わがつまは」と三度口にした。

西方の戦いは、計略は成功し行くところ常に勝利にめぐまれ、たけるは颯爽たる英雄であった。しかるに東方のたけるは、敵の計略にはめられ、神にはいじめられ、辛勝の連続である。

平定が終わったあと、天皇のもとにすぐに帰らない。あちらこちらによる。放浪のようである。ついに近江伊吹山の神にしてやられて病気になる。ようやく帰りに向かう。病はひどくなり死を自覚しはじめた。能煩野についたとき、「国を思いて（古注にしのびてとある）」四つ歌をひとつずつ作っていく。日本の古代歌謡のなかでも絶唱であり、様式は多様である。拙著『やまと・たける——古代豪族の没落とその挽歌』（角川新書、一九五八年）は昔の出版なので手に入りがたいので、読んでいただきたいとはいえないが、『古事記』とその注解はたやすく買える。その醍醐味を味わっていただきたい。といっても、こころ残りがある、あえて一言。①うつくしい我がふるさと、それは山に囲まれ国のまんなかにある。②かろうじて故郷にかえれる戦友よ、身を飾って楽しくあそぶがよい。③雲が高く彼方にあがっている、ちょうどふるさとの方だ（「愛《は》しけやし　我家の方よ　雲居《くもい》立ち来《く》も」。最後の二句の「く」の韻律に注意）。④愛人のそばに私の命を守ってくれた太刀をおいてきたが、その後どうなっているだろう。歌いおわって逝ってしまう。

天皇のことは、ひとことも口にしていない。——この時の事情を『日本書紀』の記載とくらべます。

「私は天皇の御威光でそむくものを平定し、よろいもぬぎ心安らかに帰り始め、いつの日か報告を申し上げるつもりでございました。しかるに今、やまいにとりつかれ、広々としたなにもない野原でふせています。誰にも、もはや話すことはございません。私が死ぬのはくやしいとは思いません。心配なのは、天皇にもうおめにかかれないことでございます」。

遠い昔のことではない。半世紀前までは、この方のたけるが生きておった。保田與重郎は『日本書紀』のたけるを、『古事記』のたけるで被う。青春とは抵抗だとしえた時期はすでに昔日、知りえない世界。今は絶望のために死を急ぐ若い兵士を、奮いたたせあるいは諦観させるのに役だった。強権と暴力ではなしえない手段による散華である（『戴冠詩人の御一人者』東京堂、一九三八年）。いたましいことであった。

個性のある独立的である英雄『古事記』のたける、天皇の家臣的武将『日本書紀』のたける。『古事記』の「国思歌」は、ひとつひとつの歌は短くあっても地の文を挟んで、演劇的な表現になっている。『日本書紀』は、たけるのこれらの歌を、地の文を消去して一括挿入、しかも都にいる天皇景行の作品と記している。『古事記』のたけるは抹殺。

石母田はこの違いを、貴族の英雄時代と貴族が官僚・家臣の時代になった産物のあらわれの違いとしている。彼の「古代貴族の英雄時代」は一九四八年に発表された（『石母田正著作集』第一〇巻、岩波書店、一九八九年。この巻には英雄時代に関する彼の論文が網羅されている）。この論文は無階級社会から国家形成の過渡期の研究を目指したものである。その経済構造とその上部構造としての歴史意識の統一的把握を目指し、日本の古代文献のみでなく、引用の中国のそれの文献学的な考証も鮮やかであった。

またこの論文に活用されたヘーゲルの『美学』の英雄時代論は、マルクス・エンゲルスの原始社会論・国家論に媒介され、ヘーゲルの見解をよく生かしている。ヘーゲルの「英雄時代の英雄」の個性の研究は近代的個性の構造を明白にするための研究であるが、古代と近代の歴史を具体的に知らないでは、ヘーゲルの論旨は理解も活用も困難である。石母田の論文のうちでも最も彼のもち味が開花したものの一つである。

古代の「英雄的叙事詩」が古代天皇制の成立によって抹殺されたこととの立証は、戦後の天皇制の内在的批判として有効であり、学問的な成果としても立派であった。

経済畑の方も、これを機会に『古事記』の一端を見ていただき、「古代貴族の英雄時代」読んでいただくことを、おすすめしたい。

質問6　先生は戦後、古代史研究と並行して編集者としても優れたお仕事をされました。その代表的なものが『社会構成史体系』の企画、編集です（資料2）。三十歳代そこそこの年代での石母田さんとのお仕事と聞いております。執筆者並びに予定者は人文、社会科学分野の錚々たる方々ばかりです。この時のお仕事で印象に残ること、私共に紹介しておきたいというエピソードがございましたら是非お聞かせ下さい。

『社会構成史体系』の発足

藤間　一九四七年か四八年にかけてか記憶がはっきりしないが、四七年は確実、大塚久雄とそれと関係ある若い人たちと東大の山上会議所で渡部・石母田・私たち、月一回ぐらい研究会を発意してマルクスの「資本主義に先行する諸形態」などを論議していた。いつも二十人ぐらいはいたと思う。その会に私が敗戦直前まで勤めていた日本評論社の吉田悟郎がきて何か叢書を出さないかといってこられた。あるいは日本史の叢書であったかもしれないが、はっきりした計画はないというか、当方の裁量にまかす状態であった。

当時はまだ珍しかったが、社会構成史を名とする叢書を計画した。戦争中われわれの研究会が日本古代における奴隷制社会の有無とそれの検討を、方法論としては社会構成体論のそれであったからである。戦争中ソ連のミーチンとラズモフスキー編集の史的唯物論の訳書に学んだのである。

典拠はレーニンの「食料税について」である。はじめて経済制度と社会構成の違いを明白にとらえ、それを現実の政策に適用しえたこの論文は今もって、私の研究の指針になっている。この論文は一九二一年の「新経済政策」の発布を可能にするための経済理論であった。この政策が社会主義国にもつ重大な意義もさることながら、田園詩人エセーニンについての蔵原惟人の評論と重なって、この「新経済政策」と「食料税について」は印象が探かった。エセーニンの詩は期待した社会主義が新経済政策で否定されるとみての悲しい詩で、思想としては納得できなかったが、立派な作品であった。私ごとに逸れた。

しかし社会構成に対する関心が、日本・中国・朝鮮・インド・東南アジア・中近東・ヨーロッパに及ぶ内容の計画になったきっかけと過程が思い出せない。石母田が君がやったんだろうと軽くいったことがあったが、そこに執筆者として出ている方は、大体存じあげていたから、そうした人脈に導かれたところがあったかもしれない。しかし戦後の歴史学研究会の日本古代史部会は、日本・中国・西洋の研究者の合同で久しく続けていた。日本だけを研究していたのではだめだの考えが、研究会を進めていた我々に共通していた。それは戦争中の我々の研究意識でもあったので、『社会構成史体系』の背骨になったのであろう。

プランの作成にはつとめて人々の合力を願うようにしたと思っている。石母田もかなりの人を知っているから、両人の合作が大きく役だっていることは確実である。戦争中の仲間松本新八郎は、戦災と徴兵のため、故郷に帰り東京にいなかった。プランが日本評論社で認められ編集費の支出のメドがついたので、彼の上京が可能になり、出版の進行を担当してもらうことになった。

今にしてこのプランをみると、京都をはじめ各地の研究者がほとんどいない。状況が分からなかったのである。歴史学研究会の枠と編者としての我々のせまさである。それがその時の我々の力の限界である。

第一回の配本が一九四九年四月である。それにしてもよくも石母田や私のような若輩のプランに、先達や先輩が応じてくださったものと驚く。一九四六年六月に石母田は『中世的世界の形成』、私は『日本古代国家――成立より没落まで。特に其の基礎構造の把握と批判』を、それぞれ伊藤書店から発行した。一九四七年九月に『日本庄園史――古代より中世に至る変革の経済的基礎構造の研究』を近藤書店から出版。名刺がわりになったこともあるが、責任編集者や我々の意図を推察され、各執筆者の蓄積を表現しやすいように原稿枚数を豊かにした点が喜ばれたこともあろう。戦争と戦後の混乱に屈しない研究者の生きざまのリス

資料2　社会構成史体系（内容及び執筆者。※は既刊）

（第一部）
日本社会発展の法則（渡部義通）
原始社会（和島誠一）
政治的社会の成立（藤間生大）※
古代国家の構造（渡部義通）
古代より中世への過渡的構造（藤間生大）
古代末期の政治過程（石母田正）※
古代の貴族意識（西郷信綱）
封建国家の構成的特質（藤間生大）
中世的土地所有と地代の形態（松本新八郎）
中世における階級闘争とヒエラルキー（松本新八郎）
中世的精神の展開（石母田正）
純粋封建制成立における農民闘争（鈴木良一）※
中世における階級文化と都市の成立（松本新八郎）
商業高利貸資本成立期の外国貿易（小林良正）
幕藩体制の成立と農村構成（今井林太郎）
近世日本における世界史的契機（林基）
幕藩体制の政治諸段階（林基）
近世後期における農業の展開（古島敏雄）※
封建社会における資本の存在形態（堀江栄一）※
近世における農民層の階級文化（藤田五郎）※
近世における階級闘争の諸形態（林基）※
封建社会の精神的構造（丸山真男）
絶対主義の成立（遠山茂樹）
明治革命における国際的契機（井上清）
明治維新における指導と同盟（服部之総）※
自由民権と絶対主義（信夫清三郎）※

（第二部）
東洋社会理論の発展（平野義太郎）
東洋階級社会成立の特殊形態（渡部義通）
中国古代社会殷周から戦国まで（野原四郎）
中国古代の帝王思想（板野長八）※
古代諸思潮の成立とその展開（重澤俊郎）※
中国奴隷制（仁井田陞）
前期統一国家の構造（松本善海）
大土地所有の歴史的展開(1)（西嶋定生）
中国民族宗教の諸形態（酒井忠夫）
官人支配と国家的土地所有（平瀬巳之吉）※
中国の郷村統治と村落（清水盛光）※
大土地所有の歴史的展開(2)（周藤吉之）※
商業資本の発達と農民層の分解（藤井宏）
中国のギルドと都市の発達（今堀誠二・仁井田陞）
王朝交替と農民暴動（鈴木中正）
中国における農民意識（直江広治）
中国における近代意識の形成（幼方直吉）
中国人の精神構造に与えたヨーロッパ思想の影響（飯塚浩二）
太平天国とその時代（波多野善大）

十八世紀末の中国社会（北村敬直・里井彦七郎）
中国農村社会の近代化過程（尾崎庄太郎）※
マニュファクチュアと民族資本（宇佐美誠次郎）
民国革命（岩村三千夫）※
中国回教社会の構造（岩村忍）※
朝鮮社会（旗田巍）
印度社会（中村元）
北方社会（護雅夫）
東南アジア社会の一類型（小林良正）※

（第二部）
古代東方の専制君主制（板倉勝正）
ポリスの成立とその構造（村川堅太郎）
羅馬大土地所有制（村川堅太郎）※
原始キリスト教と古代国家（秀村欣二）
古代国家の没落（祇園寺信彦）
古ゲルマン社会（増田四郎）
中世国家の構造（堀米庸三）※
封建的土地所有の成立過程（田中正義）※
封建地代の諸類型（高橋幸八郎）
中世商業と都市の発展（高村象平）
ルネッサンスの性格（大塚久雄）
宗教改革と農民戦争（松田智雄）
原始蓄積過程と植民地の形成（平野義太郎）
マニュファクチュアの展開と市民社会（大塚久雄）

絶対主義と近代国家の成立（倉橋文雄）
ピューリタン革命と近代イギリス（森修二）
アメリカ独立戦争（清水博）
フランス革命とボナパルティズム（高橋幸八郎）
プロシア農業革命（林健太郎）※
南北戦争と近代アメリカの確立（菊池謙一）※
ロシア革命の世界史的意義（江口朴郎）
マナアの崩壊（小松芳喬）
封建社会崩壊の法則性（内田義彦）
農業における資本主義の発達（山田勝次郎）
資本主義社会の構造と運動（豊田四郎）
近代的所有権の成立（川島武宜）
附　総索引／社会構成史年表

トの一つとして挿入させていただいた。日本評論社もまたこのプランを、よくも受け入れてくれたものである。出版部長の美作太郎の強いプッシュ、吉田の熱意もあったとしてもである。戦後という疾風怒濤がなさせるわざであったといえよう。

しかし『体系』は中絶した。リストにしるしをつけた方の労作しか発行できなかった。このことは、われわれの力のおよばなかったことだが、申しわけないことである。しかしそれらの方が準備された研究は、その後それぞれ学会に発表され、成果をあげておられる。かつての我々のプランへの応諾を思い出して感謝しています。

大塚久雄先生のお話

そうしたなかでの思い出をひとつ。ここでは先生をつけないとワープロが進まないから大塚久雄先生と言わせていただく。先生には渡部義通・平野義太郎の御両人とともに、『社会構成史体系』の責任編集を、おねがいした。山上会議所での研究会がきっかけであったが、友人の倉橋文雄が先生と親しいので、先生のことはしばしば聞いており、先生には戦争中から存じあげていた。駿河台の病院におじゃましたことがある。戦争中の現在ウェーバーの訳を出版する意義と、出すなら何をと、教えていただきに行ったのである。私の能力が未熟であったので、さしたる話にならなかった。日常のはなしぶりであったので、入院の事情はさしてお聞きしなかった。

しかし一九四四年四月出版の『近代欧州経済史序説(上)』を手にするまでは、先生の学説をほとんど知らなかったが、好きな風貌であった。しかし日本社会の立ち遅れ論にはむくれていた。いつか石母田が先生と議論し今の日本の労働者はそんなにまでおくれてはいませんと議論したようだが、そうなんだと同調したことがあった。

しかしいつであったか、先生の言葉に息をのんだことがあった。労働争議がさかんで賃金やボーナスがそれに応じて上がっていたときのことである。そのとき、賃金やボーナスの労働者全部が手にして使用する金額は相当な額でしょう。そうした金の運営について、あなたがたはどう考えているのか。ボーナスなどの一部を結集して労働者階級全体に役立てる手段を考えているのか。賃上げやボーナス闘争の集会などにでかけて、演説をすることはあっても、先生のようなことを考えたことがなかった。政党や諸団体は自分たちの所へのカンパだけを考えていたのではなかろうか。

先生の周辺の方はそうした先生の話を聞いておられたと思うが、どうなのであろう。独立の個性のみでなく、労働者階級の成長・再生産の契機を指摘されたものとして、その後もこのことが忘れられない。

Ⅱ　日本古代史から東アジア史へ

質問7　先生の研究は日本古代史から出発したわけですが、研究の長さからいえば東アジア史研究の方がはるかに長くなっています。東アジア史は先生の言わばライフワークということになります。『日本民族の形成——東亜諸民族との連関において』（一九五一年）、『東アジア世界の形成』（一九六六年）、『近代東アジア世界の形成』（一九七七年）、『壬午軍乱と近代東アジア世界の成立』（一九八七年）はその四部作です。

この東アジア史への研究の傾斜は一九五〇年が「転機」になったと言われています。一九五〇年はコミンフォルムの占領軍＝解放軍規定をめぐる日本共産党批判、その後の民族・民主革命路線をめぐって共産党内・外で熾烈な路線闘争、路線論争があった年です。先生もこの政治状況に深くかかわられ、そのことが東アジア史研究への「転機」になったと言われています。

先生がこの間のことについてお書きになられたものを読んだのですが、どうして東アジア史ということが大きく先生の研究テーマになったのかもう一つよく理解できません。理解力不足で大変恐縮なのですがこの東アジア史への「転機」についてお話をお聞かせください。

研究のオーバーホール

藤間　座談会を開く前の準備のとき、研究が日本古代史から東アジア史にうつったとしても、それをなぜ転機と呼ぶのか、発展でよいのではないかと司会者からただされた。大げさの懸念があったのであろう。それでもなお、その言葉をつかいたい。

私の説明不足のためであるが、どんなところに不足があったのか、考えてみた。「質問」に書かれた「民族・民主革命路線をめぐって共産党内・外で熾烈な路線闘争、路線論争があった年です。先生もこの政治状況に深くかかわられ、その事が東アジア史研究への「転機」になったと言われています」。これでは、「もう一つよく理解できません」と言われる。当然。同じような政治状況に接した方は大勢いる。それなのに、あの当時東アジア史にのめりこんでいったのは、わたしだけといっていいのだから。

大前提としての政治状況は否定できないが、私個人の状況を考慮にいれなければ、「転機」の説明にならない。そのつもりで、話したのではあったが、意をつくしえなかったようである。
民主主義革命が目標であった時期に骨格を作った『埋もれた金印』（岩波新書、一九五〇年）・『民族の形成――東亜諸民族との連関において』（岩波書店、一九五一年。根幹は「政治的社会の成立」として『社会構成史体系』に掲載、一九四九年四月）・『国家権力の誕生』（日本評論社、一九五一年。「政治的社会成立についての序論」、『歴史学研究』一九四八年一三三―一三四号）のことから考えてみたい。その書物の発行した年で推察できるように、民族の課題は若干だが、入っている。とくに『日本民族の形成』は、そのサブタイトルと「附篇　民族問題のとりあげ方」をみてもその意図は明瞭である。上記三冊のうち、初めの二冊は広くよまれた。研究の面でも成果があったとみている。

しかし一九五〇年代になるとアカデミーの世界も復活してきた。日本古代史研究のアカデミーに対し、また自身の日本古代史研究特に考証学の面でのオーバーホールの必要を自覚し、そのための作業を五〇年を少したった頃からはじめた。五七年には二個の研究ノートを発表し、自分なりに今後の研究の目安がついた。この二つの小論が無意識のうちに『日本古代国家』第2章の「氏族」の補強となり、当時の考古学の研究を利用した。こうした研究が持続しておれば、「転機」といった事態は出なかったであろう。偶然の中にひそむ必然といったらよいのか、そうした転機が、五〇年から激しくなった民族独立の闘争と戦争と平和の運動のためというよりは、そこに内在していた次の問題によって出現した。

英雄時代論への傾倒

「政治的社会の成立」が私の場合、集中的に課題が出現した。この論文は『古事記』『日本書紀』を意識的に排除し、考古学と中国の文献のみで、縄文時代から古墳時代までの通史的叙述をめざした。さきの文献があまりに悪用されてきた事に対する反発である。それはそれなりに学術的に意義があり、『埋もれた金印』は、研究的にも啓蒙的にも卑弥呼と邪馬台国を国民のものにするきっかけの一つとなった。

しかし『古事記』『日本書紀』を使用しない叙述には、不満と寂寥を禁じ得なかった。石母田の「古代貴族の英雄時代」はそれを解消してくれた。『古事記』『日本書紀』の活用の方法論を教えられたからである。とくにやまと・たけるの「国思歌」のすばらしさは民族の遺産として継承にあたいするし、その戦争状況の東西の対照的な叙述は、戦争と平和を考えるうえで貴重な指針となるとみなした。

民主々義革命の時代から民族独立闘争＝戦争と平和の擁

護の時代への転換の刺激と戦前以来の共同体論を足場にして、英雄時代の理解を改めようとしてきた。⑴英雄時代は貴族の英雄時代であったが、それは民族のそれでもある。⑵個体性をもった貴族は昔の貴族であったが、古代天皇制はかつての個体制をもった貴族の実体と映像を抹殺。⑶英雄的な貴族は古代天皇剌＝従属貴族と同じ場で対抗しあう。⑷英雄的貴族が集団的意志の体得が可能なのは、共同体的規制の持続のためである。

これに関連しての最近の見解であるが縄文時代のみでなく、人類の原始共同体の時代は長期である。国家成立後において、その遺制の存在は長期に渡らざるを得ない。これまで共同体的・血縁的関係の持続を主なる根拠にして国家成立の時期を遅らせる学説は、共同体・血縁・国家の正確な把握をさまたげ、その理論を停滞させ、他の社会科学への貢献を矮小にした。

英雄時代論の一部であるが、参考のために、次の引用をする。一九六九年一月十三〜十七日号の『日本読書新聞』で、山口昌男が吉本隆明の『共同幻想論』の書評をしている。この書の「罪責論」にでている「ヤマトタケルノミコトが〈父〉と〈子〉という対幻想の中で斥けられる過程が父権的公権力の成立期の意識の反映として見る立場は、英雄時代論争の余燼がくすぶっていた頃、同じく藤間生大氏が『日本武尊』において、デスポティズム成立期の氏族共同体的豪族の天皇権力との相克と敗北の反映として描いたことがある」（山口『人類学的思考』せりか書房、一九七一年、四五二—五三頁）。

歴史学研究会の大会以後

英雄的叙事詩に傾倒し、一九五一年の「歴史における民族の問題」を主題とした「歴史学研究会」の大会に報告者の一員として出席した。大会が激しい論争になったことは四五年前のことであるが、人づてに御存じのかたもあろうが、歴史学研究会編『歴史における民族の問題——歴史学研究会一九五一年度大会報告』（岩波書店）は当時の状況を知る有力な資料であるので参照していただければ幸いである。

私がもっとも激しく、一九五一年大会で論争した井上清が「藤間は古代における『日本民族の形成』を書き、自分は日本現代史一巻として『明治維新』を書いて日本の近代民族の問題を考察したが、進歩的歴史学界の大勢として「歴史における民族の問題」が各人の研究にとりいれられるということはなかった」（『歴史学研究』一九五九年六月号、五頁）。五一年大会へのプリントに「古代・中世には民族（Nation）が存在しなかったということを具体的に立証すること」を提案した鈴木正四の立場なら、私の場合は当然の報いになる。しかし井上の場合はどうなるのであろう。井上も鈴木も、井上の『明治維新』はすばらしいと考えているはずだし、私もそうだとみている。各人の研究にとりいれられなかったのは、自分の責任ではないとみているに違いない。

井上の考えでは不満足かもしれないが、優れた近代史家の一人芝原拓自は一九六一年度の歴史学研究会の大会報告、一九八一年の著書『日本近代化の世界史的位置』（岩波書店）で、井上の民族の視点を、彼なりに継承しているのではないだろうか。羽仁五郎の「東洋における資本主義の形成」が、マックス・ウェーバーの中国社会の知識にたよって叙述せざるを得なかった中国認識を（当時の羽仁の構想に対応しうる日本人の中国史研究はなかった）、中国人の認識と史料によっておこない、一九三二年の羽仁の業績にあと もう一歩で、呼応しうるところに芝原はきていた。羽仁―井上―芝原―Xの近代史学の一つ輝しい流れの出現を、予想できると私は考えている。

私は一九七二年に五一年の歴史学研究会の大会「歴史における民族の問題」を総括し、「世界史の方法論としての民族理論」の拙論で、「民族とは、言語・地域・経済生活・文化の共通性の中に現れる心理状態の共通性を基礎として生じたところの、歴史的に構成された、人々の堅固な共同体である」とするこれまでの慣用の定義に、「国際的経験の共通性の中にあらわれる心理的性格の共通性」の歴史的環境論を添加すべきだとした。もちろんこの「国」は「民族・民族体（FOLK）」を包括する（拙著『近代東アジア世界の形成』春秋社、一九七七年参照）。

歴史学だけのことではないが、研究はしばしば年紀を必要とする。私は一九五〇年代の民族の論議は未熟ではあったが必要であり、その持続にほこりを持っている。井上もまた評価は違うかもしれないが、全力的に論争した時代を懐かしくおもっているのではなかろうか。

お互いに意見は対立しても、それぞれ自分の信ずる所に従って、その見解を整えて発表したことはよかったのではないか。

『日本武尊』の出版

一九五一年五月歴史学研究会の騒然とした大会が終わって、四カ月後の九月に発刊された『日本歴史講座』の「第二巻 原始古代篇」に、私は「概説」を寄稿した（河出書房）。そのなかで、『継体記（紀）』や『筑後国風土記』に記載され、六世紀の初め「天皇継体」と戦った磐井君は、やまと・たけるのように書物に描かれた人でなく、実在の「英雄時代」の英雄とみなすことができた。古代天皇制国家成立前夜の状況を、より具体的に捉える方法論の獲得ができた。さらに一九五一年の井上光貞の「国造制」、一九五二年の林屋辰三郎の「継体・欽明朝の内乱」と近藤義郎の「群集墳」の研究といった、戦後古代史研究の第二派の創造的な業績を使用しえたので、一九五三年発行の『日本武尊』（創元社）執筆が可能になった（一八七頁）。

その出版の土壇場で予想しないことがおこった。当時、アメリカ占領軍の規制・圧迫への抵抗の詩は、沢山つくられた。そうした詩を、本の中扉にかかげ、たけるの詩歌と呼応させようとした。しかし、私が期待するような人間と国土の具体的な描写の詩歌をみつけえなかった。中扉の件は思いきらざるをえなかった。

朝鮮の近代詩

しかるに座談会でプリントしてさしあげたいくつかの朝鮮近代詩、たとえば「ふるさとを恋て　なにせむ血すじたえ　我が家の失せて　夕烏ひとり　啼くらむ　村井戸も　遷されたむ……はかなしや　ふるさとのゆめ　今はた踏みしだかれて　契りつつ人に　堰かれし　初恋のせつなさに　似る」。村井戸が遷されたのは、道路開設のためかもしれないが日本帝国主義の「開化政策」による村の荒廃が推察され（私の「村井戸論」は、韓国の人々の論文で議論になった）、初恋を民族の運命と同一次元で表現しえている。金素雲の『朝鮮詩集』（創元社、一九五三年。今は岩波文庫に入っている）をみると、こうした人々の生活や国土の風物に民族の運命をこめた詩が次々と出てくる。「口の利ける野郎は監獄に／野良に出る奴共同墓地に／餓鬼の一匹も生める女《あま》つちょは色街に／もっこの担げる若え野郎は日本に／こんで何にもかんも素つからかんよ／八間新道のアカシヤ並木自動車の風に浮かれている」、民謡だそうである（拙著『民族の詩』東大新書、東京大学出版会、一九五五年、九二頁）。アカシア並木はいうまでもなく都市の風景である。中扉に載せたい詩や歌が『詩集』にはたくさんのっている。

なぜ私がさがし求めたものが、日本になく朝鮮にあるのか。ノートをつくった。おのずと日本と朝鮮の近代の詩と歴史の比較となった。

『民族の詩』を二度まで取り上げて評論してくれた朝鮮近代文学の専門家梶井陟は「朝鮮戦争の硝煙がまだ消えない一九五五年に日本人にとって朝鮮とは何であったかという問いかけを、今なお私たちに突きつけつづけているように思う」（『ソダン』一九八二年十二月号、二頁）とされた。当時の私はとてもこうした状況ではなかった。くりかえすが、日本の近代詩はなぜたけるのふるさとのような人間や

資料3

「のちの日」

いや遠き　のちの日に
きみに逢いなば「わすれたり」
つれなしと　きみ怨じなば
「思いわびてぞ　わすれたり」
かさねて　きみ咎めなば
「待つよしなくに　わすれたり」
きのうも　きょうも得わすれず
遠き　のちの日「わすれたり」

金素月

＊「日本に」行っての生別は、とくに民衆の場合、死別になりやすかったのである。素月は一九三五年に、若くして死んだ。朝鮮の近代詩人の内でも、最も民謡調の作者である。

「アジアは夜」

アジアは夜が支配する、
そして夜を統治する。
夜はアジアの心の象徴、
そしてアジアは夜の実現、
アジアの夜は永遠であり、
アジアは夜の受胎者である。
夜はアジアの産母であり、
且つはまた産婆である。
……
太陽は燃焼し、刺激し、誇張し、傲慢に君臨し、命令する。且つは男性的であり、父格であり、……太陽の子女等は気負い立ち、嫉妬し、争い、建設し、破壊し、突進する。

呉相淳

＊相淳は、植民地になった朝鮮を夜、支配者になった日本を太陽、にそれぞれたとえ、上記のような対比で長い詩をつくった。「太陽」にはないものを持って、「夜」は夜なりの主体性が存在していることを、華麗な力強い言葉で表現している。

独立した今日では、自国や自己を夜にたとえる発想はなくなっているのでしょうか（拙稿「のあそび」、熊本県部落解放運動研究会『朝鮮・韓国を正しく理解するために』一九八五年）、こうした地下水がかつてあったことを知るのは、今日の日本人にも必要だと思われるので、断片的な紹介で残念だが、紹介する。「アジアは夜」は、もっとも感銘をうけた詩の一つとして『民族の詩』で強調した。李祐成に韓国での相淳の評価は、あなたほど高くないとたしなめられたことがあった。

風土を表現しえなかったのか。「日本とは何であったかという問いかけ」であった。日本の近代詩だけを考えていたのみでは、はっきりしなかったことが、朝鮮のそれで眼力がさめた。隣りのことを、ひいては東アジアのことを知らなければ、日本のことは分からないとする考えになっていった。

今度は、日本でなく相手のことである。たとえ植民地になっても、なお主体の表現としてすぐれた朝鮮近代詩の出現を見ることができたので、東アジアの個人・団体・民族がいかに逆境のもとに沈殿していても、持続的な関心をもってその主体性を研究しなければならぬとさとった。東アジア史持続の動機の一つである。

研究対象が変わったので、「転機」といったのでなく、私の主体の変化、私はそうみているが、かわりばえしないぞ、といわれる評価を否定しない。だから研究対象にさしたる変化がなくても、「転機」ということの、あり得ることとは理解している。

最後に一言。

この座談会に出席された大学の鄭鳳輝は共感をもって祖国の詩人李尚火・金亨俊などの詩を紹介して下さった。ここにその二篇を選んで紹介する。

私自身の朝鮮近代詩の接近は、ほとんど全素雲の訳のおかげである。その方の四〇〇字六〇枚の「〈憶測と独断の迷路〉——藤間生大氏の『民族の詩』について」論文が一九五六年六月号の『文学』（岩波書店）に掲載された。てきびしい批判である。昔のことになったが、なお御記憶のかたは、拙著『模索』（一五八—五九頁の反論）や金允植著・木村益夫訳『傷痕と克服』（朝日新聞社、一九七五年、八八—一〇〇頁・一〇三—一一頁）を参照していただければ、当時そしてその後の状況も知っていただけるであろう。

韓国の歴史研究者の李佑成と閔斗基の両氏に、東京で開催された学会ではじめてお目にかかり、『民族の詩』を話題にしてくださった。それを機会に執筆された研究論文の交換もできたので、よろこんでいる。

はじめて朝鮮に目が向いた。それが入口となって東アジアに向かうようになるのか、朝鮮に出くわしたがすぐ引き返すのか、『民族の詩』を出版した頃にはまだはっきりしなかった。次の質問の「渡来人」（「帰化人」）の課題で中国まで視点が広がり、その後に持続する東アジア史研究の一環として、朝鮮史についても、研究といえるものが書けるようになった。次第に朝鮮近代詩は、私の東アジア史研究の原点となっていった。

質問8　先生の渡来人研究に触発されて御質問いたします。古代日本の生産技術の中に、東アジア大陸からの渡来人によってもたらされたものがある、と先生は指摘されておられます。これは古代における技術移転の一形態と考えられます。それらが、生産技術としていかに日本に定着し、権力者がそれをどう利用してきたかを、実証学によって明らかにされることを期待します。

権力者は、たとえ搾取の対象としてであっても、技術移転による生産力の向上、民衆の生活基盤の安定を計るこ

資料4

「奪われし野にも春は来るのか」
もはや私たちのものではないこの大地、
この奪われた大地にも春はめぐってくるのだろうか？

私は全身に光を浴び、
青い空と緑の草原が出会うその場所まで、黒髪を分かつような草原の一本道をたどり、まるで夢の中を行くように　ひたすら歩いてゆく。

——李尚花《イサンフア》（一九〇〇—四一）、韓国詩

＊一九二六年の作で、現在高校の教科書にも掲載されている。かつて独立運動に参加し、痛手を受けた。闘志の人ではないが亡国への悲憤は、多くの人々の胸奥に浸透した。

資料5

「鳳仙花」

赤く美しい色のホウセンカを摘み、焼きみょうばんとまぜ、石でつく。染めたい指にそれをぬり、唐胡麻の葉で縛ったあと糸をきっちりと巻き、ひと晩おく。
ホウセンカ。
昔はこうやって娘たちがおしゃれを楽しんだらしい。
鳳仙花。
ポンソナァ、と韓国ではいう。

垣の下に咲く鳳仙花よ
お前の姿が　あわれだ
長い長い夏の日
美しく花咲く時
かわいい娘たちは
お前をいとおしんで　愛でたよ

いつしか夏は去り
秋風がそよそよと吹き
美しい花を
無残にも侵し
花を散らし　しおれさせた
お前の姿が　あわれだ

北風寒雪　冷たい風
お前の姿がなくなっても
平和な夢をみる
お前の魂はここにある
うららかな春の風に
ふたたび蘇ることを　祈っているよ

（詩／金亨俊《キムヒョンシユン》・曲／洪蘭坡《ホンナンパ》）

＊一九二〇年、三・一独立運動が広範に盛んになった翌年に作られた。韓国を「鳳仙花」にたとえたこの歌は、韓国の最初の芸術歌曲とされている。

とは当然ありうるでしょう。そして、古くから宗教には「民衆意識」があり、権力者の民衆への対応も「民本思想」（民の生を厚くする）に基づくものが、宗教・思想と権力者の結びつきを生みだすことがあると思います。生産技術の受容、開発、普及も、こういう思想・宗教などの影響を受けるものであります。これらの実証研究が歴史研究の中でいかに行われてきたのでしょうか。

技術と権力

藤間　私の渡来人についての報告に関連して二つの質問がここに出された。一つは渡来人にもたらされた生産技術が権力によっていかに利用されたか。

もう一つは権力者も民政安定のために技術の発展を期待するはずであるが、それは思想・宗教などからの影響をうけるだろうと考えられるが、その実態を研究者はいかにはっきりさせているか。

第一の問題。大古墳を作り得た地方の有力豪族、あるいは中央の大和国家の蘇我・物部のような巨大豪族は、それぞれ渡来人の技術者を所有していた。大化改新を機会にして造られた古代天皇制制度＝律令制度は、一気ではないであろうが、彼等を中央政府の下にまとめた。

たとえば鍛冶である。中央政府の宮内省の鍛冶司・大蔵省の典鋳司・兵部省の造兵司に握られている。宮内省の定員二千八百余人と中務省の十九人余の宮廷関係者は、政府官人数の七〇パーセントをしめている。宮内省の鍛冶司は、中枢の使役部四人に鍛部二〇人・使部一六人・直丁一人、鍛部八戸（十月から三月まで一戸ごとに一人前の男をだす）からなっている。春・夏の禄に正従一位に鍬一四〇個、最低の位である少初任に鍬五個支給。独占ではないが国家が鍬の生産をにぎっている。巨大な寺院や大貴族の家では、造作の音が聞こえない日はないといわれ、大工・鍛冶・設計士・技術者などを私有していた。なかんずく古代の国家は圧倒的な巨大な生産体系を把握していた。したがって中央にいる元の貴族で、官僚・貴族になっているものは、上位であればあるほど最高の技術者をもった国家から鍬などは支給され、不足のものは、市で入手出来る体制になっていた。

そこで現在の常識をもってすると、「搾取の対象としてであっても、技術移転による生産力の向上、民衆の生活基盤の安定を計ることは当然ありうるでしょう」の二番目の質問が出るわけです。水車を利用せよ、麦を植えろ、そうした命令は出ています。いずれも定着しません。徳川吉宗がさつまいもの奨励をした例は有名であるが、近代以前は例が少ない。

農業生産の画期である二毛作を可能ならしめた鉄製鋤鍬の全国的普及の原因は、鎌倉時代における工人の田舎わたらいの出現による。工人の系譜をさぐると、政府直属の工人→有力貴族・有力寺社のそれ→そこにおける工人たちの相対的な自立化にたどりつく。田舎わたらいの研究は柳田国男から始まったが、近年は網野善彦たちによってさかんに検討されている。前資本主義社会以前の国家は、搾取のための農政には大きな関心をもつが、技術発展を媒介して搾取を増大しようとする意図と工夫は、あまり見受けませんん。寡聞のためかもしれないので今後の課題にします。

技術と仏教

先にあげた大化改新より五八年前の五八七年、物部・中臣と蘇我・上官（聖徳太子）とが仏教信仰の許否をめぐって戦いをした。戦いは後者の許可派が勝利した。さきの「質問7」の答えで関心をよせていた朝鮮のことが（本稿「朝鮮の近代詩」）、切実な課題となってきたのである。五八七年以来仏教は急速に発展し法隆寺などが建ち、自分の自宅を寺にし、僧侶や信徒も出現して活動しはじめた。しかしよくみてみると、聖徳太子家をのぞくと、熱心に仏教信仰をしているのは、全部といってよいほど渡来人＝部民＝賤民＝工人である。聖徳太子の上宮家を除くと半世紀のあいだ、仏教徒になる者は文献にみる限り、日本人はいない。五八七年の戦いは日本人の信仰の自由の問題でなく、渡来人＝部民＝賤民＝工人のそれである。

実は賤民＝工人たちの仏教信仰の自由という事件が、新羅の法興王の十五年（五二八）におきている。この工人はここでは医者であるが、当時医者は賤民とされていたのである。仏教の縁を探って中国の北魏国をみると、ここでは四四六年大武帝の仏教徒の大弾圧があったが、四五二年十二月禁止がゆるみ四六〇年から石窟が大同で盛んに作成され始めた。この時、弾圧された仏教徒のなかに、工人が多数いた。五八七年の賤民＝工人の仏教信仰の自由を求めての行動は、単なる日本の事件ではない。四五二年の北魏に出現し始め、その後一世紀にわたって、東アジアの諸国で続発する事件の一端をなすものであった。

五世紀の初め、中国の北魏国で曇無讖訳の『菩薩持経』・唐の玄奘の『瑜伽師地論』に「五命」の教えが記載されている。五命とは工巧明・因明・声明・内明・医明のことで、菩薩をめざす者はこれらを体得すべきとされたのである。工巧明は手工業を熟達することで、衆生の生活を豊かにし、貧者の施しが出来るとしている。医師家や手工業者を賤民扱いする中国・朝鮮・日本の古代思想にたいする批判となっている。当時はまた同じく賤民視された商人を仏教の教派のなかには、積極的に信者に迎えようとした。

工人＝賤民身分の否定を仏教理論によってしようとする働きかけが、アジアの各国でなされた。中国における古代奴隷制社会克服の歩みであり、生産技術発展の契機となる。現代の技術論としても、技術発展の思想的契機の指摘として、注目にあたいする。四八五年、北魏国家で世界史的土地制度の均田制が施行。

これまでの「質問7・8」の答えで、いちおう私の東アジア古代史研究発足の事情を話したつもりであったが、一九六三年あたりから古代史の枠をこえはじめてきた。それは次の「質問9」の答えではなしたい。

質問9　先生の東アジア史研究は先にご紹介しました四部作からなります。わたしども専門外の者にとりましては、「日本古代史から東アジア史へ」（『現代歴史学の青春2』三省堂、一九八〇年）での「後期倭冠期の日本人倭冠」に関する論述、「座談会　歴史学と学習運動――全体史と地方史の視座から」（『我孫子市史研究13』一九八九年）での「古代社会の渡来人」に関する御発言に先生の東アジア論もしくは世界観をわかりやすく理解することができます。そこで先生は「私がひたすら追求したのは、東アジアの人間・集団・民族・国家などの相互関係が形成する網と、その規制力や促進力」です、とおっしゃっています。
先生の東アジア社会論には示唆、触発、啓蒙されるところ大なるものがあるのですが、しかしそれでも、疑問なしとしません。時代によって違いはあるものの、中国、朝鮮半島、日本は共通性はあるものの相違性も大きいのではないのか。特に、日本は中国の文化、制度を積極的に受容しつつも、変容して独自のものといってもよいように組み替え、再構成、再構築したのではないのか、といったような疑問がすでに多く出ているのではないかと思います。この点についておうかがいできればと思います。

「東アジア世界」の解釈

藤間　この質問は二つの部分にわかれている。一つ、「私がひたすら追求したのは、東アジアの人間・集団・民族・国家などの相互関係が形成する網と、その規制力や促進力」。もう一つ、文化や制度など、中国・朝鮮半島・日本で、共通性もあるだろうが、受容するときの組み替えがあって同一性とは、言えないものがある。そうしたごちゃごちゃをふくめて東アジア世界といえるのか。
初めの方の問題は、後者の課題に直結しているので、それからとりあげる。儒教が中国からはいってきた。日本では忠を中国では孝を重視、中国人や朝鮮人は年長者を重くみるが、日本はそうでない。こうした見解に対し、大局的に儒教を見よと「変容」を軽く一蹴する。この考え方は、大局ということが発言者の主観で決められ、大ざっぱなものにしての理解を強制し、結果において忠や孝、支配者の目標とするものを押しつける。そうした経験のもっとも大規模なものが、先の戦争でのアジア主義とか東洋平和のためということであった。アジアの諸国や諸民族、多くの人々の実情どころか、日本の実情さえ確実に把握していなかった。

こうした経験の失敗を半世紀前にしているのに、またぞろ東アジア世界などと口にしてうって出ようとするのかと心配される方がいるかもしれない。もはや、そうした人は少なくなり、現在はアジア市場を平和のなかで求めたいということで、東アジア世界（「東」をとる場合が多い）に関心をもたれている方が多いというかもしれない。しかし今でも、というよりは、今また装いをあらたにした共通性・同一性（アジアは欧米と違い人情・非個人主義などの声をきく）をときたてて一つの世界、ここでいう東アジア世界を設定しようとする方がいるようである。この発想こそ一人よがりや同一性の強制を生み出す源である。東アジア世界といった用語はつかうべきでないとされる見解があるのも当然である。一九六〇年代の初め、この用語を私たちが使い始めた頃、批判あるいは軽視された経験がある。理由のあることである。しかし東アジア世界という用語は一般にも普及してきた。実態は明白ではないが、なんらかの形で東アジア世界というものが現実に存在しているためであると私は考える。しかしその認識は安易、したがってひとりよがりもある。東アジア世界は無視で済むことではなく、研究し、対決しなければならぬ課題である。

東アジア世界の研究方法の発足は、同一性や共通性がなくとも「一つの世界」を設定できるし、しなければならぬとする発想と認識が必要である。この「相互関係」の集積が「一つの世界」をつくる。この「質問9」で、「私がひたすら追求した」と紹介していただいた課題となるわけである。東アジアのこれまでの研究には、予想外に、このことが追求されていない。そのことを、東アジア史研究をはじめた頃の経験で指摘しておきます。

アジアにおける日本

一九六〇年は安保闘争の時期である。この事件は、まだご存知の方が多いと思うからコメントしないが、一言だけしておきたい。多くの人は民主主義擁護の闘争として理解しているが、歴史研究者のなかにはそれとともに、民族の独立とアジアの中の日本の契機でとりあげた方が多かった。

六二年のアジア＝フォード財団の中国近代史研究の資金供与反対運動はその一つの現れである。五〇年代にはさして見られなかった日本とアジアとの関係史の研究が出はじめ、一九六二年に発刊されはじめた『岩波講座　日本歴史』は意識的に、各時代のアジアと日本の関係を主題にした論説を掲載し、その他の叢書にも同傾向がでてきた。例をあげる。

一九六一年に、松本新八郎は「東アジア史上の日本と新羅」、六二年に、拙稿「四―五世紀の東アジアと日本」、西嶋定生は「六―七世紀の東アジア」、旗田巍は「一〇―一二世紀の東アジアと日本」、六三年に堀敏一は「東アジアの歴史像をどう構成するか」、私は上記の研究を参照しながら「東アジア世界形成の契機」を一九六三年の雑誌に発表した（上記諸論文の掲載の文献は、拙著『東アジア世界の形成』九四頁・一四二頁参照。春秋社、一九六六年。以下「拙著『東アジア』」と略称。上記の「契機」の拙稿は加筆して、拙著『東アジア』の「第二章 東アジア世界形成の端緒」として掲載）。

松本は、中国・朝鮮の政治的事件が速やかに日本に影響。西嶋は、中国王朝の冊封体制は内の貴族・官僚のみでなく周辺の国家も君臣関係としてとらえる体制を形成し、東アジア世界の構造となっている。旗田はアジア諸国間に構造的な関係がなく、諸国間の発展の間に内面的・必然的な関係はない。東アジアの統一的な歴史像はつくりがたいとして、松本説に反対。堀は旗田説に対し、日本でも唐に使節や留学生を送り、唐にならって律令国家をつくり、両国の関係は深い。堀はなお西嶋説の冊封体制説に同調し、中国が東アジアを全体として、一つの政治的世界を作っているとしている。しかしその支配・従属はルーズでアッシリア・ローマ・キリスト教的ヨーロッパ・イスラム等の世界帝国とくらべて、諸民族の協同性や統一性もなく、東アジア世界なるものは存在しないという説がうまれるとしている。

これらの見解はそれぞれ根拠もあり、論じなければならないが、拙著『東アジア』九四頁・一七八―八〇頁、あとがきvi―vii頁にゆずり、傍線部の「影響・関係・政治的世界・世界帝国」の概念をここで寸評する。内面的・必然的のいかんをとわずの影響・関係、政治的世界とか世界帝国の他国・他民族に対する影響。指摘はあるが、その出現のメカニックスはまったく言及がない。「世界」の名がついたから影響・関係が出現したのではなく、それは結果である。九～一〇世紀の中国・朝鮮・日本の間に出現した関係のメカニックスの探求に私は主力をそそぐことになった。

張弓福と東アジア

九世紀における新羅の張弓福が新羅・唐・日本をまたにかけ、新羅北方の契丹あたりまで目をくばった活動に焦点をおいた。拙著『東アジア』にスペースをとっているので、それの紹介を少しする。

日本の円仁が中国への留学と天台山などの巡礼をめざして八三七年に唐国に赴いた。しかし唐帝の仏教禁止に遮られて帰国をよぎなくされ、非合法な潜入をくわだてた。村の人から官憲があなたを捜査していると聞き、ついに日本行きの船で帰ることをきめた。途中新羅人の船に乗ったのがきっかけとなり、張弓福の唐国の拠点である山東半島突端の赤山に、連れてゆかれた。そこに赤山新羅院または赤山法花院とよばれる寺があった。ライシャワーの労作『円仁――唐代中国への旅』(原著一九五五年。邦訳、原書房、一九六三年)は、当時新羅房といわれた赤山は、新羅人の自治区域で新羅人は集団をなし母国語をつかって生活をしているとしている。円仁の「入唐求法巡礼行記」に基づくライシャワーのすぐれた研究の成果である。私もまたこの「行記」を研究した。弓福の指令によるのであろうが、新羅房の新羅人当局者の円仁に対する心あたたまる世話と円仁の入国を可能にする県の「公験」入手における唐の地元役所に対する新羅坊の発言力は、相当のものであった。一面、円仁非合法の上陸を早々につかんで捜査する唐の官憲の行動もしたたかであるが、皇帝権力を相対化して運営する地方官吏の能力も相当なものである。

張弓福は日本との貿易を目指し、これまですでに何度か使者を出し日本官吏の中につながりをもったが、太宰府の役人から拒否された。一方円仁は唐国の地元官吏から追い帰された。二人はともに国家の枠を越える行動をとった。円仁は目的の巡礼と留学を終えて八四七年に無事帰国。延暦寺で天台座主となり、大師の号は彼から始まり、天台教学のうえでも、おおきな成果をあげている。弓福が新羅人のみでなく唐の人を船に雇っての行動など、これまでの中国・日本・朝鮮にはなかった国家をこえての作業である。私がいう「東アジアの人間・集団などの相互関係が形成する網と、その規制力と促進力」の出現である。円仁が国家に属していることは問題ではない。国家から否定される側の人間との依拠を評価し、それの成果を見定めるべきである。弓福は政争にやぶれ、八四一年に殺された。しかしかれの国際舞台での活動の成果は消滅したのではない。

「東アジア世界」の創世期

新羅国九三五年滅亡の発端は八九二年の甄萱の反乱にあった。彼は弓福と同じく日本との貿易を計画し九二九年に日本に使者をだした。対馬に漂着した新羅人の送り返しを名目に日本の検非違使が通訳をつれて新羅の全州にいる甄萱を視察にきたとき歓待し、甄萱は日本への朝貢をしきりにつたえた。彼はまたかれと同じように、新羅政府の当局者に反旗を翻し、もとの高句麗の地を拠点にした海軍力を持つ王建と和睦するために、中国浙江省の呉越王に九〇〇年に使いを出し、呉越王の詔書の名のもとに王建と交渉をしようとした。国際関係を利用しての国内政治への規制である。計画は成功しなかったが、呉越王への眼の配りは注目すべきものがある。呉越王は、一面当時の日本に二度まで使者を寄越し、貿易は拒否されたが、日本政府の左大臣は呉越王に沙金二両、右大臣は呉越公に書状を、九四七年にそれぞれ贈っている。

なお拙著『東アジア』では、唐滅亡の前提になった八八一年の黄巣の乱による広東でのアラブ商人の大虐殺を取り上げ、すでに盛んになりはじめた唐代の南海貿易の状況を指摘した。当時新羅の留学生として、のち朝鮮でも有数の文人となった崔致遠が、黄巣の乱を現地で観察し、「おまえたちは、街のはずれや田畑の畦のあいだからおこったものではないかと」としている。人民一般でなく、街と農村の個別的な視野の下での観察は、これまでの反乱の考察に類をみない洞察である。九世紀の半ばからその末期、さらに一〇世紀にも視野をひろげての記載に、拙著はつとめている。つぎの問題を考察する方法をもとめるためである。九〇八年の唐の滅亡、九二六年の渤海の滅亡、新羅滅亡後の九三六年の高麗国の朝鮮統一、九三九〜四〇年の日本の将門・純友の反乱、東アジアにおける三十年余の間の反乱勃発を偶然の同時的出現とみるか、必然的なそれか。私の表現をもってすると「相互関係が形成する網と、その規制力と促進力」の契機でこれらの反乱を解明できないかとしているのである。

こうした課題と方法論をいだく私は、唐の制度が日本の律令制度の作成に大きな影響をあたえていることはみとめるが、そのようなことは、なおひとつのハプニングであって、東アジア世界は、七〜八世紀には出現していないと解釈している。

東アジア世界の形成は、張弓福が新羅・唐・日本などをまたにかけて活動した九世紀半ばから始まるとみている。新羅の旧慣に不満な彼は唐国にゆき、軍中少将に任じられ新羅に帰国した。こうした事例はかれだけではない。かれは政府に「中国人が我が国の辺境の民を掠略して奴婢としている。恥じるべきことである」と上言し、西海岸の清海鎮の大使に八二一年に任ぜられた。唐国でえた軍中少将の肩書が有効であったことはいうまでもない。これを機会に、新羅・唐・日本などへの活動がはじまり、唐国の人などを、自分の船で雇い、日本に派遣している。彼の活動が花を咲かせるのに、唐の世界国家的な状況が有効であったことはいうまでもないが、略奪されて奴婢にされる新羅国の人々の状況を粉砕しようとする彼の狙いは、たんなる出世主義者の行動ではない。

東アジア史の研究者が、東アジアと日本の関係は、時代あるいは研究対象により関係が深いとか浅いとかと指摘する。それ自体は事実ではあるが、多様な解釈が可能であることを痛感した。このため東アジア（またはアジアの中の）と日本の関係は通史的・全体的に研究した結果に基づいての評価でないと正確な認識が出来ないことを知った。一九六六年刊行の拙著『東アジア世界の形成』は、日本の時代区分で言うと、中世・近世すなわち一九世紀の初期あたりまでの東アジアの地域の状況を追求したのはそのためである。

近代東アジア史の研究へ

拙著『東アジア』の完結近くになった頃、中国近代史研究者の里井彦七郎から、魏源の『海国図志』が幕末期の日本に影響を与えたことを教えられた。すこし読んでいるうちに、アヘン戦争のみじめな敗北とその現実に真剣に対応できぬ清国政府の態度に魏源は、清国存亡の危機感をいだき、それに基づいてまとめた一六世紀以来一九世紀前半にいたるまでの世界史・世界地理の書が『海国図志』であることを知った。やがて清国の枠をこえて漢民族の危機感であるばかりか、世界とくにヨーロッパ列強の支配を受け、あるいはこれからうけようとする東アジアの民族や国家の通底高音がそこにあることを、理解できるようになった。その経世の意識と危機感が、当時の日本人のみでなく、李朝朝鮮の有為な人々にも感銘をあたえたのである。私の東アジア史研究は『海国図志』を媒介にして東アジアの諸国の近代史を統一的に把握することを目指すことになった。拙著『近代東アジア世界の形成』がそれである（春秋社、一九七七年。以下「拙著『近代東アジア』」と略称）。

一九世紀半ばの東アジアを中心としたこの書物をしあげた後、資本主義の世界がヨーロッパのみでなく、東アジア世界のものとなるとともに、いっぺんしてきた東アジアの日本・清国・朝鮮の相互関係を、朝鮮で勃発した一八八二年の『壬午軍乱』を瞰視点として、研究することになった。『壬午軍乱』の前後一八七〇～八〇年代における世界資本主義の利用に巧妙な日本と拙劣な清国は、東アジアの不協和音を増強し、近代化にたちおくれた朝鮮の境遇低下と平和を急速に抹殺することになった。『壬午軍乱と近代東アジア世界の成立』は、その歴史の叙述をめざした（春秋社、一九八七年。以下「拙著『軍乱と東アジア』」と略称）。

この著書についても、「拙著『近代東アジア』」の場合とおなじく、それの研究の必要と目標を記載すべきであるが、事態の複雑は記載にかなりスペースを必要とする。ここではこの拙著によってえた私の個人的な感慨の一端をのべるにとどめたい。『壬午軍乱』は、その後の一八九四〜九五年の日清戦争はいうまでもなく、一九四五年の東アジアの日本と中国の終戦、朝鮮の独立への展望を可能にするのに効果があり、東アジア三国のうちで自立化と民主主義の志向がもっとも日の目を見ることが困難であった朝鮮国土で、一九四五年への展望ができそうであるとの感触をうるとは、予想しなかった。

もう一つの感慨。一八八二年（明治十五）の『壬午軍乱』を契機に大拡張をはじめた軍事体刑の近代化と戦術・戦略の形成に貢献したメッケルの軍事体制の近代化論、たとえばその一つ兵站論は（一九七頁・二〇三頁など）、清国軍の日本攻撃の恐怖をとなえる日本政府の軍備体制強化の理論を撃破する有効な見解となしうるものであった。当時の自由民権論者の明治政府の軍備拡張論批判には、民力休養の一般論を出ない。当時のいわゆる民主陣営の近代戦認識の鍛えの弱さと一国完結主義的発想を、明治の挿話の一つとしてみなすべきではない。

両書は課題の集中性のため短い時期を対象とした。しかし通史的形態に基づく叙述になっている。日本や中国の近代史研究の肩車にのりながらも、そこにみられる近代主義と一国完結主義の方法論への批判の意図もこめられている。

なお拙著『近代東アジア』は、一九五〇年代に発足した民族問題の理論を一応まとめたことと、東アジア史の研究を媒介として、はじめて琉球史＝沖縄史をやまとんちゅうの日本史と不可分ではあるが、東アジア世界の一環であり、やまとんちゅうの国家のいかなる地域にも見いだすことのできない自立性と自律性を、これまた一応ではあるが体系的に叙述できた。予期しない喜びであった。

なお現在は一九七八年から発表しはじめた中国奴隷制社会の崩壊期＝終末的社会についての六篇の研究ノートによって、それの転換期になるのではないかと推察しはじめた五〜六世紀の北魏が、一北方遊牧民族の国家でなくユーラシア社会の矛盾の産物ではないかと考えられるようになってきた。そしてその国家体制・文化・制度を大局に継承する隋唐国家は、胡漢民衆の自由への志向による胡漢合一のそれでなく、ユーラシア社会の矛盾の視角でとらえる方法があるのではないかと模索している。

隋唐国家を、胡漢民衆の自由への志向による胡漢合一国家の形成とする学説は、川勝義雄・谷川道雄たちを中核とする一九六〇年代の初期から始まった「中国中世史研究会」の中国中世史研究過程から出現してきた。多数の専門研究者の集団的研究であり、すでにいくつかの輝かしい成果の発表がある。そうした成果をまなびながらの私の研究ではあるが、自分自身の歩みをしている。

それに現在の中国問題の動向に関心を抱いてはいるが、専門研究家の予想が外れやすい状況をみるにつけ、遠い昔のことを念頭に、なぜ中国は十二億の人間を抱擁しえているのか。そのきっかけを北魏国家の出現に求め得ないかとする考えを近来はいだいている。当初は日本の奴隷制社会崩壊の探求から出発した、中国奴隷制社会の崩壊の研究は、あいかわらずであるが、上記のような謎を抱えるに至っている。

質問10　東アジア社会論は特に近年のEU統合問題との対比で考えたくなります。ご承知のように、ヨーロッパ社会は西暦八年シャルルマーニュがローマ皇帝帝冠を法王から授けられた事実に端を発し、ローマ的要素、ゲルマン的要素、キリスト教的要素の融合が個性を決定したといわれます。近代ヨーロッパもその個性、共通性を継承し、ルネサンス、宗教改革、ローマ法継受をへて領域的国民国家を形成しました。王族の通婚、学問における共通言語としてのラテン語の使用、普遍宗教であるカトリックの信仰はそのような歴史的事実に根拠をもっています。EU統合問題もそのような歴史的経緯を踏まえて現代ヨーロッパが近代を超えて中世に先祖帰りするものだといわれます。

このような確固たる歴史的基盤のあるヨーロッパに対比して、アジア統合とはいわなくとも、「大東亜共栄圏」にかかわる「東アジア共栄圏」構築の条件はあるのかと懐疑的にならざるをえません。この点についてお考えをお聞かせ下さい。

藤間　御指摘の「EU統合も……現代ヨーロッパが近代を超えて中世に先祖帰りする云々」について一言します。

フランク国王シャルルマーニュは、現代のフランス・ドイツの領域を含む西欧地域を統一し、八〇〇年にローマ法王からローマ皇帝帝冠を授与され西ローマ皇帝となります。まさに西欧地域の政治的統合のにない手となります。しかしシャルルマーニュ体制は半世紀後には解体します。分立後の東フランク王国（ドイツ）のオットーたちは一〇～一一世紀にかけてイタリー王国に干渉し「神聖ローマ帝国」をなのりました。シャルルマーニュのローマ帝国の伝統を継承しようとしたのでしょうが、西欧の統合には役に立ちません。キリスト教という同一性も、カトリックとプロテスタントの対立＝宗教戦争を出現させ、ローマ的要素とゲルマン的要素は、ロマニステンとゲルマニステンの思想的・文化的な類型論をつくり出して互いに主張しました。いずれもヨーロッパ統合のための現実と思想に貢献できませんでした。

しかし宗教の対立は、大変な血を流したあとそれの違いを戦争に訴えて、その存亡を決することはしなくなりました。宗教改革はヨーロッパ人の結合に成果をあげました。しかしそうした宗教改革・ルネサンス・ローマ法継受さらに、人間の個性さえ共有し、さらに王族の通婚・学問における共有語のラテン語を使用しながら、どうしてヨーロッパは戦争をくりかえすのか。二〇世紀には二度まで世界戦争を出現する重要な原因となり世界的に多くの人間に被害をもたらした。日本もそれに一枚加わってはいるが東経六〇度以西のヨーロッパ・アフリカ・アジアの人々の苦痛に対するヨーロッパ中枢部の責任は重大。

同一性の存在は必ずしも統合の条件にはなりえないえないことを、EU形成以前のヨーロッパの歴史は示しています。もちろん同一性の不在が統合に有効であることもあります。要するに文化の同一性が統合に不可分とまでは言わないが、当事者の政治的・経済的などの条件に規制されると、お考えになっておられるのだろうか。EU発展のネックは、たとえ同一性が各国にあっても、それを所有する主体が「領域的国民国家」にあるとの御指摘は、そのことの表われでしょうか。「質問11」の問題になります。

答えを、それに移す前に、御質問の最後に「大東亜共栄圏」とか「東アジア共栄圏」構築云々の懐疑が出ている。アイロニーの気配がうかがえるが、すどおりしないことにしました。この言葉に近来関心が出てきたからです。ASEANという「東南アジア共栄圏」とか私称の「東アジア繁栄並存圏」がそれです。前者は各国の国柄の同一性を根拠にしての連合でなく、違いを認めあってのそれです。関係＝網論を追求している私には、そのほうが長持ちするだろうと思う。それら二つの地域を一緒にすれば「大東亜」に近くなるが、大きいことはよいことだとするのは子供だましであり、今の「共栄圏」や「並存圏」は日本を念頭におかないところでの出現であり、現実を配慮し、現地の人々の構想です。日本のなかでは、懐かしむ人やめくじらを立てる方もあるかもしれないが、それらに引導をあたえていただきたい。私などは、このあたらしい「共栄圏」「並存圏」という圏よりは、「共栄圏」をつくっていった国や人々に関心があります。その点について経済学の専門家である皆さんに御教示をえたいことがあるので、あとの関係個所（「Ⅲの質問12」）でとりあげさせてもらいます。

質問11　中世への先祖帰りが先生の言われるようにアメリカへの対抗と二度の世界大戦への反省からきていることは否めないと思いますが、EU的統合の試みすら東アジアにはない理由を再度おうかがいしたい。ヨーロッパではたとえ理念的にしろ普遍的性格をもった皇帝権と法皇権が存在する普遍国家が中世にあり、この普遍的国家から領域的国民国家がそれぞれ主権を主張して分立し対抗したのがその近代史でした。EUの試みはこの主権を溶解して普遍国家に還えるものとして捉えられる。中国・アジアに「主権」論が持ち出されたのはヨーロッパのように近代ではなく欧米諸列強の圧迫からの現代の解放闘争であったというギャップがある。ヨーロッパと東アジアの相違を「帝国」と「主権」というキーワードを巡って再度お尋ねします。

質問への感想

藤間　今回の「中世への先祖帰り」・「質問10」の「八〇〇年のシャルルマーニュ」へのあこがれを聞いていると、一九五〇年代の英雄時代論のことを私は思い出します。先祖がえりでなく敗北の痛恨の面が強いのですが、英雄時代についての次のようないくつかの研究を手にしています。北海道のアイヌのユーカラ（海保嶺保「アイヌの英雄時代」、『新しい道史』五八号、一九七三年）、外間守善・新里幸昭『宮古島の神歌』（三一書房、一九七二年。著者と現地の方の協力によって採集されたものの一つに「英雄的叙事詩のアーグ」が紹介。外間の解説、二四二頁）・比嘉春潮『新稿沖縄の歴史』（三一書房、一九七〇年。一九五五年から五八年にかけて、「沖縄民族の歴史」として『沖縄タイムス』に連載。この民族はフォルクとしてのそれで、当時ナロードノスチ〈民族体〉用語と共に我々も使用し、英雄時代論と裏腹の関係。一二六〇年に即位した英祖を「英雄崇拝思想で表現」、六四頁）・李佑成「高麗中期の民族叙事詩」（『成大論文集7』一九六二年。この時資料とされた「帝王韻紀」は入手しがたいが、佑成編『高麗明賢集1』A5判、二段組六四四頁の復刻版の一部に掲載。漢文による表現が大きな制約を英雄の叙述にあたえている点を佑成は、痛みをもって分析している。我々も『日本書紀』で同じことを経験した）。数は少ないが、今後の英雄時代研究の導きになるものです。

　戦前の若い時、先学のお話や、私の日本評論社時代の一九四三年に出版していただいた増田四郎『独逸中世史の研究』・石母田と親しい堀込庸三訳、ベロウ原著の一九四四年の『独逸中世農業史』などを通じて、錚々たる中世史研究の一端をうかがい感銘をうけた。「質問10・11」によると、ヨーロッパでのシャルルマーニュや中世への先祖がえりが、現在切実のようである。EU発足の時点をどの時期にもとめるのか、現在の私は不明であるが、時代の要望に即応した高度なシャルルマーニュや中世の歴史研究の出現が期待できる年数にはなっているはずです。遠くアジアの一端で、まだ僅かではあるが貧者の一灯で対応したいのです。

当方の願いをのべるのに急であった。早速、質問にこたえます。「質問10」の答えの箇所で次にふれるとした「領域的国民国家」の件。ヨーロッパ分立の原因はそこにある。同一文化の機能だけでは統合はいかんともしがたい。私も同感。それの主権を溶解して普遍国家に還えるのがEUの目標となると？　私には単なる領域的国家であるシャルルマーニュやオットーの国に還るように思える？　私の理解の困難は普遍国家の用語にあるようです。もうすこし「質問」の要旨をみてみる。「ヨーロッパの帝国と中華帝国という場合の「帝国」概念の相違いかん」、「ヨーロッパと東アジアの相違を「帝国」と「主権」というキーワードを巡ってたずねる」。

EUの今後の展望はともかくとして、西洋と東洋の相違いかんといった、古代ギリシャの昔から、ヘーゲル・マルクスのお歴々が登場する課題を、質問者は出そうとされたようにみえる。これは御勘弁ねがいたい。――荷が重すぎます。

一九世紀の東アジアの主権と宗主権

普遍国家・帝国・主権を手がかりにしての西洋と東洋の対比の仕方は、「質問9」でふれた西嶋定生説の「冊封関係論」（本稿「アジアにおける日本」。朝貢、負担のない臣、臣である国たちに戦争をするなとまれにいうことはあるが臣である国同志の関係は念頭にない。任官、国家ないし官許のみの関係、民間の関係は厳禁）を継承した浜下武志の見解と似ています。氏は一九世紀の中国の経済史や国際経済に詳しい研究者で、彼が提示している、一九世紀を主とした「東アジアの宗主圏と主権が交錯する地域世界」と「主権の確立した西洋の世界」の「相違」の議論なら、古代から一九世紀までの東アジアの「宗主権と主権」を通史的に大観しているので、お答えできます。

すでに次のような浜下の「朝貢体制」批判がある。氏のそれは「アジア史の流れのなかで展開してきた多面的相貌を持つそれというよりは、むしろ条約体制との対比において自覚される理念的なモデルであることも否定できない」（岸本美緒「アジアからの諸視角」、『歴史学研究』一九九五年十月号、四〇頁）。この「条約体制」は一九世紀のそれに即しての見解のようである。「朝貢体刑」の具体的な状態と論議をしっていただきたいので、拙著『壬午軍乱と近代東アジアの成立』の記載によってコメントする。

一八八二年（明治十五）朝鮮で「壬午軍乱」によるクーデター出現。このとき一部の民衆が日本公使館攻撃、公使以下日本に向かい脱出。知らせを聞いた日本政府は直ちに軍艦出動。当時朝鮮政府から嘱望されて清国に派遣されていた金允植と魚允中の二人は、クーデターの主が攘夷主義の大院君であることを憂慮し、日本はこの機会を利用し戦争におよべば大院君の敗走は必至。日本の朝鮮関与は明白。清国の外交当事者が急ぎ両人に反乱の説明をもとめたのを機会に、清国軍隊派遣によって、朝鮮の事件を収め日本との交渉を願った。

この発想は、かつて明軍が秀吉派遣の日本軍を撃破した経験や「冊封関係」に養われた金・魚両人の期せずしての出現といえよう。宗主権と主権の交錯のなせるわざとして、浜下が西洋との違いをここに求めているのかもしれない。しかし両人の発想はもちろん清軍海軍の派遣を決意して実行した清国の実務者は、主権意識を貫徹している。すなわち主権外交のテクニシャンとして行動しています。もう少し事態を紹介する。

清国の外交当局者は二人の発言に不安をいだき、朝鮮国王の出兵要請の文書をうけてからとは思ったが、日本公使の行動監視の必要を認め、海軍の派遣と外交交渉に堪能な馬建忠を同行させた。このとき政界はもちろん外交の大立者李鴻章の幕客（大物秘書）薛福成の専断が働いているようである。朝鮮の事態を知ることの少ない清国政府関係の中で、彼は李鴻章の命令で李朝国家が開国して以来、李鴻章の委託をうけて、朝鮮の外交指導のため朝鮮に派遣されて政府高官と接触し、朝鮮事情に詳しかった。暫くのちに彼は、李鴻章と訣別する練達かつ剛毅な人物であり、一八七四年（明治七）の日本の台湾出兵、一八七九年（明治十二）の琉球処分にさいしての旧琉球国王東京拉致も、脳中においていたとみられる人物です。

日本軍艦は急ぎ済物浦に到着。清国軍艦すでに二日前に目前の仁川に投錨。日本政府が東京で立案・計画した当面の朝鮮干渉政策は画餅になった。やがて馬建忠は金允植らと相談し大院君を拘置、翌日清国に送る。日本公使館焼き討ちは大院君がしかけたとして、実子朝鮮国王を責めようとした手段は空中分解。日本政府は朝鮮政府との直接談判を要求したが、やがて馬建忠の仲介で「軍乱」処置の条約が結ばれた。中国側の一切の行動は、宗主権主義の李鴻章が母の喪で故郷に滞在しているのを意識的に利用して行われた。

清国宗主権にたいする日本人と清国先進派の批判

今回の清国海軍の早々の出動と大院君の清国送りは、日本の各新聞をしていつも優柔不断の清国だが「支那、人なきに非ラザル感」と一斉に感嘆。一方三十歳の天皇明治は「朕祖宗ノ遺烈ヲ承ケ国家ノ長計ヲ慮リ宇内ノ大勢ヲ通観シテ戒備ノ益皇張スベキコトヲ惟フ……朕ガ意ヲ奉体シテ施行愆（誤）ルコト勿レ」と命じた。

清国艦隊の予期しない出動にたじろいでいた山県などの政府当局者に対する叱咤である。憲法作成の準備でヨーロッパにいた伊藤に、天皇叱咤の様子を知らせた山県の文面は彼の緊張ぶりを如実に示している。ショックは当時の自由民権運動家に大きかった。いっきというほどに、政府の朝鮮に対する強硬路線への批判はもちろん、これまでの軍備拡張にむけての反対論が消えさった。自由かつ民主的な民間の外交路線論の終息であった。この状態は、一九四五年の敗戦まで持続することになった。

これに伴うその後の事態は、後の一九四五年の敗戦を形成する端緒になるが、ここでの課題には縁が薄いので、この時未曾有の形で論議された冊封関係＝宗主権の問題にうつる。

民間の福沢諭吉と官僚の井上毅、中国側は薛福成の見解を紹介する。福沢はいう。清国は朝鮮を「属国」といい、朝鮮は時におうじて「貢献」する。しかし第二次アヘン戦争のとき、皇帝は地方に逃げ、膨大な賞金をだして降参したが、北京政府は朝鮮国に使いを出して知らせず、朝鮮は兵をだしてもいない。これでは「属邦」とはいえないとしている。井上は「軍乱」の際、京城に出張、そこで清国と朝鮮の関係史を書いた『同文考略』を入手。朝鮮・清国・日本の外交文書を朝鮮政府が類別編纂した大著『同文彙考』を簡略にしたもの。「所属」の実態はさしたるものではなく、朝鮮は自立している国だと、井上は山県有朋に報告している。薛福成も、中国に朝貢する邦は六国——朝鮮・琉球・越南・ビルマ・シャム・南掌——であるが、これまでの「冊封関係」では駄目である。自分たちの国は自分でまもるような人間をつくらなければならぬ。清国にきた人間には洋学・中国で刊行している条約公法を読ませなければならぬ。宗主国的な大人の風貌を示してはいるが、主権国家の人間スタイルである。もともと冊封体制の原則は、先の六国の相互関係は眼中になく、民間の国家をこえての関係をみとめないなど、中国はもちろん各国の内部の状況に関係することはすくない。宗主権と主権の機能は次元が違う。

一八八二年の「朝中商民水陸貿易章程」にみられる中国朝鮮国間の平等でない規定を、「宗主国と藩属国の関係」

とみる見解が現在の研究者の一部にあるが、その関係は国家の力と力の関係であって、宗主権と主権の関係で観察することによって、どれだけの現実認識に効果をあげうるだろうか。主権対主権の関係である。

一九世紀の冊封関係＝朝貢関係＝宗主権は中国自身の有為の人間によって批判され、実力に基づく国際関係の樹立を目指していた。古代以来の冊封関係の歴史のなかでそれは、最も腐敗した形で現れた。外交面＝「条約体制」の樹立にはなんらの効果がなく、その思いあがった清国政府の形式主義は、関係各国の軽蔑をもたらし、自強の意識を抹殺し、心ある清国人の外国勢力による清国分割の危機感を増幅した。また旧来の朝貢国も清国に期待をつなげばつなぐほど植民地・隷属地帯になる原因を増大させることになった。一九世紀のみではなく国家と名のった東アジアのそれは、力の大小はあるが主権を備えた国である。「主権は宗主権の中から登場」（浜下「宗主権の歴史サイクル」、『歴史学研究』一九九六年五月号、三七頁）した事実は寡聞にしてしらない。

唐国の世界精神と文化

それにしても「冊封関係」という名を一応つけはするがすばらしい世界をつくった事実のあることを触れないでは、東アジア世界に存在する重要な事実を軽視することになる。一言しておきたい。

皆さんは奈良の飛鳥・奈良時代の寺や仏像はよく御存知である。多くが渡来人の作品であり、その指導で作製されたことも周知のことである。多くの留学生が唐に行き、長年にわたる勉強を行い、帰るときには沢山の文物を手にしている。唐地での無償の贈りものである。日本との間は、冊封関係さえない。もちろん冊封関係をむすんでいる新羅など、同じような優遇を唐からうけている国は多数である。法のうえでは「夷」「蕃」であり「化外」である。

さきにあげた浜下の掲載誌と同じ号の石見清裕「唐代の国家と「異民族」」に「化外」と「化内」の地域区分論があり、両地の「価値基準」の違いのあることを「唐律名例34、平贓」の条で証明し、唐は「新しい統一国家なので……深刻な民族問題が存在したのである」（前掲誌、四一頁）としている。地域区分と「価値基準」の違いが、どうして「深刻な民族問題」になるのか、説明が無いので、該当の条文を滋賀秀三の訳註によってみる。盗んだ品物の値段の高い低いで刑罰の程度もきまるものであるが、その値段は盗みが行われた当時のその場所の値段できめる。「化外」の物価の値段はその「化外」で慣用される値段で行うということである。現地の自律別を評価している。石見は相違を差別とみて、「深刻な民族問題」と即断したのではなかろうか。中国の国家は常に専制君主の苛烈な人民支配が貫徹している意識のなせるわざである。

同じ「名例48」の「化外人相犯」の条を参照してみる。「化外」人とは蕃夷の国、別に君長を立てる者をいう。おのおの風俗があり、法も同じではない。そこでの犯人はその国の制や法でおこなえとある。この条にはもうひとつ重要な規定がある。異類たとえば高麗と百済が犯罪を行ったら、唐の法律で罪をさだめよ。滋賀秀三の解説をかりると唐の国内に滞在する外国人に対する法の適用で、両当事者が同国人であるときはその国の法で、相互が異国人（一方が外国人で他方が中国人である場合を含む）であるときは、唐の法律による。滋賀はさらに、仁井田陞が明律では外国法適用の可能性を排除したとの見解をつけ加えている（滋賀秀三訳註『唐津疏議訳註篇一』、律令研究会編『訳註日本律令五』東京堂出版、一九七九年、一九八―二〇二頁、二九七―九八頁）。経済の流通は刑法の運営を現地にまかす唐律の方法は、現地の風俗、慣習法はすべて否定して適用されたと聞いているローマ法とは、原則的な違いがある。

玄奘の『大唐西域記』・義浄の『大唐西域求法高僧伝』と『南海寄帰内法伝』・道宣の『続高僧伝』（唐高僧伝）、これら七世紀代のユーラシア史とはいえないがそれの貴重な資料となるユーラシア誌の出現、皇帝献上の『大唐西域記』の序文は東は入貢・西は官をさずけて支配は広大、パミールより向こうは胡俗と持ちあげながら、胡俗の記載は絢爛とした文化国としての記載であり、この叙述は千二百年後の一九世紀以来の発掘によってその真実が証明されている。『南海寄帰内法伝』の義浄は、インドの寺でたまたま唐本を手にした。みると新羅の僧慧業写記とある。寺僧にきくとここで終わった、年は六十余と記録している。国や民族をこえての悼みである。浄は南海の航路でインドに赴いた人で、故国を二五年はなれていた。

前にあげた新羅坊の存在、西は中央アジア、東は日本、北も南も国家はもちろん個人としても国内を往来し、人々の外国人への差別は見られない。冊封関係はあってもそれを越えている。これまでの世界史になかった国家である。遠い昔の歴史であり、この記載ではふれなかったが嫌らしいことも無いわけではない。しかし世界的に現在でも研究にあたいする教訓が、ここにはある。

これは漢民族のみのわざでない。一九九三年三月号の『歴史学研究』の書評（四六頁）に次のようにしるしたことがある。四世紀の終わりから五世紀のはじめにかけて仏教の奥義をもとめてインドにいった法顕をはじめとし、以後の七世紀にも多くの求道者がインドに向かった。この際、シルクロードの人々の心からの援助と協力、「中国は辺地、中国は末、インドは本」といった中国の古代以来の中華の意識と思想を、根底的に克服しようとする仏教徒の積極的な活動があった。僧祐（四四五〜五一八）の『弘明集』と道宣（五九六〜六六七）の『広弘明集』は仏教徒側からではあるが、中国古来の儒教・道教との論争の資料集が存在し、当時の熾烈な理論闘争のほどをしめしている。そうしたことが唐国の前提にある。たとえ前提があったとしても、それを継承し得た唐国とそこでの人々の存在は感嘆にあたいする。

東アジアにおける共通の言語

「質問11」によると、共通の文化はEUの形成・発展に第一次的な契機ではなく、二次的な課題であるように理解できるようになった。関係・網目論を追求してきた私としては同調を禁じえない。しかし関係・網目論を解明するのに、共通あるいは同一性の文化を手がかりにすることは有効である。東アジアにはヨーロッパのような共通あるいは同一性の文化は、ヨーロッパほどではないとしてもそれなりに存在している。すでにご既知の知識であるが、ラテン語とローマ法についての指摘を念頭において一言したい。あわせて東アジアで共通の課題になりえないかとする試案を出しておきたい。

まず共通語の件である。ここ三十余年来、私の東アジア史研究の礎石の一つである魏源の「魏源誕辰二〇〇周年国際学術研討会」が一九九四年の秋に湖南省の彼の故郷で開催され、招待されて報告・議論した。魏源の『海国図志』にある。「おおよそ南洋（中国ではインドをふくめ、それより東の全アジアを南洋といっている。日本は北南洋——藤間注）の要津はことごとくすべて西の都会となってしまった。大地の気配・天候も変わり、歴史の様子も、世の変遷につれてかわってしまった。南洋をしるすことは、実は西洋をしるすことになる」。一五、一六世紀のヨーロッパ人は初めて世界の発見をした。一九世紀半ばの中国人は、被支配と支配の世界、アジアがヨーロッパにされてしまった世界の発見をした（拙著『近代東アジア』七五頁）。幕末期の開明大名・公武合体派・尊王攘夷派・佐幕派・討幕派、ようするに、幕末動乱期になんらかの現状の批判や変化を志す人々は、思想・信条の相違をこえてこの書物によって、世界の状況を知ろうとしたし、知った。日本の各地さまざまの形で『海国図志』は出版。熊本藩の横井小楠はこの著書によって開国の必然に目がさめて鎖国の考えを止め、西欧文化の摂取と今後の社会の方向についても学ぶところがあった。

『海国図志』の読書は、すべて漢文の原典でなされている。高杉晋作が上海で清国人から当時の大動乱の太平天国の反乱をはじめとする現地の情報獲得を筆談でしている。筆談は徳川時代の朝鮮使節との間でもさかんにおこなわれ、儒教の理論的な問題もこなしている。朝鮮人と中国人の間では尚更である。ヨーロッパのラテン語が学術論文に通用している旨は聞いているが、朝鮮や日本での漢文の通用の浸透は、ラテン語のそれを越えるのではなかろうか。

一九七一年に出版された中村真一郎の『頼山陽とその時代』は多くの読者をもっているから、経済学畑の方もご存知であろうが、一八世紀後半から一九世紀はじめの時期は、漢詩が日本の知識人の感情生活の表現として活用され、良い作品も出ている。それもけっして少ない数ではない。中村がいっている。「山陽は百年前には十人の九人までは代表的な文学者とよばれたろう。百年後の今日ではわずかに老人たちがわかいころ読んだといい、中年の人々は昔は偉かったらしいという記憶だけを持ち、青年たちはほとんど、聞いたこともない名だと答えるだろう」。しかし中村の本を読んだ人は、今の若い人でも関心をもたないであろうか。今後はともかく、漢詩・漢文・筆談といった同じ文化とそのコミュニケーションの手段が東アジアに広範に存在していた。

東アジアにおける共通の法

次は、ヨーロッパにおけるローマ法の継受に対比するとは言えないが、中国の唐律・唐令はもうすこし検討してもらいたいのである。突忽な例で恐縮するが、連想するので寛容をえたい。一九九六年の現在、沖縄の「米軍用地強制使用の公告・縦覧」を強制する日本政府と沖縄県とが対立し、法律の適用が現在論ぜられている。この事件は何らかの形でおわるのであろうが、私に思いだされることがある。琉球王朝がまだ続いていた時のことである。国家謀叛の疑獄事件で、死刑が予測された琉球の開明知識人が死を免れ、その後の琉球政府にもよかった収束が、唐律の参照のみとはいえないが、一つの効果をあげたのである。

一八七九年（明治十二）、「琉球処分」の名で知られる軍隊と警察を動員しての琉球王朝抹殺の二〇年前の一八五九年。琉球政府の高官を含む開明有力者四人が薩摩藩と手を結び国家の転覆を計ったとして守旧派から告発され、逮捕され峻烈な取り調べが始まった。守旧派は彼等を死刑に追い込み自らの覇権の確保をめざした。結果は入獄・流刑はあったが、守旧派の計画は挫折し、そのうちの有力者の一人は憤死した。事件の調書、「牧志恩河一件調書」を見ると、取調べは一七八六年に完成した『琉球科律』に基づいてなされ、取り調べは、軽々しく拷問をせず、証拠跡証によって行うべきであるとされている。実際には拷問が行われたが、告発に指摘された「十悪」に含まれる謀反の証拠は、書状・手紙などの類にもない。ゆえに謀反の罪で罰することはできないと、「調書」はしている。『琉球科律』は清律を手本としているが、唐律その他の律を参考にしてつくり、その活用のために清国の判例、琉球の風俗習慣を活用して裁判を実施している。一八一五年には、中国の律研究のため王国は二人の官吏を四年間に及ぶ留学を清国でさせ、科律の運営に役立てている。『琉球科律』はかつて、支那法典の引き移しで実際は使用されなかったとされていた。沖縄の崎浜秀明によって、実用のほどが証明された（「沖縄歴史研究あれこれ」一九五九年。『比嘉春潮全集』第二巻、沖縄タイムス社、一九七一年。宮城栄昌編『琉球科律・糾明法条』吉川弘文館、一九六五年。拙著『近代東アジア』三九六―九七頁）。江戸時代の肥後藩のように明律を参考にして刑法をつくるなど、中国の法は江戸時代には参考にされている。さきにあげた明律・清律といった中国の律は、唐律に源泉がある。

唐律（唐令を含め）は日本・朝鮮・ベトナム・契丹での法作成の模範となり、中国のその後の王朝でつねに参照された。日本の江戸時代からは律令学の伝統があり、我々もみぢかなところで、一九二〇年代から成果の発表のある中田薫以来、仁井田陞・滝川政治郎・滋賀秀三などの業績をもっている。もちろん中華人民共和国・大韓民国・朝鮮民主々義人民共和国・台湾にそれの学統のあることはいうまでもない。ただベトナムの阮朝で一八一二年につくられた「国朝律令」は清律そっくりで、ベトナム固有の慣習はないといった意見がある（山本達郎編『ベトナム中国関係史』山川出版社、一九七五年、五〇三頁）。かつての『琉球科律』の評価を思う。私はベトナム法を知らないから発言できないが、私たちは唐令そっくりの『令集解』の本文に該当する注を捜し求めて比較しながら、当時の社会や経済の実情をしらべてきた。戦後の日本古代史研究発展の一部はこの方法にしてなされたのである。ローマ法は私法の面の継受が主となっているが、唐律・唐令のその後の継受について、批判的なそれの有無を知りたい。

ヨーロッパのローマ法の研究者がそそいだほどの力が、唐津・唐令とその継受の研究に流用されたら、東アジアの各国の法の相違性と同一性はさらに明白となるのではなかろうか。それほどのものはなかろうといった見解もあるのかもしれないが、先の沖縄の科律や頼山陽の忘却と同じく、東アジアの遺産が必要以上に無視されているとの感慨もなくはないのである。

こうした共通の文化があるから、結合と言っているのではない。あまりに東アジアの状況がないがしろにされ、日本のことさえ分からなくなっているので、各地の事実の発見と理解につとめ、それらをなかだちにして、つながりとそれの解明につとめたいのである。

近代出現期の東アジアの共通課題

「質問9」の答えで指摘した（本稿「「東アジア世界」の創世記」）、一〇世紀前半期における東アジアで同時的に各国で出現した変革に類似する課題が一九世紀にある。さきの魏源の会の報告の経験で、その思いを強くしている。笑い話かもしれないが、座興の一つとして聞いていただければ幸いである。

中国・朝鮮・日本の学者の魏源の認識に、世界史的な研究が不足しているとしたわたしの発言を、会の最後の総括のなかでとりあげていただいた（『魏源与近代中国改革解放』五六五頁）。

魏源を中国一国の課題として取り上げ、日本における魏源の影響も魏源がすばらしいからといった視角ですましてよいのか。日本ばかりでなく当時の朝鮮にも大きな課題をもたらしている。魏源はあたかもリトマス試験紙のように、魏源に対する三国それぞれの対応程度の違いは、その後の三国それぞれの独立・半植民地・植民地の運命の予知を可能にさせるものがあるとみられる。魏源はすばらしいとする顕彰の会ですましてよいのかとする意図で報告した。もちろん私の見解は僅かな時間の報告である。納得できないし理解していただくのも困難であったろう。それでも二〇分の定刻を三〇分報告させていただいた。そうしたなかでの摂取である。

この会に大韓民国・朝鮮民主々義人民共和国の出席者がいなかったのは残念であった。私は報告のなかで韓国の李光麟の業績を紹介した。たまたまその抜刷を光麟のもとに送ったところ、わずかなスペースであったのに、喜んでいただいた。日本の歴史研究者もおなじだが、中国や朝鮮の両国でも、一国完結主義の方もあろうから、中国・大韓民国・朝鮮民主々義人民共和国・台湾の研究者の見解をききたいのである。

なお魏源を手がかりにしての上記の課題は、一九八七年刊行の『壬午軍乱と近代東アジア世界の成立』（「あとがき」三七七―七八頁）で、つぎのように補強している。一八六四年清国の太平天国の敗北による清朝国家の持続、六八年徳川幕府の滅亡による近代天皇制国家の成立、七三年朝鮮の大院君政権の没落と武装解体の閔氏政権の成立、わずか九年のあいだに相次いで出現したこれらの政治的事件を、国家の自立と現状改革の志向をよりつよくもっている者たちの勝敗の状態の視角でみると、日本・清国・朝鮮の三国は、自立と改革を目指した者の勝利が相対的に大きかった順序でならぶことになると、私はみます。そのことが一九四五年にいたるまでのそれぞれの国家の独立・半植民地・植民地の状態に即応しているとこれまた、私はみます。わずか九年のあいだに直接の関係をもたない三つの事件ですが、共通してその後の各国家の命運に関係するターニング・ポイントになっています。一九七七年刊行の拙著『近代東アジア』以来の懸案です。東アジアの三回の歴史の大きな流れを、以上のような評価をしますが、その流れの中にみえる次の渦巻きをこの拙著でとりあげましたが、皆さんはどのようにみますか。

歴史の渦巻き

本稿「東アジアにおける共通の言語」で、『海国図志』を熱心によんだ人の例として横井小楠の名をあげました。同じ人として塩谷宕陰がいます。共にすぐれた学者で、世の中のうごきに強い関心をもっていました。横井は熊本藩士ですが、塩谷は幕臣です。両者の『海国図志』の読み方に違いがあります。横井は清国は旧弊だから、アヘン戦争にまけた。これが当時の一般的な見方。塩谷は『海国図志』の造本の粗末さからみてあまり売れず、清国皇帝には相手にされていない。魏源は報いを期待しない忠義の人だと、自分たちで出版した日本版の『海国図志』の序文に書いている。その同じ序文のなかで、二百五十年前に始まった秀吉の朝鮮侵略と戦った李朝の政治家で、この戦争の的確な戦争記録者であり、対抗の弱さについての反省の書である『懲毖録』とその著者柳成竜をとりあげ、その著書の量は『海国図志』に及ばないが、ともに立派な著作であり、魏源とともに忠義の人物であると顕彰している。

『海国図志』に傾倒する人は多いが、それを著作した人間とその境遇に思いを致した人は少ない。横井もそのことでは同じである。アヘン戦争の勝敗のみに関心をよせ、西洋式軍法を創始した高島秋帆のように、アヘン戦争をもたらした英国の理不尽な態度を批判する『海国図志』の読者はほとんどいない。横井もまた同じである。塩谷は、幕府の依頼もあったが、当時としてはもっとも豊富な清国におけるアヘンの被害状況の報告書を編纂し、英国の犯罪行為のもっとも正確な日本人の中での告発者である。横井は明治政府の参与として早々と起用され、まもなく暗殺されたが、彼のプラグマ主義は、明治官僚の共有精神である。塩谷は幕府滅亡以後、生涯を在野ですごした。この明治政府と幕府に仕えた二人の人物の態度を、私は本稿「資料３」で引用した呉相淳の「昼と夜」の対比とあわせてみると、さきに私がのべた東アジアにおける各国近代史の「歴史の大きな流れ」の評価に総括性の欠落があることに気がつきます。

「歴史の大きな流れ」の視角のもとでは、中国・朝鮮の人間についての歴史に裏打ちされた幕臣塩谷のような認識と尊敬、魏源のようなすぐれた人物を見知らぬ清国皇帝に対する痛烈な非難、こうした統一的視野の居場所はありません。明治の状況は後者の面の拡大が幅をきかしていきました。二〇世紀末の今日でも、我々のアジアにたいする認識と行動の選択に際しても、もっとも困難な課題ではないでしょうか。

塩谷の『海国図志』の序文は、幕末の枠をこえ日本近代思想の面でも重要な課題を提起していますが、とくに私には、生活地盤と研究の関係を検討するとき、他人事でない関心をいだきます。

それにしても明治国家に批判はあっても、また歴史の総括的認識の必要をしっていても、明治政府のかわりに徳川幕府・清国政府・李朝朝鮮の道を選択する気持ちにはなりません。歴史の流れによぎなく滑っていかざるをえない自分たちの敗北を自覚しながら、全体的認識に基づく歴史の渦巻きに注目し、事件参加の態度で解明につとめ、未来に期待したい。

Ⅲ　二〇世紀社会主義と人類・民族の諸問題

質問12　ロシア革命以後の社会主義国の歴史的推移は伝統的理論ないし理念からすれば後退に後退を重ねてきたと言えるかと思います。先生はスターリン批判以後の社会主義国の歴史的事件についてはその都度ご見解を発表してこられました。社会主義の行く末についてはただならぬご関心をもっておられると思います。このテーマについても比較的近年の著作である「東欧革命と天安門事件に直面して――国家論への関連として」(『近代における熊本・日本・アジア』所収、一九九一年)をもとにお尋ねしたいと思います。

東欧革命における共産党政権敗北の根本原因は、「政治機能の過大評価と経済的・社会的契機の過小評価にあった」と述べられています。重要なご指摘だと受け止めます。しかし、これは東欧革命に限らずすべての社会主義革命に共通することではないでしょうか。社会主義における過剰な政治主義的、イデオロギー的側面、濃厚な倫理的、理念的意味合いは、政治における理性もしくは理念の果たす役割を過信したということかと思います。つまり、柔軟な経済、社会的対応ができなかったということかと思います。

ご指摘のような歴史的教訓を踏まえた時、今後はマルクス主義者としての先生はどのような課題を再検討すべきだとお考えですか。

藤間　質問にあるように、私は社会主義のゆくすえに深い関心をもっている。とうぜん社会主義国についてもそうです。

社会主義国とされる中国はもはや社会主義国ではない。ソ連邦もその社会主義国とは言えなかったのではないか。そうしたことが口にされるのに、なぜ関心をもっているのかといわれるだろう。私は両国とも社会主義国だとかんがえているからです。現在のロシアは社会主義国ではないが、そのことはかつてのソ連邦が社会主義国であった歴史的事実を抹殺することはできない。

紹介の中で取り上げていただいた拙稿「東欧革命と天安門事件に直面して――国家論への関連として」（一九九一年）をはじめ、それより一二年まえの一九七九年発表の「民族と社会主義国――現代世界史についての一つの覚書」（拙著『東アジア世界研究への模索』掲載。以下『模索』と略称。校倉書房、一九八二年）、一九九二年発表の「ペレストロイカにおける民族の問題――一・一三事件から三・一七国民投票に至る歴史構造」（『熊本学園創立五〇周年記念論集――経済学部編』）は、時評ではなく歴史として叙述した。一九七九年論文は表題だけでは、対象がわかりにくいが、中国とベトナムの社会主義国同志がなぜ戦争を起こしたのか、社会主義国の一国完結主義的な生産力構造に基づいて考察し、社会主義国間の通商機関であるコメコンの検討をこころみた。八一年の夏、大学の永井博教授夫妻に同行を願って、ポーランドに出かけるきっかけになった。

これらの小論が素人の見解であることは自覚しているが、一九七九年の拙稿でユーロコミュニズムとそれを批判するトロツキストのマンデルが、ともに一国完結主義的な経済理論であり、六九年の「プラハの春」を作った人々の安易な西欧依存意識と実質的にはおなじような一国完結主義があると批判をした。九一年の「東欧革命」によって出現した新たな政権には、マルクス・ルネサンスの当事者も参加していたが、そこでの経済理論は、周知の「市場の物神化」以上のものではなかった。新しいとされたマルクス主義研究は文献学以上の何物でもなかったのである。

後に「『資本論』解釈学の肥大化が、我国マルクス経済学の均等的発展の癌である」との指摘を知った（高須賀義博『マルクス経済学の解体と再生』御茶の水書房、一九八五年、八七頁）。ことは日本だけのことではなかったのであった。「市民社会派」の平田清明の流れにつながる山田鋭夫は、高須賀の「肥大化論」を引用して反省を示し、「科学変革と社会変革を不可分の両輪として発見したところに、市民社会論のひとつの現在がある」(「市民社会論の現在」、平田清明・山田鋭夫・八木紀一郎編『現代市民社会の旋回』昭和堂、一九八七年、二―三頁)。長期展望の下に、これらの成果に学ぶしかないようである。当面の私は東アジア史の持続の中によるべき道をさがすことにしている。

たまたま角松正雄の『国際マーケティング論』をみることができた。「多国籍企業問題は、独占と金融の支配→資本の輸出→国際カルテルによる世界市場の経済分割(ここまではすでに知っている――藤間注)であっても、その資本輸出=多国籍企業に連なると、その植民地制度の崩壊、EC市場の創立、経済国際化の進展というまったく新しい世界市場の舞台の様かわりと相まって、資本の国際化のあたらしい段階=国際的寡占間競争の強調、国家との関連の変化をうみだしている」(有斐閣、一九八三年、一九二頁)に、目が止まった。しかし「植民地制度の崩壊」「寡占」の二項については、反論が今日も出ている、私なども現実の問題として危惧の念を禁じえない。しかしこの二つの契機を現実化し、性格にまで転化しようとする意欲とその方法論化に、注目せざるをえない。大経営の松田製作所がフォードに合併された現象なども、かつてなら国民感情論で評価しかねない状況を淡々と受け取れる根拠を、国際マーケティング論は提供しようとしています。

すでに研究が始まっているようであるが、香港・韓国・台湾・シンガポールといった小国が今日命運を保つのみでなく自立的に発展し、周辺の国々とも連係をもって、自己の防衛や経済活動にも役立てている。その世界市場の積極的な活用の知恵と行動に括目している。

こうした世界市場視角への重視は、ヨーロッパ連合も、連合自体が目的でなく、世界市場をより良く活用するための手段と見させるようになり、「質問10・11」に窺われる、EUの絶対化は私には影のうすいものになってしまう。「東アジア世界」の場合も、アセアンのような現実が存在し始めている、その命運の将来は疑問とする見解もあるが、その場合でも、つぎの課題は依然として残る。

一九七九年、OECDは「新興工業国の挑戦」のレポートを発表した。六〇～七〇年代に、そうしたニックスの事例として、南欧四カ国・中南米二カ国・東アジア(東南アジアを含む――藤間注)四カ国計一〇カ国をあげた。目敏い認識である。しかし八〇～九〇年代の今日、それに適合するものが、「東アジア四カ国」に限られているようである。なぜであろうか。アジアニックスは消滅するだろう、といっているだけですむものでもない。

存続の基本は世界市場の活用にあることは、否定できない。しかし「人・団体・民族・国家などの諸関係とその網目の存在と形成、そしてその網目の規制力と促進力」の面で、この東アジアが他の地域にないものを存在させていることを考慮にいれないわけにはいかない。その実情の把握はいまだしのようである。

「東アジア世界」も相対化して観察する視角の必要もさけがたいようである。状況の流動性はさけがたいが、世界市場を根拠に生きているアジアニックスはアフリカ・インドなどの人口増加国の活力——先進国における人口停滞に対比して——とは、いかなる関係をもってくるのか。もちろん日本との関係もまた。

質問13　古代、中世および近代の政治の経験から、西ヨーロッパでは「政治」を相対化する思考すなわち政治権力の役割の限界とその機能の制約が共通の思想として発達し、そこから政治的理性（理念）の批判すなわち政治の過信（政治主義）への警告がおこなわれてきました（自由主義など）。旧ソ連の「国権型」社会主義はこの思想からの逸脱もしくはそれへの対抗とも考えられます（この発想の根底の究明のためにはマルクスやレーニンまで遡っていかなければならないと思いますが）。中国や日本の政治史をも含めて考察した場合、やはりそこに見られるのはアジア的専制主義の貫徹でしょうか、それとも歴史的条件や民族問題などによるそれぞれの国家の特殊性（覇権主義や開発型独裁など）と見るべきでしょうか。

藤間　西ヨーロッパの自由主義とアジアの専制主義の伝統に基づく認識。旧ソ連の「国権型」社会主義からの逸脱も、西ヨーロッパの自由主義への志向のためである。ついで「国権型」社会主義の根底としてのマルクス・レーニンの根底までさぐるべきである。マルクス主義の社会主義を信条としている私への当然の質問としてうけとっている。

三箇の課題がだされた。二番からお答えする。恐らくそうだと思う。しかし質問者自身、人々の期待は幻想におわるとみておられるのではなかろうか。一番目の発言と関連するが、当の西ヨーロッパ人自身が、特に我々ヨーロッパ以外の人間にも感銘をあたえる方の言論をみると、西ヨーロッパの自由主義万歳と言っている見解は少ない。西欧の自由主義を強調する場合も、それが形骸になっているとの告発の下でなされている。そこにこそ西ヨーロッパの自由の深まりを知るのであるが、それにたよっての局外者の西ヨーロッパの自由主義渇望の一般論では、西ヨーロッパ人にいらだちを与えるのではないだろうか。三番目の課題については、先の「質問12」で紹介した平田清明のような研究は参考にはなるが、われわれとしては、マルクス遺産の在庫調査のみでなく歴史過程の研究を期待したい。それもソ連といった一国完結主義でなく社会主義国の出現が、世界の労働者・農民・知識人・民族そして世界資本主義体制の資本家・大地主・王公・貴族たちにどんな影響をもたらしたのか。本家はだめでも分家、それどころかこれまで縁のない人が時代と地域をこえて志を継承する者さえある。要するに世界史的・人類史的な研究を私たちは、してほしいのである。

最後の個所に「開発型独裁」の件がだされたが、これは第二次世界大戦後に出現したアジアニックスなどの課題として考えたい。研究もしていないので、「開発型独裁」の用語のからまわりに終わりたくないとの考え以上に出ない。

質問14　ソ連、東欧における共産主義の崩壊に際しては、衛星通信による国際的な通信ネットワークが重要な役割を果たしたと言われています。産業・技術水準と社会システムの関連は重要で、今後の国際的な高度情報社会の進展を不可避とすれば、社会主義であると否とにかかわらず今後はいかなる閉鎖的な政治・社会システムも存在が困難になるのではないでしょうか。

ソ連、東欧の共産主義政権の崩壊に際しては暴力的、破壊的側面が極めて小さかったことは政治的・社会的成熟度が高まったというより、この高度通信ネットワークによるところの方が大きいのではないのかというのが率直な印象ですがいかがでしょうか。

藤間　「高度通信ネットワーク」の機能の大きいことは、お説のとおりです。ただ一九九〇～九一年にかけての湾岸戦争の時、一切といってよいほどの通信ネットワークの禁止を、アメリカの軍部から受けました。こうした事態をいかにこなそうとしておられますか。

質問15　ソ連崩壊の契機となった東欧革命の背景には、高度情報通信の発展ということもあるかと思いますが、それよりはやはりポーランドやチェコスロバキア等の東ヨーロッパの「市民社会」の成熟ということがあるのではないでしょうか。外からのインパクトとともに、内からの変革の要求を可能にした自立した一定の市民層の文化的・政治的成熟という視点が重要だと思いますが、先生いかがでしょうか。

藤間　「市民社会」の成熟を基準にされると、市民社会が成熟しないところのすべての騒乱は必然的に騒乱に帰することになりませんか。西欧以外のすべてのハプニングは全部が駄目、駄目は必然となって免罪符になりかねませんか。それともよそからの棍棒で始末する方法しかないことになる。歴史を見ていると、内乱もあるが平和もある。「別に、市民社会の成熟」がないと、どうにもならないものではない、「市民社会」大国の武器輸出こそ問題。

質問16　ゴルバチョフはソ連崩壊の歴史的功罪を一身に負っているわけですが、現在ロシアでは大変不人気な政治家です。しかし、ゴルバチョフの『回想録』は歴史書としては一級品だとの評価も高いようです。先生もこの『回想録』には注目されているようですがコメントをお聞かせ下さい。

藤間　印象は大きい。ゴルバチョフには期待していました。さきにあげた「ペレストロイカにおける民族の問題」は一九九一年の春、大学の「海外事情研究所」で報告し、一枚の原稿としてかきあげたのが八月二日。その一六日後の八月十八日にクーデクーで失脚、同年十二月三十一日にソ連邦解消。十二月の校正のとき四頁の「追記」を挿入、その中で「書き加えたいことはあるが、基本的なことでは、書き直したいことはない」とした。今でもそうです。

日本の一九五〇年代の民族問題や東アジア史研究で得た認識の紹介、ソ連の伝統のある民族学のわずかではあるが参照、ソ連全地域と各地域の状況への配慮、翻訳ではあるが彼の主なる論文の多くの参照の下で記述しました。勉強になりました。昨年の九五年二月、彼が朝日新聞社に呼ばれて開かれた東京赤坂の講演会に出席、その風貌を初めて見ました。

今度の『ゴルバチョフ回想録』二巻（新潮社）、ぜひ皆さんにお読みすることをおすすめしたい。一九七八年に中央委員会の書記になって以来、九一年までの世界史を支えた人間と国内改革挫折の悲愴劇が、ここにいきづいている。

先の拙稿の校正の時、彼が「社会・政治」のシンクタンクを作るとの新聞記事を見ました。彼がその組織を活用すれば、単なる社会主義論にこだわらない、今後の世界の展望に貴重な貢献が出来るに違いないと期待していました。今度の『回想録』の初めに掲載された「読者へ」の項に、五人の「ゴルバチョフ財団職員の名をあげて、本書完成に欠かすことのできない仕事をしてくれた」とある。今後の出版も期待できそう。日本のどこかの出版社が動かないものでしょうか。

そうした期待の人が、敗北は事前に分かっていたであろうに、どうして大統領選挙に出馬したのか。こうした人間はアジアにはいそうですね。またゴルバチョフにたいする世界の評価は高いようですが、ロシアの民衆や知識人の気持ちや認識は低い。ペレストロイカにたいする評価が低いのも、わたしには理解しがたい。彼等の背中をたたいて、どういうことになっているのと、聞いてみたい。この様子では『回想録』もロシアでは売れていないのだろうか。先の「ペレストロイカにおける民族の問題」を書いたとき、ゴルバソ連の人々の論説を訳を通しいろいろみましたが、ゴルバチョフのそれは、他の人のものとくらべて、一段と高いと、今日でも同じ評価を持続しています。

Ⅳ　熊本・アジア・世界――二一世紀に向かって

司会　先生は一九七一年に当時の熊本商科大学に赴任されました。先生の熊本商科大学への赴任に際しては、北古賀勝幸現理事長がプロモートされたとうかがっています。北古賀先生が埼玉の方ではじめて藤間先生にお目にかかられた時、藤間先生は和服、下駄履きでお出でになられたという噂がございますが、これは真実でしょうか。

北古賀　ほんとですよ。夏でしたので、私も赤いポロシャツを着て、上着を手に持っていましたので藤間先生もおやっとぐらいは思われたかもしれませんね。

司会　北古賀先生、令名高い歴史学の大家を熊本商科大学のような地方大学に迎えるについてどんなことをお考えでしたか。

北古賀　本学の名前が全国的に広く知られるようになるのではないのかということももちろん期待しましたが、藤間先生は学者としてだけではなく、政治的経歴、活動でも名前が鳴り響いていましたので、地方私立大学としての本学の性格を考えますとその面のことが若干気にならなかったと言えば嘘になりますが、それはまったくの杞憂に終わりました。

私も含めて学問上の刺激を大いに与えていただいてほんとによかったと思っております。お酒を召されたらなおよかったのではないでしょうか。

藤間　「お酒を召されたら、なおよかったのではないでしょうか」。ひやかしの一言なのででしょうが、私には昔のことが一気に思い出されることがあり、感慨を新たにしました。こうした素直な発言は今に始まったわけではないが、私をよろこばせています。

それにしても野にあって、インフレの到来にびくついていた私を拾っていただいたのは有難かった。長女はすでに五十歳をこえていますが、三人の娘たち、今でも熊本行きはよかったねといっています。今といえば藤間温泉の名は定着したようだが、藤間のごときが？　瞬間湯沸かし程度のものとみなされていたようである。今もってわりあい健康で、今度のような「語り」をなしえたのは、司会の岡本さん（あとがきに近いのだからさん付けをご了承ねがいたい。そうでないと形にならない）に引きずられたせいもあるが、温泉のおかげもある。いささか近来は温泉でふやけた気配もあり、「語る」にその片鱗が出ているかもしれません。その節は御寛容をねがいます。

こうした温泉付きの我が家を手に入れるように配慮されたのは、わが北古賀さん（あといくらもないので、以下の御名前にはさんを付けをさせていただく）。感謝の至りである。

司会　地方での研究のハンディといったこともお感じになることも多かったのではないかと思います。北古賀先生はじめ本学の歴代の学長は研究活動の奨励、支援にはご熱心です。そのおかげで著名な研究者をお招きして研究会を開くことができ研究上の刺激になってきました。先生もよくご出席になられました。本学での研究活動についてのご感想はいかがでしょうか。

藤間　「地方の研究のハンディ」は同感です。しかし東京や京都にいっても同じではありませんか。要は議論ができるかどうかの問題だと思っています。

次のような経験は刺激になり印象にのこっています。私が大学にきてまもないころの研究発表会で、魏源を報告しました。青色リトマス試験紙の利用のようですね、といわれたのは岩野茂道さん。そのことを名前をあげないで「質問11」の答え（本稿「近代出現期の東アジアの共通課題」）で書いた。めずらしく酒落た言葉をと目敏くも気付かれた方もあったかもしれない。いよいよ「語る」の最後になりかかって角松正雄さんに、レクチャーをお願いした。今頃になって角松理論をのぞく恥ずかしさはあったが、そんなことにかまってはおれないと、「文責記者」で勝手な引用をさせていただいた。北古賀さんには随時だが、たまたま拙著の『近代東アジア世界の形成』で所有論をのせたいので調べていた時、岡稔の論稿に感心した。学会での岡の評価を知らない。北古賀さんが、私もなんとかいわれたが、この方は恐慌論の専門にわたるので分からなかったが、信用のおける人と聞いて安心したことがあった。近来はずうっと要職におられるのでお話の機会をえないが、いつだったか藤沢周平の「三屋清左衛門残日録」をさかなにして話しをしていた時、時々の学会で面接される北古賀さんの同世代に広がっている藤沢愛好の情報をえました。同感を禁じえなかった。

この三人が、そろってわが大学の学長になられるとは。もはや小生は息切れ。あとの「質問」はさようなら。

最後に八月四日に死去した渥美清について一言させていただきたい。大学にきてしばらくたった頃、今はそれぞれ長と名がつくものになった往年の悪童の同僚たちが、研究室に来て「寅さん映画を見る会」の名誉会長にするという。私が東京にいたら絶対にありつけない立場であり、そうした会にもつながりももてなかったに違いない。一九八〇年のことである。感激をもって受諾し、おおぴらにわが寅さんを口にする場ができたので嬉しくなった。

映画がかかると、一緒にでかけ、終わると設営された所にくりこみ、いっぱいやりながら、寅さんを論ずる。名誉会長のチャンネルは学術的な論議をもって悪童の研究室に入り込む道ともなった。素人の議論で迷惑だったにちがいない。先の司会の発言「地方での研究のハンディ」にこだわっている余裕はなくなった。

その「寅さん」が四八作で終わった。この四八作をさかなにして、例のように集まって論じあったのはこの二月。夜もふけてきたので散会するとき、小生梅酒の飲み過ぎでくずおれて気を失い、救急車で病院に運ばれてしまった。翌朝は無事退院。

救急車の乗車、飲み過ぎで人に迷惑と心配をおかけするとは、だらしのないことだった。会の諸君の御寛容を願います。

「学園大学」の『経済論集』と「寅さん」ではつりあいがとれませんが、小生にとっては両者とも深いつりあいがあるので、印刷校正段階での追書きをすべりこませてください。これまた御寛容を願います。

司会　藤間先生ありがとうございました。先生がこの企画を婉曲にお断りになられたのに、引き下がらずにほんとによかったと思っています。啓蒙的企画と言いながら先生には大変なエネルギーを投入していただきました。ご多忙な先生をこの企画に引き込んだ以上、先生に退屈な質問をぶつけたのでは失礼になると思い、皆さんにはあえて挑戦的な質問をお願いしました。それもあってか先生には気迫のこもったお答えをいただきました。先生の厳しい歴史研究の姿勢、確固不抜の信念、教育的・啓蒙的情熱、柔軟で若々しい精神に改めて感銘いたしました。

また公開の先生を囲むこの企画のための会にご出席いた

だいた皆様。また、この会に前後して質問作成にご協力いただいた皆様にもご協力に厚く感謝申しあげます。質問はこの企画に参加いただいた皆様の合成によるものです。もっとも合成の誤謬は司会者が負うものです。

二一世紀に向けて時代はまさに混迷の時代です。歴史的、思想的課題はできれば避けて通りたいという気持ちにもなります。しかし、現在の知見の限りでも、議論をし、意見を交換するということは大切なことだと思います。この企画によって藤間先生から多くのご教示と示唆をいただきました。改めて御礼申し上げますとともに、先生のますますのご壮健を祈念いたします。

＊『熊本学園大学　経済論集』三巻一・二合併号、一九九六年九月

第二部　論攷

敗北から学ぶ

研究と実践——傷ついた心の人のために——

一

今、学生諸君のあいだでは、就職のことが、大きな話題になっていると思います。しかしそうした問題によって片すみにおいやられた形になっているかもしれませんが、次のような状態が、ふっきろうにもふっきれない形で、みなさんの心の中にわだかまっているのではないでしょうか。

これまで学生運動の中心となって働いてきたような人が、急に動かなくなったばかりか、これまでの元気さにうってかわって、がっかりしている。これまで学生運動などにはあまり関係のない人でも気になることではないでしょうか。日本共産党が去る七月の末に第六回全国協議会をひらいて、「党活動の総括と当面の任務」を発表したのが契機となって、以上のようなことがおきたことは、みなさんも御存知のことだと思います。別に共産党員でない人でも、この決議によってショックをうけられた学生諸君に、少しの激励にでもなればと思って書くことにしました。ただ話の性質のために当然一つの科学論となってきました。別に学生運動に熱心でない方にも、関係するところがあると思うので、批判していただければ幸いです。

「これまでやってきた学生運動や科学運動は、すべてあやまりであった。これからは研究だ」といっても、あまりに激しいショックと変化で、がっかりしてしまい、手も足も出ないでいる人が多いのが現情です。私たちも、科学運動の参加者の一人として、しかも年配者の一人としてそうした苦しみを若い人々にあたえている責任の一端をおわなければなりません。しかし責任をおうといっても、「わるうございました。すみません。これからはそんなことはいたしません」で、ラチのあくものではありません。かつて市川正一という人は、同じ共産党員である村山藤四郎のきめつけるような批判の仕方をたしなめて「仕事の熟練不熟練は　過ちを犯す犯さないよりも、むしろその犯したあやまちを改める手際の良し悪しによって特によくわかるものだ」（『階級的大衆的単一政党とは何か?』希望閣、一九三二年、三二頁）といっています。市川正一という人は、徳田球一も一目おいた人で、彼が裁判所でのべた「陳述」をそのまま本にしたのが『日本共産党闘争小史』（国民文庫、一九五四年）です。この本がいかに立派な人間の記憶になっているかということを、私は書いたことがありますが（拙著『歴史と実践』）、私はこのすぐれた先達に学んで、吾々のあやまちをなおしてゆきたいと思います。なおつけ加えていえば、村山藤四郎という人は、実情をかえりみない高等批評を勇ましくやっていましたが、その後に転向したばかりか、スパイ的な境涯になり下がった人です。

あやまちをなおすには、あやまちの性格にまでたちいる必要があります。私は私の職業から——というよりは正しいやり方だと思いますが——歴史的な展望の下に、この問題を考えてみたいと思います。

学生諸君が「研究」ということをいいだしたのは、今にはじまったことではありません。二年前から学生運動の方針の一つとして、積極的にとなえられてきました。このことについては五四年一月一日号のアカハタの記事も、一つの影響をあたえていると思います。このアカハタ紙上で、米日反動はつよい。民主陣営の力は相対的によわい、民主陣営の団結のよわさのためである。吾々の団結こそが、彼我の力関係をかえる。団結に裏付けられない希望や方針は、実現できない。そして団結をつくるためには、国民各層の要求を忠実にとりあげなければならぬ。こういうことが指摘されました。手のよごれをおとす石鹼、汗をぬぐう手拭の一本、こうしたものでも大衆の要求があればとりあげなければならない。一見すると小さなこのようなことが、労働運動の内で強調されるようになったのは五四年の初頭その頃からだと思います。これまで、米日反動の打倒、ＭＳＡ〔相互安全保障法〕反対、民衆の独立、平和、抵抗だ、などといって頭からどなるような形で、ひきまわしてきたやり方に対する反省がここにあります。こうした大きな希望も、切実な身のまわりのものから出発しないと現実は困難であることがわかってきたのです。こうした労働運動（だけにはかぎりませんが）の新しい方針がうまれるについては、前年の一九五三年十月にひらかれた「第三回世界労働組合大会」の教訓も、一つの役割を果していると思います。その時いくつか採択された決議の一つに「行動の統一を実現するには、なによりもまず、職場で労働者を結集し、大衆とたえず密接に結びついていなければならない」（第三回世界労働組合大会宣言、決議集一〇頁）、といったコトバがあります。

団結と、大衆の要求をとりあげることの必要。こんなことは前からわかっているといえばいえることだと思います。しかし数十年以前の労働運動、農民運動ばかりでなく、戦後のそれをみてもわかりますが、実情は分裂とおしつけが、のさばっていたといわざるをえません。この点について思いあわされることが今年の春、東京でひらかれた歴史学研究会でありました。この大会で京都大学の堀江さんが話された次のような発言は、私の心をうちました。「明治時代の日本の自由民権運動の動きをみていると、理論がすすみ、内容な純粋になればなるほど、組織が分裂して小さくなって、ほそって行く、純粋ということと分裂ということは、はなれることのできないものであろうか」。コトバはちがいますが、以上のような内容の発言だ——と私は理解しました。痛切なコトバだと思います。大正時代から昭和にかけての労働運動や農民運動の場合にも同じようなことがいえるのではないでしょうか。そこでは「理論闘争」というコトバさえもはじめてつくられました。元がきよくなければ、末もきよくなるはずがない。あらゆる夾雑物をはらいのけて、純潔なものにして主体を強くする。こういったことが、盛んにいわれました。この典型がいわゆる福本主義といわれるものです。しかしこれは単に当時の福本個人の問題ではありません。大なり小なり、こうした福本主義のスタイルは、その後に尾をひいています。堀江さんのような見解が生れ出る基盤が存在しているわけです。

しかし実践と理論にみちびかれて、方針や本質の純粋さは保持しながらも、この純粋を玉砕させるのではなくて、つらぬき通すための方法が具体的に考えられてきました。すなわち自分自身の方針をつらぬくのに、自分たちでできるものではない。多くの人々の協力によってはじめてできる。人々の協力は、人々の要求をとりあげて、要求を獲得するための話しあいや団結によってうまれてくる。こうしたことがわかってきました。これまで吾々にもとかく心をひかれる純粋——堀江さんの表現をかりると——といったことも、厳格に検討する必要があると思います。純粋は大切です。しかし大衆の実情を考えないで、純粋のおしつけを大衆にやったら、どうでしょう。それは自分の心では、大衆への親切から発しているとしても、親切のおしうりとなります。これでは指導者は一人よがりとなり、大衆からうきあがってしまいます。せいぜい一部の同調者をひきつれて、良心のためにも、また主観的には目的貫徹の成果をあげるためにも分裂をしてしまうことになります。現実は逆の成果を生んでしまったのです。大衆の要求をもととして団結をつくるという方針は、それまでいとなまれてきた日本の労働運動、農民運動の反省の上にたってはじめてうまれたのだと思います。

二

労働運動や農民運動の新しいスタイルは、学生運動の上にも、大きな影響をあたえてきました。これは学生諸君みずからが御存知です。学生の要求、それは学問をしたいということだ。研究したいという要求をとりあげるということが、学生運動の中でいわれてきました。ついでこうした方針は、次のように説明されてきました。アルバイトもしなければならぬ。本代もたりない。学校の施設も不十分である。これというのも、再軍備のためにたくさんの費用を国家がつかい、文化あるいは平和産業に予算をまわさないからだ。これまで平和だ独立だといって、訴えてきたやり方とくらべて、幾分かの説得性をもってきたことはうたがえません。なんらかの運動がその後において発展した一つのきっかけとなっています。

そうした成果以上に重大なことがおきてきました。それは学生の要求――研究意慾――をとりあげるということのために、その結果として、学生諸君の間にサークルが盛んにつくられました。サークル活動はめざましく発展してきました。このことが学生のいろいろな自主的な活動をおこすきっかけとなった場合が多く、これまで壁にぶつかった形の平和と独立の運動も、すすめられた点もあります。新しい方針は一つの成果をあげ、目ざす希望を幾分かはたしたといえましょう。しかし思わない学生の批判が活動家によせられてきました。「あれは学生の研究したいという要求をとりあげているといっている。しかし彼自身は実際に勉強したがっているのであろうか、方々とびまわってばかりいて、あれでは勉強する暇もないし、事実勉強もしていない」。ある人はまた次のようにいっていました。「彼は要するに新しい組織をつくったり、動員のための拠点をつくったりするために、サークルをつくっているのだ。研究したいといった学生の要求をとりあげるといっても、あれは一つの手にすぎない」。こうした批判をきいて、「ドキッ」とした人は、少なくはないはずです。活動家であればあるほど、次から次へとできるサークルの世話に忙しく、サークルに出席するだけで一週間のほとんどがつぶれる場合もうまれました。さらに各サークル間の連絡だとか、他団体との交渉とか、いろいろな仕事がふえてきて、学校へ出席することも困難になってくる場合もでてきたのが、現情です。働かなければくえない人なら、すぐに生活に密着せざるをえません。しかし余裕のある学生諸君の場合では、自由に興味にまかせて自己運動ができます。これでは勉強をしようにも勉強はできません。サークルに出ても独習のない討論では、単なる思いつきや自分のせまい経験をもととして、話すより方法はありません。こんなことではすぐに種がきれてしまいます。サークルに出るのが苦労となって、足が遠のくといった状態になります。サークルに来る時は、なんらかのカンパニヤの動員をたのむ時だけということになってしまいます。サークル員からいっているような批判が、活動家によせられてくるのは当然です。

一方活動家の中には、こうした状態にたえきれないで、活動を中止する人もあります。しかしひきつづき頑張っている人は、「自分は犠牲になってもよい。学生大衆のためになればよい」といった気持でいる人が多かったと思います。しかし犠牲は、活動家だけにかぎられないことがわかってきました。

サークル活動はいちじるしくすすみはしても、活動家と分離してしまい、学生の統一ということで欠陥が出ました。またサークルにおいて芽生えかけてきた政治への関心が、元も子もなくする形で利用されて、サークル内の分裂と不統一をまねきサークル自体をつぶすこともありました。またそうした被害からのがれたサークルでは、あるいは個人は、自分たちの研究を、「自分の穴の中で」だけでとりあげる傾向ができて、研究をセクト化してしまう条件を一部にうんでしまいました。学生大衆の団結をはかるためのクサビとなるべき活動家の行動が、その機能を発揮しないのみか、各人の自主性と創意性を発展するのに、さまたげとなる場合さえもでてきました。活動家の犠牲が犠牲にならないでいる実情がうまれてきました。

こうしたバラバラの状態は、学生運動だけのことではないと思います。

昨年一九五五年一月一日のアカハタで、極左冒険主義の自己批判がなされました。また戦術に熟達しなければならぬといったことがいわれました。折角たくわえはじめられてきた力量が、むなしく浪費されたり、要求によってあつまった人々やサークルの正常な発展を阻んだり、ということがでてきたのです。指導や運営の仕方に、現実の発展テンポの上で、あやまりと不足があったことを、このアカハタの記事は反省したのだと思います。この教訓は学生運動の場合にもあてはまるのではないかと思います。しかし「運動」の指導者は事態をかるくつかんでいたと思います。人手の不足や、やり方のまずさを単なる手の問題として考えていた点があります。「君も忙しくて勉強できないだろうが、今あつまっている人々の内から新しい働き手をみつけてくれないか」。極端なものになると、「大衆はこれほど苦しんでいる。学業を放棄して、解放のための条件をつくるより方法がないではないか」といった式の発言が、年配者からなされたこともあります。そしてそこで指導者層が常に関心をもっている問題というのは、「サークルはいくつできたか。何人あつまったか。機関紙（誌）は何部入るようになったか」。こうしたことです。自分たちの運動の便宜ということをもといとして、すべてを評価し、点検していました。サークル及びそこにあつまった人々が、自主的に高まって行くということを期待はし援助もしたい気持はもっているのですが、判断の基準がせまくかつひくいので、援助が援助にならないで、ブチコワシてしまうということが、しばしばおきています。サークルが大しておこらず、学生の自主的な動きがたいしてない時は、吾々の欠陥もあまり目立たないのでしょう。しかし現在のように国民がすすんでくると、活動家の質というものは、批判の対象となりやすくなるものです。

今にして思えば、学生の要求——研究意慾——をとりあげるという方針は、いかなる組織と人間によってささえられ、保障されるかということで、「運動」の指導者の配慮は著しく不十分でした。新しい方針の成功は、著しい人数と質の高い働き手を必要とします。高い所から号令をかけてすんでいた時代なら、活動家の人数は少なくても、ある程度までやってゆけます。しかし要求に沿って歩むために大衆の中に入って膝をつきあわすということになると、活動家の人数はたくさんに必要だし、相手の言い分を適確に理解する能力が必要です。こうしたことは、新しい方針がうみ出す必然性でもあり法則でもあります。こうした必然性や法則に対処するのに、「運動」の指導者は心得論や手の問題としてとりあげたのです。（註）これでは折角の発展がぶちこわされるのは当然です。学生の要求をとりあげ、研究をすすめて行くという方針は、事実が示すように、正しい方針でした。しかしこれを保障して行くための組織と人間の準備において失敗しているのだと思います。このため活動家は大きな傷手をうけています。学生諸君全体としては、いろいろ制約はあっても、ここ一、二年来、研究の上でも、意識の上でも、発展していますのに。「運動」の方針とやり方の、成果と欠陥を、はっきりさせることができるように思います。必要とされる活動家というものは急に出来るものではないことを考えて、「運動」の指導者は思いきって力の結集をやって、活動家の要請と保持に力をそそぐべきであったと思います。たとえサークルが次から次へと出来て、活動家をよびたい要求があったとしても、大衆自体の創意と発展に信頼し、自分たちが出かけないと駄目だといった考えを反省すべきであったと思います。活動家が知らない所で、たくさんサークルがつくられ、しかも活潑に活動している事例がたくさんみられるのです。大衆を信頼して、「運動」の指導者は、思いきった手段をとることが必要であったと思います。運動の発展にひきずられて、運動の法則を把握しなかったといわなければなりません。このため大衆のためにつくすというヒューマニズムの意図が結果において、非人間的な酷使を活動家に課することになりました。ヒューマニズムがかけているということが、「運動」の指導者を非難するコトバの中にあります。しかしその原因は精神ではなくて、理論のひくさにもとづく方針にあったと思います。勿論結果として生れたヒューマニズムの欠陥が、今度は原因となって他に影響をあたえるということはあります。しかし原因と結果の基本は、はっきりさせないといけないと思います。こうしたことをいうのは、単なるヒューマニズム論や心得論では「運動」の指導者のヒューマニズムの欠陥は解消しないと思うからです。勿論ヒューマニズム論や心得論がわるいとはいいません。それはそれなりに一つの雰囲気をつくり、吾々の欠陥をなおすのに手伝いとなります。しかしそれのみで、ただされたものでは、苛烈な状態がうまれてくると、たやすくおしながされます。どうしても吾々が社会や組織の運動を、法則的に把握して行動ができるだけの能力をつけなければなりません。そうでなければ主観的にはヒューマニズムでも、結果において、そうはならないということを、克服することはできないと思います。

三

清算主義の態度をとらないで、これまでの実践を生かすことが必要だと思います。あやまりがあったとはいえ、過去を未来への飛躍のためのエネルギーにするための方法について、次に考えたいと思います。勿論この私の意図が生きるかどうかわかりません。皆さんの批判によって、更によりたしかなものをつくって行きたいと思っています。

すでにいったように、研究意欲をとりあげるということは、正しくもあり成果もあがりました。吾々の今後の行動も、この成果に依拠してすすみたいと思います。

研究したいという意欲は、ある意味では、学生諸君が常にいだいている要求だと思います。しかし現在の場合は、特殊な条件がくわわっていると思います。その条件の内には、先にもあげた、生活上あるいは学校経営の状態も入りますが、特に内部的な問題として、現在の科学自体の状態を、つけ加える必要があります。今日は特に、後者についてのべてみます。学生諸君の実践運動をみて、まず目につくことは、大正の終りから昭和の初めにかけての頃です。学生諸君あるいは最高学府を出て間もない人が、労働運動や農民運動で、指導的な位置で働いています。これを一九二八年三月十五日のいわゆる三・一五の事件にとって見てみましょう。この事件でとらえられた共産党、労働党、評議会、無産青年同盟の関係者は、千数百名に達しました。起訴された人はその内の四八四人でしたが、その三分の一に近い一四七人は、高等学校、専門学校（旧制、今の新制大学にほぼあたる。ただし今のように大学は多くないので、今以上の権威をもっていた）に入っていたか、あるいは卒業していた人です。知識人の比重は著しく大きくなっています。現在の労働運動や農民運動の場合ですと、そこで働いている学生諸君は、概して工作者あるいは書記的な役目をしているのが多いと思います。かつての学生諸君とくらべて、相対的にひくい部署で働いています。活動している人の平均年齢が、以前とくらべて相対的に高くなっているばかりか、運動自体が戦前とくらべて比較にならぬほど大きく多様となっています。労働者、農民自身に立派な働き手がたくさん出てもいます。こうしたことが、以前とくらべて学生の機能をさげているのだと思います。これは別に学生の質が当時とくらべて下がったとは、簡単には断言できません。労働者、農民の水準があがったからだというべきだと思います。

労働者、農民をはじめとする国民各階層の高まりに応じて、科学と文化のにない手である知識人の業績の水準が高くなっているかということになると、にわかにそうだといいきれないものがあります。しかし敗戦後の事態に科学者や文化人が十分に対応できないでいるということは事実だと思います。これまで日本民族が経験したことのない植民地的な境遇に落入り、民族の独立ということが、国民最大の課題となったために、今まで経験したり考えたこともないような課題にいろいろぶつかってきました。戦前の国民の課題は、民主主義革命ということであり、封建制と戦うということで、吾々の努力と科学の一切をこの立場で考えてきました。しかし今や独立という新しい課題がくわわってきました。従属国という境遇は、意識しなくとも、またたく内につくられてきましたが、従属国という境遇から、意識的に問題をとらえそして実践して行くということ。更にこれまで国民がいだいていたものの見方の変革をはかり、新しい事態の認識ということをすることが必要です。ことは簡単に出来るものではありません。しかもこうした半植民地の経験をこれまでの日本民族は十分に経験していません。さらにアメリカ政府の日本支配は政府をつい立てとして行われています。敵味方の関係の把握は勿論、過去の文化遺産のとりあげ方においても、困難な課題があります。そこへもってきて、久しい間圧迫民族としてくらしてきたのに急に被圧迫民族となってしまったのです。過去の幻影はきえさりがたい上に、米日反動の政策によって、むしろ助長されているのです。国民の意識を変革し、国民の正当な位置づけをする上において、科学者や文化人の能力と業績がおいつきかねているのは、ある程度当然ともいえましょう。吾々歴史家は、そうした実情のバクロを、一九五一年の歴史学研究会の大会で行うことになりました。「歴史における民族の問題」をめぐって、学会の大会ににあわない大暴れを呈しました。私自身も当日の報告者の一人でありましたが、民族主義者、侵略主義、天皇主義者の手先であるかのように批難されました。吾々も相手を公式主義者、形式主義者あつかいをして討論しました。この紛争は、マルクス主義歴史家をもって任ずる人びとの間の対立であっただけに、マルクス主義者でない人をおどろかし、また混乱させました。今ここでその時の内容をふれる余裕はありません。大会の記録が、歴史学研究会の一九五一年度の大会報告「歴史における民族の問題」として発刊されていますから、それをみてください。

大会の後になって、「討論の準備が足りなかった」「議論が性急にすぎた」「科学が政治に従属してしまった」「政治的な偏向だ」等々、いろいろいわれました。そうした点があったことをすべて私はみとめます。しかし根本の問題が、そうした発言によって指摘されないでいます。というのは、五一年の歴史学研究会の大会の紛糾は、吾々の科学がもっているよわさのあらわれであって、こうした紛糾という形をとってしか、吾々の研究をあらわす以外に方法がなかったのが、実情だと思います。先にあげたいろいろの批判は、吾々の科学のよわさの結果のあらわれを批判したものだということができると思います。こうした反省は、この大会があって、一年ばかりたった五二年の大会の準備の時に、気がついてきましたが、同じ意見の人も多いと思います。その後研究の蓄積は個人々々ではなされてはいても不十分です。「なるほど個々の人はそれなりに意見をもっている。しかしその見解が共通の場をつくる要素の一つとならないし、全歴史家をかたく結合させるという機能を十分に果していない」(拙著『歴史と実践』一六二―一六三頁)。いわんや国民の結合をはかる上で十分な機能を果していません。これはただ歴史学だけの問題ではないと思います。政治、経済、芸術、哲学等々あらゆる社会科学において、現在の日本民族が必要とする科学と文化を正しく提供できる――断片的でなく体系的に――というものは、現在の学問ではまだ不十分だと思います。

吾々の科学と文化のよわさに思いをいたす時、研究の要求ということが、いかに切実なものになってくるかというはいうまでもありません。学生諸君の場合は、無意識の内に研究の要求ということがとりあげられたとしても、年配者としては特に指導者としては、全体的な考慮の下で、研究を欲するということが現段階でもっている意味と機能を見定めておく責任があると思います。こうした責任を吾々は果していなかったと思います。

運動はやめた、研究だということを考える人があっても、私はその研究が、簡単に成果をあげることができるとは考えていません。そうした人々が学ぼうとする現在の吾々の科学の状態から考えて、そのように判断されます。このことは別に研究しようとする意慾にもえる人に水をふっかけるためにいっているのではありません。大なり小なりすべての科学者がなやんでいる問題ですから、私は強調したいのです。

四

吾々が考える以上に、量的にも質的にも、平和、独立、民主主義のために戦う科学者は多く、このために自分の科学を役立てようとしているのが現実です。この困難な努力の内で、変貌といいたいほどの発展と飛躍をされている人がいるのも実情だと思います。そしてそうした業績が、平和と独立と民主主義を確立する上で、吾々の業績よりも効果的なものになっていることを知って驚く——おかしなことですが——ことがしばしばです。こうした経験をくりかえすということは、吾々に大きな欠陥があるからだと思います。すなわち科学者や文化人に対して、知識の上では深いものをもっているが、政治的自覚がひくいという評価を、今なお吾々はつよくもっています。そのため「政治的自覚」をはっきりと表明したり、それを行動にうつしたりしないと、その科学者や文化人の業績を尊重しないという癖をつくっています。科学者や文化人の業績を研究して、その成果を取捨して学び、その上に立ってこの人は正しい政治的自覚に向って発展して行く人であるという評価をしたり、あるいはその人の政治的自覚の発展のために援助をするということが、すくなかったのが実情です。このため政治的にはっきりした科学者や文化人を尊重するが、そうでない人は尊重しない。また業績の上からいうと、前者の場合はべタホメ（業績をとりあげる方はよい方です。そうした業績さえ関心をもたないで、ただその政治的発言や行動だけをもちあげることが多い）、後者の場合は無関心から白眼視するということになってしまいます。人を道具としてつかうという非難がこのために吾々によせられます。

しかし根本は吾々の理論のひくさがそうさせているのだと思います。現在日本の科学者や文化人は、近代主義者や西欧主義者が多く、観察と興味の対象が外国にむけられやすいことは事実です。しかしそれだけに西欧の科学者や文化人の最近における政治的自覚の発展、そうした発展を可能にさせた一つの条件であるアジア、アフリカの諸民族の大きな変動は、大きな影響を、日本の科学者や文化人にあたえています。国際的な平和勢力は、国内の吾々の科学者や文化人の努力をこえて、はるかに大きな影響力を発揮しているのが現情だと思います。たしかにこうした人々の政治的自覚は吾々の手なれた型にうまくあてはまらないで、理解やとりあつかいが困難な時もあると思います。しかしこの困難は、吾々の側で解決すべきものだと思います。科学者や文化人は政治的自覚がひくいといった評価は、慎重にされるべきだと思います。先ほどのべましたように、いろいろな人々の言行と思想が、平和と独立と民主主義を確立する上において、大きな成果をあげていることに驚いたりするようなことは、要するにこのような「評価」に吾々がとらわれすぎているからだと思います。勿論西欧思想の框から、日本の知識人がぬけ出すには、かなり大きな努力と永い時間を必要とするでしょう。しかしこのことは、知識人は政治的自覚が低いという評価を固持し、世界的な平和勢力の影響力を過小評価することを、許すものではないと思います。

科学者と科学発展の最近の動きを、以上のように考えてきますと、運動か研究かという二律背反的な考えは、どうなるでしょうか。これでは平和と独立と民主主義の確立のために努力されている多様な科学者、文化人の動きと、それに伴う科学や文化の発展の契機を、考慮にいれないということになります。

活動家の諸君がこれまで国民ということを考えて行動されてきたのと同じように、多くの書斎的と考えられる科学者も国民のためと思って——言葉には出さないでも——行動してきています。そうした努力の過程で業績を上げてきています。「運動」はとりやめだ、「研究」だといったわりきり方では、こうした科学者の業績を、その成果においてだけでみることになります。創造の過程において成果を見るということにならないと思います。研究態度として非科学的であり、みのりはうすいと思います。

勿論人によると国のためとか民族のためとか考えないで、ただ真理のために研究するのだという人もあります。事実としてそうした人々の成果を学ばなければ、吾々の認識がすすまないことはしばしばあります。しかしそうした人の研究でも、その人の研究方法なり研究対象を、少しく歴史的学説的にみれば、いかなる過去の潮流につらなりいかなる方向に赴くものであるかということは、その人のコトバがなくても——その言葉と逆の場合さえある——わかるものです。こうした科学の機能について、これまでの科学運動の場合、見解の未熟とせまさがあったと思います。

研究というものは、研究一般ではなりたちません。いかなる「科学」を摂取し、いかなる科学と斗うかということを定めることがどうしても必要です。これまでの科学の状態から、吾々はそのように断言することができます。

この点に思いいたりますと、活動家の諸君はこれまでの実践活動と研究ということが深いつながりのあることを知らされてくると思います。これまでの運動に従事してきた人は、大なり小なりならいおぼえた科学を武器にして大衆の中に入って行ったと思います。そこで素朴な形にせよならいおぼえた科学を検証してみる機会があったはずですし、実地によってならいおぼえた高い知識もあったと思います。いわゆる毛沢東がいう、感性的認識がそれです。それだけの認識だけでは浅いので、理性的認識にまで発展させる必要があります。この二つの関係を毛沢東は次のようにいっています。「感覚を通して思惟に到達し」「感性的認識から理性的認識に推移して行く」「感性と理性という二つのものの性質は異なるが、また相互に切りはなされたものではなく、それは、実践にもとづいて統一されている」(『実践論』。なお拙著『歴史と実践』掲載「国民のための歴史学の現況」一一七頁参照)。日本の科学は、伝統的にこの両者の統一がよわいといわなければなりません。活動家のみなさんは、ぜひともこれまでえられた感性的認識を活用していただきたい。このことは今後の科学の発展のための大切な下地となると思います。ただこれまでは実践で得た認識——それは結局感性的な認識の領域のものでしたが——にあぐらをかいて、既成の科学をかるくみて、あいあつまってだべる時間が多かった傾向がありました。科学発展の法則を無視することからおこるセクト主義がうまれやすくなるのは当然です。しかしまた清算主義的にこれまでの行動はあやまっていたということで、これまでの感性的な認識をおしながして研究だというのも、やはり認識の発展法則を無視したやり方だと思います。

二度とこない青春の過去ではありませんか。失敗と挫折があったとはいえ、情熱をもやして行動してきたのです。大切に人生をとりあつかおうではありませんか。過去の失敗で、くやしい思いがあっても、このくやしさをしずかにもやしつづけて反省しようではありませんか。失敗の過去は大きな教訓となり、将来の導きを吾々にあたえるにちがいありません。くやしさをはらんだ人生をみのり多い人生に転化させることは決して不可能ではありません。これまで世界の文豪が青年時代をとりあげて書いた多くの傑作はすべてこのようなものであったといえると思います。しかしいかに玉をもっていてもみがかなければひかりません。先人の仕事の勉強によって、失敗多しとみられる人生を生かすための方法を身につけて下さることを期待します。

私は今後とも学生運動や科学運動は必要でもあり大切なものだとも思っています。ただそのやり方においてあやまっていたことがあったのであって、運動そのものを否定することはできません。また否定したとしても、どんなエライ人が否定したとしても、学生諸君の情熱をしばることはできません。この情熱を積極的に生かすために、学生運動や科学運動について、効果的な理論と実践をつくりあげることの方が大切なのだと思います。そしてこの理論をつくるための勉強が、おおいに大切なのだと思います。

註

かつて私は次のような発言を今年の初めにしたのはそのためです。「一つの方針が実行できるというためには、納得以上の条件が必要です。たとえばその時までにきたえられた斗争能力や思想的、組織的鍛錬がなければなりません」(拙著『歴史と実践』六頁)。なお「新しい条件が出てきたと思われる時には、常にこれまでのやり方が再検討される」一つの例を、ソ同盟における第一次五カ年計画におけるスターリンの発言にからんで、考察したことがあります(同前、一七八頁)。参照していただければ幸いです。

福本主義について

「福本イズム(福本主義)」は、ドイツでマルクス主義を学んだ理論家・福本和夫が主唱していた理論であり、一九二四年から二七年までの日本の左翼運動のなかでは最も重要な参照項であった。福本は、合法的マルクス主義を掲げた山川均の共同戦線党論(いわゆる「山川イズム」)を批判し、理論闘争によって、非マルクス主義的要素を含んだ無産階級の現状から、真にマルクス主義的な政治意識を「分離・結合」させるべきだと説いた。この「福本イズム」は、インテリのマルクス主義者たちからは歓迎され、福本自身も共産党の幹部になった。こうして「福本イズム」は、一九二六年十二月の日本共産党再建大会において指導的理論として認められたものの、現実を生きざるを得ない労働者や農民たちを軽視する態度を招いてしまう。結果的に、「福本イズム」は「山川イズム」とともに、コミンテルンによる「二七年テーゼ」で批判されることになった。(山本昭宏)

＊『立命評論』一二号、一九五六年二月。本稿の原タイトルは「研究と実践――傷つける心の人のために」であるが、著者の意向により、副題を「傷ついた心の人のために」と改めた。

二つの敗北期

一

一九六六年に『東アジア世界の形成』という本を出し、純友・将門の乱のことを書いた。その敗北を悼んで次の一つの詩を引用した（一七四―七五頁）。

（前略）みはるかす江《かわ》　碧《あお》く　透《すきとお》り／百《おびただ》しき河《かわ》　流れに争う／鷹　長《はる》けき底を撃《う》ち／魚　浅き底《かわぞこ》を翔《と》ぶ／
万　類《いきとしいけるもの》　霜ふりし天に自由を競《きそ》うかな／寥　廓《ひろびろとした上空》たるにむかいて　悵《なげ》き／問う　蒼茫たる大地よ／誰か
沈　浮《よのうきしずみ》を主《つかさ》どる

さらに一節、

百《おおく》の侶《とも》をたずさえ来りて　かって遊びき／往《ゆ》きし昔を思えば／崢嶸《苦しい》たる歳月《としずき》　稠《しげくかさ》なれり／ときもよし同学
の少年／風華　今をさかりに／書生《まなぶもの》の意気／ほしいままにして　方《まさ》に遒《つよ》かりき／江山《てんか》をあげつらい／せむる
とほむる文字もて　ときの万戸の侯を糞土とせり／かって　おぼえありあ　否や／中流　に到《いた》りて　水を撃《う》

ち／浪　飛ぶがごとき舟を　遏《とど》めしこと

「随想・戦後五〇年」の題を編集者からあたえられたとき、すぐに思いだしたのが、この詩であった。前半の詩は今日の私が共感し、後半は三〇年代半ばから四五年までの感慨である。後半の時期は「戦後・五〇年」をはみだす。このはみだしを入れないと戦後の随想がいびつになる。そこに共通の敗北期があり、それなのに態度が対照的であるためである。みぎの詩がそれぞれに対応する。編集者と読者のご了承をえたい。

二

敗北期の一つは三〇年代末から一九四五年の敗戦まで、もう一つは九一年十二月三十一日のソビエット・ロシアの崩壊以後である。この方はいつまで続くかわからない。

前者の時期はわれわれが研究のためのサークルをもち、研究の結果を発表するようになって、切実になった。研究することの恐ろしさをしってはきたが、渡部義通・石母田正・松本新八郎との研究サークルは、恐さをこえる楽しさがあった。彼等との交際や議論は、肉体的な爽やかさえともなうものであった。「ときもよし　同学の少年」と歌った詩の後半がぴたりであった。不敗の心情であった。すでに入手が困難になった先輩たちの業績が戦後批判されるようになったとしても、同じ時期の周辺にみることのできた研究をはるかにまさっていた。渡部は検挙されたが我々三人はそれがなく、戦中の業績を敗戦後にもたらすことができた。戦後の天皇絶対主義の批判に寄与し、私たちは勝利した。

戦後しばらくして、我々の研究に対する批判が出てきた。その批判者に対する批判者も出てきた。その批判は我われのところまでくる。研究の世界では当然のことである。批判されたものは、欠陥があるとすれば、補強すればすむことである。

　しかし現在の私が感じとっている敗北期には、私自身に不敗の心情がない。敗北の風景は内外に存在し、かつてそして現在の我々の研究にたいする反批判の彼方のものであり、世界的な規模となっている。

　今日までの戦後を「五〇年」と一括することが、私の身には即しない。たとえ短い僅かな勝利ではあったが、私はそれを大切なものにして、現代史の段階を画して、この五〇年をうけとりたい。しかしこの私の敗北感は敗北観となって、研究をすすめるメカニックスとなっている面があるようである。そんなことをいうには、戦後の状況を展望しなければならない。

三

　六〇年代から世界史としての東アジア史の研究をしている。五〇年代の民族独立の課題に触発されての発足であり、これまでの私の日本古代史研究の補強のためであった。しかし今はその枠をこえてきた。この作業は、東アジア近代史までの追求となった。こうした追求は、これまで縁のうすかった課題への関心と検討をもたらした。現代社会主義体制の欠陥の一つであると考えた一国完結主義的な発想と経済体制を批判する論稿をかいたのも、その現れである。そうした欠陥の克服を社会主義国とくに、ソ連のペレストロイカに期待していた。東欧・ソ連の崩壊にショックは受けなかったが、だめだったかの感慨を禁じえなかった。しかし論稿を書いたことの空しさはなかった。私自身のための研究ノートであり、これまで進め今後も進めたいコースのそれであるからである。

　しかし新たな思想・哲学・経済理論・組織論が欲しい。いろいろそれにあたるものがあるとおしえられるが、今のところ、私は見いだしえない。しかしそうしたものの構築は大変なものだろうなァ、と敗北感を深める。このため自分のマルクス主義による世界史としての東アジア史研究は、他日すぐれた人の材料になるための捨て石になればの思いをもっている。そのためには現時点での研究を続けなければならぬと、自分に言い聞かせている。「寥廓たるにむかいて　悵《なげ》き　問う　蒼茫たる大地よ」の敗北感は、敗北観とかさなって研究を促す原動力になっている。

「風華　今をさかりに　書生《まなぶもの》の意気ほしいままに　方《まさ》に遒《つよ》かりき」仲間は周辺にいない。しかし年輪は重ねている。それに戦後の近代天皇制と国民に定着していた天皇絶対的思想の崩壊は、戦争中のような、恐怖に押さえられながらの研究状態は解消し、経済的にも社会的にも戦前とくらべて研究の条件はよくなっている。

こうした有利な条件の現れであろう。毛沢東が三十二歳の時、長沙でつくった「沁園春」という題のこの詩の現地に立つことが、私にできた（武田泰淳・竹内実『毛沢東――その詩と人生』一九六五年、四九―五〇頁）。「記念魏源誕辰二〇〇周年国際学術研討会」への招請があったからである。一カ月半ばかり前の九月二十五日の夕方である。

詩の「前略」のなかにあった、「湘江　北に去《なが》る／橘子　洲頭／看《み》よ　万山に／紅《もみじ》あまねく」の紅葉は「寒《さむ》き秋にたてば」でなかったので、みることができなかった。しかし広々とした眺めの中で橘子洲頭を楽しむことはできた。その毛沢東も晩年は？

「誰《だれ》か　沈浮《よのうきしずみ》を主《つかさ》どる」と青年毛沢東はいっていたのである。

＊『歴史学研究月報』四二二号、一九九五年二月

「国家と民族」論

古代における民族の問題

序

古代における民族の問題について申し上げたいのでありますが、その前に「民族」という言葉について一応御了解を求めておきたいと思います。今日私が古代及び中世にかけて「民族」という言葉を使いますが、これはいわゆるフォルクの意味であって、ナチオンの意味ではありません。ではなぜそのような区別をしながらも、なおまぎれやすい「民族」という言葉を使うか。これはこれまでの慣用語の不備にもよるのでありますが、次のような理由もあって、そのような民族という言葉を用いるわけであります。すなわちナチオンは資本主義以前になかった。こういうようなことをいうのは必要ではありますが、現在の段階においてはむしろ以前に民族はなかったというよりも、以前にあったフォルクというようなものの構造変化としてナチオンをつかまえることが必要ではないか。たた無から有が出てきたというより、以前あったフォルクというものが構造変化を遂げて、ナチオンに変化をした、これが第一。第二番目は、ナチオンはいうまでもなく言語、地域、経済生活、文化の共通性の中に現われる心理的性格の共通を基盤として発生しているのに、このような条件において非常に恵まれていない、非常に分散性の強いフォルクがどうしてそれ自体のまとまりをもっておるか。それにはフォルクの実際の研究が必要でありますが、フォルクのまとまりのための努力あるいは行動、こういうようなものがナチオンとしてのまとまりを作り上げるための一つの条件を与えるのではないだろうか。それは一体どんなものであろうか。以上二つの問題は、フォルクとナチオンの異質性を明白にさせるとともに、その間の連関性をもはっきりさせることになります。ナチオンとしての民族もそうした手続きによって、はじめてその実体がはっきりすると思います。このような積極的な意図があるので、実は「民族」という言葉をこの際使ったわけであります。従ってこの日本語の不備にもとづくとはいいながら、そのような「民族」というような言葉を使うことを通じて古代及び中世において、いわゆるそのようなフォルクとしてのまとまり、そうしてそういうまとまりは人間の歴史において大きな時を持ち大きな機能を果しておるという点について今日御報告申し上げ、いろいろ御討論をお願いしたいと思う次第であります。

そこで私の担当しておる古代において、今のような問題をどういうぐあいに考えたらよいだろうか。これについては一応二回にわたって報告要旨といったようなものを出しましたが、本日の報告におきましては、時間の関係がございますので、三つの点について一応申し上げたいと思います。一つの点はいわゆる民族の成立乃至は形成の問題であります。いうまでもなくこの「民族」ということはフォルクの意味に使っております。第二番目は民族文化の形成、第三番目の問題は古代末期における民族的な意識、この三つの点について御報告申し上げたいと思います。

Ⅰ　民族の形成

まず形成の問題でありますが、日本の場合を考えましたときに、この日本列島はわれわれの祖先が遼遠の昔から生活をしている。そしてそこには先住民族がなかったということが今や考古学の成果として次第々々に知られております。先住民族がない、こういうような意味において日本列島におけるわれわれの祖先は長い長い歴史をもって今日に来ているわけであります。この長い長いかつての時代、すなわち石器時代において日本の列島の至るところにおいて出てくる土器の様式であるとか、土器の模様の変化の仕方であるとか、こういったいろいろな点において実に共通したものをもっています。この共通性はどうしてうまれたのであろうか。これは決して当時の全日本列島に住んでおるわれわれの祖先といったようなものが、すべて心理的な共通性を持ち、すべて同じような考えを持ち、そうして相互に連絡があったためにこういうような類似が出てきた、こういうようなものでは断じてないわけであります。当時においてはなるほど国内における文化の交流もあったでありましょうが、それは非常に長い年日をかけての交流であります。また経済生活においても交換経済というものがあったかもしれませんが、ほとんどいうに足りない。ではなぜ文化の上において非常によく似たものができたのでしょうか。これはこの日本列島に住んでいた人間が人種的に同一であったためであり、もう一つはそうしてまた原始生活という非常にみじめな生活から同一性的な文化が共通に現われたためだと思います。この同一性は決して共通性を現わすものではない。勿論この同一性が、若干の交流などを媒介として共通性としてあらわれることもあると思います。それにしてもこの石器時代においては、まだフォルクといったものはない。

しかるにおそらく西暦前三世紀あたりから次第々々に大陸文化の影響及び日本列島内における生産力の発展、こういったようなものを契機として日本に水稲耕作が始まる。そしてそれを中核として弥生式文化という新しい文化の体系が出てきた。この稲作は相当に早い伝播をもって日本国内に伝わっていき、そうして農機具において新しいものがうまれ、その製作その他にもかなりの分業が発展してくる。それに次いで交換や生産力もかつての石器時代に比べると、比較にならないほど発展してくる。このため、特定の場所で、せまい範囲の地域でしょうが、言語、国土、経済生活、さらに文化の共通性の中に現われる心理的な性格の共通性が、次第々々に形成されてくるわけであります。しかもこの新しい情勢は自然的な環境に働きかけてゆく態度においても、積極性をうみ出す原因となってきます。いわゆる地域性といったようなものは、この時代を契機として発展をしてくる。この地域性の成立にともなって、文化や社会の発展においても、地域的な不均等性が、ようやくこの段階において、その萌芽を出してくる。いわゆる小規模の民族圏といいますか、Völkerschaft という言葉を使っておりますが、こういったようなものが日本においても、各地域に出てくる。

そういうものの相当に発展した一つの現われが北九州における銅剣及び銅鉾文化であり、畿内における銅鐸文化圏の形式である。他の地域には、こうした特色をもった文化圏はありません。これはすでに西暦後一、二世紀のころとは思われますが、そのような文化発展の不均等性がこの時代には現われておる証拠だと思います。この時代はまた共同体的な社会構成が基本的なものではありますが、その中にはかなりな階級の成立の芽生えをもち、社会の内部的な矛盾は著しくなり、武力の体系もできてきたことでしょう。それとともに各部族連合というようなものが次第々々に出てきて抗争しあうようになる。しかし共同体制が支配的な段階であるこの時代には、ある部族連合が他の部族連合を支配する場合には、連合という形態をとるかもしれません。しかし形式的に連合というおだやかな表現をもった関係にせよ、実質的にはかなり隷属的な関係が出ているように思われます。それにしてもまだここには部族や部族連合体が混在して、はっきりした一個の結合体をつくってはいないのではないかと思います。それにしてもこうした征服や和平といった種種な接触を通じて、広範な政治的な領域性がここに出てくる。そういうところの一つの典型的な現われとして、私はあの二世紀から三世紀にかけて起った耶馬台国を中心としてでき上がったあの北九州国家の状態を思い浮べざるをえないのであります。あの北九州国家というものは、先にあげた社会的・文化的その他の発展を基礎にしてつくりあげられたものではありますが、決して平和の内に安々とつくられたものではありません。二世紀から三世紀の間において倭国大乱という言葉で中国人につたえられ、あるいは三世紀の中ごろ卑弥呼が死ぬとともに再び動乱がおこっているあの状態を見ましても、北九州国家の成立と持続というものが、なみたいていのものではないということを、しみじみと感ぜざせるをえないのであります。

私はあの卑弥呼の晩年の動き及び生涯の動きを見ながら、あの一つの国家形成がどういうぐあいに行われてるかということを簡単に申し上げたい。すなわち卑弥呼というあの人間は魏の力をかりてその権威を張っていく。しかし当時の諸王はその権威を十分に発展させないようにするために、彼女に対して人に会ってはいけないといったようなタブーといった形で、制約を加えて、彼女の勢力の発展を妨げる。そうして彼女をして宗教的な機能のみを持った人間におしとどめるように努力している。しかし当時の交換経済の一応の発展というものは、あの北九州地方一帯にわたる経済的な交換関係においていろいろの調節を必要としてきた。このために北九州国家の政策は人民の意思によってもかなり動かされたようである。各地に市を設けて交換経済の調節をおこない、北方の海岸である伊都国には特別な役所をおいて、これまでいろいろな国で行っていた外国との接触を、北九州国家が一元的におこなうようになったのは、当時の支配者たちの意図でもあったでしょうが、各国の人民を含めた王たちの意志であったのではないかと思います。しかし時代そのものが階級社会を形成し、北九州国家の権力自体が一部の人間の独占にまかされはじめていたから、折角できあがった政策や機関は次第々に卑弥呼及び一部の当時の支配階級になろうとする人間によって、独占的に利用せられはじめています。

しかしまだまだ階級関係、特に卑弥呼の君主としての立場が、確立しがたいので、ここには微妙にして深刻なあらそいが相互の間におこってきます。こうしたあらそいの一つの動きとして、卑弥呼の死後におきた動乱を省みたいと思います。この動乱は卑弥呼が自分の死後を男によってつがせて、一段と家父長制の貫徹をはかろうとしたためにおこったようです。すなわち諸王はこの卑弥呼の計画は、自分たちを圧迫するものだとうけとって、反対してたちあがったのだと思います。このためこの動乱は十三歳の少女が擁立され一まず納まりました。それにしてもあの動乱がおこって卑弥呼の家にかわって、他の国の族長が北九州国家をおさめるという形をとらないで、卑弥呼と同じ一族の人間が擁立せられました。このことは、卑弥呼が意図した家父長制には不賛成であるが、やはり卑弥呼の家を特別なものとみて、そういうような特別の位置を世襲させるということを暗黙のうちに認められることを意味するものだと思います。いじけた形ではありますが、家父長制がじくざくのコースでここに確立しはじめているといわざるをえません。

当時そのような統一的な連合的な態度をつくらなければ、支配階級に新しくなりかけようとする卑弥呼及び諸王は耶馬台国を中心としてできている北九州国家を維持して、奴隷制の持続をはかることができないと思ったにちがいありません。少々の不便はあっても支配階級としての自分を確立するためには、王の王が力をもってくるのも仕方がない。しかしできるだけその力はよわくしたいといった気持ちであったのだと思います。それにしても諸王はまだまだ当時の共同体的な制約により、それぞれの部族連合の制約をうけることがはなはだしかったとは思いますが、国家というものは以上のような動きを契機としてつくられております。そういうものを見ましても階級の成立とそれの闘争を契機として国家がうまれ、階級対立というものが経済的にまた身分的に有利となっている連中の優位の内に、まとめられています。まことに階級の成立あるいは階級の対立というものは、今までの小規模の部落や小地域を超えて、広範な人間をその中にまきこむ大きな集団をつくり上げるきっかけをつくるものだということがよくわかります。勿論内部には階級闘争がありますが、これまでのように国と国との戦いとちがって、日常の生活と接触を通じて、ここには大きな集団ができます。このように階級対立という新しい構造の変化と動きがないと、外的な方面にも、ひろがりができないことを、吾々は知らされます。

このようにして、ここにいわば小民族はさらに統一的な民族の形成に、あるいはさらに統一国家の方向に次第々々にいくわけでありますが、このときに民族の問題として考えなければいけないのは、いわゆるそのように政治的な統一によって、特に東洋の場合デスポットの形成を契機としてでき上ったフォルクというものは、内部的な脆弱性をもっている。これに対して古代民主政を基礎にして文化的な共通性をもってつくりあげられた民族というものは、かのギリシアのように、ポリスという政治的な分裂がありはしたが、内部的には相当につよいように思われます。このような意味においてフォルクがつくり上げられていく過程において、デスポットの道をたどるか、それとも古代民主的な道をたどるかという、この二つのやり方によって、民族的な意識なり民族的な結集なりというものは、かなり違ってくると思われるのであります。それにしても、折角つくられた民族的な国家は、古代民主政の場合であろうが、デスポットの場合であろうが、その内部に流れておる奴隷制のために、たちまち世界制覇、多民族国家形成の方向をたどらざるをえない。

この問題についてはいろいろ申し上げなければいけない問題がたくさんありますが、簡単に一言申し上げますと、あれほど古代民主政が完成したギリシアのような場合でさえも、やはり世界帝国への発展の契機をもっている。むろん、あのくらい民主政が発展したために、世界帝国＝多民族国家形成の主体となったのはギリシア自身ではなくて、辺境のマケドニアとなりました。しかしあのギリシアのポリスの中においてもそういう世界帝国、あるいはデスポットの方向に発展する必然的な契機がありました。たとえばプラトンの言葉に哲人政治家ということがあります。一見非常に理性を尊重して専制主義に反対しているかのように見えますが、哲人にしろ、ある個人の発意にもとづく特定の認識が無条件に貫徹することをみとめるということは、これはとりもなおさず無際限の権力をある特定の人問に許し、その反面に無原則な隷属を全人民に強いることになります。このようなことを許すということは、たとえその内容が善政であり、また良い意図でなされたとしても、ともにデスポットの存在を前提として許すことになります。ギリシア人があれほどいやがったデスポットを事実の上で許すことになります。多民族的なポリスをこえた世界帝国への発展を、プラトンは精神的に準備したといわざるをえません。

Ⅱ　民族文化

次に第二の民族文化の問題について申し上げたい。たとえば先ほど申しましたような形で日本において国家ができ上り、フォルク形成への道がここにひらけます。これとともにいわゆる日本の三世紀の終りから五世紀にかけて、いわゆる前方後円墳とかハニワであるとか、新しい文化がどんどん出てくる。まさに日本的な特性をよく示している。この時代は奴隷制への態勢を確立はしておりますが、かなり共同体的なものをもっている。いわばわれわれがこれまで申してきましたいわゆる英雄時代というものが、この時代に現出しているように思われるのであります。その時代の英雄の様子を知らせる材料として、年代は下りますが、四六二年に出したというあの倭王武の上表文をわれわれは想起せざるを得ない。すなわち彼はその文章において、みずから甲冑を負い山川を跋渉して休むにいとまないほど東奔西走し多くの人々とともにこの戦争をたたかっています。まさに集団の先頭に立つ王は多くの人民の意思によって激励されたり、あるいは制約せられたりする。そうして全人民の苦難を自分自身に背負い、そして相ともに戦っている。もちろん彼等はこうした内にも、ずるくたちまわって自分の都合のよいように努力はしているが、決して専制君主としての性格はまだもっていないのであります。

しかしながら、こういったような性格が、五世紀あたりを機会にして、変わってきます。といいますのは丁度この頃に朝鮮民族の反撃がおこなわれ、一方国内における階級闘争によって、支配階級は自己の体制を急速にととのえざるをえなくなり、その救いをデスポットへの道にもとめることになった。今までつくられてきたフォルク的な意識や文化は今や支配階級の人間によって、政治的に利用されはじめ、これまで発展してきた文化の内にある人民的な要素は、どしどしと抹殺されてくる。

かくして六、七世紀ごろから特徴的な文化が成立してくる。たとえばお寺をつくるとか、あるいは仏像をつくるということがそれです。この場合に、これまでの民族の伝統といったものは抹消されて非常に異国風なものがどんどん出てくる。このため人民の目にはみなれない、おそらく一部の支配階級の連中しか理解できないものがうまれてきた。七世紀の初めに日本の天皇が中国の皇帝に出した手紙の文句は、よく当時の事情を現わしておると思うので次にあげてみます。推古天皇は中国の君主に向って、自分の権威をひけらかす方法の一つとして、後宮には女が六、七百人もおるといったような表現をつかっています。かつての倭王武はわれわれは祖先代々苦労して、国土の統一は勿論、海の外にまでも攻め入って領土をひろめて大いに発展しておるといった。先の推古天皇の場合とくらべて大変なちがいがここにある。推古天皇のやり方は、まさに東洋専制国家のやり方をそのまま模倣したやり方で、まことに動きのとれないうすぎたないやり方といわざるをえません。かつての英雄時代に見られたような、素朴ではあっても生き生きとした状態はここに見られない。いわばフォルクの精神に含まれていた人民的な要素は、これでは抹殺されざるをえません。このためにフォルクを形成する条件となってきたいろいろなものは、ただ政治的に利用せられてしまい、民族的な意識は国家意識にすりかえられて、貴族の意識に堕しやすくなると思います。こうした一つの端的な現われは、叙事詩の中に現われる。すなわちかつての英雄的な人物をいよいよ書き上げて再現していく場合に、かつての英雄的な人物の内にふくまれた大衆的な要素をなくして表現されます。

たとえば伝説的なものにはなりますが、一つの例をあげます。仲哀天皇が北九州のクマソを征伐に行った時のことです。そのときに神の託宣がある。『古事記』によると神の託宣を疑って聞かなかったために、仲哀は神のいかりにふれて死んだとこう述べている。しかるに『日本書紀』の方では、どんな具合に表現しているかというと、神の言いつけを守らないために死んだなどというのでは、天皇の権威に関すると思ったためでありましょう。敵の矢に当って死んだとか病気で死んだ、こういうふうに書きかえている。『古事記』に仲哀天皇に死をもたらしたとしるされた神とその神の託宣というものは、とりもなおさずこれは、当時の諸王のあつまりからなる集団とそれの意志を象徴化したものだと思います。したがってこれら諸王の統率者ではあっても支配者ではなく、むしろ公僕的な性格をもつべき人間が、諸王の要望にそむいたために、その位置から引きずり落されたか、あるいは否定された。こういったことの現われが、この説話の内容をなすのだと思います。『古事記』の場合は、まだ漠然とはしていたかもしれないが、こうした情勢を推察させるにたりるような話をのせていますが、『日本書紀』の場合は意識的にそのような話を抹殺しようとしている意図が露骨にあらわれていると思います。王の意志と行動を促進させたり制約する大衆の（諸王たちではあるが）意志は無視されて、つとめて初めから専制君主であったかのような形で、天皇は表現されております。あるいはまたヤマトタケルノミコトの一生を見ましても、やはりあの英雄的な人物が、天皇の命令があれば泣きながらも東の方に遠征して行かざるをえない。ああいうような形に英雄的な人物が上の権力によってひん曲げられてしまう。これまでヤマトタケルノミコトの言動の内にあらわれていたはずの大衆的な言動が大衆の共感をそそってやまないことはひたすらはぶかれて、政治的な一個の道具としてのみ再現されてしまう。

こういう形で今まで大衆の力によって作り上げられていく行動と自由といったものがどんどん抹殺されていく。一つの国家的な統一が見られようとも、あるいは国家的な集中が見られようとも、それは真に下からの民衆を結集することが十分できない。かくして七世紀の半ばに大化の改新によって古代天皇制が確立し、一見強大なる日本民族がつくられたといいながら、それはまさに政治によって作為せられたものである。真の民族的なものは五世紀あたりを契機としてひん曲げられ、十分な発展を示すことができなかった。こういったひずみは、奴隷制社会の形成以来、準備されていたので、専制政治の形成と旧共同体的な体制の抑制によって、急速に日本の支配者は異国風の文化をとりいれ、民族国家、世界帝国の形成に非常に魅力を感ぜざるを得ないのは当然でありましょう。将来平安貴族によって民族的なものはもちろん、国家的な意識さえも喪失してくる前提は、すでにこの時につくり上げられました。では当時の人民は民族意識なり、民族をつくるのに、貢献しなかったのでしょうか。そうではないと思います。そのことを私は一つの例によって申し上げたいと思います。

これについては飛鳥以後の全文化について申し上げなければならぬのでありますが、そのような時間もありませんので、東大寺を例として若干申し上げて、私の意図するところを御報告申し上げたいと思います。あの八世紀の半ばにおける東大寺の成立というものは、古代帝国における最大の基盤においておこなわれた事業であります。この時期はどんな事情の下にあったかというと、当時共同体は広範に崩壊しはじめ、いわゆる中小の古代家族が至るところにできて、階級分化が著しく発展した。このため共同体の上にどっかとのっかかっておった古代天皇制はその基礎をゆすぶられた。古代天皇制が経験した第一番目の危機は、まさにこの時に現われました。このような時期に古代天皇制が自己の体制をなんとか強化しようと努力した現われの一つが東大寺の建設でありま す。このことは皆さん御承知であると思います。この建造物は先ほど申し上げたように、異国的の表現である。おそらく当時の大衆はこの大きな建物や仏像は一体なんであるかわからないというのが実情ではないかと思いま す。しかしながらあれがつくられたやり方を見ると、当時の支配階級が大衆の力をつかむために、大衆の気特をたくみに利用しようとしたことがよくわかります。たとえばまだ当時仏教が十分に人民の間に普及していなかったためでありましょう。いわゆる宇佐の八幡、こういう神様の力をかりてきてあれをつくり上げた。そうして宇佐の八幡の神をあの九州から奈良に運んで来るときに、沿道を非常ににぎやかにした。いわば当時としては大仏の建立がすすむのだということの宣伝が、この時に徹底的になされたわけです。当時人民の問に根強い力をもっておったにちがいない神への信仰を使っての、このような事業のすすめ方は、なかなか巧妙です。ただここで一言しておきたいことがあります。それはこの時代に八幡信仰が普及していたかどうかということは、現在の私にはわかりません。しかし宇佐八幡ももともとは母神・ヒコ神・ヒメ神の三座をまつった宇佐地方の守護神で、どこにでもある、ありふれた神であったわけです。こうした地域的な神が八幡とされたことは、支配階級である貴族たちの思弁のたまものかもしれません。しかし一面土地の人の信仰が次第に一地域にとじこめられないで、広い部面で考えるようになった事実もあったと思います。少なくとも支配階級の思弁の産物にせよ、そうしたものをうけいれるだけの条件が、次第に人民の間にできていたにちがいないし、またこうしたことを通じて人民の視野がひろがるきっかけも出てきたことだと思います。

こうした神に対する信仰を利用するやり方とならんで、僧行基を利用した支配階級のやり方も、なみなみならぬ手口のほどをしめしていると思います。行基という人物は外民族の出身であります。しかも彼は、当時の政府がわざわざまねいてきてもらった、婆羅門僧正や鑑真などという学問のある僧侶のように、支配階級の連中からもてはやされる人間と違って、久しく人民の中に入り、人民の苦労をわが苦労としてくらしてきた人間であったのであります。自分で行基を軽蔑もし圧迫もしておきながら、こういった人物を、政府が利用せざるをえなかったのは、行基の背景となっているおびただしい人民の力に助けをもとめざるをえなかったからだと思います。単なる抑圧と圧迫のみでは人民の力は結集することはできるものではない。人民の自由意志をまたなければ、東大寺の建設はできぬと思ったにちがいありません。ただこの人民の自由意志を自分たちの利益に結びつけて、つくりあげようとするところに、当時の政府の策略があったわけである。宇佐八幡をよんだり行基を重職に起用するやり方は、そうした策略の内の一つのあらわれだと思います。

さてこのようにしてつくられた東大寺の建設は、当時の記録にもはっきりあらわれているように、大変な負担が人民の上にかかった。このため多くの人民が苦労しました。しかもこの苦労の結果できた東大寺というものは、建設の指導権が貴族ににぎられており、また具体的に工事をほどこした人に帰化人が多いために、例によってその産物は、著しく異国的な形態をもっていますし、貴族文化としての要素がつよい。それにしても行基の下に結集し、いろいろな支配階級から圧迫をうけた人民の意志と希望も、やはりこの東大寺というものの間にふくまれているように思われます。あの宏大な東大寺の建設が割合に短時日にできたということは、こうしたことと密接な関係があると思います。そのような人民的な背景があるためでありましょう。東大寺はその後平家によって、あるいは戦国時代に松永によって破壊され、幾多の困難を経ながら最初の規模はまねられませんが次から次と再建ができました。この原因の一つは、やはりそのようなところにあると思います。従ってわれわれはただあれが支配階級のものであるという形で否定することはできないし、ただ人民の階級闘争の現われがそこにみられるから、あるいは実質的には人民がつくったから、立派なものが出てきているともいえない。東大寺には貴族的なものと人民的なものが、たたかいあう形で、しかし前者の指導と優越の下に、併存していると思います。このことが、東大寺というものを単なる貴族文化というだけではことたりぬものをのこさせている原因だと思います。それとともに民族文化としての性格を著しくうすめている原因もここにあるわけだと思います。それにしても以後の時代になると同じ寺院建築でも、こうした民族的なものは、ますますなくなってゆきます。といいますのは、漸く古代天皇制の第一番目の危機が出て、このままの体制ではやれないと人民が思い、支配階級もなんとかしなければならぬといった気持ちが出はじめたにせよ、まだまだその切迫感はうすくもあり、またどうしたら新しい良いものができるかということは、人民にはわからなかったと思います。この八世紀の頃から二百年ばかりたった、延喜以後の一〇世紀の頃になると、様子はかわり、古代天皇制をたおして鎌倉幕府をつくろうとする諸階級が、一〇世紀には、はっきり出てきます。しかし、まだ、八世紀の頃には、そうしたものは芽生えの状態で、そうしたものが今後どうなるか、まさに海のものとも、山のものともつかない。人民も、支配階級の圧迫とたたかうのに、逃亡といった抵抗手段しかもたない状態です。はっきりした将来のプログラムをもたない。こうした状態ですから、行基の実際的な池・溝・橋の製作技術に目をみはり、そのため、空想的な彼の説教に傾倒し、ついに彼が全力をあげて合力している東大寺建設の御利益に望みをかけて、いたましいことに熱心に仕事をやったとしても決して不思議ではないと思います。まさに東大寺の建設に参加した貴族・地方豪族・一般人民は、それぞれの期待はちがっていたかもしれないが、なんとかこの世の中をよくしなければという点では、かなり共通したものがあったのではないかと思います。勿論発意や指導は貴族がやり、人民の方はおしつけられ、教えを強制された形ではあるでしょうが、とにかくここには当時の人々すべて、すなわち民族全体の問題が、ここにあったのだと思います。しかし東大寺建設以後は、人民の気持ちは急速にかわってきたにちがいありません。政府や貴族の寺院建設に熱中して、そこに未来の希望を托することは馬鹿げたことであると、人民は考えてきたにちがいありません。東大寺建設以後、幾多の寺院が政府や貴族によってたてられ、その内には芸術的にいうと、東大寺以上のものもあろうが、東大寺の場合のようなひたむきな熱情が、広範な人々によってよせられたものはないと思います。こうした条件にあるために、異国風で民族的に親しい形式ではなくとも、なお多くの人々が将来においても、他の寺院とちがった関心をよせることができたのは、この時の広範な人民の祈りがここにあり、将来の人民もそのことを無意識にせよ感得したためではないかと思います。ただ珍しい大きな大仏があったからだというだけではないと思います。このためにその後における再建において、元のような十二分な大きさのものをつくり出すことをしなかったが、なお成功しえたのはここに理由があり、また第一回目の再建の時に南大門の仁王像の建設において、運慶が腕をふるうきっかけもここにあったことだと思います。たまたま運慶が東大寺にかかえられていた彫刻師であったからだというものではないと思います。たとえ身分的にそうであっても、雄渾な南大門の仁王像の製作は、彼の心の琴線が、古代の人民の祈りにふれたから、うまれたのだと思います。

Ⅲ　古代末期における民族的意識

次に古代末期における民族的な意識の変化について申し上げたいと思います。まさにこの社会の変革期において、民族意識の上でも大きな発展的な変化がおきています。こうした民族と民族意識の新しい変化といったことを中心として、この問題を考えたいと思います。古代図家における民族的な意識なり民族的結合のための条件というものは、その支配階級の意図によって一部において、旧来のものが助長された点もあるが、一般的にはその発展がさまたげられ、あるいは、ひんまげられた形で発展させられたことは、先ほど申し上げました。

このような動きは、いわゆる奈良・平安の時代となっていきますと、ますます著しくなる。すなわち平安時代の初期（九世紀初め）において鎮護国家の思想となっていったものが、となえられはいたしますが、しかしその国家というものはいつも頭に天皇一人のみをおいたような国家であり、しかもその国家的な意識さえも、平安時代の中ごろ（一〇世紀）から支配階級の間に上層官僚と下級官僚といったような争いがはげしくなるとともに、支配階級の間にも統一的な意識がかけてしまい、貴族的な国家意識さえもうすれていきます。このために、仏教それ自身も非常に個人的な仏教にどんどん転落していく。自国の防衛をいかにするかというような責任観念さえも非常に薄らいだ。平安時代を通じて朝鮮からいつ侵略があるかわからないと、いつも彼等はビクビクしていたが、少しも具体的な対応策をとろうとしなかった。そのため万一の場合の時の彼等の仕打ちは実になっていない。一つの例をあげますと、一〇一九年の刀伊の乱入の時ですが、この時の貴族たちのあわてぶりと事件処理の無責任さは、まことにおどろくべきものがあります。彼等支配階級は、北九州から刀伊襲来のしらせがくると、おどろきあわてて神や仏に敵の退散をいのるのみでした。具体的な撃退策としてはなにもとりません。せいぜい北九州の役人に向って、手柄をあげて敵を撃退すれば、ホービをやるといったことが、唯一の対策といえばいえる位のものです。しかるにこのことすらも実に憤激に値することをやっています。といいますのは、北九州の人々は非常な頑張りで、中央からの援助もなく、刀伊をただちにむかえうって、これをうちはらい、最小限の被害でことをすませました。そこでこの由を中央政府に報告して、彼等に定めのようにホービをやることを土地の役人は申し出ました。するとどうでしょう。中央の大官たちは、なるほど自分たちは手柄をたてた人間にホービをやるといった、しかしその約束をした日は、おまえたちが手柄をたてた日よりもあとのことであるから、おまえたちが手柄をたてたことに対して、ホービをやる義務はない、もし吾々が約束した日よりもあとにたてた手柄なら別のことだが、こういった意味のことをいっています。それではあまりひどい。将来再びこんなことがあった時に、なにもしないといけないから、とにかくなに分のホービをやった方がよいという意見もあって、そのようにきまりました。どちらの議論にせよ、実に馬鹿げた議論です。そこには国土の防衛を身をはってたたかい、祖国の被害を最小限度ですませてくれた人々に対する感謝の念は少しもありません。しかも彼等支配階級の連中は、もはやなにもできなくなっている連中です。思いあがった話です。彼等貴族には、民族的な意識はもちろん、国家的な意識さえももっていません。

しかるにこういう時期にあの民族の文化において特筆すべき「かな」が出ているのは、非常に重大であろうと思います。九世紀の、いわゆる平安時代の初めごろにつくられたといわれるかの「かな」の成立は、まさに書かれた言葉の統一を意味するわけであります。なるほど、すでに五世紀や六世紀にかけて、文献の教えるところによりますと、日本の言語がすでに漢文と漢字によって表現せられていますが、このとき漢文漢字を用いてそのようなことが行われたということは、文字というものがほんとうに全大衆の中に入り普及することをかなり妨げたし、日本語の統一と形成の上にも、わるい影響をあたえたことと思います。五世紀から六世紀にかけて、このように日本語が漢字によって表わされた時に、デスポットの成立が著しくなって、ちょうど軌を一つにしておるということは注意しなければならぬことだと思います。日本語を文字に表わすということは、日本人の間に民族意識をつくりあげていく上に大きな進歩をもたらしたにちがいありませんが、その進歩は初めからひん曲げられた形で行われたと考えざるをえないのであります。その後漢文的なやり方でなくて、漢字は用いるが、日本語の文脈で叙述するやり方が行われました。八世紀あたりに大いに発展した万葉仮名の使用がこれです。このため日本語の表現はかなり自由となったにちがいないと思います。しかしなんといっても漢字そのものを発音の上だけでなくて、訓義の上でも利用するのだから、その使用は大変に不便ですし、発音の上だけの使用にとどめても、その字数はおびただしいから、記憶して活用するのは、非常な手数です。しかるに九世紀はじめあたりに、「ひらがな」が出来て、音標文字がここに確立し、その字数もわずかなものに限定されるから、これまでの日本語の表現とくらべて、どれほどやさしくなったか、想像できないだろうと思います。万葉仮名と片仮名の間には形の類似はあっても、言語の問題としては、質的なちがいがあるのではないでしょうか。男とくらべて素養をうる時間をあたえられない女性が、積極的に文を書き、大きな作品をつくりうるようになるのも、このためだと思います。書かれた言葉の統一は急速にすすんだことだと思います。

そのようなものを通じてかな文学がどんどん発展してくる。そこであの平安時代におけるいわゆる国文学といわれるものがつくられていくのであります。残念ながら現在の私は平安朝の文学について、皆さんにお話しするだけの力をもっていないのでありますが、それにしても、国家意識を次第になくし、民族意識をなくする貴族階級によって文学がどんどん形成せられていったことのために、その文学が貴族的な性格のものとなり、大衆的な民族的な性格としての文学を発展させることができませんでした。当初『竹取物語』というような、たとえ貴族趣味的な色彩があろうとも、広範な大衆の共通話題をとりあげ、そうした話題を通じて広範な人々に共通の同類意識を高めうるような文学も当初にはあったわけですが、そうしたものが順調に発展しませんでした。これにかわって発展してきたものは、うすぐらい部屋の間で生活する一部の貴族しか理解しえないような話題の叙述でした。その最高峰を『源氏物語』にみるわけです。ただその場合に、その形式が完成されたことのために、あるいはまたほとんど鎖国の状態に近い状態のもとに書かれたために、いわゆる異国的な様相が少いために、また同一の状態が永くつづいた支配階級の動きなり考えを表現したので、内容が貴族的であるのに、その内には大衆が聞きなれたり見なれたりしたものが多いために、とかく吾々の文学の模範のように考えられがちです。しかしこの『源氏物語』の貴族的な内容とそれに即応した表現のために、吾々の民族文学乃至は国民文学としては、多分の欠陥があります。その後に発展して、多くの人々の共感をそそる文学をつくるためには、『源氏物語』の世界をどうしても破らなければならぬ原因は、ここにあると思います。

それにしても、民族意識は勿論国家意識さえもなくしてきた貴族の時代に、民族意識の発展のほどをしめすような「かな」がどうしてうまれたのでしょうか。これは貴族の創意と力によるものではないと思います。「かな」文字それ自体の直接的な生産者はともかくとして、九世紀初めの平安時代の初めにはっきりしてきた、新しい社会の動きと人間の登場ということが、「かな」文字の成立に密接な関係があると思います。「かな」文字の成立というものは、単なる小手先の技術の問題ではなくて、広範な社会生活の進歩と関係する問題だと思います。ではその新しい社会の動きなり人間の登場というのは、なにをいうのでしょうか。それは八世紀の天平時代にみられはじめた階級分化にみなもとを発して、以後つづいておこる一連の事件のことです。たとえばこれまで貴族が直接経営していた初期荘園のやり方は、次第にかわって、土地にいる人間の自営に重点をおく方向にかわりました。こうしたことが動機となって、階級分化によってうまれてきた地方の豪族が、地方官吏の搾取をのがれるために、土地を貴族に寄進して荘園とするやり方が行われるようになった。一〇世紀初めの延喜時代には、すでにこのようなやり方は著しいものがあります。この動きは古代天皇制＝奴隷制の衰頽に大きな影響をもたらします。この時期における地方における領主的な豪族層の成立は大きな歴史的な意味をもちます。大体この領主的な豪族層は、古代的な要素をもってはいますが、反古代天皇制的な要素ももっており、中央の貴族に対して利害の対立もあります。結論を先に申し上げますと、この領主的な貴族は鎌倉幕府をつくり上げる先駆となり、南北朝の内乱をおこして封建制を成長させるための露はらいをするわけであります。とにかく古代から中世の過渡期を切開いた意味において、この領主的な豪族層は実に重大な意味をもっておるわけであります。この台頭こそおそらくこのような「かな」の成立を促した基盤ではないだろうか、こう思うのであります。

たとえば一つの例でありますが、『伊勢物語』に、業平が東国に出て来て土地の女と仲がよくなって歌のとりかわしをしておりますが、そういう女はいわゆる大衆の出ではない。広範な関係を新しくもちはじめ、いろいろな接触を新しくはじめなければならなくなった豪族的な領主層に系譜をひく人の子弟であろうと思います。そういったものが平安朝あたりから次第に台頭している。このようなことを考えますと、おそらくこの人間こそ、この階級こそ、新しい時代のにない手である。そうして新しい日本民族の歴史において大きな役割を演ずるに違いない、私はこう思うのであります。

そういう点について、私は宗教の問題をここに申し述べて私の話を終りたいと思います。すなわち古代においては日本の神に対してどういう考えをもったか。いわゆる奈良時代のあたりから、ようやく神代史に現われた神々が人格神の姿を呈そうとしている。十分な形は現われないが、そういうことが現われている。古代人は自分たちの祖先は神であるということにおいて、自己の権威をあらわそうとしたのではないかと思います。しかしそれに対してむしろ神は仏教の力によって離脱させていく、こういう動きも出ておる。この二つの形がかなり対蹠的なものをもっている。しかし、神代史の神を人格神とする場合も、あるいは仏教の力により神を離脱させて輪廻の苦しみをなめさせないようにしてやる場合、ひとしくこのような思想からうかがわれることは、神々が人格神としての性格を著しくもっているということであります。その点においては、この二つの意見はかなり違いも見られるが、この違いは、なんら本質的なものではないと思われます。この違いは古代貴族の間に対立している大伴的なものと、藤原的なものとに対応するものと思います。神代史の神を人格神としてあがめようというのは大伴的な方向であり、神を離脱させようというのが藤原的やり方であろうと思います。両者いずれにしても、広範な大衆をその中に巻き込み民族的な意識をつくり上げていく、こういう機能は、この時代には、まだ果し得ない状態であるわけです。

しかし平安中期の一〇世紀にかけて始まったといわれるあの本地垂迹説になると、新しい現実によって生み出された思想の動きをそこに感ずることができるように思います。すなわち本地垂迹説というのはいうまでもなく、インドに生まれたあのお釈迦さんが日本に迹を垂れて、それが日本の神となったという思想でありますが、あの思想はどうして出てきたのであろうか。これは今後の研究にまたなければいけませんし、今日皆さんのお話も聞きたいと思いますが、この思想の成立は、先にのべたような新しい社会の動きと密接な関係があるように思われます。ある資料によりますと――これは辻さんが引用している史料でありますが――こういう形で現われているわけであります。すなわち僧兼祐という人がたまたま法華経を千部宇佐八幡に献上することになっていたが、それを果さなかった。しかし宇佐の八幡と福岡の箱崎神宮とは場所は違っておるかもしれませんが、ともにこれは仏のかりに現われた姿であるから、宇佐八幡におさめるものを、箱崎神宮におさめても、結果は同じことだろうといっています。このことは一体どういうことを意味するであろうか。私としては、いわゆる当時すでに台頭しつつあった豪族的な領主層が次第々々に自己の勢力範囲をつくってくる、あるいはまた自分と同じような階級の人間が至るところに出てくる、そこでこれと向うは同じである、いわば小さなわくにとじ込もっている状態から次第々々に離れて、向うとこっちも同じである、こういう心理的な共通性といいますか、このような現われが、この神社と向うは同じであるという思想を生み出してきた理由ではないかと思うのであります。ただそれを媒介するものに仏の現われであるという形をとって来ざるをえないのは、当時の豪族的な領主層が自分の政治的な自立をつくるまで成長していなかったことをしめすものではないでしょうか。このためにあそことここは同じというのに、別の第三者をもってきて媒介してもらわなければならぬという所に、彼等のよわさのあらわれがあるのではないでしょうか。有は無から出ませんから、そこで仏教的な智識をかりてこざるをえない。従ってその仏教的な智識の所有者である古代貴族の力をかりざるをえない。古代貴族は自分の教養と祖先の神々をそれと結合して、動揺しつつある自己の権威を新しい段階に即した新しいやり方でかためようとしている。まさに下から——といっても豪族的な領主でありますが、こういう下から出てきた動きを貴族たちは自己の強化のために利用しているわけであります。確かにここには古いものがのこされてはいますが、新しいものも出ている。これは古代貴族の考えと希望のみでは断じてつくり得ない、広範な豪族意識の発展というものを媒介としなければならないと思います。そうしてこのときにこういうような傾向が次第々々に発展していくうちに、そういう支配階級の意図をこえて豪族的な領主の意識は結集されて行き、一個の政治力ともなります。もちろんこの思想には、モロ刃の剣のような危険もあります。といいますのは、この思想は天皇を崇拝させて、領主的な豪族層の階級意識の成立を妨げる危険があります。しかし領主的な豪族層はそのような負い目をもっているためでしょう。大変にジグザグの形でその生涯をあゆまざるをえませんでした。しかしとにかく自己の階級的な確立をはかって古代天皇制をうちたおしていった。

たとえば伊勢の神宮というものは、天皇制の官僚にとっては最も中心的な仏様に比定すべきであろうと思います。たとえば釈迦如来に比定すべきであろうと思いますが、伊勢の神宮は大日如来に比定せられている。ほかの仏様に比定するものもありますが、大日如来に比定されている。これはあの中に日の信仰といいますか、太陽信仰といいますか、かなり人民の信仰をあそこに押しつけていく、そういう形で支配階級が意図するとしないにかかわらず、豪族たちは、自己の意図を生かして、あの伊勢神宮を大日如来にしてしまう。しかし体系的な思想の樹立という方では貴族的な連中に非常に押えられてはおります。いわゆる新しいものが出てくる時は、いつもこうした古いものと新しいものとがともなって、場合によれば古いものをかきたてた形で出てくる時さえあって、新しいものはそれの純粋な形で出てくるものではないと思います。しかし豪族的な領主層そのものがもっている封建的な体制が、ますますもって分権的な方向にいくので、フォルクの精神が発展するのに、なにかと妨げられる。それにしても仏の子孫が神であるという比定は平安朝の末期から鎌倉時代にかけてくればくるほど、盛んになり、この菩薩が神というような具合に神々がいろいろの仏様に比定されてくる。非常にたくさんの数の神と仏様とが結びつけられる。たとえば西の宮の結びの宮という神がありますが、あれは千手観音である。若宮は本地十一面である。禅師宮の本地は地蔵菩薩である。聖の宮は龍樹菩薩である、というようにいろいろにわかれてくる。本地垂迹は中国にもあり、日本のものもそれに刺戟されて初めは出来たのかもしれません。しかし、中国の場合は元は釈迦で、それがこちらに現われてくるといったものにすぎません。日本のように、この神とこの仏、この神とこの仏というように、小さな部落々々の神々までも、仏教関係のホトケさんと結びつけることはありません。教理の上では日本と中国の場合は同じかもしれませんが、本地垂迹のとりあつかい方の上では、本質的なちがいが、両者の間にあるのではないかとも考えられます。そうでないとこれほどちがった発展の仕方をしないのではないでしょうか。こんな具合ですから、たとえ貴族たちの頭に本地垂迹説の考えがあり、自分たちの祖先神をみんなに信じこませてやろうとしたとしても、土地を寄進して実力を地方にきずきあげてきた地方の広範な領主的な豪族層の台頭がなければ、それは単なる頭の中の考えにすぎません。第一、本地垂迹と貴族の祖先神さ

え も、そのままの形では結びつくかどうかもわかりません。この二つの考えは別個のものとして存在したかもしれません。といいますのは祖先神をつよくおし出そうとする流派は仏教を心よく思っていませんし、仏教をつよくおし出そうとする連中は、祖先神に対しては割合に関心がよわいでしょうし、貴族的な外国文化に頭があがらない連中です。このままの姿では両者は結びつかないと思います。こうしたことを考えると、日本と中国とでは、本地垂迹説を具体化した階級的地盤、あるいはこうした考えをひろめるのに貢献した階級闘争のあり方というものが、ちがうのではないかと思います。

とにかく本地垂迹説といったものは、初めは民族全体の思想ではなかったでしょうが、社会発展のヘゲモニーをにぎってきた領主的豪族層や権力をにぎる貴族たちの思想となってきたために、広範な影響力をもち、この思想は民族の思想と次第になってきた。それにしても領主的な豪族層やそのあとに発展してくる名主的な武士層といったものは、その政治的な地盤が分散しているために、民族的な意識を発展させるためには不利な状態をもっています。しかし永い伝統文化、かたり物をする人の輩出、市や商人の発展といった経済状態の進展にうながされて、政治的な統一性という点では古代国家にまけるが、人民の間における民族的な相互関係は発展し、大衆相互の間には、古代とくらべるとはるかに発展した共通の心理状態がつくられたにちがいないと思います。共同体的な遺制がのこって、大衆の心がばらばらにさせられた古代天皇制の下における大衆の心理状態とくらべると、かなりちがうものが、ここにはあるにちがいありません。こうした新しいものができないでいたなら、大衆はずっと古代天皇制の下にあって、頭があがらないのだと思います。そうしたことを考えると、先にものべましたような、個別的な土地神である宇佐神を、普遍的な八幡神にしたのは、当時の支配階級の作為に主としてもとづくもので、当初はかならずしも人民の間に普及しなかった考えではないかと思います。しかし時日がたつうちに地方でばらばらにくらしている武士階級が、自分の土地神が八幡神であり、先方の土地神も八幡神であるということになれば、元の土地神であれば、どんなものか見当もつかないのに、今度はある親しみと諒解をもって、その神と神をいのる人をみなおすことになると思います。共通の意識を武士階級の間につくりあげてくる、一つの条件が、ここにうまれます。当初は貴族たちが自分たちを権威づけるためにつくった思想が、経済生活の発展、文化の普及、「かな」の成立などの条件にうながされて、貴族を打倒しようとする武士、その他の人々たちを結集するための一つの武器となってきたといわざるをえません。本地垂迹説の考えは、ここにおいて民族的な伝統の一つとなってきたわけであります。

Ⅳ　中世的民族形成への展望

新しい民族的な文化の成立は、古代とちがった新しい民族的結合のできはじめたことを、しめすものであります。この過程をおしすすめるものとして、いわゆる源平合戦の名でよばれる一二世紀末の約半世紀にわたって断続した内乱の機能は大きいと思います。不十分な革命性しか発揮できなかったとはいえ、古代天皇制の打倒と妥協をめぐって、全国の広範な人々がうごきました。このような大きな政治的動きはこれまでなかったことです。この内乱を契機として、同志と思っていた人間が敵となり、敵と思っていた人の内にも味方がみつかり、時々刻々と幾多の離合集散が行われました。しかし新しい民族結集の方向は、この時にはっきりと現われはじめることになりました。古代天皇制的な権力を媒介としない、今まで考えたこともない武士階級の権力を媒介としての民族的な結集のあり方があり、社会の編成も、こうした新しい権力ににつかわしい仕方で変化するものであるということもわかりはじめてきました。まだ古代権力は頑強で、この新しい道はなかなか簡単にはひらけなかったのではありますが、すでに一部の人にはこのことはわかっていたでしょうし、社会の大勢はきまってきました。この源平の合戦の終曲として壇ノ浦の戦いがあります。関東武士にひきいられた多くの武士が瀬戸内海の西端にまで出かけたということは、大変なことです。これは単に武士階級の体験のみのことではありません。一般の人民にも大きな影響があったにちがいありません。人々はこの大事件を全貌の下にとらえることはできないまでも、つたえきき、自分が体験したことを通して、この大事件の性格を考えたことでしょう。しかも時期は少しずれますが、画期的な宣伝が行われることになりました。語られそして筆にもせられた『平家物語』の出現がそれです。全幅的に新しい動きに賛成であるのではありませんが、かなり新しい動きに賛成し拍手をおくっている『平家』の内容は、新しい建設をはじめた人に、どれだけの自信をあたえたことか、想像にあまりあることです。これまでも文学作品などによって、小さな領域の人々の意識が共通になったということはあるでしょう。しかしこれほどはっきりした政治的意識と政治的立場をもって人々にせまった文学作品はないでしょうし、またその宣伝の仕方が、これほど大衆的に行われた場合もこれまでにありません。もしこの『平家物語』が山田博士や永積氏がいうように、承久以前の作品とするなら、武士階級が京都の古代権力の本質をつかみ、一天皇の廃止と三上皇の廃止と流刑という、『源氏』の世界でやしなわれてきた人間なら考えることもできない思いきった手段を、承久の乱（一三世紀初め）の処置としてとりえた重大な理由の一つとして、私は『平家物語』の感化力をあげたいと思います。『平家物語』はその後においても多くの人々の間にもちこまれ、原作者の意図と著しくことなる『延慶本』とか『源平盛衰記』といった新しい『平家物語』さえうまれました。広範な普及力をみるべきだと思います。『源氏物語』の世界と全くちがう話題の下に、共通の歴史意識と運命観が、広範な人々の間にうまれ、人々は一二世紀の源平の戦いという内乱、そして鎌倉幕府の成立という歴史の動きが、いかに革命的な意義をもつものであるかということを、事件の全貌の下に理解できたことだと思います。『平家物語』が天皇中心の古代的な民族的な集結を止揚して、武士を中心としての中世的な民族を結集する上に果した機能は、絶大であったと思います。一四世紀における南北朝の内乱においても、『平家物語』は大きな機能を果してはいないかと思います。この内乱は古代権力を最終的にたおし、封建体制を画期的に発展させたのではありますが、なんといっても、この時に全国に散在した名主的な武士たちが直接的な生産者と一緒になって、それぞれの創意と期待をもって、この内乱に参加した意義は大きいと思います。彼等は貴族の出先機関や、領主的な武士といった古代的な性格をゆたかにもつ階級の打倒に尽力しています。身ぢかな指導を他から大してうけないで、これほどの動きがそれぞれの地域で、自分自身でできたということは、時代そのものの高まりもさることながら、『平家物語』その他の文学・語りものなどによって感化された自信も大きく役立っていると思います。領国制が以後発展して、政治領域の分立性がはっきりしながらも、経済や思想などの上において、これまでとくらべて、一段と発展したものが出てきたのも決して偶然ではないわけです。こうした政治と文化があいともなって新しい時代をつくっていったことは、これまでの日本の歴史にはないことです。永い間最高の文学として人々に影響をあたえてきた『源氏物語』を、揚棄できる立場が、はじめてここに出てきました。『平家物語』が、当時の武士階級の口語をもとりいれ、和漢混淆文といった新しい言葉と表現をもって、力づよく対象にせまっていったことは、新しい時代の黎明期の作品であるにふさわしいことだと思いますし、すぐれた民族的な文学として、将来ながく愛読されたことは偶然ではないと思います。

こうした中世封建社会の土台の上につくられる民族的な結合は、それに相応した民族意識をつくることになりました。日本の国は神の国であるといった思想は、そうしたことの一つのあらわれだと思います。勿論この民族的な結集なり意識は、古代のそれのように多分に政治的結合というものを媒介としています。いずれの国の封建社会にも、古代的な王権の残存があり、たとえルーズな形にせよそうしたものを媒介としてのみ、封建的な階統制度はできています。こうした政治体制を媒介としないことには、またかつての政治的な統一をもった国土観念の想起をしないことには、当時の生活や経済関係の低さでは、民族的な意識なり結集を主導的につくり出すことができない。このことは、この時代の民族のあり方の本質のように思われます。このために皇室に多大の関係をもたせられた神に関係のある神国の思想が出てこざるをえません。しかしこれはあくまで媒介物であって、ことの本質ではありません。このためにこの神国思想の成立したことは、皇室がつよくなったことをしめさないで、むしろ画期的な没落をとげたことをしめすことになります。事実そうです。したがってこの神国意識は、新しい社会構成がかわり、古代とくらべてはるかに発展した生活と経済に裏づけられた時の、民族の意識といわなければならぬと思います。しかし資本主義経済のような密接な流通の網目をもたない中世では、とても人民相互の関係からうまれてくる文化や意識だけでは、民族的な結合はできかねます。どうしても政治権力というものが、人々の結合のための重大な機能をはたしてきます。言語や文化や意識なども、この政治領域を一つにするということによって、広範な大衆を相手にすることもできるし、またそうしなければならないことになることもあるわけです。しかし古代天皇制の場合と同じように、この政治権力がまた一面において、人民の間に成長してくる動きをおさえるために、人民的な立場にたっての民族的な結合をさまたげることもあります。フォルクの本質は、中世も古代もかわらないわけですが、より近代に接している意味では、ナチオンを形成するための条件がこの間にやしなわれてきます。しかし一面政治的分離性が著しくて、古代統一国家とくらべて、はるかに民族的な結集に困難であります。それにしても、大衆の間にうまれてくる新しい動き、別して流通経済の発展のために、中世は中世なりの民族的結合・民族的意識・民族文化をつくることが、このためにできます。

さて神国思想は、南北朝の内乱（一四世紀）を一つの転機として新しい様相をもってきます。といいますのは、この内乱を機会として古代天皇制の抹殺ははっきりしてきました。そして今や封建的な支配階級はただ現状維持のみをはからざるをえない。今までは古代的権力を倒そうというところに、彼等の動きに進歩的なものがありましたが、今度は古代社会をたたきつぶすことによってひたすらうしろ向きとなってきました。こういう形が反動性といいますか、保守性といいますか、こういったものがいわゆる南北朝の時代から武士階級の間に著しくなって反本地垂迹説を生み出した契機になったのではないか。今度は向うの仏様が日本の神でなく、こちらの神がインドに行って仏様になった、こういう形に転化してくる。こういう反本地垂迹説はさらに進んで秀吉の「朝鮮征伐」という形で、日本は神国である、だからお前たちは従わなければいけないというところまで連らなっていきました。しかし本地垂迹説が初めて出てきたときは、それほどに対抗的な意識は強くなく、ただ向うとこちら、といった意識であって、そこに侵略的な意義は現われていない。向うとこちらの意識をはっきりさせるが、向うとこちらを対立させる形に現われていないのであります。これは領主的な豪族が、まだ古代的な反動的な形をもちながらも、革命的な意図をもっていたし、南北朝時代のように積極的に海外と関係を結びまた侵略をはかろうとする条件がなかったためではないかと思います。

以上のような、古代末期から封建制の成立期にかけての、新しい民族的な意識の成立を理解する一つの例として、元冠の役(一三世紀の後半)の前後に生涯を送った日蓮の思想を考えてみたいと思います。宗教家として彼ほど国というものを問題にした人は少いと思います。ここにはこの時代に発展してきた民族意識と深い関係があるにちがいありません。そこで彼の国に対する考えですが、それにしても元寇以前とそのさなかではこの国の具体的な内容が違う様に思われます。

初め彼は、法華経のような正しい教えを守らないで禅や念仏のような悪法をやっているなら、この国はつぶれる。この国をつぶさないためにはぜひとも法華経をやれといっています。こうした発言の裏には、現状特に政府の政策に対する非常な不満がつよくあるように思われます。しかし日蓮が、この不満な世の中をかえて、どんな国にしたらよいのかというと、一向その姿がはっきりしません。せいぜい法華経が行われている国という以上には出ません。それにしても以上のような現状に対する不満のためでしょうか、蒙古の侵略が失敗したということを聞いても信用しないで、そんなよいことがこの国にある筈はないと言いきっています。そしてこの国がこんな災難をうけるのは当然だとして、法華経以外の悪法が行われていることや、皇室を鎌倉方がないがしろにしたことを、その理由にあげています。彼がまもるべきだと主張する神国の実体は、ここにおいて古代天皇制であったことが推察できます。ではなぜ彼はこの蒙古侵入の時に、古代天皇制の映像を人々の頭によびおこそうとしたのでしょうか。侵略してくる外国人である「異賊」蒙古を、これまで協力といったことは考えることもできない広範な人々の結集によって、うちはらった動きを、吾々はここに考えなければならぬと思います。この時鎌倉幕府は先頭となって、古代天皇制権力をもうごかして、鎌倉幕府の配下であるかないかを問わないで、広範な武士階級を結集しました。しかし一時的にせよ、この動きは将来の領国制につらなって行くものであり、新しい封建制という政治体制を媒介として再編成されるべき民族の姿がそこにあるように思われます。日蓮はこうした新しい動きに刺戟されたにちがいないのに、この新しい動きを体系づける方向に努力しないで、過去の形をそこにひきずり出して、新しい酒を古い袋にいれようとしています。このようなことをみて、古代的な国家意識が再現されていて、なんら新しいものは出ていないとするなら、それは大きな誤りだと思います。日蓮がこれほどまでに国の観念を強調するというのは、広範な人々によってつちかわれている民族的な動きの反映があったためだと思います。ただこうした折角の新しい動きが、武士を含めて広範な人民が制約されている経済関係の未発展、領土の分割性あるいは思想体系の不備のために、古い思想をよりどころとして、政治的に色あげせられることになります。昇華せられたあとのあらわれはともかく、新しく発展した民族と民族意識がそこに存在し、近代になってつくられる民族の条件が、そこに形成せられはじめていることを見のがすことはできません。こうしたことは言語の上にもあらわれているように思います。柳田国男氏は、鎌倉時代の『十訓抄』の文章を検討して、口語をそのままにあらわした公用文の言葉である「……する間」とか「……付」などといったことが平気で利用されている旨を指摘して、次のようなことをいっています。「この時代は、国語の文法においても表現においても、新しい形式をつくりあげていった痕跡がうかがわれ、現実の生々した生活を文芸にしてみようという意欲がみられる」といい、更に今日普通に用いられている言葉が、いつはじまり、どんなふうに変ってきたかということをしらべるのに、この『十訓抄』は重要な一つの資料になる旨をいっています。これは単に『十訓抄』という一個の書物の問題ではありません。これまでのべてきた民族の動きとあわせて考えられるべきことだと思います。

最後に一言します。それは最初に申しあげたことの強調です。今まで使いました民族という言葉がフォルクの意味であって、ナチオンの意味でないのに、なぜ民族という言葉を意識的に積極的につかったかということについて、今一度申しあげておきたいと思います。いろいろな点で不十分さはありますが、フォルクの段階においても、一応のまとまり、共通した心理状態や国土の観念があります。したがって近代以前には民族がなかったというだけでは、現実の正しい把握にはなりません。それに現在いろいろな階級・利害・身分その他の対立をもちながらも、こうした人々を強く民族的に結集しようとし、事実そうしたことも若干おこなわれている現在の段階から考えても、われわれは新しい眼で歴史の真実をみることを要請されています。こうした意味で、ナチオンとしての民族をつくる条件は、それ以前からもあったといったことのみでなくて、ナチオンの前にあるフォルクといったものが、どんな工合にできて、それがどんな構造変化にともなってナチオンになるといった検討が必要であります。もはやナチオンがあるとかないとかといったことは、現在の段階では言葉のやりとりになりやすくなると思います。フォルクのあり方をつかむことが、ナチオンそれ自体の具体的な把握にもなります。単なる断続だけでなくて、連関性の把握が現在著しく必要となってきています。このために積極的に民族という言葉を使用したわけでありますが、しかしその内容においては先ほど時間の制約で十分には述べることはできませんでしたが、一応私の意図あるところをのべました。以上をもって私の報告を終ります。

＊歴史学研究会編『歴史における民族の問題——歴史学研究会一九五一年度大会報告』岩波書店、一九五一年

五〇年の歳月を経て——石母田正『歴史と民族の発見』解説——

『石母田正著作集』全一六巻（岩波書店、一九八八—九〇年）に掲載された著書・論文・随想の量は相当の数である。内容に反対意見はあっても、多くの方からいずれも尊敬の眼でみられ、専門の著作にいたっては現役である。そうした多くの著作のなかでこれから解説を書こうとする一九五二年刊行の『歴史と民族の発見』の一冊のみは、政治状況と研究者の思想と信条にもとづく激しい毀誉褒貶に直面することになった。念のために書いておくと、政治状況というのは一九五五年の日本共産党の第六回全国協議会（六全協）で、一九五〇年以来続いていた党の分裂に終止符をうち、旧来の党の「極左冒険主義」の政策と行動を破棄する事件のことをいう。『歴史と民族の発見』で重要な目標になった「国民のための歴史学」の運動、それを実現するための手段の一つになった「村の歴史・工場の歴史」の作成、そのための農民・労働者との接触の勧め等々を、「極左冒険主義」の一環ないしはその亜流と見なした人々がいたのである。しかし六〇年代から現在の二〇〇二年の今日になっても、五〇年代の「国民のための歴史学」の運動がしばしばとりあげられている。批判を超えるものがあるためである。

この著書がはじめて世に出て半世紀、周辺も世界の状況も変わった。石母田も石母田を批判した人々も心をよせていたソ連邦も、本書のなかで高く評価されたスターリンや毛沢東もいなくなった。この解説はこうした歴史を書くつもりで、書いておきたい。

I

本書の特色をもっともよく表現し、もっとも多くの読者によって「功罪」を論議されたのは、掌篇ではあるが「村の歴史・工場の歴史」であった。その時期の論議、特に工場のそれを読んで、気が付いたことがある。弟さんがその工場につとめていたとはいえ、石母田と労働者たち、工場内の労働者相互の親しい関係に、不思議さを感じなかったであろうか。現在の若い人なら、リストラがいたるところで実行されながら、新聞をみても、労働者の抵抗の報道はみられない、これはどこの国の工場の話だろうと思うのではなかろうか。当時はそれが可能であり、いたるところで現実でもあった。

敗戦の一九四五年八月十五日以後、雨後の竹の子のようにつくられた労働組合や農民組合は自分たち主催で労働者や農民の教育活動を、軒並みおこなっていた。戦中すべての日本人の生死を決定した天皇についての検討ができるようになったので、歴史の講座は教育活動の一つとして必ずとりあげられた。何回か組合によばれ、組合の役員と親しくなれば、すくなくとも一九四七年一月のいわゆる二・一ゼネスト宣言の頃までは、工場では木戸御免の出入りが可能なところが多かった。研究者や知識人が労働者と自主的な交流が可能であった、日本ではまれにみる時期ではなかったか。

「村の歴史・工場の歴史」は、〔追記〕によると一九四七年の執筆とある（三六七頁。以下かっこ内に頁のみをあげたものは、平凡社ライブラリー版からの引用）。本書のなかでは一番早く書かれた群の一つである。五二年一月十五日の彼の書簡によると、何度目かの書名の変更として「危機における歴史学の課題」の名をあげていた（『石母田正著作集』、以下『著作集』と略称、一四巻、三七九頁）。この書名も満足できなかった。とにかく「民族」の名は入れようと私はいった。『歴史と民族の発見』の書名の決定は二月二十一日で、三月五日発行の直前であった。「四回目の変更ですといわれたときは、すくなからず恐縮していました」との書店側の記載がある（『著作集』一六巻、吉岡真之「解説」、三六五頁）。「村の歴史・工場の歴史」は、民族の課題がまだ日本共産党で決定される以前の記載である。著者の歴史と民族に対する関心と認識を支える根は深い。

書名変更のくりかえしは、民主主義革命の目標に民族独立の課題を加えた日本共産党による四八年二月の「民主民族戦線」の方針決定が、石母田にまだ身につかず、党員としてたちおくれを示すようだが、そうではない。日本共産党は民族独立の方針を他の政党とくらべて早々と提起し、反帝国主義の意図を明白にしたが、それを実践する主体としての民族の認識は未だなしであった。本書巻頭の「序」では、それへの憂慮と認識を次のように示している。

民族の危機だとか、客観的な動きにだけ危機という言葉をつかう……（危機の本質は）このような事態における私ども日本人の心のなかに……まだ腹をすえて立ちあがるまでにいたっていないところに……あるのではないでしょうか。（一八頁）

民族のこうした主体性の弱さに対する憂慮は、本書のために新たに書き添えた「母についての手紙」と、深くかかわっている。学生運動で無期停学になって郷里にかえされた石母田だが、赤にそまることは出世を台無しにすると激怒する父は無神論者で思想的には進歩的であった。保守的な母は正しいことをやることは人に恥じる必要はないとしたが、私がうけねばならぬ苦しみは母をひどく苦しめ動揺させ、私がなごむようにと、生まれ故郷へつれていったという。「正しいものに対する認識というものは、思想の進歩的或は保守的傾向によるのでなく、その人の人間性の深さによるものだということ……を確信するようになりました」（四三七頁）。これまでの民主主義革命とくらべて民族独立の戦線は、はるかに広い協力と統一を必要かつ必然とする。しかるに旧来の政治運動の分裂状態に思いいたると、石母田としては、かっこ内の「確信」を、強くうったえたかったのである。

母親の小さな配慮を媒介しての発言として、揶揄する人が当時もあった。そしてこの「手紙」は、「村の歴史・工場の歴史」とともに論議の対象となった。また本書には母や妻、あるいは女性に関する四篇の論文が掲載されている。批判はあっても、歴史の深部をかいして「歴史と民族」を認識しようとした本書が、今日も課題にされているのは偶然ではない。

本書の書名選択の苦心は、民族の自立と民族問題を一片のスローガンの引用で済ますことのできない、思想家石母田の特色を端的に示していると、私はみている。

Ⅱ

本書には、かなりのスペースを使用して歴史論を専らおこなったものが三篇ある。これから紹介しようとする論考「歴史学の方法についての感想」と「危機における歴史学の課題」、「歴史学における民族の問題」がそれである。「感想」が四八年、後の二篇は五二年三月に出版された本書ではじめて発表された。この三篇の論考をとりあげるにあたり、出版以来五十年の歳月を経過していることを念頭において解説をする。はじめに「感想」をとりあげる。

「感想」は本書で一番長い論考である。内容は目次の細目を見ていただければ推察できると思うが、若干の説明をしておきたい。〔追記〕によると、『歴史評論』に掲載されて二、三の批評を個人的に受け、その一つに実用主義の問題があったと石母田は記載している（二六四頁）。

これは二三八頁に出ているブルジョア実用主義に関連する。それから次頁六行目に出てくる「われわれ」は、プロレタリアートのことであろう。「一種の実用主義といえばいえる」の一句があるが、はぎれはよくない。実用主義に神経をとがらす彼の人がらのせいである。四〇年代末から五〇年代初期、我々は気負い立っていた。そこには独善的なものがあった。

二五九頁に次のような一節がある。「冒険的な革命家ではなく、「忍苦のロシアが悩んだ一切のもの」を自己の肩に背負って立っているような革命家の面影」のスターリン。この表現だけで辟易して早々と本書を放棄する方がいるかもしれない。しばらく機会を与えてほしい。

この論考には「不案内」といいながらも、ヨーロッパの史学史を活用した知識と認識が豊富に参照されている。ヘーゲルやマルクス・エンゲルスの『ドイツ・イデオロギー』の活用は、他の論考にも出ているが、そのこなれた理解はいまもって精彩があり、若い諸君には喜ばれると思う。彼の『ドイツ・イデオロギー』の好みは、当時の先輩や同年配のマルクス主義者にはわりあい少なかったが、彼には終生のもので、七〇年代以来この文献に対する関心が強くなったが、期せずして、彼は対応していたのであった。

「危機における歴史学の課題」にうつる。『著作集』の解説(一四巻、三九九頁)によると、このアピールは郭沫若が中国平和委員会議長の肩書きで「日本人民への公開状」として出され、それへの応答として石母田が書いたことになっている。どこかの組織に依頼されたものと思われるが、現在の私にはわからない。この論考は近代日本の史学史であり、思想史ともなっており、日中社会の比較にも言及している。民主主義と民族の独立をはかるには、いかなる思想と心構えを必要とするか。かねての研究と意図を、この機会を利用してまとめたのであろう。その表題が、石母田が本書の書名として当初考えていた「危機における歴史学の課題」と同じであったことを思うと、この論考によせる彼の思いの比重の大きさが容易に推察できる。彼の「危機」感の所在を、二つの課題を例にあげて考察したい。一つは幸徳秋水、もう一つは「アジア的生産様式論」である。

明治時代のもっともすぐれた社会主義思想家の秋水でさえ、「ヨーロッパやアメリカにおける社会主義の諸潮流にはあれほど敏感に呼応しながら、アジア諸民族、ことに中国の民族運動と日本のプロレタリアートとの連繋については十分の関心と配慮に欠けていると思われ」るとし、当時の社会主義者に大きな影響を与えた第二インターナショナルが、植民地における民族運動と先進国における進歩的革命運動との連関を理論的にも実践的にも評価し得なかったことの一つの反映ではなかろうかとしている（五一—五二頁）。当時の内外の知識階級と革命運動家は、アジアへの関心が弱かった。しかし、日本人民のあいだにも浸透しているアジアの諸民族に対する優越意識と支配民族の意識は定着しはじめていた。彼のこうした認識は早くから形成しはじめていたであろうが、郭沫若の公開状を一つのきっかけとして、アジア・西欧・アメリカ・日本の歴史思想状況の叙述を一気に展開している。

もう一つの「アジア的生産様式論」は、彼の名言（六五—六七頁）を読んでいただければ済むことだが、行きがかりで次の表現を引用する。「アジアの大地がこれほど軽くなったことは、かつてありません。それは軽くなっただけでなく「アジア的停滞性」という呪文のような言葉にしばりつけられ……それが戦後の日本の近代主義の大きな理論的心理的支柱となった」（六七頁）。現代の改革を念頭におくすぐれた研究者であった大塚久雄・丸山真男に、石母田が不満をもっていた理由の一つはここにある。

Ⅲ

日本の知識人の研究方法と人民の優越意識を「危機」として、石母田は理解している。これは五〇年代の課題のみでなく、現在でも持続している。この論考の最後に近いところに次のような記載がある。

かつての日本の革命的運動はその困難な条件のために、大衆との密接なむすびつきをつくりだすことができずに少数な先駆者の人たちの運動にとどまりました。それは大衆のなかにいかに外部から社会主義的意識をもちこむかという観点が中心であって、大衆自身が何を考え、何をもとめ、何を感じているかを知り、そこから問題を提起するということに関心をもちませんでした。戦後日本の運動はこの点について飛躍的成長をしめしましたが。（八七頁）

彼は「かつての日本」としたが、この論考が書かれた一九五一年時にもぬけきれなかったのではなかろうか。民主主義科学者協会（民科）の研究者の一人から、「サークルへの参加は直接研究に役立つものを得ようとしても得られない。長い学問の伝統を尊敬しなければならぬ」との批判があった。一九五五年の「六全協」以来、運動の中核であった石母田に対する攻撃の現れの一つで、五六年三月発表の「歴史科学と唯物論」（『著作集』一三巻、九五頁）で、「五〇年代になって研究論文以外の面では、とくに観念論的な傾向がつよまる。……自分が半身だけの唯物論者であることを示している」などといった、いわゆる「自己批判」を発表している。六〇年の彼の論考「「国民のための歴史学」おぼえがき」でサークルは研究には役に立たない、サークルは楽しいから行く、義務や強制で行くとすればそれは止めるべきだといっている（『著作集』一四巻、三六八頁）。

「堅氷をわるもの」は彼が学生時代、東京深川白河町の貧しい朝鮮人部落でのサークル活動の経験を書いたものである。べつに政治の話をしたわけではないが、その後の研究生活のあいだに接した朝鮮研究の伝統の取捨に効果をもたらしている。学生時代長年にわたって接触する必要はなくとも、労働者や農民とのサークル活動は人生のチャンスであったと私は今でも確信している。「大衆に向かっては知識人の言語と思想を持って妥協せず語る。知識人に向かっては、大衆の言語と思想で語る工作者」（『工作者宣言』より抜粋）の形成をめざす谷川雁とつきあったが、五〇年代から六〇年代のサークルは多様性と現実性をもって存在していた。さきの石母田の「自己批判」を軽々しくとり扱うことはできないが、歴史研究者は歴史研究の枠にとらわれないで、五〇年代から六〇年代の歴史的存在としてとらえてもらいたいし、とらえるにあたいする問題であると、考えている。

Ⅳ

「歴史学における民族の問題」がまとまった形で発表されたのは、さきの「危機における歴史学の課題」と同じく五二年三月発行の本書であるが、そのもととなったものは一九六頁の〔追記〕に記載されているように、五〇年九月のシンポジウムである。日本共産党の機関誌『前衛』五〇年八月号に掲載の、スターリンの「言語学におけるマルクス主義について」がそのきっかけである。このスターリン論文を理解するためには、それ以前のスターリン民族理論を知っている必要がある。

二〇世紀の初頭にスターリンらによって形成されたマルクス主義民族理論によって、民族とは資本主義による国内市場の形成に促進されて出現してくるとされた。それまで人類学・社会学・政治学などで提起された民族理論はすべてが、民族とは超階級的なものと、理解されていた。それに対してスターリン民族理論は批判し、これらの民族観は国内の階級対立をぼかし、あるいは無視して、国内統一体制を保持あるいは強化しようとするブルジョア階級のそれと結合する地主階級の作為だとみなしてきた。民族とは、たんなる思想や文化の現象ではない。民族とは、「言語・地域・経済生活・文化の共通性のなかに現れる心的状態の共通性を基礎として生じたところの、歴史的に構成された、人々の堅固な共同体である」。スターリンが一九一二年から一三年にかけてまとめていたものを、一九一三年に「民族問題とマルクス主義」の題名で発表した論考の理論である。

しかるにそのスターリンが一九五〇年に発表した「言語学におけるマルクス主義について」の論考で、前資本主義時代の「民族」をナロードノスチ、資本主義時代に形成された民族をナーツィアとよんだのである。資本主義社会以前に萌芽的民族の存在は認めることはあっても、正常の現在性をもった民族の存在は虚偽以外のなにものでもないと信じきっていたマルクス主義者は、ショックであった。日本だけでなく世界的な事態であった。

ナロードノスチを「萌芽的民族」とみなそうとする便法もあったが、ナロードノスチは過渡的存在ではなく自律的存在としてみるべきなので、便法は解消した。ナロードノスチの日本語の訳語では、鍵かっこの有無で両者を表現するのはまぎらわしいので、「民族体」の訳語で現在は使用されている。民科では五〇年九月に「言語・民族・歴史」のシンポジウムを開催して、民族理論混迷の解明を目指した。石母田は歴史の部門を担当した。

彼は一五一頁から記載しているように、三つの時代を設定して、民族の機能と理論を説明している。第一期は一九世紀七〇年代まで。この時期は西欧では封建制度と絶対主義の内部から近代的な民族および民族国家が形成された。現在でも民族の問題は国家や階級とならんで社会学や政治学の主要なカテゴリーとしてさまざまに研究されているが、西欧において完了した歴史の解釈にすぎないと、石母田は指摘している。以下第二、第三の時期については一五二―五三頁を読んでいただきたい。ただ次の指摘は世界史の画期を石母田流に示しているので、紹介しておきたい。第二期は民族問題が西欧から東欧に移って、ブルジョア民主主義革命の一部としてとりあげていた段階と、アジアの植民地における民族解放闘争が世界的意義をもつことが認識され、ヨーロッパとアジアの結合についての理論が確立された段階との、二つに区別する必要がある。前に紹介した幸徳秋水の評価と関係する個所である。第三の時期は一九一七年のロシア革命によって開かれ、新しい歴史的タイプの社会主義民族が成立した時期であって、ブルジョア的民族の消滅と社会主義民族への転化の法則が出現してきた時期とした（一五七―五八頁）。

〔追記〕に「私の報告については残念ながらあまり討論は出なかったと記憶している」（一九六頁）とある。この論考は民族論としてそれ自体参照すべき内容をもっているが、当面の課題であるナロードノスナとナーツィアとの関係にはふれていないし、五〇年代では余儀ないことだが、「社会主義民族」に対する規定のない高い評価は、一九九一年のソ連邦の崩壊によって解消せざるをえなかった。マルクス主義民族理論の混迷は、石母田のみでなくわれわれ日本のマルクス主義者のみでもなく、世界的傾向として持続した。これ以上この民族理論にかかわるのは、解説の領域を超えるので中止するが、この五〇年代の混迷は、新たな成果をもたらす原動力になっている。僅かなスペースにせよ、新たな項目を設けざるを得ない。

V

石母田は一九六二年に「日本古代における国際意識について」(『著作集』四巻)、六四年に「詩と蕃客」(『著作集』一〇巻)の論考を発表している。前者は日本の古代貴族の新羅国・渤海国などに対する「小帝国意識」による「蕃国」扱い、後者は新羅国人を蕃国や敵国の扱いをする貴族のなかに、長屋王など幾人かの貴族が、故郷にかえる新羅国人を送別の宴にまねき、心からの親愛の情がこもった詩を贈っている事実を紹介している。彼の民族研究の現れであることはいうまでもない。前者の論文は広く研究者に引用されているのに、後者の方はそれが少ないようである 近来奈良市で発掘された「長屋王家木簡」が一九八九年に発表されはじめてから、長屋王に関する検討は日本の古代史研究の流行とみられるほど次々と発表されている。ナロードノスチ研究であるさきの石母田の研究は、いまでこそ参照されていないが、やがてまた参照されるようになるであろう。

もう一つ。一九五〇年代末以来、民族の問題は東アジア世界の研究の一環として次第に研究がされはじめ、民族も一民族・一国家完結主義でとらえない研究が蓄積されるようになった。スターリンが民族形成の条件として指摘した「言語・地域・経済生活・文化」に、新たに「国際関係」とそれらの共通性を加え、世界史の方法論に通底できるようになった(藤間生大『近代東アジア世界の形成』春秋社、一九七七年、四九七頁)。研究の蓄積は進行している。

こうした事態は、『歴史と民族の発見』が一九五〇年代の枠を超えて、二〇〇二年の今日も生きている証拠といえる。近年本書の論考の一部に、それの是正を目指した後年の論考を交えての出版や、抄本の形での発行がなされている。本書をより良く生かすための手段なのであろう。しかしこれでは本書から一年をまたないで、『続歴史と民族の発見』を提起せざるを得ない、石母田の情熱と苦労をさぐる意図を抹殺することになる。著者自身が自分の才能や力量を超えた問題と取り組まねばならなかったから、破綻も多かったといっている。「歴史と民族」の「と」は混沌の表現でもある。本書は三十九歳の時の著作であるが、石母田の青春の書といってよい。今後の若い人への贈物としては、もとのままがよい。

＊石母田正『歴史と民族の発見——歴史学の課題と方法』平凡社ライブラリー、二〇〇三年

東アジアの終末論

前近代東アジア史研究の方法論についての一考察
――一九七九年度歴研大会総合部会の鬼頭報告に関連して――

一九七九年五月二十六日に歴研大会の総会部会が東京の立教大学で開かれた。私はこの会に出席し、討論にも参加したが、舌たらずな発言となった。それに鬼頭報告や諸氏の討論に直接の関係はないが、いろいろ発表したいことも出て来た。鬼頭報告につとめて関係させて一文を書くことを編集部にお願いした次第である。ただ総合部会席上での聞き取りが資料となっているので、発言者の見解を聞きあやまっていることもあろう。この点は後日の訂正を前提にして、発言者及び読者諸氏のご寛容を得たい。

I 「東アジア諸国家の諸類型」

(1) 類型論

商業――社会的分業発展の表示としての――の発展が、中国の国家形成に大きな役割を果しているのに、周辺国家の高句麗・百済・新羅・倭の場合には、そうなっていない。たとえば倭では次のようになっていると鬼頭報告は指摘している。六六三年に倭・百済の連合軍は、唐・新羅の連合軍に白村江で大敗した。この敗北という対外関係が、倭の国家形成に大きな影響を与えている。高句麗・百済・新羅もまた何かと対外関係がその国家形成に大きな影響を与えている。東アジアにおける国家形成の二類型をここにみて、「アジア的専制国家」という類型のみの適用では、事態を単純化することになるとしている。太田幸男が、この二類型説に対して、これまでの研究史――具体的な指摘はなかったが、下部構造としての共同体論と上部構造としての専制統一国家についての研究をいっていることは言うまでもない――の成果をいかに位置づけるか、といった「問いかけ」がなされた。

総合部会の席上で配布された鬼頭報告のペーパーには「b（中国古代国家）と、c（周辺の国家＝日本、朝鮮、東北）に共通するデスポティズムと国家奴隷制」の項目が出されている。これによると鬼頭のいう類型の違いは、形成に際してのそれであって、国家の本質としては、類型は同じとしていることになる。太田の批判に対立するものではない。太田の批判に答えるのに、鬼頭が前言を強調していたのも当然のことである。ただそうだとすると、形成に際しての国家類型の違いが、体制を完備する段階になった時には、なぜ同じ類型になりうるのかという課題が出てくる。果してそうしたことが可能であろうか。類型という用語を強いて使うならば、形成過程の類型の違いと表現した方が、事態を正確に表現しうるのではなかろうか。それでは私の素志は生かされないとして、鬼頭は次のように答えるかも知れない。「形成にそれぞれ働いた商業と対外関係は、国家構造の類型の違いをもたらしている。こうした類型の違いが、同一のものとなるメカニックスと必然性解明は別に用意している」と。こうした鬼頭の答えは他日に期待するとして、鬼頭報告の商業と対外関係それ自体の指摘を、もう少し具体的に見ておきたい。というのは、この二つの契機の対比のやり方――それは類型設定に直接にかかわるので――に検討の必要を感ずるからである。

(2) 商業と対外関係の対比

類型設定の基本原因であるとする、この二つの契機の対比のやり方に私は疑問がある。たとえ対外関係に規制されるところが大きいとしても、やがてそれは内部の経済の論理によって規定されることは、鬼頭も知っているはずである。また、対外関係を敗戦という事態に単純化し、対外関係それ自体とその特色を鬼頭報告は捨象している。当時の東アジア世界の考察にどうしても必要な、ある意味では常識的な対外関係の事実をのべておきたい。そこに対外関係、特に白村江の敗戦のみでなく、経済の事実が鬼頭報告のいう国家形成に大きな影響をもたらしているからである。勿論鬼頭報告が強調するような国内商業はさしてみられない。しかし現象的にはかすかなものだとしても、次のような状況の下で定着しはじめ、経済の同一論理が貫徹している。

五〜七世紀の中国とその周辺国家の対外関係というものは、政治的関係に単純化することはできない。周辺国家が持ちあわせない高度の技術や文物がもたらされ、いわゆる「渡来人」の存在も、周辺国家の普遍的な存在となっている。しかもそれらのものや人間が、一部支配階級の使用にまかされていたとはいえ、灌漑・築堤・鍛冶などの技術面一つをとっても容易にわかるように、やがてその技術や技能は人民の間に普及し、社会的分業育成の前提条件となった。たしかに商業や商人の存在を可能ならしめるような社会的分業の発展は、五〜六世紀の段階ではまだ見られないが、鬼頭報告のいう白村江の影響を「テコ」として、中央集権的国家（鬼頭報告の場合は、これが国家成立になるのであるが、私としては異論があるので、上記のように表記した）をつくりうる経済的・社会的・政治的な条件を内面的に形成していた。

こうした高度の文化や技術を伝えた「渡来人」の内には、多くの仏教信者がおり、また信者でなくとも仏教普及の状況を見ている。これらの人々は自分の意志で周辺国家に移動したのみではなく、支配階級の都合と命令で来た者もあるが、自分達の仏教信仰に関係する或いは含まれる文物・技術の伝達に熱心であった。当時の仏教徒が持っている技術はすべての方面にわたっており、技術や文物も一級品であった。中国古代は勿論、高句麗・百済・新羅の官僚たちは、学ぶために倭からその国に来た人に対して、自国の技術や文物を教え伝え支給することにやぶさかでない。しかし未知の辺境の人々の間に自ら出かけて無償の態度で、そうしたことを行うことはない。仏教徒或いはそれを見習う人は使命感をもって無私の態度で出かけた。百済人が日本に来る場合も同じことが多い。こうした技術や文物の伝来は秦・漢・三国時代にはなく、隋唐時代を含め以後の時代にもない。五〜六世紀の南北朝時代の東アジアだけにみられる現象である。かかる特色をぬきにしての古代東アジア世界論或いは対外関係論は、事実の正確な把握とはならない。このような伝達方法の特色は、鬼頭が問題として出そうとした中国と周辺国家の特色の問題——その基準のとり方には賛成しがたいものがあったが——と共に、積極的な意味をもっている。後者の意図はⅡ「冊封的東アジア世界像」の検討にもよく出ている。それをとりあげる前に、現代の国際関係を考察する上で、考慮しなければならぬ重要な提言が鬼頭によってなされているので、それについて一言しておきたい。

(3)中国・ベトナム戦争

今年の二月から起ったこの問題、すなわち社会主義国家間の矛盾＝対立を、歴研はこれまでほとんどとりあげてこなかった。鬼頭はこうした矛盾＝対立を現代の社会主義国家間や資本主義時代の遺制の問題としてのみではなく、唐以来のベトナムに対する伝統的な抑圧態度を射程距離に入れて、とりあげることの必要を提唱した。同感を禁じえない。これについての討論がなかったのは残念であった。

Ⅱ 「冊封的東アジア世界像について」

(1)冊封について

冊封は中国の皇帝を支える官僚層のイデオロギー的表現で、経済・貿易など東アジア世界形成の規定的な要因にはならないと鬼頭報告はしている。当日の総合部会で鬼頭とともに、渤海の外交関係を主として報告した石井正敏は、この鬼頭の見解に次のような批判をした。渤海国が日本に使者を派遣した時、唐から七一三年に冊封された「渤海郡王」の称号をつけてきている。冊封的な秩序が唐・渤海間のみでなく、日・渤関係にも生きているとした。それに対して鬼頭は冊封を一面的に評価しすぎた意味の短い答えがあったが、本誌四六八号（五一―五二頁）の鬼頭の準備報告は、晋の百済王冊封を、華北の後秦国に対する包囲作戦の一環としてとりあげて、冊封の政治的機能をのべている。石井の批判に答えて自分の意図するところを展開する力量をもっているわけだから、出してほしかった。晋の百済王冊封の例について、私なりに討論に参加してみたい。

⑵東アジアでの外交戦

東晋が百済王を冊封したのは、百済側の切実な要望があった為である。百済は当時高句麗との決戦で勝利を博し、高句麗王故国壌王を戦死させた。又高句麗の平壌まで攻め入った。しかし陥落させることは出来なかった。戦闘には勝ったが、高句麗の底力の強さに圧倒されていた。晋の勢威を借りる政策がここにおいて実行された。「百済王領楽浪郡公」の称号の獲得はその表われである。高句麗国の要地の一つ平壌のある楽浪郡は、晋（東晋）の領域ではない。しかし漢代から魏、そして西晋の時代には、かなり名目的なものになっていたが中国支配下の郡であった。かつての皇帝の権威と伝統の名において、高句麗国の重要地点平壌の土地は、百済王が楽浪郡公として統治すべき土地であると、東晋王朝はしたのである。しかし「楽浪郡公」の上に「領」の字がついている。正式の「郡公」の格式ではない。東晋国に使者を出していた高句麗国に対する遠慮の為であろう。然るにこの高句麗に、後秦国の符健は使者を出し、仏教の経文と用具を贈っている（高句麗への仏教伝来の起り）。西晋の滅亡以来百五十年余、華北で圧倒的な勢威をはじめてたてた四世紀後半期の前秦の符健は、かねて江南に国をたてている東晋王朝を破って、中国全土の統一の計画を進めていた。東晋もまた、華北の奪回を計って、ありし日の全中国の皇帝となっていた時代の再現を考えていた。この両者の正面きった戦いが、淝水で三八三年に行われた。符健は一敗地にまみれ、前秦国は瓦解した。華北はもとのままの、西・北方から侵入してきた民族体の群雄割拠の事態となった。晋の百済王冊封を、鬼頭報告のいうように華北前秦国に対する右方包囲の作戦だとすると、高句麗と縁を結ぼうとした前秦国の動きは、その出鼻をくじく為の作戦であったといえる。ただ晋が百済国に対してどの程度の実績を期待していたかはあやしい。一方、符健は高句麗の故国壌王の敗北を、高句麗の五部族制にみられる部族体制的な平等主義の遺制＝高句麗軍の団結の弱さ、に原因があると考えて、仏教の伝達になったのだと思う。その成果がにわかにあがったとは考えないが、それから間のない四世紀末から五世紀初めに百済国を圧倒していった高句麗の好太王の碑文の一節に、身近な部族の人間でなく、新しく支配下においた遠方の韓濊の人達にその墓を守らせようとする旨が書かれている（井上秀雄『古代朝鮮』）。後の部族的・血族的なつながりに頼らないで、階級的・身分的な秩序に依拠する思想の育成をねらった符健のねらいは、高句麗で定着しているといってよい。

一方、六世紀の初め宋期をひきついだ梁国は、冊封した百済王の要望もあって、盛んに文物・技術の提供につとめた。高句麗に国都漢城を追われて南方の熊津に遷都した。いわば敗残の百済国が、著しい文化の発展をこの新しい土地でやりはじめ、済州島支配といった政治勢力の発展さえ行い得た原因の一つは、ここにある。冊封というものが、不特定といってよいほど多様な関係を存在させ、その結果、そこで生まれる結果もいろいろな形であらわれる。

(3)古代の「帝国主義」

冊封という外交関係は、清朝の一九世紀まで続いている。近代日本のアジア外交の起点（一八七九年＝明治十一年の琉球処分）は、これとの対決からはじまっている。琉球は薩摩藩の支配の下にあったが、清朝の冊封下にあったからである。この冊封をたち切る行為は、必然的に外交問題とならざるを得ない。しかしこの清朝政府からの琉球の「独立」は、日本政府に全面的に従属する道を開くことになった。したがって明治政府の政策に反対して、その自立を願う琉球支配階級は、清朝冊封を正面にたてて抵抗することになった。この琉球処分を危機感をもって見守っていた韓国王高宗が統治する朝鮮もまた、清国の冊封からの離別＝自由が、日本の属国となる条件を加速度化することになった。一八九七年に国号を「大韓」とし、王の称号を皇帝と変え、「光武」の年号をはじめて使うことになった。日本帝国主義のさしがねがその原因の一つとなっているが、朝鮮人の自立への願いがこめられていることも疑えない。一方金玉均たちと対立した事大党も、その名のように中国の清王朝に仕える立場の表現ではあるが、日本の侵略に抵抗して、自立のための一つの手段にしようとした人達も、その時期にはいたであろう。

冊封というものは鬼頭のいうように、中国官人のイデオロギー的な産物で東アジア的な世界形成の規定的原因とならないものであるが、そこに一貫した原理のあったことは否定できない。そのいくつかをあげると、(1)相手国を自分の臣下と考える。しかし臣下同志の横の関係は何もない。(2)恵賜と朝貢という名の不等価交換を行う。しかし回数が多くなると、恵賜の額が増大するので、しばしば減少させられる。(3)それぞれの国で自前の年号・貨幣をつくってはいけない。とりあげてゆけば他にもいろいろなことがあるが、すべてこれらは建前で、冊封をうけた人間も、実際は自身を臣下と思っていなかったり、貨幣を作ったりしていることもある。まことに漠然としたものであるが、とにかく近代まで続いていたのである。中国人の政治的な世界観の一つとして念頭においてよいであろう。

広汎な土地に住む多民族を一元的に支配しているかのように見える為であろう、「古代の帝国主義」という視点から、中国の「古代」国家を検討したらとする意見が河音能平から出された。漢の武帝は、軍隊を出して、東は朝鮮、西は西域を支配し、郡県制をしき、都護府を置いている。「帝国主義」的な様相があり、武帝個人にも侵略嗜好の資質がある。しかしこのような巨大な軍事情勢は曾祖父高祖を敗北させ、その後も漢と対等の立場にあるどころか侮蔑の言葉さえよこしてくる匈奴打倒の面が強い。侵略はその附帯条件の形をとっている。ローマ帝国の支配体制――「軍事的権力、ローマの裁判権、徴税機構は、従来の内部組織（被支配地域―藤間）を完全に解消させた。文武官僚による強奪は、独立制と独自の組織とを失わせた」(エンゲルス「原始キリスト教の歴史によせて」、『マルクス・エンゲルス選集』一六巻、五一九頁以下)——との比較で考えると、部分的には酷烈な支配があったとしても、体系としての帝国主義体制は持っていない。中国史家の間では一般的に指摘されているように、前漢代の国家財政(「大司農」)と帝室財政(「少府」)の規模をくらべた場合、後者が大きいことをみても、統一的国家機構の発展は未熟である。

(4) 中国の西部

冊封領域の広範さから発想されたのであろうが、河音は、中国の西の部分はどうかという意味の質問を行った。古代や中世の東アジアというと、とかく黄海をとりまく地域を発想しがちである。しかし中国は遠く西方の中央アジアまで領域が広まり、関係も深い。この地域に眼を向けない中国観察では大きな欠落が生じる。特に古代史の場合はそうである。総合部会で仏教伝来のことで若干の見解をのべたので、これについてふれておきたい。これまでふれてきた五~七世紀の東アジアの国家や「国際的政治世界」のまとめにも役立つと考えている。

仏教は印度から中央アジアを経て、中国に入っている。いわゆる「シルクロード」と名づけられる道は、東から絹、西からは馬など多様なものが運ばれ、その沿線には小王国が点在していた。したがって漢の終末と共に都護府がなくなっても、小国の存在は、栄枯盛衰をくりかえしながらも持続した。法顕が求法のため四〇〇年に中国を出発してこの土地を通って印度に行ったことは周知のことであって、その時の記録を「高僧法顕伝」でみると、この地域の小国が相当の文化を持って栄えていたことがわかる。ついで七世紀の初めに同じこの土地を通って印度に出かけた玄奘の記録「大唐大慈恩寺三蔵法師伝」等は、更にくわしい現地の状況を教えてくれる。中国に仏法を伝えた多くの人は、印度人もさることながら、この地域の人が多い。これらの小国は、多くの隊商達が往来していた。求法のために中国から印度に赴く僧侶で、こうした商人達から援助を受ける人もあった。仲次ぎ貿易を基盤としてのこれらの小国の、社会的分業の発展はさしたるものではないとしても、今に残りそして発見発掘される遺物は、相当に高度なものである。商人むけの初めての仏典「提謂波利経」が中国でつくられる原因の一つはこうした商人の合力があったからである。提謂と波利は共に商人である。商人を賤民視する中国古来の思想と法から解放させうる思想がここにあるといってよい。既に印度で作られた仏典でも商人の賤民視は否定されているが、中国西部で一段と強化されたものといってよい。このことが後の節でのべる古代中国の手工業者に対する賤民視を否定する動きともかさなって、中国の南北朝期の社会変動に大きく寄与する。黄海周辺の東アジア諸国・諸民族の動向に中国の西部は大きなかかわりをもっている。

Ⅲ 「中世東アジア世界への展望」

(1)日新関係

中世への展望を、時間の制約もあったのか、鬼頭は日本の事例で行っている。東アジア世界の検討は、いろいろな視点からなされてしかるべきである。中国を中心としていつも行う必要はない。鬼頭は七五二年度の「新羅からの購入品例」のリストを「ペーパー」でかかげて次のようにいっている。これら品目の中には、新羅の原産でなく、西域・中国・南海の産物がみられる。日新関係は広汎なアジア地域の貿易圏と関係があったのである。しかし「調貢使」の来日と共に行われたこの新羅との貿易も、「調貢使」の途絶と共に中断する。しかし平安中期以後となると、国家との関係をぬきにして新羅の商人が来たし、八九四年には百数十年来つづいた遣唐使は止めになったが、日唐貿易は持続し日本の貴族は深い関係をもっていた。貿易の国家からの自立化は、東アジア世界の形成に役立つ貿易の基調に重大な変化が出現してきたことを示すものである。この新しさは単なる新しさではない。「中世へ」の字句に示されるように、社会の変革に対応するような本質的な変化を伴う新しさなのである。こうした新しい貿易を、中世の支配階級はどんな具合に把握したのであろうかとして、鬼頭の報告は終った。中世史研究者に対する呼びかけをしたが、時間の関係か、この面の討論はなかった。中世史家ではないが、私なりにその討論に参加してみたい。

(2)東アジアにおける内乱の同時的勃発

貿易の国家からの自立化をとりあげるにあたって、周知のことでいう必要はないと鬼頭は考えたのであろうが、一〇世紀初頭三十年間ばかりの中に同時的に勃発した東アジア諸国における王朝交替や内乱――九〇七年の唐の滅亡、九二六年の渤海の滅亡、九三五年の新羅の滅亡、九三六―九四一年の将門・純友の乱――をあわせてあげておいた方が、貿易形態の基調の変化を考えるのに有効であったのではなかろうか。ただこの王朝交替・内乱の同時的勃発は、既に久しい前から口にされているのに研究が殆どなされていない。慎重にこの問題を避けたのかもしれないが、やはり重要な課題として、注意をよびおこしておく必要がある。

(3)貿易と国家

貿易が国家の手を離れて、持続発展してきたことは、経済の自立的発展を示す。この経済を国家がわがものとして利用しようとする時、経済の論理を体得しなければ、元も子もなくしてしまう。当然この為に守旧派と改革派の対立抗争が同じ支配階級の中で起る。こうした経済特に貿易の発展を日本の事例に求めれば宋銭の普及であろう。しかし経済が発展したのに、外国の貨幣を使わないで何故国内でつくらないのか。中国の貨幣を中国の商人から最初に受取って、普及させたのは誰か。貨幣論でいう鋳造権と発行権の課題がここにある。前者の問題については、現在の私は答えられないが、後者については、発行権までは行っていないが、発行については大貴族・大寺社が深く関係し、この両者に目をつけて宋銭の利用を勧誘・説得したのは日本に来た宋の商人であったと考えている。当時の王朝貴族階級は、鎌倉幕府を中心とする武士階級の武力には圧倒されていたが、経済の論理を知ってそれを実践する上では、一歩先んじていた。

(4)宋の貿易

宋の商人の東アジア・東南アジア、更に印度洋に及ぶ活躍、宋代における民間経済の著しい発展や経済組織の新しい創出については、研究者によっていろいろ解明されてきている。ここでは後の一七世紀の顧炎武が指摘した事例によって国家が積極的に自らの国家の防衛と持続に役立てた経済の状況にふれておきたい。遼・金・元によって、もとの国土の半分になった南宋国が、しかも最後には強力な元によって圧迫されながら、一二三四年から一二七九年までの約五十年にわたる命脈を保ち得たのは何故かという問題をみずから提出し、その理由を次のように指摘している。宋の外国貿易収益による貢献である。

砂漠の民ではあるが、それ故にまた一面では貿易・商業の論理にくわしい元が、武力のみでなく、宋打倒の策として、宋の外国貿易の長官（提挙市舶司）蒲寿庚を積極的に、しかし秘密の内交渉によって味方にひき入れた。宋の滅亡はそれから三年目であるとして、元の高等政策の卓越さを評価したのは、一九三五年に出版された桑原隲蔵の『蒲寿庚の事蹟』の見解である。

日本に対する元寇、インドネシアに対する元の遠征を、宋の外国貿易を封ずる為の作戦だとする試案を、かつて私が書いたのも、顧や桑原に示唆された為である。東アジアにおける貿易の網目はこまかくなり、それと結合することになった日本国内での経済と社会変革の進展の成果は、これまでの日本史の舞台にはみられなかった民族体を発揚させることになった。

(5)琉球とアイヌ

この二つの民族体の出現がそれである。前者は拙著『近代東アジア世界の形成』の第三章第一節、後者はまだノートの域を出ないが、『北海道史研究』一七号（一九七九年二月）で検討したので、結論だけのべておきたい。日本内地で二毛作を可能ならしめた鉄製農耕具の普及は、中世の田舎わたらいの商人と鋳掛、そしてその土着によってなされた。その流れが琉球に及び、そこでの経済の発展を画期的なものとした。一三世紀の末には南海貿易を早くも行い、国内の農業そして社会的分業の発展だけでは達成できない富の蓄積はいうまでもなく、文化・言葉・気質などの独自の発展を可能ならしめ、「琉球ナロードノス」（琉球民族体）の名称でよぶのが適当な実態を形成することになった。宋代南方貿易の存在も、この形成に重大な関係をもっている。東アジアの諸国や諸民族体の諸条件を主体的にうけとって形成された「琉球ナロードノス」は、ヤマトンチューだけを対象とした現在の日本人論の狭さと欠陥を白日の下に明らかにしている。

アイヌ人の形成については、近来いろいろな学説が出て、我々がこれまで理解していたアイヌ人種は、ウル・アイヌと呼ぶべきであることを知らされた。アイヌ人形成の始期は、一二世紀から一三世紀にかけての平安末から鎌倉初めか、一四世紀の南北朝期か、大別して二つの見解があって論争されている。さしたる研究をしていない私であるが、先にあげた一三世紀の琉球における鉄器の普及とその影響の例からみて、アイヌの場合も同じような事態が発生しているに違いないと思う。なおここには、中国の華北・東北から沿海州・樺太を経て、北海道・日本内地を結ぶいわゆる山丹貿易がある。琉球とヤマトの密接さや南海貿易の水準には及ばないが、北海道のウル・アイヌの生活と意識を根本的に変えていく条件を、この鉄製工具とその職人の土着は提供し、ウル・アイヌはそれを主体的にうけとめることになったと考えている。

以上、中世的世界への展望を鬼頭報告の線に沿って——時々は逸脱しながら——のべてきた。各民族体・各国の状況はさまざまであるが、それぞれ大きな発展をしはじめ、それらの相互関係にもこれまでに見ないものが出現してきた。新しい東アジア世界の形成である。

Ⅳ　前近代東アジア史研究の方法論として

鬼頭報告に関連させての感想を「Ⅰ」から「Ⅲ」にかけてのべてきた。そこでとりあげた問題を更にふくらませて検討していけば、表記のような方法論にまで展開しうるというのが、この「Ⅳ」の主旨である。

A 「先進」と「後進」

⑴手工業者と商人の賤民身分の解放

古代のみでなく、東アジアの全史を通しても、まれに見る文化・技術の独特の伝達を行った仏教徒は、その教理の一つに五命の教えがあり、その体得を僧侶は要求されていたし、体得していた人は多い。五命とは、工巧命・因命・声命・内命・医命のことで（『瑜伽師地論』）、工巧命とは手工業に熟達することで、衆生の生活を豊かにし貧苦の者に施しができるとしている。その他、論理・音楽・教理・医の四種目があげられている。いずれも尊重すべき技能とされている。手工業者や医師を賤民とする中国古代の法や思想と対立する教理である。商人もまた賤民としていたのに対して、前記した「堤謂波利経」を、商人を相手として作ったのも、同じ原理から出ている。仏教の衆生の平等は上記のような変革の理論に支えられ、またそれを普遍化したものといってよい。

勿論仏教の教えの中には、現在の出世・長命・来世の安楽など多様なものがある。又体制にべったりの者もある。しかしこの体制派でさえ南北朝時代には、守旧的なものになってきた部族体制や貴族体制を克服して、皇帝を中心とする専制君主体制をつくる為の理論を提供し、改革派的な動きに手を貸したこともある。

当時としては変革の思想と行動を体得した仏教徒たちに対して、伝統的な社会秩序の上にたつ国家や支配階級は弾圧を加えてきた。四四六年に行われた北魏の太武帝の大弾圧はその最初の例であった。太武帝を動かしたのは、彼の袋刀ともいうべき道教臭のある漢人の崔浩であった。彼はこの蛮族出身の国家を、昔の五等爵に基づく儒教的秩序による国制に仕上げようと努力したのである。

この弾圧はまず寺に加えられたのであるがその中に多くの工人達がいる。寺塔や教具などの作製や修理の為の工人もいたのであろうが、その数の多いところから、工人達は心のよりどころとして寺に集っていたものと考えられる。この弾圧令が四五二年に廃止されたのがきっかけとなって、雲崗の石窟群の作製が四五九年からはじまった。仏教文化のみでなく、中国美術史の中でも最高の作品の一つである。仏教信仰の自由を喜ぶ手工業者・商人達の情熱を除いて、この巨大ないとなみは考えられない。

変革の思想といっても、手工業・医師・商人など一部の人に限られているではないか、また彼等を庶民扱いにするといっても、その庶民自体が「奴隷的・農奴的」な状況の下にある、変革の意義は大してないといわれる人が当然いると思う。この点については、関係する部門が生産力の発展とそれの再生産にかかわっていることを指摘したい。それは社会を支える深部の力であり、庶民の相対的な解放を可能ならしめる為の物質的根拠の一つとなりうるものである。またここでの思想は、他の部面にも浸透していく。変革の部面は僅かな部分に、当初は限られているとしても、軽く評価することは出来ない。

なおこれらの賤民身分は、国家権力のみでなく、一般庶民にもあたりまえのこととして信じられていた。この点での意識の変革は大きな意味をもつ。中国の古代には陳勝・呉広の昔から、大農民反乱が頻発し、王朝の交替や政治体制の変化にも大きな影響を与えているが、庶民からの要求は「悪政」廃止の一般論にとどまる。現在の生産関係変革についての具体的な要求は見られない。この意味において、仏教が提示したこうした変革の思想の意義は大きい。この指摘は、この変革思想が浸透していく前段階である三～四世紀の社会的、経済的状況を見ることによって一段と明白となり、そこに世界史的な意味を内包している問題があると私は考えるので、視野をさかのぼらせたい。

⑵メシア思想・絶望的終末観・虚無感

三世紀時代、特にその中頃からその後半にかけての大貴族達の奢侈のひどさは、前後にその類を見ない。『世説新語』の「汰侈篇」に出ている一例を見てみたい。「王君夫が乾飯を燃して釜を炊きつけると、石崇は蠟灯の火で米を炊き、君夫が四十里もある碧の綾で裏打ちした紫の布の歩障を作ると、彼は五十里もある錦の歩障を作った」。競争でこうした狂気の浪費がなされた。この様な汰侈が出来るについては、色々な理由があるが、生産力の発展がなければ、一回限りのことならともかく不可能である。そうした生産力発展の一つの現われとして、自然の流れを利用しての水車の発展がある。この人力節約による製粉工場、或いは漑水・排水の機具は、いろいろ工夫されて大規模のものもつくられ、各地に設置されて収益の手段となり、貸して手数料をとる人もいた。貴族階級はこうした成果の搾取には熱心であったが、技術それ自体についてはは「末事」として関心がうすい。当時権力の中枢にいて地図作製の高い技術をもっていた裴秀は、馬鈞という当代第一級の技術者——例えば水の無い所に水をくみあげて耕地を作るのに適した水車を作ったりした——を推せんされながら、小馬鹿にして起用せず、もとの儀式係においたままにした。この裴秀は先にもあげた五等爵の復活を提唱し、部分的に実行した。裴秀のような貴族階級の存在は生産力の発展に対して束縛となり、技術者の自立精神を抑圧し、絶望感に落ち入らせやすくする。

水車の原理はいうまでもなく伝導力のメカニックスを利用したもので、馬鈞がつくったとされる指南車・綾機・自動人形・連弩すべて同じ原理が働いている。工夫によって多種多様な機具が作られたし、また増加させていく可能性を三世紀半ばの中国はもっていた。しかし手工業者の技術というものは、高くなればなるほど自立と自由を必要とする。賤民制に象徴される奴隷制的な生産関係は、生産諸力の発展はもちろん、それらの人々の意識の桎梏となっていく。同じ事態は農民の間にも、すでに生れてきていた。二世紀末の黄巾の乱にみられる一種のメシア思想の出現は、そのことの現われであろう（大淵忍爾『道教史の研究』参照）。四世紀末から五世紀の初めにかけて、多い時は二十万人以上を動員して十数年にわたってきずいた孫恩・魯循の農民反乱は、こうした思想につらぬかれていた。拠点集中の策戦のために、母たちをして「おまえは先に「仙堂」にのぼっておいで、わたしも後から行くから」といって、足手まといといって嬰児たちをかごにいれて水に投じて殺している。中国に農民反乱は多く、狂信といわれるものもあるが、これほど自虐的な反乱は、あとにも先にもない。

絶望は支配階級の間にも発生している。はげしい三世紀末政界の混乱に超然として名利にこだわらない典型的な知識人として阮籍がいる。裴秀・石崇などと同時代の人である。竹林の七賢人の一人として日本でも有名である。しかし彼の詩や論文からうかがえる意識や思想、更に言動は、世俗に超然としていたと簡単にみなすわけにはいかない。旧来の儒教思想や家族道徳に強い反感を持って行動していた。では他に目ざすものがあるかというとそれもない。道教に安心を見出そうとしたが、それも果し得なかった。そこには強い絶望的終末観があった。

先の石崇の生活のやり方は阮籍と正反対であるが、虚無感を加えての絶望感が彼の生活に貫徹していた。こうした絶望的終末感や虚無感を見るにつけて思い出されるのは、ローマ帝国末期の状況である。エンゲルスの叙述を引用してみたい。「普遍的無権利（高い位置の官僚や貴族になっていても、政争によってその位置を失いまた殺されやすい状態になっていて一種の恐慌状態をひきおこしていたのでこの用語は的確である—藤間）とよりよき秩序の可能性に対する希望の喪失に応じて普遍的な無感覚と風紀の頽廃が起った」。古代ローマ帝国末期の支配階級の状態を指摘したエンゲルスの言葉であるが（「ブルノー・バウアーと初期キリスト教」、『マルクス・エンゲルス選集』一六巻、四九〇頁）、三世紀代の晋王朝の状況にそのままあてはまるといってよい。世に対する憤懣はこれまでもあったが、絶望的な終末観や虚無的な頽廃はなかった。

こうしたゆきづまりの状態は三〇一年の「八王の乱」によって破局を迎えることになった。八王達が自分達の戦力増強の為に利用した西・北方の蛮族は、次第に自立の自信をもつようになった。また西・北方の蛮族の華北への侵略は増大し、蛮族の手によって三一三年晋の都洛陽は陥落し、三一六年晋王朝は名実共に亡んでしまった。見た眼には蛮族の手によって抹消されたのであるが、自壊といった方が正確である。ゲルマン民族とローマ帝国の滅亡との関係にも同じことがいえる。

王族の一員司馬睿はこれより先江南の土地に任官していたが、三一七年に自ら帝位につき、いわゆる東晋王朝をつくった。系譜と人の構成では、これまでの晋王朝と深い関係があるが、単なる再現ではない。晋王朝の改革をかねてから望んでいた人によって運営され、江南土着の貴族や名家を参加させて構成されている。これまで盛んであった隠逸の行為をとる貴族・官僚もいたが、「世を避けざる逸民、難しからざる隠逸になった」（吉川忠夫説）。農業経営にも一般的に積極的になった。絶望的な終末観や虚無感は解消の方向に向かっている。生産能力の発展を阻害し、今後の生き方に混迷をもたらしていた奴隷制社会をつきぬけるメドがつき、それが実践に移されつつあったといえよう。

(3) 寒門層の擡頭

東晋王朝を支えているものは南渡の大貴族——改革派的な——であるが、次第に下級貴族の寒門層が政治の面にもあらわれて来た。四二三年に東晋王朝を亡ぼして新王朝宋朝をつくった武人の劉裕は下戸の出であったことは、そうした状況の象徴といえる。以後寒門は歴代の皇帝によって政治の衝に起用され、大貴族に対抗する基盤となっていった。彼等の階級的自意識も形成されてきた。奴隷制社会の最も有力な支柱となった大貴族は相対的に衰え、たとえ系譜の上では昔ながらの大貴族であっても、寒門層によって形成されていった専制君主体制の機構の一環として自己を規制するようになっている。そうした行動をとり得ない大貴族は必然的に没落していった。

こうした寒門層擡頭の過程で、手工業者や商人達の賤民身分の解放は実現の方向をたどった。寒門層の政権への接近と、賤民身分の解放の理論は直結しないが、奴隷制社会持続の根幹である大貴族制の打倒を媒介として、寒門層の農奴主化の方向と、彼等による統一的な専制国家体制の形成の下で、奴隷制社会は解体していった。

(4)中華意識の否定

仏教が中国古代社会の変革に寄与したもう一つの局面がある。華夷意識の否定がそれである。華夷思想は支配階級のものであるばかりか、民族の思想にまでなっていた。こうした民族の意識変革は、民族の自己批判を援助することが大きかったに違いない。またこの自己批判は、先にあげた伝統的な奴隷制的な階級意識の批判を増幅する上でも成果をあげたことであろう。こうした事態をエンゲルスが指摘するローマ帝国没落の袋小路の状態と比較してみると、東・西における奴隷制社会没落期の特色が明白となる。

「古代の奴隷制は時代おくれになった。地方の大規模農業に於ても、都市のマニファクチュアに於ても、もはや骨折甲斐のある利益をもたらさなかった。――その生産物の為の市場は失われていた。……死滅しかかった奴隷制は相変らずまだ、すべての生産労働は奴隷の仕事であって、自由なローマ人……には値しないものであった。……奴隷制はもはや引きあわなかった。だからそれは死滅した。しかし死滅しかかった奴隷制は自由人の生産的労働力の蔑視の中にその毒針を残した。ここに、ローマ社会のおちこんだ出口のない袋小路があった。奴隷制は経済的に不可能であり、自由人の労働は道徳上蔑視された。……ここでひとり救い手となることが出来たのは、完全な革命だけであった」(『マルクス・エンゲルス選集』一三巻、四四八―四九頁)。しかしこの革命は出来なかった。上層支配階級の贅沢三昧・無意味な消費・性道徳の退廃がひどかったが、自由人もまた大貴族の施与と見世物の招待に満足して退廃していた。一方ゲルマン人は、ローマ帝国の滅亡に手に貸したが、批判的な止揚をしたのではない。エンゲルスは、上に引用した近い箇所で「キリスト教は数世紀にわたってローマ帝国内の奴隷制の支持者だった」(同前、四四九頁)としている。仏教理論の一部に見られたような変革の機能を果していない。ローマ社会には、寒門層のような変革をなしうる階級や、仏教の一部にみられたような変革的な理論とその伝達が、あったとしても部分的な存在に止まっていた。東と西に存在した奴隷制社会は異なった没落過程をたどることになった。

こうした東と西の両社会の転換が、東は四世紀はじめ西北から侵入してきたトルコ族、チベット族などの「蛮族」によって、西は四世紀半ばのゲルマン民族の西方への移動によって、ほとんど同じ時に勃発している。世界史的に注目に値する同時代的激動である。

(5)社会構成論の方法論ａ

これまでのべてきた記述の内、状況の変化はわかるとしても、その本質の評価、特に奴隷制社会の崩壊説については、納得することができないとする人が多いであろう。これまでの奴隷制社会ないしはそれの崩壊論の発想と論理の学界での伝統を省みれば、たやすくわかることである。ここではそうした論理——但し最もよく使われている——の一つを取りあげて、社会構成史論のあり方の一つをのべておきたい。これなくしてはこれまでの私の発言が言い放しになってしまう。

上にあげた事項でいうと寒門層であるが、彼等も奴婢を持っているではないかという反論が予想できる。家族労働の中に奴婢がおり、それを基準にして奴隷制社会の存在を証明しようとする理論がある。家族の中にいる奴婢の存在を手掛りにして、当時の社会構成の性格を把握しようとした方法論を拙著『日本古代国家』は使用している。しかしこの時拙著で家族構成の中にいる奴婢の存在だけで私は考察を進めてはいない。各地域における家族構成を歴史的発展の形態の下に位置づけ、家族構成の社会的地盤となっている各地の社会の発展段階を考慮した上で、奴婢の増大、傍系親族の減少の傾向を指摘し、あわせて中間的な多様な形態を提示した。この状況の綜括にもとづいて社会の発展は奴隷制社会の法則の方向に向かっているとしたのである。更に考察をこの下部構造即ち古代家族にとどめなかった。ついで氏と律令国家に及んだ。古代家族の論理の中には氏を中核とする小国家——例えば吉備国家とか出雲国家など——の論理、更にそうしたものを統合した全土的な律令国家の論理とも共通するものが存在していたからである。しかしこのことは古代家族の成長から律令国家が直線的に出てくるとしたのではない。氏或いは律令国家の形成にともなって、家族構成の中に初めて出現してくるものがあるからである。即ち古代家族自体の中に、氏や律令国家が本質的なものとして内在させているものと同一のものが、そこに存在するということである。古代家族↓氏↓律令国家の順で行われた『日本古代国家』の研究方法が、単純なものから複雑なものへの思考方法となり、構造の論理が歴史の論理となり得た条件が、ここに出ていると思っている。

この点で思い出されるのは『資本論』の商品の分析方法である。マルクスは商品が資本主義でもっともありふれた品物だから、この普遍性をもとにして検討していけば、資本主義の本質が把握できると考えて『資本論』の開巻一番に商品論を据えたのではない。現実の世界では労働力が商品としてあつかわれることを誰一人として疑う人はいなかった。しかし商品の中に労働力を入れるということは、誰一人としてこれまで気づいた人はいない。この現実につらぬかれた商品の分析は、資本主義の本質把握の基幹となりうることがわかったので、『資本論』の最初に置かれることになったのである。商品を検討していただけで生れてくる方法論ではない。「資本」の出現をまってはじめて労働力の商品化は出現し、「資本」の研究を通じて、初めて「商品」の中に生れてきた新しい本質の把握が可能となった。

何を下部構造とするかということは、何を上部構造とするかということの関連をはずしては考えることはできない。下部の構造の研究は、上部の構造の発見と研究を必然的に必要とする。更に考察を厳密にする為の方法の一つとして、上下の両者を媒介することのできる構造の措定ができれば、より有効である。こうした全社会的な展望を基礎におかないと下部構造論は、真の意味での下部構造論とはなり得ない。

⑹社会構成論の方法論b

時代区分論の方法論を検討する上で、もう一つ考察しておかなければならぬことが、「Ⅰ」～「Ⅲ」でのべたところにある。社会構成の矛盾の認識＝理論のことである。家族労働の内にいる「奴婢」（そうした名称のないこともある）を奴隷だ農奴だという議論がしばしばくりかえされている。この議論を通して、人民の隷属と相対的な自由の状況が多様なものであることを我々は知らされた。そうした成果はあった。しかし一面では、そうした多面的な事実の中で何が本質であるのかの判断に迷って来たことも事実である。

奴隷制という経済制度は階級社会があるかぎり、いつの時代にもあらわれやすいものである。資本主義の発展期に、しかもそれと密接な形で、アメリカのプランテーションに奴隷制度が出現したことを考えれば、このことは容易にわかる。ただこの奴隷経済が基礎となって、他の多様な経済組織を規制し、奴隷制的な社会構成をつくっていくのか、或いは封建制社会にまきこまれて変質していくのか、こうしたことの究明を放棄して、奴隷か農奴かの議論は、史料にあらわれる事実の地域的な特色も加わって、その判断は大変に困難である。社会構成の本質を全体的に判定する為の根拠＝方法論がどうしても必要である。この際こうした問題に接する我々の認識の方法を反省してみる必要がある。

ヘーゲルやマルクスの論理学の用語法によると、具体的な事例、別の言葉でいえば史料をとりあつかうのに、それが即自的なものなのか、対自的なものなのかという検討を我々は殆どして来なかった（マルクス『経済学・哲学草稿』城塚登・田中吉六訳、岩波文庫、一一九頁）。具体的な事例、即ち史料にあらわれた「現実」は、単なる直接経験のあらわれなのか、それともそれらが発展して自覚的なものとなり、したがって他のものを否定し、区別した独立性をもっているのかということの検討が必要である。こうした検証をしようとすれば、生産力や生産関係についての当代の人々の認識や評価の把握がどうしても必要となってくる。勿論認識や評価は、すぐに実現しない。しかしそうしたものが発生しているのか、いないのかを無視しての下部構造論は、史料の取扱いを即自的な水準にとじこめることになり、事態の判定は同一次元の「史料」の多寡で決定されることになる。時代区分論をより効果的に行うための一つの方法として、隷属の有無のみでなく、上述の例をもってすると手工業・商人・医者などの賤民身分の否定という、次元の異なる事態も積極的に考慮しなければならぬとする所以である。

ここでエンゲルスの奴隷制社会崩壊の理論について一言しておきたい。彼の提出した「袋小路」の理論、「個別的な解放だけが可能だった奴隷制」（『国家の起源』、『マルクス・エンゲルス選集』一三巻、四五七頁）、「古代には反逆の勝利によって奴隷が廃止された例はない」（同前、四五七頁）などの指摘をもって、奴隷→コローヌスはあったが、奴隷制克服の実践とその為の理論はなかったとするなら、それはエンゲルスが研究対象としたローマ帝国（のみならず古代ギリシャも）になかったのであって、全世界の奴隷制社会には元来なかったということではない。

(7)「先進」と「後進」

中国奴隷制社会の克服は、武力的な抹殺のみで行われたのではない。多様な中国古代思想に対して理論闘争をいどみ、場合によると、自分なりの解釈によって中国思想を換骨奪胎して我がものとしている場合がある。仏教の場合は特にそれがみられ、『弘明集』『広弘明集』はそうした理論の集成となっており、仏教的立場での止揚である。中国思想の側にも、みずからの反省によって変革をとげてゆき、例えば法制の上では「唐令」として収束され、理論的成果の上ではるかな展望をもってすると、宋代朱子学などの形成に向かう。止揚は思想のみではない。秦漢時代の政治体制・社会体制・文化一般にも及んでいる。隋の滅亡はあまりに早かったので、止揚にもとづく一切の開花は唐代になってなされた。

集成され、新しい契機を含んだ制度・文物・技術等は五～七世紀にかけて、東北・朝鮮・倭に伝達され、それらの地域における国家体制や文化の発展のスピードを著しく高めた。中国奴隷制社会の克服の歩みは、中国のみでなく、周辺の諸民族や諸国家にも重大な関係をもたらすことになったのである。以上のような東アジアの状況は、東アジアだけをみていたのでは、それが持っている歴史的意義はつかめない。次にあげる西ヨーロッパの状況と比較していただきたい。

ローマ帝国は内部崩壊とゲルマン民族の蹂躙にあって滅亡した。ローマ人やゲルマン民族によって止揚されたとはいえない。一九世紀の前半から、ゲルマニステンとローマニステンの論争がはげしく行われたし、行われている。後者の立場の人は盛んにローマ文化の継承を強調している。そうした学派の最高メンバーの一人であるドーブシュの次の発言は示唆的である。「ゲルマン人はギリシャ人とローマ人とのよき教え児であり、漸次古代の文化財を習得していた」。しかしその習得の仕方である。「ゲルマン人は既にローマ末期においてローマの軍隊及びその行政に参入していたばかりでなく、給仕人及び侍者或いは酒窖番として下級の職務に従事し、家庭経済をも運用していたのである」(「中世における旧世界の商業の範囲と意義」一九三四年、上原専禄『独逸近代歴史学研究』一九四四年に掲載)。「参入・給仕人、侍者、酒窖番」の用語をみていると、いたましさを超えて、気の毒だが主張の強さが目立つだけに、おかしくなる。ローマンロードは使われているぞという人もいるが、そこでは家鶏が歩きまわっていると、G・フライタークは表現している。ギリシャの文化は勿論ローマのそれは、後続する時代の人によって体系的な継承をされてはいないのである。その継承は当時のゲルマン民族が固有に形成していた政治的文化的水準に見あうものを摂取していたのであり、それ以外の何物ではなかった。これらゲルマン民族が、ギリシャ・ローマの文化を積極的に摂取しようとしたのは、即ちそれを必要とするような条件をつくるようになったのは、一三世紀のルネッサンスの開始を待たねばならない。

こうした成長以前の東の文化や技術の発展の水準を見ると、アジアの「先進」、ヨーロッパの「後進」の図式を、七世紀から一三世紀に至るまでの東西の両世界に立てることができよう。この対比は、古代文化継承の問題をぬきにしては考えられない。しかしこの比較の基準は限定した面のものであるから「　」をつけることにした。

この東西両地の中間にあるアラブの地域が七世紀初めのマホメットの出現以来、輝しい文化を形成していることを、この際我々は注目しなければならぬ。ルネッサンス期のヨーロッパ人の、ギリシャ・ローマの文化を学ぶ為のテキストは、ギリシャ語やラテン語の原典ではなく、アラブ語に訳されたものから始まったのである。一九六六年六月、上原専禄は「モンゴルの世界征服と一三世紀のユーアフラシア」の講演をされた。その中でT字形世界史の考えが中世ヨーロッパにあることを紹介されたように記憶している。縦棒の左はヨーロッパ・右はアラビア・横棒はアジアである。現在の私はこの構想の根拠をつかみきれないが、魅力を感ずる。この構想を、近・現代の東・西の歴史学の成果を裏打ちしながら展開しようとした上原の計画に、待望することの大なるものがあった。しかし先生は既にいない。場所違いのそしりは受けるが、先生の冥福をここで祈ることを許していただきたい。

(8) 後進と先進

一六世紀のポルトガルの国民詩人カモエンスは、バスコ・ダ・ガマの印度航路の踏破をたたえて「ルシアダス」を書いた。ホーマーのオディセーを頭におき、国民的壮挙としてそれをえがいたのである。この中で、東洋へのあこがれを書いているが、ポルトガルと中国の偉大さを西の横綱、東の横綱の対応でうたいあげている。一七世紀の中国の経済や技術は相当の発展をしており、その他の東アジアの諸民族や諸国家もそれなりの発展をしている。しかし昇天の勢いで発展していった西側のそれと比べると、特に武器の点では絶対的な遅れがあり、やがて東の後進、西の先進が生ずることになった。しかも今度の先進・後進は、それぞれが世界の部分的な存在となってきたので、後進は先進に似せて自己をつくりあげないかぎり、打撃や滅亡を余儀なくされてしまった。その定着は堅いものとならざるをえない。かつての中世のそれは、それぞれが一つの自立的世界であっただけに「先進」も「後進」も自主的にそれぞれの道を形成して行ったのと比べて大きな違いである。

B　世界の中の東アジア

第二次世界大戦以後は先進と後進、支配と従属ということだけで、西と東を綜括することは出来なくなってきた。こうした状況の下で、現代の東を、近代――西の支配・東の従属――の系譜で把握しようとすれば、西は先天的に優れ、東は先天的に遅れている、追いつき追いこせの教訓が我々の側近に起る。かつては一定の効果をあげたこの教訓は、現在は我々に戸惑いを与えている。系譜のたて方に歪みがあって、現代の事実に即応しない為である。東の後進、西の先進以外に東の「先進」、西の「後進」が実際の系譜の上にあったことが配慮されるべきである。系譜はこれらの片方だけでなく、それらを合体した円環的な全体性の下での系譜でなければならぬ。このことによって、東・西がそれぞれ経験した先進・後進の事実は、社会変革の有無によってそれらは決定されたものであり、文化遺産の摂取と評価に新しいメドをもたらし、歴史の真実をよりよく把握出来る条件を提供してくれる。このことは東だけのことではなく、西の場合にもあてはまる。前近代東アジア史研究の方法論は、近・現代史研究の方法論にも寄与できる所以である。ただ現代の東アジア史は西との関係や対比のみで考えることは事実の正確な把握を保障しなくなった。グローバルな形で世界の各地が深い関係を持ってきたからである。歴史学の方法論を考える上で、この点を全然ふれないでおくことは出来ないので、若干の考えを記しておきたい。

東と西をのぞいた地域を、大ざっぱに「開発途上国群」と「社会主義国家群」とわけてとりあげたい。前者に対して、五〇年代にいだいたような大きな期待をもっている人は少ないであろう。しかし一九七三年のような先進資本主義国家に石油危機が発生するような戦略が、そこから生まれたことの重大さを否定する人はいないであろう。又、キューバ・ペルー・ニカラグア・ソマリヤ・アフガニスタンのような社会主義国、ないしそれに近い国が、自力で続出（ペルーは現在のところ打倒されたが）している状況を軽視する人は、今のところ多いかもしれないが、注目すべきことである。先進資本主義国に住む我々の周辺で、社会主義国に対する声望の低落が続いているだけになお更である。これら開発途上国の動向は、未知数と屈折が多いので、いかにして歴史研究の方法論の上で学ぶかということでわからないことが多い。ひたすら注目するということに、ここでは止めざるを得ない。現代社会主義国群は、それらが意識するとしないとにかかわらず、前記したように、社会主義国が続出している。反対勢力とその弾圧はつきものではあるが、今後もその発生をとめることは出来ないであろう。それだけに現代史における社会主義国家群の責任は重大である。

現代社会主義国群について、世界史研究の問題として当面、次のことを私は考えている。一つは鬼頭報告が指摘した中・越戦争の課題にかかわることである。社会主義国間の矛盾の発生は、各国に一国完結主義的な生産力構造が貫徹しているかぎり当然であると、私は考えている。ソ連一国のみが社会主義国で、世界帝国主義の包囲の下にあった時は、その生産力構造は一国完結主義にならざるをえないし、妥当でもあった。しかし社会主義国が複数的な存在となった今日、それを体制的な存在にする為には一国完結主義的な生産力構造では即応しないものになる。矛盾は政治的・思想的な手段によって調整されてはいるが、消滅することはない。こうした問題について、東欧六カ国の社会主義国ではじめたコメコン（「経済相互援助機構」）の存在は注目に値する。しかしコメコンの名を出すと、それは「ソ連経済圏」の機構以外の何ものでもないとか、ハンガリー事件・チェコスロバキア事件を例にして、ソ連がひたすら他の社会主義国を圧迫して経済的搾取をしているとする意見がよせられるであろう。それらの見解は単純化であるというにとどめて、くわしくは諸氏の研究に依拠したものであるが、拙稿「民族と社会主義国家」（『歴史評論』一九七九年十一月号）にゆずりたい。コメコンはその名前が示すように、一国完結主義的な生産力構造を基本にした国の経済相互援助以外の何ものでもない。しかしこの関係はこれまでにみられない状況を各国にもたらしている。コメコン内の工業発展の水準の低いいわゆる開発途上国の名称でよばれうるルーマニアなどを、先進資本主義国に圧迫されている「開発途上国」に比べると、その発展は相対的にスムースである。また官僚主義の批判が東欧各国において六〇年代に同時に勃発したのは、ある意味で同一の経済的基盤を育成し、共通の改革を必要とする条件をもってきたことを示している。生産力の相互浸透は、意識しなくとも、一国完結主義的な生産力構造を、社会主義国家群体制＝超国家的な体制に即応した方向に進めさせている。ただそれは一国完結主義的な生産力構造の理論的な批判の下になされていない。ここには理論の立ちおくれが必然的にもたらす錯誤と矛盾が出てくる。その一つのあらわれは、プロレタリア・インターナショナリズムの徒らな強調である。この精神は貴重であるが、この安易な強調は、社会主義国相互間に存在する矛盾の発見をおくらせ、発見しても過小評価させることになる。こうした状況の中にも、コメコンの機能が曲折はあるが増大している。ここに出ている試行錯誤の内から、認識の発展とその理論化の進むことを期待したい。このことはコメコン内の人々だけではない。社会主義国家群が成立して増大しようとしている現代に生きるすべての人にとって必要な課題だと思う。事態は一国・一民族の重要性をふまえながらも、それらの枠をこえての「世界史」―「地域史」の研究についての方法論の発展を必要としている。

「人間の解剖は猿の解剖にたいするひとつの鍵である」という含蓄のある指摘がある。現代世界史に関する方法は、前近代東アジア史の研究方法論にも寄与するに違いない。中国奴隷制社会の崩壊の検討を西との比較で行い、その歴史的意義を解明しようとした根拠はここにある。

＊『歴史学研究』四七六号、一九八〇年一月

古代東アジアの終末感（観）
――発端としての中国を主なる例にして――

はしがき

終末感（観）といえば、キリスト教のことを頭に浮かべるのが常である。しかしそうした特定の宗教だけに限定して、この種の思想や認識の存在をみなす必要はないと、私は考えている。[1]

東アジアの歴史の一端を研究した私でも、自分たちの時代や世界に、深刻な不安と絶望を抱いてる事例を、見ている。それは優れた一個人の思想や認識のそれでない。集団あるいは民族（Folk）的なそれとして存在している。

そうした思想や認識の発想・内容・形態にキリスト教のそれと違うものが在るとしても、むしろ在るのが当然であるが、世界各地の人間集団・民族が、そうした苦しい終末感（観）を越えてきたし、あるいはそれに圧倒された場合もあろう。このことに敬意と痛苦を覚え、こうした歴史の危機ともいうべき存在を、特定の宗派・集団・民族だけに限定しようとするなら、それは終末感（観）といった深刻な経験をしたのは自分たちだけで、他の集団や民族はそうした経験をしなかったし、持ちえなかったとする評価になりかねない。意識・無意識のうちに、自らを世界史の特権的な地位に閉じ込め、世界の多種・多様な人間の歴史の尊厳を見下すものとなる。

すでに三十年ちかくなるが、中国の奴隷制社会崩壊期の研究を始めているうちに、中国における三世紀の半ばから四世紀の半ばにかけての時期は、退廃した社会的状況と北方遊牧諸民族の中国侵略の下で、終末的事態が出現した世界であったのを知った。三世紀後半に生きた大詩人で剛毅な人間であった阮籍の「大人先生伝」の天地崩壊の記載と彼の「詠懐詩」のいくつかの詩などを典拠にして、当時の終末的な事態を考察したことがある。(2)「大人先生」は「真人」となって「太清」を身につけておられるから天地崩壊からのがれ、寿命をのべることが出来た。しかし阮籍は「自ずからその（神仙—藤間）儔類に非るを傷み」と自作の詩でのべている。天地崩壊に自分はのがれる術をもたないと、自覚している。社会的・民族的な絶望条件の下における自己を天地崩壊の説話に結合させて、象徴的に表現している。(3)

神仙である「大人先生」の説話は内容が多様のようで、阮籍個人の創作ではない。「大人先生伝」の作品を初めて私が知るきっかけとなった、福永光司の論文によると、老荘思想とのつながりがある。(4)正にそうではあるが、老荘思想には懐疑はあっても終末的な感覚と認識はない。老荘思想は新たな内容をつけ加えたというよりは、新たな思想が出現したと見るべきであろう。しかし老荘思想の無神論の影響であろうか、阮籍は終末的状況の出現を、神の摂理によるものとしてはみていない。なぜそうした状況が生まれるに至ったかとする叙述は、したがって「大人先生伝」には無い。(5)

一九八六年に日本で開催された“International Symposium for Studies on Ancient Worlds”で、阮籍を手がかりにして中国古代の終末感（観）について報告をした、四人の方が討論されたが、その内の一人、東ドイツのギュンター（Rigobert Günter）は、キリスト教の場合では、「天地崩壊」は全能の神の仕業とみているから、最後の審判はあるものの、救済も約束されるオポチュニズムがあるが、中国の場合はどうなっているのかとする見解がのべられた。私は、四世紀代からの仏教の弥勒信仰や道教の「洞淵神呪経」（両項、後述）には終末と救いが併存しているが、三世紀後半から四世紀の初めにかけては、天地崩壊の思想状況には、救いのない終末観が一般的であると、答えた。(6)

終末感（観）の相違は、東西の大陸の間だけにあるのではない。みなもとを共有していると思われる、東アジアの諸民族の場合でも、同じことがいえる。この拙稿は、東アジア的な規模の下に展開している終末感（観）の検討を、弥勒信仰の「到来仏」・道教の「当来真君」・浄土教の「末法思想」の順序で検討してゆく。この場合に、阮籍の「大人先生伝」に表現された、中国土着の終末感（観）は、通底音としてその後、しばしば上記の思想や行動を規制・助長・合致し、逆に無視されることもある。この土着的な終末感（観）は項目はあげないで、各項で通底的に、課題にしたい。

Ⅰ　弥勒信仰

1　弥勒経以前

同じ仏教思想であるが、「末法思想」をとりあげる前に、弥勒信仰を先にとりあげたのは、後世になると、前者が盛んになり、理論としても、高度なものとなるが、中国で普及したのは、後者が早いからである。中国仏教史の最大のモニュメントの一つある龍門・雲崗の石窟群は、一九四〇年の塚本善隆のすぐれた研究があり、その成果が今日も踏襲されているが、一九七七年に佐藤智水は、龍門はもちろん雲崗の石仏群や小金銅像さえも網羅し、地域的には河北・河南・山東・山西・陝西・甘粛を含む北朝国家群における、仏像の状況を次のようにまとめている。「一、雲崗と龍門初期（前者は五世紀末、後者は六世紀初め―藤間）においては、釈迦・弥勒・多宝が中心的位置にあり、無量寿や観音はともに永平（五〇八～五一二年）以降小龕像として彫られるにすぎない。二、金銅像は北魏では弥勒・観音・多宝が主で東西魏以降になるとほとんどが観音である。三、単立石像は北魏代では釈迦と弥勒が主で龍門と似ているが、東西魏以降になると観音を中心として様々の尊像が造られる」[7]。多宝は釈迦と関係し無量寿が弥陀仏と同一仏であることは、言うまでもない。こうした仏像作成の変化は、仏像だけのことではなく、信仰状態のそれでもある。

「末法思想」は、阿弥陀仏信仰を中心とする浄土思想の発展と結合して、成長したことは周知のことである。阿弥陀信仰＝浄土信仰と共存しながらも、その前提ともなっている弥勒信仰の言及を避けては、「末法思想」の検討はできない。しかしこの両者をのべた初期の経典には共通のものがある。

曹魏（二二三〜三一六年）の時期、インドの康僧鎧が二五二年に漢訳した「無量寿経」から始めることにする。「後期無量寿経」に属するとされるこの「無量寿経[8]」は、「魏訳」といわれている。この経文が浄土宗の「三部経」の一つであり、「三部経」の内では最初に作られたことは、周知のことである。

岩波文庫本のテキストでいうと[9]、一二五頁から一七七頁の終わり近くまでは、仏は専ら「阿難を相手に説法していたが」、一七七頁の終わりから三行目になって、突然に弥勒が相手にされて、二一二頁の五行まで続く（同前、三三〇頁、注）。分量でいうと阿難の部分は弥勒のそれの一・六倍、しかもいよいよ最後の個所になって、私は「当来の世に、経道、滅尽すとも、われ慈悲をもって哀愍して、特にこの経を留めて、止住すること百歳ならしめん。それ、衆生ありて、この経に値《あ》う者は、意《こころ》の願うところに随って、みな、得度すべし」（同前、二一〇頁）と、将来の苦境を予想しながら、今後の方針を示している。しかしこの経の体得の困難を考慮し次のように弥勒に諭している。

「このゆえに、わが法は、かくのごとく作《な》し、かくのごとく説き、かくのごとく教う。まさに信順して、法のごとくに修行すべし」（同前、二一一頁）、とある。「唐訳」の「無量寿経」では、この個所に「今、此の法門を汝に付嘱す」の釈迦の言葉が挿入されている（同前、三五〇頁、注）。

「前期無量寿経」とされる後漢時代月支国の支婁迦讖訳（一四七〜一八六年）の「無量清浄平等覚経」と呉時代月支国の支謙訳（二二三〜二二八年）の「仏説阿弥陀三耶三仏薩楼仏壇過度人道経[10]」では、阿難と弥勒にかかわる分量をみると、前者の訳経は一〇対七、後者のそれは九対八になる[11]。仏滅後の「付嘱」は、阿難と弥勒の二人に共によせられている（『大蔵』第一二巻、「無量清浄平等覚経」二九九頁中～下、「仏説阿弥陀三耶三仏薩楼仏壇過度人道経」三一七頁中―下）。

しかし「後期無量寿経」の曹魏訳の「無量寿経」になると、すでに指摘したように、スペースでは阿難関係の記載が増加しても、信仰と経典の全体の責任は弥勒一人に負わしている。四世紀前半の時期に「到来仏」としての弥勒が、釈迦の付嘱をうける唯一の者として中国で定着し始めている。

2　弥勒経の出現

「1」で紹介した弥勒信仰は、専らインドや西域の人のもので、三世紀半ば頃までの状況をみてきた。次は中国人を含め、その後を検討したい。道安（三一四～三八五）と法顕（四世紀後半～五世紀前半、八十一歳死）のことは、周知のことであるが、あとの論議に必要な史料でもあるので、引用する。「安はいつも弟子法遇等とともに、弥勒前において誓いを立て、兜率（天）に生まれんことを願った」。そのすぐ後に自らを「罪深し」といってはいるが（『大蔵』第五〇巻、「高僧仏」三五三頁下）、後世隋唐時代の阿弥陀信仰の罪悪意識に基づく楽土への願いとは違い、仏教経典の学習を弥勒の下でしようとしたのだ、と塚本善隆はいっている(12)。

ひろく共有されている見解である。道安と同じように西晋王朝没落にともなう四世紀初頭の動乱に巻きこまれた竺僧輔も、兜率（天）で弥勒に「仰瞻」したいために兜率（天）への希望を抱いている（『大蔵』第五〇巻、「高僧伝」三五五頁中）。道安の例は必ずしも特殊ではない。

法顕は僧輔・道安が生きていた時期とは遅れて、三九九年に長安を出発してインドに向かい、北インドのインダス河岸で弥勒菩薩の像を見た。「かの地の人に尋ねると、みな、「古老の伝えによると、弥勒菩薩像を立ててから後、まもなくインドの沙門が、経律をもたらしてこの河を過ぎた者がある」と言う。この像の立ったのは、涅槃の後三百年ばかりのことで、それは周の平王（前七七〇～七二〇年）の時にあたる。これによれば、大教（仏教）

の流伝はこの像より始まったと言えよう。かの弥勒大士が釈迦の道を継がなかったならは、だれがよく（仏・法・僧の——藤間）三宝を流通させ、辺人（辺境である中国の人間たち——藤間）に法を知らせぬことができよう[13]」。弥勒が釈迦の後継者であることが、中国人の間にかなり浸透してきたが、仏が死んで「五十六億年後」に弥勒は下生してくるといった、時間を超越しているようだが、限定した時間が示されている説話はここにはまだ出ていない。

また四世紀前半の智厳は羅漢に尋ねたが、分からなかった仏教経典の事項を、生前に入定して兜宮に行き弥勒にあって答えを得たとする説話を残している（同前、「高僧伝」三九九頁下）。道安にも諸経の理解で苦労し、「もし説くところが理があわなければ、瑞相を示していただきたい」と願い、夢に「胡道人」が出現し、同調を得たとある（同前、三五三頁中）。法顕のインド行き自体も、これまで中国にもたらされた経文やその解釈にあきたりなくなったのである。これまで、経典の訳は大意をのべるにとどまっていた。経典を窮めつくして正確な訳が始まったのは道安から始まるとは、優れた文献学者で仏教史家でもあった六世紀初頭の僧祐の評価である。経典の輸入・翻訳・理解に全力が注がれた時代であった。五世紀の始めあたりまでは、弥勒は経典理解の指導者として、中国では強く見られていたのではなかろうか。中国における当時の仏教徒は、中国古来の思想で解釈される仏教から脱皮するために、新しい内容、より正確に記載された経典の積極的な輸入とそれの正確な理解が、切実に求められてきたのである。弥勒は釈迦の後継者であるとする仏教説話は、経典解釈の面での弥勒の権威を増幅できたに違いない。

道安は彼の「衆経目録」に、竺法護の「弥勒成仏経」「弥勒本願経」、失訳経の「弥勒経」「弥勒当来生経」をのせているから、兜率天に現存する釈迦仏の後継教化者としての弥勒についてよく知っていたと、塚本は指摘している[14]。しかし後継教化者以外の面での弥勒の記事は、どうであろうか。竺法護の「弥勒成仏経」（晋の武帝〈二六五〜二七四年〉の時持ち帰り、三〇八年の懐帝までに訳。『大蔵』第五五巻、「出三蔵記集」八頁上・九頁中）、それから一世紀たった四〇一年に訳された鳩摩羅什の「弥勒下生経」と「弥勒成仏経」（同前、一一頁上）によって、弥勒についての記載をみてみたい。この三個の経典をとりあげたのは、専一の弥勒経として中国で最も早く出現し、初期の弥勒信仰の状況を推察できると見たからである。箇条書きする。

(1)塚本が指摘しているように弥勒が釈迦仏の後継教化者であることは、すべての仏典に共通している。しかしその内容は多様である。Aでは弥勒は無条件にそうなっているようであるが、表1のAの2で示すように、「釈迦文仏所」にそれぞれの目的で来た者に「皆、私の下に、来至せよ」と弥勒は告げている。弥勒は釈迦の臍の緒から、まだ断ち切れていない。

(2)B・Cでは、「釈迦文仏所」の個所などはない。釈迦から弥勒は自立している。しかしここでは弥勒の「到来仏」であることは、知っているが、それについての疑念のためであろう。弥勒の施・戒・知恵の水準と能力を、「大智」「仏法の大将」の舎利弗は釈迦仏に質問している。とくにCでは舎利弗のそれにたいして「百千の天子・無数の梵王」が異口同音に、その質問に同調している（四二三頁下）。釈迦仏はそれに答える形で、弥勒の当来仏たることを保証している。

(3)A・B・Cのそれぞれの2で、弥勒の仕事が書かれている。Aの2で「供養」の例をあげたが、実は色々ある。一般的なものなので略した。CはA・Bと比べて項目が増えている。当時の社会情勢に対応しようとする現れとして三例あげておいた。

(4)A（四二一頁中）・B（四二四頁中）で共に、「昔」という用語が出てくるが、その内容は全然ちがう。Aでは弥勒によって立派になった社会の前代、Bでは釈迦仏・転輪王の時代の立派な社会の前代を、それぞれさしている。そのためBでは弥勒出現の切実さが出ない。失訳人名東晋録「弥勒来時経」では、弥勒仏が出ようとするのは、この世の山の樹木や草木がやけ焦げきった時だとするとの、釈迦仏の言葉がある（『大蔵』第一四巻、四三四頁中）。Cでは世の中が悪くなり衆生が苦しくなっているので、弥勒は慈悲心で出てこられたとある。この時、おまえたちは、釈迦仏にかつて教えを受けながらこのあり様である。「無奈汝何、教殖来縁今得見我」（どうしようも

表1　早期の弥勒経の比較

	A　弥勒下生経	B　弥勒下生成仏経	C　弥勒大成仏経
1	弥勒は遠い将来に出現	仏、弥勒の功徳の神力を告ぐ	仏、弥勒特別視の理由を告げる
2	釈迦文仏所で三宝を供養しようとするなら、「皆、私の下に来至せよ」と、弥勒告げる	弥勒、「皆、私の下に来至せよ」と告げる	弥勒、「皆、私の下に来至せよ」と告げる a貧窮・孤独な者をどこかの家族の下につける b王報の刑罰で苦しむ者の救済 c恩愛から離れ、朋党同士の訴訟ごとで困っている人を和合させよ
3	昔は宝で相互に傷害、獄にもはいった（宝として金銀、琥珀、めのうなどの名を列挙）	昔は宝で相互に傷害、盗み、欺きあった（宝の具体的な名はない）	現世に苦しむ衆生を助けるために来る

備考

(1)　『大蔵』第一四巻。Aは四二一頁上―四二三頁下。『出三蔵記集』の経名と違うが、訳者名と同じであり、道安の『衆経目録』はこの『記集』に包括されているので、同一とみている。Bは四二三頁下―四二五頁下。Cは四二八頁中―四三四頁中。

(2)　各経文の分量は、Aは B より少し多く、BはCの三分の一。

(3)　Aは、それから約一世紀あとの三九一年頃にガンダーラの人僧伽提婆に訳されたとみられる「『増壱阿含経』第四四巻、不善品第四八（三）」（『出三蔵記集』僧伝、僧伽提婆伝、三八二頁）とくらべると、わずかな用語に違いはあるが、それも誤植か同じ語意を他の用語に置きかえた程度である。違いが目立つ唯一の箇所は、「増壱阿含」の「書読諷誦」（『大蔵』第一二巻、七八九頁中）、Aの「書写読誦」（『大蔵』第一四巻、四二三頁下）である。前者引用の偈（七八九頁下）に「書写経」とあり、経を供養するとあるから、本文の「読」は書き誤りであろう。

Aの後に、『大正大蔵経』は「開元録」を按じての考証を加え、法護の訳かどうかの疑念をつけている（四二三頁中―下）。賛成である。

Aはまだ自立した弥勒の経典ではなく、小乗仏教の経典の一つ「増壱阿含経」の一環として存在していたにすぎない、と現在の私はみている。

ないではないか、かつての縁の教えで今、私とおまえたちはあうことができることになったが）の弥勒の発言がある（四二二頁上）。弥勒仏の像に半伽思惟の形態が後世になって集中するのは、こうした言葉と関連するのであろうか。

(5)BとCはともに鳩摩羅什の訳である。内容や用語で共通する個所がいくつかある。同一の経典の訳であったが、鳩摩羅什の解釈の違いあるいは加筆でそうなったのか、違う原典でそうなったのか、決定しがたい。彼の翻訳の方法はテキスト批判と用語に厳しく、これまでの訳で不明であったものが、かれの訳し直しで初めて理解できるようになったこともあったので、後者すなわち違うテキストの訳ということになるのかもしれない。

(6)竺法護の訳書に「弥勒菩薩所問本願経」がある。小篇で釈迦に弥勒が専ら質問したことを記している。そのなかに阿難が釈迦に「弥勒菩薩は久しいあいだ此の世に出てこない。衆生を救うために速やかに無上の正真道・最正覚を追いかけて手にして、この世に出現しようとしないのか」と尋ね、釈迦は「四事」で正覚をとっていないからと答えている（『大蔵』第一二巻、一八八頁上・中）。

(7)堕落し、衆生がくるしむ世の中の指摘はあっても、上記の弥勒経の記載は一般的である。しかしいくつかの弥勒経は、それぞれ違いがある。初めの内容が、そのまま持続したのではない。それにしても釈迦から「付嘱」をうけ、先輩からも疑いと期待をもたれた弥勒というよりは弥勒伝説はいつまでも、上記のような内容に留まっていたのであろうか。

3　弥勒信仰の転機

宋の居士である沮渠京声は「観弥勒上生兜率天経」（『大蔵』第一四巻、四一八頁中―四二〇頁下）を訳出している。「出三蔵記集」の「伝」から引用する。彼は甘粛省の匈奴で北涼王国第二代沮渠蒙遜（四〇一～四三三年）の従弟である。少年の時、于闐国に行き、天竺の法師に仏教をならい、「胡本」が読めるようになった。しばらくして、故郷に帰り、途中で観世音・弥勒の二観経各一巻を求め得た。于闐国の西方ガンダーラで「仏三尊像の両脇侍に観音と弥勒を配する図像の例が極めて多い」[15]時代に、沮渠京声はめぐりあった。シルクロードでのことであった。故郷に居ること数年の四三九年に北涼国は北魏に滅ぼされ、宋国に彼は亡命、世務に交わらず、常に塔寺にとまり、「居士」としてすごした。「初め」弥勒・観世音の二観経を出したところ、丹陽の尹である猛覬が、これを見て誉め、その後おたがいに崇愛しあった。猛覬はしきりに食事をもうけ、援助につとめた（『大蔵』第五五巻、「出三蔵記集」一〇六頁上・中）。

沮渠京声が上記二つの経典の漢訳をしたのは、彼が宋国にすまい始めた四三九年前後の数年間のことであろう。分量は先の竺法護のそれとほぼ同じであるが、これまでの弥勒経と比べていくつかの特色がある。

(1)弥勒が釈迦の後継者であるとすることは変わらない。しかし次の挿話をのせている。「弥勒は凡夫でまだ諸漏を必要（色々な手直し）とし、今は出家したが禅定はおさめないし、煩悩も断ち切れない。この人の成仏を仏は疑いないと釈迦はされていますが」と、優波離が仏に尋ねている（『大蔵』第一四巻、「観弥勒菩薩上生兜率天経」四一八頁下）。

(2)これまでも兜率天の光景は金ぴかであったが、それが一段と華やかになり、仏が弥勒に宝冠を供具としてわざわざしつらえたりし、天女の瓔珞・周囲の宮殿・垣根などにいたるまで、絢爛豪華である（同前、四一八頁下）。経文の頭に「観」の字がつけられたすべての仏教経典と同じ特色である視覚性が、ここにも強く出ている。

(3)弥勒は五十六億年後に閻浮提に下がってくる（同前、四二〇頁上）。「下生」のことは弥勒の経典には、必ず書かれているが、年数はこれまでの経典には、出ていなかった。

(4)兜率天に行けた人々は、弥勒が下界に降りられる時、弥勒と行を共にする（同前、四二〇頁上）。死後の人間が兜率天を媒介して再度この人間世界に帰るとするサイクルの信仰——たとえ五十六億年の歳月はかかるが——はこれまでなかったことである。

(5)優波離に仏は告げられた。「もし善男・善女が諸々の禁戒を犯し、多くの悪行をしても、この弥勒菩薩の

「大悲名字」を聞き、五体を地に投げ出して、誠の心をもって懺悔すれば、これまでの悪行は清浄になる。未来世の衆生はこの菩薩の「大悲名称」を聞き形像を作って立て香花などをそなえれば、その人が死に臨んだ時、弥勒菩薩は眉間の白毫から放つ光をあてて、その人を迎えてくださる」（同前、四二〇頁中）。

「大悲」の用語は、鳩摩羅什の「弥勒下生成仏経」に釈迦の言葉として使われている（同前、四二五頁上）。それがここで、弥勒のそれとして出ている。この言葉はしかし釈迦よりも彼が弥勒経と一緒に持参した観音経に慣用される「大悲」のそれであろう。更に注目すべきことは、五体を投げ出しての懺悔のことである。外的な状況のみでなく、個人自身のことが問題にされている。沮渠京声の一族である北涼国王は住民三万戸と共に北魏の都に、強制的につれさられ、王の弟たちは兵をつれて逃げたが、追跡の北魏軍に撃破された（『魏書』、世祖紀、太延五年・沮渠蒙遜伝）。民族的にも一族としても大きな痛手を受け、彼自身ようやく宋国に身をよせた。こうした運命も、彼の信仰と「訳経」の内容と関係があろう[16]。

それにしても、浄土経とよく似ている。一般の人には両者は初め同じものと、みなされたようである。五一九年に龍門でつくられた「無量寿仏」と記名のある像に「弥勒三唱」と書かれたものがある。同じ年の記銘をもった仏像が龍門の他の場所にもある。その銘文には「末世」の語が挿入されている[17]。

「末世」について、ようやく検討できる所に来たが、その為には弥勒経の枠から離れることが必要となってきた。

Ⅱ　末法思想

1　「末法」的状態と仏教徒――三～六世紀の中国

(1)三～六世紀の中国は「末法」的な状態であった。次頁の表2によって、簡単に説明したい。戦争が相次いだ

表2　二世紀後半～六世紀初頭にいたる戸数

年代	一五七（後漢）	三国時代	二八〇	四六四（宋）	五一六～五二〇（北魏）	六〇六（隋）
戸数	一〇六七万	一四七万	二四五万	九〇万	五〇〇万	八九〇万

典拠：梁方仲編著『中国歴代戸口田地、田賦統計』四―六頁、一九八〇年

三世紀の三国時代の戸数は減少は著しい。もちろんこれはそれぞれの国家が把握した数であってそれ以外の戸が全部消滅したのではない。二八〇年の戸数が二四五万と増加しているのは、三国が晋国によって統一された結果である。しかしそれで戦争が終わったのではない。むしろ三〇一年の八王の乱を契機にして晋国は戦乱の内に崩壊してゆき、それと同時的にはげしくなった西方・西北方の遊牧諸民族の中国侵入によって戦争状態は、一段とはげしくなり、日常化していった。

異民族の中国北部への侵入は、五胡十六国といわれる国家が中国北方領域で作られるきっかけとなり、多くの中国民族が揚子江の方に移動する原因となった。中国民族の歴史において未曾有のことであった。南方に移動した晋国の王族や貴族は東晋王国を建てて土着し、その後、交替はあったが、揚子江流域のほぼ同じ土地で漢族の王朝が持続した。南朝である。

華北の分立した異民族主導の国家は、五世紀の半ば北魏によって統一された。北朝である。

こうした状況の下で戸口・人口が増加しない、ということはいかに多くの人々が生きることが出来ず、流亡と窮乏に苦しみながら死んでいったことを示す。

戸数と人口が後漢時代の旧態に回復するには、隋国の中国統一がなされる六世紀末まで待たなければならなかった。

この惨憺たる三百五十年の永きにわたる時代を見てきたはずの仏教の経典の中では、社会・人心の悪化を最も配慮し、それの変革を構想すべきはずの弥勒経は、先に述べたように時代の困難に対処できる内容を提起していない。

これまで名をあげた、支謙・竺法護は月支国、鳩摩羅什は天竺、沮渠は匈奴、いずれも漢族でない。中国人の

生活に切実な関心をよせなかったのであろうか。しかしあとの二人は動乱にまきこまれた経験がある。漢族の道安は天災・蝗の害・寇賊の横行・戦争の脅威にさらされ、しばしば住居を変え、「国主によらざれば、法事立ちがたし」として保護者を求めている（前掲書「高僧伝」三五二頁上）。法顕もまた訳出のため寺だけにいたのではない。「志は弘通にあり……諸国を遊履した」（同前、二巻）。求道者であり大学者でもあるこの二人の書いたものや伝記をみても、三〇〇年代から四〇〇年代の彼らが生きていた時代の苦しみを、直接に表現しているものを、見つけ出すことができない。どうしてであろうか。

三〜四世紀の中国人仏教徒の典型の一人であり、僧侶でない教養の広い支遁（三一四〜三六六年）を手がかりにして、仏教徒はなぜ時代の矛盾に応じえなかったかとする私の疑念をたしかめてみたい。

(2)「大土地所有者の富裕者の中に、存分に自然を楽しみ詩文清談を楽しんでいる一類の貴族的会稽隠逸者、むしろいわゆる貴族風流生活を楽しむグループの主要な師友となり、彼らを中心として会稽仏教の全盛を迎えたのである。会稽は当時の東晋王朝の首府建康に近い別荘地で、玄学・清談・仏教・道教が共に栄え、相互の交流も盛んであった(18)」。これでは終末的状況はつかみがたい。

支遁は釈迦・阿弥陀・文殊・維摩などと共に弥勒の讃を作っている。「弥勒は釈迦が亡くなられたあと、その順序を継がれることになっていることは『聖録霊篇』に記されている……。兜率天に上り……、君位のある天子として龍飛されている。兜率天の四十九重摩尼殿をばめぐりあるき、菩薩の威徳を示す幡のある所に臨まれ、その三十二相の姿をまっすぐに示されながら、『華林園』にお出ましになる。奥深い仏法をなされる龍樹下三会の説法は、かねてからの仏の縁で定められたことである(19)」。弥勒の権威が強くしるされている。これまでの弥勒関係の経文には、なかった。

地上の君主にそうした権威を、支遁が期待していたので、その反映がここにあるとはいえない。そうした積極性は、彼にはない。晩年のことではあるが、皇帝から都に招請されながら「陛下、願わくは野人の私を放遣してもとの林沢に帰し、鳥をもって鳥を養なわさせていただきたい」と懇請し許され、閑静な余生をまもなくおわった。三六六年のことである。[20] これが彼の生涯を通じての持ち味であったのである。仏教の知識は机上のあそびではなかったのではなかろうか。

支遁のみではないが、彼をとりまく四世紀後半の大土地所有者は、三世紀後半から四世紀前半のそれとくらべると、内的にも外的にも、一時的ではあるが、自分なりの豊かな生活のサイクルをもつことが出来た。したがって三世紀末・四世紀初めのような厳しく不自由な隠者の生活を離れ「世を避けざる逸民、難しからざる隠逸」[21]を、支遁もつき合ってもらっていた王義之が口にしている。古今を通じての第一の書家王義之は、手堅い政府高官、熱心な農業経営者でもあり、家郷周辺の農民たちの生活にも注意をよせていた。[22] 三五三年、会稽の彼の別荘蘭亭で「群賢」ことごとく集めて宴会を催して詩を作り、作れない者には罰杯として、酒を無理に飲ましたりした。彼の真筆「蘭亭集序」は、その様子をつたえている（「企羨」、『世説新語』）。荘子研究にさいしての支遁の仲間同士との付きあいにも、こまかい注意をしている。義之は貴族・高官たちの有能な組織者でもあった。

こうした生活の余裕や文化の発展は、水車の発明を契機とした、三世紀の伝導器の原理の発見と実用によって支えられた。この原理をイギリスの世界的に有名な科学史家J・ニーダムは、世界で初めて出現した人工頭脳として評価した。水車による灌漑・排水の技術の発展、武器の連弩・方向指示器の指南車・距離計の記里鼓・織機の綾機などの発明や改良がはかられたのである。[23]

明敏な王義之は農業経営にも熱心であるから、こうした生産用具にも関心をもっていたであろう。彼個人の責任ではないが、表2が示す現実は少しも消滅してはいないのである。彼は我が家の状況には細心の注意をしていたはずだが、彼の五男で書家として有名であり、会稽郡の高官、父の跡を受けての大家族である凝之は、農民反乱によって殺された。死後のことではあるとはいえ、予防する手立てが義之には出来なかった。反乱は中国史のうえでも有名な孫恩主導の農民大反乱で、反乱軍が迫りつつあったことを凝之は知っていた。しかし反乱が自分と同じ五斗米道を奉じた人々であったので、最後まで自分は大丈夫とみていたのである。三九九年のことである。同じ宗派の者でも、大土地所有者と一般人民のあいだには、強烈な断絶があったのである。[24]

(3)阮籍の時代の貴族や高官はアヘンの効能にちかい五石散を飲んで、絶望をいやしていた。[25] しかし四世紀も半ばすぎの彼等は、すでに紹介したように、小成に安んじ、共に生活を楽しむ仲間を持っていたが、彼等の若い時には、その名を聞いたことのあるはずの郭璞（二七六〜三二四年）というような下級士族の寒門が彼らの配下にいた。博学で詩人、占いでは当時の第一人者。現在の私には、正体がつかみきれない人間であるが、次のような不気味な「蚍蜉《おおあり》」と題する賦を残している。「大昔、天が多くのものをつくられた。そうしたもののうちでも、形からみて昆虫より微《ちい》さいものはなく、その所属からいって〝あり〟ほどいやしいものはない。走り回ることさまざまで、交錯往来し、行くに迹《あしあと》を残すなく、かけまわるのにほこりも立てない。激風発するも動かず、勇士が並んでいてもおじけることもない。人が龍剣を振るっても恐れない。その〝大あり〟たちが貴族の豪華な墓の中に入り、奇妙なべとべとしたにかわのようなものを、なんども出す。その色の赤い汁は血のようだ。華やかに飾りたてて埋葬された人の葬具の車に、その液汁をなすりつけ、自分たちは墓の四隅にかたまっている。云々」。郭璞が下級の士である寒門出身であることを手がかりにして、高級貴族に対する、中間層の寒門の批判とする見解があるが、これはしいたげられた人民の圧制者・搾取者に対する恨みの表現として、私は解している。[26]

凝之が殺された三九九年の反乱は、破壊行動の凄まじきもさることながら、政府軍に追い詰められ、再挙を期しての退却のために急ぎの集結をはかった時である。連れていた幼児を足手まといになるので、籠に入れて水の中に婦女たちはなげこみ、私たちも後で行きますといっている。[27] 当初の指導者孫恩が敗北して自殺したあとも、四一一年まで華中・華南を巻きこみベトナムまで及ぶ反乱として続いた。中国の農民反乱史上、空前の悲惨事である。終末感の影響は下層の人々のあいだにも浸透し、必要以上の絶望感（観）を、民衆に植えつけた結果の現れである。凝之もさることながら、有能周到な義之などにも摑みきれない事態が、彼等の足下に在ったのである。[28]

反乱はこの四世紀をつうじて発生し、宗教反乱の形態をしばしばとっている。

2　道教における終末的状況の叙述

(1)三九九年に勃発し、断続はあるが四一一年まで続いた「孫恩・盧循の反乱」の宗教性は、この乱のみではない。この四世紀に中国南北の各国でしばしば発生した大小さまざまの反乱軍は、宗教を名乗る場合が多い。四世紀の反乱の特色といってよい。ただ宗教といっても宗派の違いといったほどの体系の違いがあるのではなく、土俗的なものである。それだけにかえって、当時の社会や人々の考えの共通性を示してくれる。

三二四年の李脱・李弘の反乱を、大淵忍爾は道教経典の「洞淵神呪経」を手がかりにして初めて研究し、中国の社会・政治・思想その他にも大きく関係する道教思想の一面を解明した。「洞淵神呪経」は「木子弓口」を名乗る人間を、「当来の貴君」として記載し、李弘を名乗る人間はそれにあたるとしている。李弘の字を解体すると「木子弓口」となる。[29]「ム」と「口」は、手書きの場合、似た字形となるのである。

三二四年以前に、李弘を名乗る人を、『晋書』で調べたことがある。三名いた。いずれも普通の官吏である。三二四年以後、李弘を名乗る人を同じく『晋書』で点検したところ三名いる。相手とする国家は違うが、そのすべてが反乱を起こしている。一人は早々と抹殺されたので、よく分からないが、他の二人はいずれも宗教と関係し、その一人は「聖道王」を自称した。李弘の名称は、大淵が指摘するように「当来の真君」を名乗って、三二四年以来の中国南北の諸国家に、登場してくる。[30]

「洞淵神呪経」作成の時期は、各巻でも違いがあり、研究者の見解も多様である。大淵は、「当来の真君」が集中的に出ている第一巻の関係記述は「遅くとも東晋極末からさして隔たらぬ時期、即ち宋極初間（四三〇年前後―藤間）での作成と考え……巻一は宋極初までには成立していた、と結論して差支あるまい」[31]としている。なお「当来の真君」思想発生の契機は、五世紀初めの法顕の仏国記には弥勒下生の説話も在るので、「真君出世なる観念が仏教に影響されるところが、あったにしても、それのみに基づくとはいえない」。三〇三〜三〇四年の張昌の反乱・二世紀末から三世紀初めの太平道の張角・五斗米道の張魯は、自らをメシアとしているので、「当来の真君」の本流はここにあると、大淵はみている。[32]

「当来の真君」の思想系譜論に関する大淵説に、私は同調するが、若干書き加えたい。先ず仏教影響の件であるが「洞淵神呪経」に出ている「天人」「来下」「五毒」の用語は、「無量寿経」に使われており、弥勒未来仏の動機と似ている。しかし形はそうであるが質がちがう。「当来」の語が弥勒に関して出てくるのは、管見のためか唐代の義浄の訳した「弥勒上生成仏経」が初見である（『大蔵』第一四巻、四二八頁中）。「当来」と「未来」では「あるべき」と「ある」の違いがある。「当来」には、それを必要かつ必然とする前提の終末的状況の存在と重視がなければならない。これまで紹介した弥勒関係の経典にはそれが弱かった。「当来真君」と仏教との関係は、後者の影響というよりは、ヒントの次元で考慮されるべきである。

ここまで言えばいうまでもないが、張昌・張角・張魯を「メシア」とするには「一発家」的な政治的性格が強すぎる。張角・張魯の道徳的な行動には評価すべきものがある。「当来真君」出現の必然性を明白にするために、「洞淵神呪経」の第一巻から、人民・社会・国家・自然・国際関係などの記載を、いくつか引用する。

(2)(a)道のあること、法のあること、経のあることを中国人は知らない。すなおさが無い。……道を信じないため罪を山のように積みかさねている。(b)国主は横暴、その国主が苦しみ、次々と死んでいく。(c)帝王をはじめとして、下は奴婢を問わず、この経を大切にすれば、仙に上れる。(d)六夷が送ってきたので、揚子江の左岸に逃げていき、漢王帝の王族の血すじである劉氏もあとが分からなくなったが、甲午の年に劉氏が中国に帰れば、ながく安らぎ制覇もでき、六夷は平服して山や藪のなかにひそみ、道法も盛んとなり「木子弓口」は当然復起される。(e)この五毒の世界では、万民は反乱を考え、日月は度を失い、五穀はならず、人は多く死に、洪水は次々とおこる。知慧のある人はこの経を必ず受け、書き取って大切にすれば、病は転じ、鬼兵は自然に散らばってしまい官事はおわる[33]。

現実ばなれした幾つかの記載を、空想として批判することは容易である。しかし沮渠京声の「弥勒上生兜率天経」や次節でまもなく出てくる「観無量寿経」の訳出がなされた南朝の宋王朝で天子九人のうち、廃殺された者六人、身命を全くして病死した者三人[34]、宋を含め五世紀の前半から百五十年続いた南北朝時代を更に広くみると、南北を通じて五〇人いた皇帝のうち二六人が殺され、四人が廃され、天寿を全うしたもの二〇人[35]。しかもその君主であるが、「中国の長い歴史を見渡して、この南北朝という時代ほど、暗愚淫蕩な天子が数多く現れた時代はない[36]」。下部の貴族・人民はみじめな状態にならざるを得ない。

紹介した「洞淵神呪経」の(b)の個条は、過去のこともさることながら、その後の南北朝時代の君主の運命を予言している。

Ⅲ　末法理論の形成

1　六世紀の末法思想

(1)道盛の「斉の武帝に啓して僧を検試することを論ず」に「末法の比丘」の語がある（『大蔵』第五二巻、八六頁上。僧祐、「弘明集」）。「高僧伝 巻八」の彼の伝によると、「涅槃」「維摩」を善くし「周易」に通ずるとある。これまでの伝統的な教養の深い仏教徒の一人で、斉の皇帝に信頼されていた。永明中（四八三～四九三年）に六十余で死んだ（『大蔵』第五〇巻、三七五―七六頁）。

検試に際し彼は次のように、皇帝に願った。孔子三千人の弟子の昔話を例にして、たとえ創始者は立派でも、後になるとその後継者は形だけになります。釈迦も生きておられた時期には立派な弟子がいました。それから以来は根性が段々と鈍くなり、道を遠ざかる者も出てきました。「末法の比丘」です。道盛は彼らを告発しているのでなく、検試に手心を加えていただきたいと、したのであるが、同じ仏教徒の欠陥にたいする彼自身の不満がうかがわれる。

第Ⅰ節3「弥勒信仰の転換」で紹介した「懺悔」の教えを促したと同じ条件がここにも発生し、それにたいする認識が「末法」という形で現れたのであろう。ともに浄土教的な方向である。ほぼ同じ時期に中国における浄土教発展の重大な基礎が造られた。元嘉中(四二四~四五三年)に、西域の人、畺良耶舎が建康で「観無量寿経」を訳出したのが、それである。

「高僧伝巻三」の畺良耶舎の伝によると、この時も孟顗は接触し「風を受けいれて欽啓、資給豊厚」とあるから、風格に魅せられて高い尊敬をいだき、生活や翻訳事業に手厚い世話をしたのである(『大蔵』同前、三四三頁下)。孟顗は沮渠京声と畺良耶舎の両人に期せずして深いつながりを持つことになった。

畺良耶舎は、西方から建康にきて、文帝に目をかけられ、鍾山の寺で「無量寿観」を訳した。しかし、畺良耶舎は四四二年から建康を離れている(同前、三四三頁下)。その前に孟顗は会稽の太守になって現地に赴くので畺良耶舎に今の場所から離れないように、強く願っている。会稽と建康とは離れているから、これまでのような世話が畺良耶舎にできなくなるのを心配したのかもしれないが、それだけでは納得しがたい。

「観無量寿経」は元嘉中に訳されたと明記されているのに、元嘉は四五三年まで続き、その十年まえの四四二年に畺良耶舎は建康から離れている。畺良耶舎が「元嘉中」の最後の十年間は建康にいないのに、「元嘉中」の畺良耶舎の訳という記載は、畺良耶舎が建康にいなくても、訳出になんらかの関係を持続していたので、そうなったのか、中国人が遠来の異国人畺良耶舎に花をもたせるためか。いずれも納得しがたい。

「訳出」について、畺良耶舎とその協力者の間に意見の対立があり、孟顗が畺良耶舎に強く建康にいることを願った憂慮は、ここにあったのではなかろうか。「観無量寿経」の成立が近来、多くの仏教研究者によって検討され、意見の対立が出ており、その中で山田明爾の見解[37]に私はひかれる。仏教の社会的検討を目指す私には、仏典の「訳」には、中国の事情と中国人の意途や認識が、原典の訳の名の下に介在するとの先人の研究方法論は、指針となる。

「観無量寿経」の成立地について、現在はインド・中央アジア・中国の三説があり、山田は中国説である。[38]ここではスペースの関係もあり、私の必要な範囲で少し引用する。「観無量寿経」には「無量寿仏」と「阿弥陀仏」が、異名の同仏として併用されているが、それは気まぐれな併用ではない。前者は、第七観・第九観・第十観・第十一観・第十二観・最後の流通分。後者は、序・上品上生・上品中生・上品下生・中品上生・中品中生・中品下生・下品上生・下品中生に整然と振り当てられている。意識的な構成である。「『観無量寿経の編纂』が、本来は別々に存在していた阿闍世王伝説・定善十三観・散善三観、をある意図から一本にまとめて結語を付して一経の体裁を整えたもの、との仮説をもっている」（七九頁）。無量寿仏と阿弥陀仏の両者が一緒に登場するのは、「観」の終わりの第十三観と「生」の終わりの下品下生の二個所のみである。これは「定善分と散善分、散善分と結語を結びつけるための、いはば接着剤だと理解できる」（七九頁）。

「観無量寿経」作成の「意図」は、山田によると次の点にある。一世紀前後ごろ、インドからガンダーラに伸びてきた仏教は「禅観――特に観仏――への傾斜が深まり、中国に伝えられた時、禅観は主要な実践法の位置をしめていた」（九三頁）。「『阿弥陀仏』部は称名念仏による来迎と往生を主題とした」が、それは「若い思想で」大乗行法としての権威が認められないので「すでに陽のあたる場所で充分権威を認められていた禅観」（「無量寿仏」部の主題は禅観念仏。九三―九四頁）を利用した。

(2)山田は仮説といっているが、示唆される個所がとりあえず二点ある。一点は畺良耶舎を中核とはしているが、複数の訳出者間の意見の違いからくる対立があるのではないかということである。もう一点は「散善分」の上品上生から下品下生にいたる九品についての内容が中国土着の経典で、訳出の枠でなく創作の契機を含む仏典理解――「疑経研究」として既に確立している――とそれらの編集方針の出現を、今更のように知らされたことである。この九品の階位は、儒教道徳の慣行と六朝時代の九品官人法と関連とするとの野上の実証[39]、特に後者の見解は見事である。

この場合、九品はランクの表示として取り上げられている。しかし「観無量寿経」は称名をすれば、誰でも往生が出来るとしている。こうした平等性が、最も顕著に出ているのは、「愚人」で「悪業」をする下品の上生・下生の往生の可能性の保証である。四世紀の後半に奴稗否定の思想が民間に存在している例を一つ見たことがある[40]。こうした見解はこの時期には、まだ少数であろう。五世紀前半の「観無量寿経」に、信仰の面にせよ、こうした平等性が出ているのは、奴稗否定の思想進展の反映か、観念性を発揮できる信仰の世界であるから可能であったのか、現在の私には不明だが、奴婢否定・奴隷制社会批判の流れの一つとみたい。

それにしても、「下品下生」の往生は、本人だけの力でなく、「善知識」の「安慰」「妙法の説法」という協力を媒介として、無量寿仏・阿弥陀仏に個人として結び付くことが出来ることになっている。往生のための組織論、「善知識」の性格、「下品下生」が往生できる手段の模索など、関心をさそうものがある。「高僧伝」の筆者慧皎が、「観無量寿経」の「訳」は「……浄土の洪因なるをもっての故に、沈吟苦心して宋国に流通す」と記している。記載の文意は経文の内容が深遠で訳に苦心したとあるが、沈吟の経文の創作のためではなかろうか[41]。

野上の見解によると、「観無量寿経」は百五十年ばかり、宋国とそれに続く南朝では、さして普及しなかった。かえって北朝の国では普及した。南朝仏教界では、「維摩」「法華」「涅槃」などの研究・講説が盛んで、浄土の経典はさほどもてはやされたとは考えられない[42]。貴族体制の強固な南朝ではそうであろう。道盛の「末法」の用語が、文献に関するかぎり孤立しているのは、偶然ではないのである。

2 「末法理論」の出現

(1) 「観無量寿経」の普及は北朝が早く、北魏での無量寿仏の初見は五一八年だと、野上はしている[43]。「末法理

論」と表裏の関係にある浄土教の創始者曇鸞は四七六～五四二年の人で、仏教徒として活動し始めたのは、老年になってからである。五一八年の無量寿仏の出現は、曇鸞の影響かそれ以前のことか、今後の課題であろう。

曇鸞が書いた「略論安楽浄土義」「無量寿経優婆提舎願生偈注」（『大蔵』ではこの書名で掲載されている。一般的には「浄土論注」＝「往生論注」で慣用されている。以下は前者を使用）を見ると、「末法」の語は出ていない。しかし「末法」と不可分な用語である「正法」「像法」の用語は出ている（『大蔵』第四〇巻、八三四頁上、八二七頁上。しかし八二七頁上の「在釈迦如来像法之中」の語彙は不明）。また「難行道」と「易行道」の区別、「五濁の世・仏のいない時」には、仏の「願力」に頼ってのみ往生はできるとする巻頭の言葉は、「末法」の「世・時」の特質を表現している。浄土教発足の宣言である。

社会的な内容としては、「観無量寿経」の「下品下生」の個所を、積極的に取りあげている。「観無量寿経」では正法を謗らないで仏を信じれば、その因縁で往生が出来るとされている。「無量寿経」でも、往生を願う者は、皆それができるが、ただ五逆と正法を誇る者は除くとなっている。「観無量寿経」では五逆を行い色々な不善をしても往生が得られるとしている。……たとえば一人の人間が五逆の罪をおかしても、正法を謗らないので往生を許される。別の人があって、正法を謗ったが、五逆の諸罪がないので、往生を願えば往生が得られるのかどうか。曇鸞は「無量寿経」をもとにして、次のように答えている。

正法を誇れば、余罪が無くとも往生はえられない。どうしてか。正法を謗った人は阿鼻大地獄に堕る。仏はそこから出ることが出来る時節についてはなにも記されていない。正法を謗る罪が非常に重いからである。愚かな者が仏法を謗っておいて、どうして仏土に生まれることを望むことがあろうか。そうした願いがあるとするなら、水のない氷を求めるようなものだ（『大蔵』第四〇巻、八三四頁上―中）。

上記二つの「大経」と「観経」の内容の違いは、浄土教の大成者七世紀の善導によって、次のようにまとめられた。「無量寿経」で謗法の者は往生できないとしたのは、そうしたことをしないようにするための「方便」であり、「未造業」だからそのように言われたのである。やはりお助けになる。しかしそれには、永い歳月が必要である（「観無量寿経疏」、『大蔵』第三七巻、二七七頁上・中）。曇鸞自身の見解は乗りこえられようとしているが、後世まで検討せざるをえない課題を、提起した曇鸞の功績は大きい。

「続高僧伝　巻六」の曇鸞伝に書かれているように、彼は当初は医者で大変に人望があった。当時の医術であるから道教の医療技術である。彼は向学心がつよいので、道教の方でも最高の人である陶弘景の下に出かけて学び、また仏教の方でも医療の面があるので、その方から仏教に関心をよせたが、余命の少なさを感じたのであろう。長生不死の法で仏教には道教以上のものがありますか。「何処にそんな長生法があるか。ながいきしようが、少年の時に死のうが、終局的には輪廻するだけのことである」。菩提留支の一喝である。

彼は菩提留支から「観無量寿経」を授けられ、これを修行すれば「生死を解脱することができる」といわれた。これまでの道教関係の書物を、彼は焼き捨て、自分のみでなく他人にたいしても、広く仏教徒として行動した（『大蔵』第五〇巻、四七〇頁上―下）。

「無量寿経」と「観無量寿経」を比較して、後者に見られる批判精神、庶民との深いつながり、こうしたことが浄土教の先駆者としての彼の役割を確定させたのであろう。熱心な仏教徒の南朝の梁の武帝にも会って議論して、彼を感心させたが、後年、北魏に行き、皇帝に重んぜられ各寺に住み、五四二年六十七歳で死亡した（『大蔵』第五〇巻、四七〇頁中参照）。

五四二年から三五年後の五七七年、北周で廃仏が強行された。これを機会に「末法」論が僧侶の間で盛んになった。それより二十年ばかり前に南丘慧思の「立誓願文」は、仏教徒の腐敗に対する批判を、「末法」の名のもとにしていることを、結城令聞は実証した[44]。五六〇年に北周に滅ぼされた北斉で仏寺破壊、沙門迫害の悲惨を見た少年の一人に道綽がいる。浄土の一門だけが末法時に通入する道なりとの確信を、その時の印象で彼は抱いた[45]。

⑵曇鸞没後の門人道綽（五六二〜六四五年）は「略論」の二字を取った同じ書名の「安楽集」を発表している。日本の浄土宗開祖の法然、それを継いで別に一派を開いた親鸞は、「安楽集」から発足し、新羅の元暁は「遊心安楽集」を書いている（『大蔵』第四七巻、一一〇―一九頁）。「我が末法の時の中の億々の衆生、行を起し道を修せむに、いまだ一人として得る者あらじ……当今は末法、現にこれ五濁悪世なり」。法然の「選択本取念仏集」の一番初めに書かれたこの文は、「安楽集」からの引用である。「衆生威尽、請経悉滅」（『大蔵』第四七巻、「安楽集」一八頁中）とする「末法」は、環境の状況論にとどまってはいない。「末法」は「正法」「像法」と続く時期の一つにあたり（同前、五頁下）、仏滅の世から第四番目の五〇〇年にあたる。懺悔、修福を行い仏の名号をとなえるべき自他を含む世界なのである（同前、四頁中）。

この懺悔論は善導によって次のように、信仰として深められたと、藤田は指摘する。「曇鸞や道綽が、依然として名号を「陀羅尼の章句」や道教の「禁呪の音辞」と同様な呪術的性質をもつものと見る考え方を残していたのに対して、……称名念仏を介して懺悔と滅罪がいわば表裏一体の関係にあることを示している。……称名のもつ一種の呪術的な力によるのではなく、称名に相即し完全にそれと重ねあわされた深い懺悔の心による」[46]。「末法」は、時間の段階論としても、場の「世」の論としても、精緻となっている。

拙稿の初めに紹介した阮籍などとくらべて「末法」論は理論としては、高度になっている。しかし具体的な社会や人間の表現の面で貧弱である。道綽が壮年時代をむかえていた五八九年は隋国が中国を統一した時代である。隋王朝末期の六一六年から唐が覇権を握る六一八年まで内乱がありはするが、三〇一年来の国際的な民族戦争・南北の戦争・各国同志の紛争時代の展望をもってすると、もはや紛争は大詰めとなってきたのである。

ここで拙稿の最初の確認事項をノートしておきたい。三五〇年にわたる消長のあった終末的状況が、中国人と彼等から夷狄と軽視された周辺の民衆・諸民族との協力によって克服され、新しい社会が中国で生まれたことである。この事態が中国人の外にいる東アジアの民衆と民族の生活といかにかかわるか、確認したい二番目の課題である。この課題に対して現在のところ、これまでのべた終末論を主題にした方法論のもとに、次のように接近したい。

Ⅳ　日本と全朝鮮[47]

(1)一九二七年に矢吹慶輝の『三階教之研究』が発表された。中国における末法思想研究の最高峰の一つである。結城令聞などの労作など、戦前の末法思想研究は相当な水準にあった。しかしその主題は教団と僧侶の腐敗・腐敗堕落の自己批判におかれ、その議論が教団内部に主として限定された[48]。社会の必要に対応し得るものではなくなった。しかし戦前には僧侶の研究者の間はともかくとして、歴史研究者の間では、先に断片的に引用した善導のようなすぐれた末法思想を研究する人は、いなかったのではなかろうか。「末法論」が教団内部のことに限定されている状況にたいする批判論文を、すでに戦前に高雄義堅が発表している。戦後、中国の末法思想研究は盛んとはいえないので、高雄論文は、今日でもこの方面の基本文献になっている。その内容の一端を一九三七年の発表論文でみる。

インドや中央アジアで造られた「賢護経」「摩訶摩耶経」「法尽滅経」などは、個人社会の濁悪化・仏教衰滅・天災地変・内乱・戦争を含み「仏教の末法感が社会問題に触れるのに……支那における末法仏教は最後迄かかる社会性を有すること極めて希薄であった[49]……」。研究者側の日本の、その時期のみでなく今日のそれも、同感せざるをえない点がある。

そこまでは賛成だが、そこからつづく「我が日本仏教に向って此種の展開が要請されたわけである」との見解は、いかがであろう。これでは中国で出来なかったものが、日本で出来たとする見解になってしまう。日本の「末法論」は仏教の世界にかぎらないで、広く国民の思想になり、社会の変革にも関係をもったし、新しい教理も出現した。しかしそのことが可能であったのは、曇鸞以来の「末法理論」が善導のように「自身は現にこれ罪悪の生死の凡夫……と信ず」（『観無量寿経義疏』、『大蔵』第三七巻、二七一頁上）、とするほど「末法」の状況が自分たちの外のものでなく、自分の中に浸透しているとする理論が出来ていたからである。それの摂取によって、日本の先進的な宗教改革者は、一一世紀あたりから終末的状況にのみこまれた日本人と日本社会に対して内在的な危機感と責任感をもって対処できる手段を手にすることが出来たのである。

インド・西域からもたらされた「賢護経」などの情勢の知識だけでは、机上の情勢論から出ることは出来ない。ただ中国で「末法理論」がもっとも必要であった四〜五世紀に、中国の仏教徒がそれを作りえなかったのは、終末的状況下の支配階級の文人たちがおしひしがれていたからである。しかしすでにふれたように、阮籍・郭璞など一部の文人、庶民の経験から学んだ道教徒などによって、そうした状況に対する認識と表現がなされている。中国における「末法」論出現の以前に、こうした民族的な経験と思索のあったことを無視するなら――たとえその継承が不十分だとしても――「末法」の認識は低く理論は深め得ないことになる。

(2)「末法」・浄土教の前段階となった弥勒信仰は、その後の中国で亡んだのではない。高句麗・百済・新羅では盛んであり、後天開闢思想として存在し、一八九四年の甲午農民戦争の主体となった東学教団はこの思想を重要な支えの一つにしていた[50]。また近代詩人で僧にもなった、尊敬する呉相淳の「アジア最終夜の風景[51]」にも、同じ思想が地下水として流れていると、私はみている。

日本の弥勒信仰は存在しているが、全朝鮮ほどは強くない。全朝鮮と日本との思想的特色がそこにあるが、それは他日の課題として、中国のことにふれておきたい。

(3)大村西崖の『中国美術史彫塑篇』（一九一七年、復刻版第二刷）の一八五―二三九頁の史料群をみると、北魏時代の弥勒仏に銘記されている受益を期待する対象は皇帝・家族・一族の場合が多いが、「衆生」一四・「群生」七・「含生」四・「人民」一の事例が見られる。「衆生」「人民」は人間をさしているが、「群生」「含生」は生けるもののすべてをさす。弥勒信仰がもっている宇宙論の現れである。経典には充分にそれが出ていなかった。経文を作成した知識人は広範な人々の信仰内容をとらえきっていなかったと私には思われる。

ただしそれらの信仰の根拠は伝承による。その伝承が道綽から次のような批判をうけている。兜率天で生まれたい、西（浄土のこと）に帰ることをねがわないとの発言に対して、両者は同じところも少しはあるが、全然ちがう。例えは兜率天に行けば命は四千歳まで生きられるが、その後は退落をまぬがれない。輪廻がありますなどといって、兜率天より浄土に行った方が利がある、といっている（『大蔵』第四七巻、「安楽集」九頁中―下）。卑俗ではあるが、こうした批判は、伝承に基づく弥勒信仰の権威を減少させることになる。

政治的弾圧が弥勒信仰の衰微と関係がある。北魏に仏教徒の反乱がしばしばあったことは、塚本の研究で古くから知られている。その最大のものが五一五年に発生した沙門法慶の反乱であった。その翌年から五一七年にかけて月光童子を名乗る者の反乱があり、彼のことをかいた経文の内容が弥勒信仰に附したものと推察せられる[52]。その後も北魏の仏教は盛んである。しかし反乱は弥勒の信仰と関係がありそうだとみられ、弥勒教徒は敬遠・弾圧された。北魏とその後の北朝時代の仏像の作成が、弥勒から阿弥陀仏に変わっていったのは、そのためである。しかし抑圧される人民が解放を求めているかぎり、弥勒信仰は前近代社会では、消えていない。

「I　弥勒信仰」の「2　弥勒径の出現」の「6」の個所で、「弥勒はなぜ早く来ないのか」と阿難が釈迦に問いただした、「弥勒上生成仏経」のこの疑念は、民衆のそれでもあろう。全朝鮮人や日本人が弥勒信仰と見ていたものは、実はインドや西域でつくられたものでなく、中国の南北朝時代末期以来、浄土教が発展するのと裏腹の関係で、新たな内容を加えながら、再生していったものである。

(4)再生の最も象徴的なものは、東アジアにおける弥勒像の半跏思惟像である。ガンダーラでの半跏思惟像は観音菩薩の系列と強い繋がりをもち、弥勒はゆったりとした腰掛け姿の交脚像が一般にみられる[53]。北魏の雲崗などでは弥勒像は周知のように半跏思惟像よりは交脚像が多い。悉達太子の半跏思惟像もある。全朝鮮の弥勒は半跏思惟像が圧倒的多数である。日本では数が全体として少なく、それらは半跏思惟像である。半跏思惟像は当初は特定の仏や菩薩などの表現ではなかったのである。

宮治説によると半跏思惟像は、仏陀になる前の悉達太子の「世俗世界と解脱世界の間で揺れ動く思惟[54]」を示し、法華経の「大光明の神変」を、表現した場合――このときは弥勒――は「驚異の念を抱き、不思議に思い、好奇心を起こし、……「訝り」」をいだいた姿を[55]、それぞれ表現しているとしている。

しかし六～七世紀にかけて、中央アジア・中国の先人の成果を活用して、全朝鮮の工人たちによって製作された韓国中央博物館の国宝八三号・七八号の金銅半跏思惟像、百済国から京都の広隆寺にもたらされ日本人から「泣き弥勒」とされた宝髻弥勒、奈良の中宮寺にある弥勒菩薩、などには「訝り」はみられない。半跏思惟の形象が、集中的に弥勒の像をかりて、しかもそれの空前・絶後の傑作がアジアの東端に、一気に出現したのである。アジアの中央を東西に貫く、国家・民族をこえた広範な人々の、共通の課題の一つになりうるものが、ここにあるように思われる。

弥勒経典の文面から強いて、半跏思惟の形像を生み出す示唆を求めれば、弥勒を追い込めた次の様な状況が考えられる。前掲の北涼国の沮渠京声「訳」に、弥勒下生を無限大の数字ではあるが「六億万年後」と時間の限界を与えて「下生」を切実なものと考えさせ、同じく前に紹介した仏の高弟優婆離から鼎の軽重を問われることによって、反省を大切なものにさせた。思惟が「泣き弥勒」の表情にならざるを得なかったのは、すでに仮説した、「どうしようもないではないか、云々」ではなかろうか。

弥勒の半跏思惟像にたいする魅力は、アジアの土地を越え、思惟像という形態の同一性を手がかりに、ロダンの「考える人」と対比して考えてみたくさせる。この「考える人」は、ダンテの『神曲 地獄篇』・ボードレールの『悪の華』に示唆されて作られたという「地獄の門」の中心にいるその人である。ロダンも彼の女弟子カミーユ・クローデルと協力関係にあった時期のロダンでなければ、ならないであろう[56]。

なお拙稿は李基東副教授の韓国語訳で、『碧史李佑成教授 定年退職記念論文集 民族史의展開와그文化』（一九九〇年九月十五日刊行）に掲載された。本誌への発表にさいして論旨に変化はないが、若干の手入れをした。

註

（1） 拙稿「古代末期における終末観克服の歴史的意義」（滕維藻など編『東アジア世界史探求』汲古書院、一九八六年）一四九頁（以下、「古代末期」と略称）。
（2） 拙著『近代東アジア世界の形成』（春秋社、一九七七年）二二頁（以下、拙著『近代』と略称）。
（3） 拙著『近代』二二―二四頁。
（4） 福永光司「中国における天地崩壊の思想」（『吉川博士退休記念中国文学論集』一九七三年）。この論文は、福永光司『道教思想史研究』（岩波書店、一九八七年）に掲載されている。以下これを典拠にする。一七〇頁。
（5） 「大人先生伝」と違い、阮籍の一連の『詠懐詩』の詩と彼の言動は、終末的状況が内外の状況の下に、必然的に出現せざるを得ない理由を解明している（拙著『近代』二二―二四頁参照）。
（6） 拙稿「古代末期」一四八―四九頁。拙稿「寒門詩人と勢族」（熊本商科大学編『現代経済学の諸問題』一九七八年）二八九―三二八頁。
（7） 佐藤智水「北朝造像銘考」（『史学雑誌』八六―一〇、一九七七年）一五―一六頁。
（8） 藤田宏達『原始浄土思想研究』（岩波書店、一九七〇年）第一章第二節。
（9） 中村元・早島鏡正・紀野一義訳注『浄土三部経上』（岩波文庫、一九六三年）。
（10） 藤田前掲書、一六七頁。
（11） 共に、『大正版大蔵経』第一二巻に掲載。前者は二七九―九九頁、後者は三〇〇―一七頁。以下、『大蔵』第一二巻、経名、頁、段落は上・中・下で表示。
（12） 塚本善隆『中国仏教通史』第一巻（春秋社、一九七九年）五五九頁。
（13） 長沢和俊『法顕伝・宋雲行紀』（平凡社、一九七一年）三〇頁。

(14) 塚本前掲書、五六〇頁。
(15) 宮治昭「ガンダーラにおける半跏思惟の図像」(田村円澄・黄寿永編『半跏思惟像の研究』吉川弘文館、一九八五年)九一頁。
(16) 牧田諦亮『疑経研究』(京都大学人文科学研究所、一九七六年)。創作・添加の契機としての「訳経」については、四〇―一二四頁など参照。
(17) 大村西崖『中国美術史彫塑篇』(一九一七年。国書刊行会、一九八〇年復刻)二一六頁。
(18) 塚本前掲書、三三六頁。
(19) 太田悌蔵訳「仏教賛」(『国訳一切経』大東出版社、一九三六年、「広弘明集 中」)二七頁。
(20) 塚本前掲書、三四四頁。
(21) 吉川忠夫「六朝士大夫の精神生活」(『岩波講座 世界歴史5』一九七〇年)一四二頁。
(22) 拙稿前掲「寒門詩人と勢族」三一八―一九頁。
(23) 拙著「古代の技術と『倭人伝』の里程記事」(『東アジア世界研究への模索』校倉書房、一九八二年)六〇―六一頁。
(24) 拙稿「東晋時代の反乱」(『熊本商大論集』五六号、一九八〇年)六七―六八頁。
(25) 拙著『近代』二四頁。
(26) 拙稿前掲「寒門詩人と勢族」三二四頁。
(27) 拙稿前掲「東晋時代の反乱」六八―六九頁。
(28) 三九九年勃発のこの反乱撃破をめざす軍隊の「参軍」として、三十五歳の陶淵明は気負いたって出陣した。しかし彼は四〇〇年にこの軍隊から離脱している。この行動を手がかりにして、反乱の解明と反乱と陶淵明の生涯と作詩の関係を、拙稿「寒門詩人の精神構造――陶朝明と孫恩・盧循の反乱」(『熊本商大 海外事情研究』八巻二号、一九八一年)で考察した。事件としては大きいが、史料の少ないこの反乱の研究方法の提起である。
(29) 大淵忍爾『道教史の研究』(岡山大学共済会、一九六九年)四八九―九〇頁。
(30) 拙稿前掲「東晋時代の反乱」五七―六一頁。
(31) 大淵前掲書、四七九頁。
(32) 同前、四九二頁。

(33) ペリオ採集の「洞淵神呪経」によった（吉岡義豊『道教経典史論』道教刊行会、一九五五年、二三三―六三頁。大淵忍爾『敦塩道教』福武書店、一九七八年、五一九―二四頁）。『道蔵』収載のそれは、「国主」の記載はなく中国人を人・世人などと平板に一般化している。
(34) 宮崎市定『中国史』上（岩波書店、一九七七年）二五五頁。
(35) 野上俊静『中国浄土教史論』（法蔵館、一九八一年）一七七頁。
(36) 宮崎市定『隋の煬帝』（中公文庫、一九八七年）二〇頁。
(37)(38) 山田明爾「観経考」（『龍谷大学論集』四〇八号、一九七六年）。以下引用が続くので、特定の場合を除き頁数は省かせていただく。
(39) 野上前掲書、一八〇―八一頁（この部分は一九七二年発表）。なお荒井健・興膳宏『中国文明選13 文学論集』（吉川幸次郎・小川環樹監修、朝日新聞社、一九七二年、一三―一四頁、興膳の稿）にも同じ見解がある。
(40) 拙稿前掲「東晋時代の反乱」七六―七七頁。
(41) この箇所で畺良耶舎を巡って経典「翻訳」に際して対立があったのではないかとする推察を、畺良耶舎＝沮渠京声＝孟顗と慧遠の門に出入していた大荘園主・詩人謝霊雲の対比の線上で検討する予定であった。湖の干拓の是否、仏教の理解に、大貴族と官僚の見解の違いとして、孟と謝の対立ははげしかった。特に仏教信仰について、謝はひどく孟を侮蔑している。仏教知識・思想として享受するか、それとも信仰として体得するかの拮抗の一つが、ここにみられる。まだ憶測以上のものでないが、他日の記載に譲りたい。
(42) 野上前掲書、一八五―八六頁。
(43) 同前、一八六頁。
(44) 結城令聞「支那仏教における末法思想の興隆」（『東方学報（東京）』六、一九三六年）八頁。
(45) 小笠原宣秀「中国庶民生活と仏教倫理」（官本正尊編『仏教の根本原理』春秋社、一九五六年）七五〇頁。
(46) 藤田宏達『無量寿経講究』（真宗大谷派宗務所、一九八五年）五二頁。
(47) 現在の中国領である東北を領地としていた高句麗が念頭にあるので、韓・朝鮮の国号を用いないで「全朝鮮」とした。
(48) 高雄義堅「末法思想と諸家の態度」（下）（『支部仏教史学』Ⅰ、一九三七年）六二頁。
(49) 同前、六二頁。

(50) 拙著、前掲書『近代』三五―三六頁。
(51) 拙著『民族の詩』(東京大学出版会、一九五五年)一二二―一二三頁。
(52) 塚本善隆『支那仏教史研究――北魏篇』(弘文堂書房、一九四二年)二八三頁。
(53) 宮治前掲稿「ガンダーラにおける半跏思惟の図像」九二頁。
(54) 同前、七三頁。
(55) 同前、八二―八三頁。
(56) 米倉守「〝一対か〟〝一対一か〟」(LE CINEMA『カミーユ・クローデル』パンフレット、一九八九年)参照。

＊『歴史学研究』六二二号、一九九一年八月

旧谷中村の石仏

1

昨年（一九九三年）の十二月二日の土曜日、旧谷中村に行った。現地でもらった案内図によると「渡良瀬第一貯水也（谷中湖）」となっている。晴天ではあったが風があって寒かった。「谷中湖」の近くにある埼玉県の栗橋が担当区域の一つになっている、農業改良普及員の娘のすすめによった。娘の運転する車で千葉県の松戸の家から現地まで一時間ぐらいかかったろう。私が永年住み、今も年に二回はでかける埼玉県の浦和市からも近い。お恥かしいことだが、足尾の銅山のイメージに規制され、谷中村は山よりの遠方の所にあると思い込んでいた。

等身大の葦が風になびく広々とした貯水池となっている原野、その北方の地平線にちかい所に見える雪をかぶった山々は、赤城山につらなるのであろう。池のなかの広い砂利道も会う人はほとんどいない。荒涼とした風景を見ているうちに、身体がほてってきた。「谷中湖」といわれる地域の入口の一つ、下宮橋のたもとにある、旧「谷中村」の集合墓地で直面した十数体の思惟像の石仏が、弥勒菩薩の半跏思惟像を私に強く連想させてきたからである。

ここ三十年来、三～五世紀の中国の魏晋南北朝時代を終末的社会とみて幾つかの試論をものし、ここ三～四年は、弥勒菩薩の教理と造形論に熱中してきた。弥勒菩薩の造形は半跏思惟像として収束し、六世紀末から七世紀初め、ユーラシアの東端朝鮮の工人の手によってその思惟像（作品は日本にもある）は最高の水準に到達する。ロダンの『地獄の門』の中央に鋳込まれた考える人とともに、地上と宇宙的規模の終末的状況に思いいたる思惟を、人間の形に表現したものとして、これほどのものがあるかと指摘した（拙稿「古代東アジアの終末感（観）」、『歴史学研究』一九九一年八月号、三〇頁）。

2

墓地の思惟像は半跏ではない。しかし顔を右に少しかたむけたその頬を、右腕を上にあげて手のひらでささえる石像は、弥勒の半跏思惟像にのめりこんできた私には、ひとごとでなくなった。日本では朝鮮や中国のように弥勒信仰は発達しなかったと日本の研究者は指摘しているし、旧谷中村の石像は「十九夜念仏供養塔」とか、簡単に「十九夜」と刻み込まれているものが多い。旧谷中村のそれらの石仏と弥勒仏との関係を探ろうとするのは、木によって魚を求めることになるのかもしれぬ。しかし、その思いは捨てきれない。「念仏」「十九夜」を手始めにして、考えたくなった。

念仏といえば、鉱毒事件と深い関係のある岩崎佐十が「義人正造翁報恩和讃」をつくり、鉱毒の被害は受けたが谷中村のように抹殺されることはなかった、現在の佐野市高山町の高山地区などで、その和讃がかくれ念仏のように今日まで伝えられている（田村秀明「田中正造念仏講をたずねて」、『田中正造と足尾鉱毒事件研究』一号、一九七八年、四五頁・四九頁・五三頁）。念仏は、鉱毒事件当時の村人と密着していた。「十九夜」の信仰も同じである。

「十九夜」について、有名な柳田国男の研究を引用させてもらう。「磐城地方からの報告では、正三九月の十九日……此地方から弘く関東にかけて、女が集まつて子安様を祭る日で、それ故に子安講を又十九夜講とも謂ふ村が多い」（「おしら神と執り物」、『定本柳田国男集』一二巻、三八三頁）。これらの子安講・十九夜講が観音や地蔵の信仰と結合している。柳田があげた磐城は観音のようである（『国史大辞典』吉川弘文館、岩崎敏夫執筆）。観音の信仰の定着は疑いようもないが、観音が思惟像で表現された例は日本ではないようだし、地蔵の場合はなおさらである。ただ観音も、如意輪観音は思惟像であるが、その形態は六本の臂、第二手の宝珠、第三手に宝輪をもつ定めになっている（『如意輪菩薩観門義注秘訣』など）。平安時代以前には二本臂のものがあるが、思惟像ではない。谷中村の思惟像の石仏は腕は六本でなく二本、宝珠や宝輪の儀器はもっていない。

「後々は観音や地蔵の信仰と結合して、継目が判らぬやうになつて居る」と、柳田が指摘しているから（『農村信仰誌』序」、前掲定本二三巻、五二四頁）、旧谷中村の思惟像は如意輪観音が変貌したのかもしれない。この文につづいて、柳田はさらに次のようにいう。「注意して見るとその結合の動機に、何かまだ固有のものが残つて居るやうで」ある（同前、五二四頁）。もう少し柳田の指摘をたどってみたい。

「茨城県の中部山地帯などで見かけた（子安地蔵）は百人一首の女歌人の絵のやうな日本風の女性でそれが幼児を抱いて居られる姿は……是があの地方の女たちの心に描いて居る神の姿だつたとすれば、この講は子を禱り安産を念ずるめでたい神祭である故に、本来は仏名を唱えて居なかつたと言ふことを、語るものではないかと思ふ」（「窓の燈」、前掲定本一一巻、三一七―一八頁）、柳田によると、「子安様」や「十九夜」は、観音や地蔵のみでなく、仏教の枠さえ超えるものをふくんでいる。

信仰の世界は元来そうした多様な内容と重層性をもち、時々の状況でその一つのものが強くあるいは支配的な機能を発揮する。それによって、他の要素が消滅することもあるかもしれないが、生きながらえ再生する場合もある。その時代の条件によって制約され促進される。

皆さんのなかには、観音であろうと弥勒であろうと、構わない、どちらにせよ仏さんだろう、という方が多いかもしれない。しかし観音は安産・延寿・除難を主として願い、弥勒は終末的世界の救済、日本語でいえば「世直し」が、釈迦の名の下に義務づけられている。両者の目標には大きな違いがある。そうした違いが、柳田がいうように「継目」が分からなくなることがあるが、潜在し再生するものもあろう。そうした可能性を無言の野仏から探りたいのである。旧谷中村の思惟像も、弥勒のチャンネルで考えてみてもよいだろうという気持ちになった。

これらの野仏は、近在あるいは渡りの石工の手でつくられたのであろう。外から来た私を喜ばせ安息をあたえてくれた思惟像は、我々以上に、そして我々が気の付かないところで、村人の考えをふかめたのではなかろうか。それらの石仏と同居する庚申の青面金剛、その下にうずくまる三猿の石像など、多様で複雑ないとなみがあったのである。

この原稿を渡した後の四月末のハイキングで、大分県五瀬川の新町という山村の共同墓地で小さな半跏思惟像を見た。さがせば地方で弥勒菩薩の石像を発見することができるのではなかろうか。

3

田中正造は、弥勒の思想に対応する人ではないかと、私にはおもわれる。弥勒信仰は江戸時代にもあり、終末的世界の期待でうけとられていた。しかし、昔から旧谷中村にある思惟像については、なんらかの語り伝えがないかぎり、この石像を媒介としただけでは、世直しの願いがあなた方の祖先にあったと話すことは不可能である。弥勒信仰持続の困難に思いをいたさざるをえない。

弥勒信仰は中国の五〜六世紀に盛んになり、当時の仏教徒が指導する権力に反抗する戦いが、弥勒信仰の名の下に実行された。当時の北魏は大同の石窟を造るほどの仏教国家であったが、弥勒信仰に対する弾圧はきびしく、阿弥陀仏の信仰がそれに代わる重要な原因になった（塚本善隆『支那仏教史の研究——北魏篇』一九四二年、一八三頁・五八一頁）。しかし弥勒信仰は絶えることはなく、一九世紀の清朝末期の農民反乱の中にまで、生きていた。日本でも弥勒像が如意輪観音とみなされたのには、中国と同じ原因が働いているのであろう。

今でも岩波文庫で読まれている和辻哲郎の『古寺巡礼』に書かれた中宮寺の弥勒菩薩像の印象記は有名である。その弥勒像は一九一九年の初版では如意輪観音と書かれていた。大阪の野中寺にある有名な半跏思惟像は、如意輪観音あるいは救世観音とも伝承されてきた。その台座の銘に「弥勒御像也」と刻まれていることが戦後になって発見され、造像当時の六六六年ごろ、この像は弥勒とされたことが証明された（毛利久「半跏思惟像とその周辺」、田村円澄・黄寿永編『半跏思惟像の研究』吉川弘文館、一九八五年、五一頁）。各地で如意輪観音とよばれたもので、現在は弥勒菩薩としている事例は多い。

旧谷中村の思惟像を弥勒と断定できる証拠は今のところない。しかし今ごろになって旧谷中村を訪ねた、遠い昔のユーラシア大陸の歴史を現在学んでいる研究者が、田中正造と思惟像の石像に触発された想望として、うけとっていただければ幸いである。

4

見学の最後の場所として旧谷中村の延命院共同墓地に行った。「平成四年八月二七日 施主 水野丘 建立」の卒都姿が背後に立っている墓がある。「平成五年 八月二七日」付の卒都婆もあった。その後、熊本県立図書館で手にした旧谷中村関係の文献の一つ『法政平和大学マラソン講座3』（オリジン出版センター、一九九一年）に掲載された布川了さんの調査に、次のような記載があった。

自然堤防洲の小さな高台の上にある「村役場の跡」「延命院共同墓地」「雷電神社跡」が首都圏用水かめ（貯水池）事業で削りとられて湖水につけられてしまうことになった。そのため上記三カ所の「遺跡を守る会」が一九七二年につくられた。その間に、「おれのじい様が眠っている所をこわすなと、ブルドーザーの前に立ちはだかっての抗議があったり、一九〇七年の「廃村」以後も水野勝作さんや大野明之進さんは盆や彼岸には詣でていた」。私がみた卒都婆の施主水野丘さんはこの水野勝作さんの後継者の方であろうか。「首都圏の水がめは、楕円型からハート型に変わり、そのくぼみに谷中村遺跡は残留するようになりました」(四三頁)。

廃村九〇年後にも、旧谷中村の人々の生きる力と思想は存在しているのである。歴史というものはこうしたものか、との感慨を得た幸いをいだいて、帰路についた。

付記　拙稿脱稿後、七例の江戸時代・関東地方の二臂・思惟像の如意輪観音像を『石仏調査ハンドブック』(庚申研究会〈石川博司・県敏夫・平野栄次・清水長明〉、堆山閣、一九九三年)で、同じ形態の観音と記されたものを『日本の石仏』(国書刊行会)中の「九州篇」(賀川光夫編)・「離島篇」(大護八郎編)で、それぞれ知った。複数の臂が二本に略された如意輪観音像が作成されたとすれば、半跏ではない弥勒仏があってもよい。いまのところ、上記の事例も如意輪観音→弥勒仏というチャンネルで検討してみてもよいのではなかろうか。

＊『歴史評論』五三四号、一九九四年十月

「おわりに」に代えて――石母田正氏告別式弔辞――

石母田君よ

病気にさいなまれた七〇年代、八〇年代のこの一三年間は、くやしい永い一三年間だったろう。

君はこの間、死ということを少しも口にしなかったという。お葬式のことはなお更であったろう。

今ここで無宗教でこの告別式がもたれることになった。奥さんが君の信条を配慮してのことだ。生涯を通じて奥さんに迷惑をかけ、威張っていた君は、奥さんによって立派に終止符をうたれて、あの世に行くことになった。奥さんに感謝したまえ。

それにしても一九六〇年代は君の黄金時代であった。数々の研究業績の発表、君はこのまなかったが法政大学での重要な役職の就任、いろいろな叢書や大系などの中心的な編纂者としての指導性の発揮、学術出版の機会を得にくい若い研究者の仕事を出版するための努力と成功など、君の資質と人間性が、君の生涯の内でもっともよく花ひらいた時期のように私は思う。社会が君を求め、君もまたそれに応じて、広々とした世界をつくった。

しかし君のすぐれた弟さんたちやその他を通じて、現実の奥深くに、君は垂鉛を下し、それを通じて、違う、もっと別の道があるはずだとする不満と不安が、君にあったのではなかろうか。七〇年代は、その不満と不安を克服するための年代にしたかったのではなかろうか。しかし病魔が君をおかしはじめた。

一九八二年二月に岩波の『日本思想大系』第一巻の『古事記』が発刊された。六九四頁の大著だ。その「解説」として掲載された「日本神話と歴史――出雲系神話の背景」の「付記」で、君は次のように書いた。

右は『日本古代国家論　第二部』（一九七三年）所収のものである。同書の「あとがき」で記したように、末尾で言及した「英雄時代」の問題をさらに発展させ、本書に発することは、ここ十年来の課題であった。しかし宿痾のため果せず、今日に至った。……書肆の要望を否みがたく、あえて旧稿のまま転載せざるをえなかった。

君が先駆者となってすすめた戦後の「英雄時代論」は君の愛惜の課題であった。この議論が中絶して久しいが、今後に生かすことができるし、生かすべきだとする展望があった。またこの『古事記』の「解題」を場として、『歴史と民族の発見』の思想を、内在的にそこで主張したかったにちがいない。五〇年代の研究と実践は、創痍と挫折の年代ではあったが、それをこえて将来に残すべきものがあり、自分はそれを学問的にしなければならぬし、出来るとする自覚もあったに違いない。十年たっても出来ないのである。ついに志を折った残念な思いを託したわずか四行の「付記」は、病のために、たどたどしい字で書かれたことだろう。可哀想になる。

君はしかし執念をもやし続けていた。杖をついての歴史学研究会の大会出席もそのためであったが、その姿はいたましかった。しかし君は我々の安易な同情のまなこを厳しく拒否した。研究者というものは、出来上った研究業績はもちろんだが、それのみではない。行動によって、たとえそれが目的を達しえなかったとしても、行動によって我々を激励し、叱咤することのあることを、君は我々に教えてくれた。

近頃、君はおれに八十歳まで生きるんだと、よく口にしていた。その言葉は、ここにいる我々の胸に今も共鳴している。だが一九八五年九月十七日に「岩波文庫」の一冊として復刊された『中世的世界の形成』の「文庫版によせて」は絶筆となった。三年前の『古事記』の「付記」と比べて、四頁に及ぶ堂々のこの文は、「文庫本」を出すために尽した若い人たちに酬いるための、最後に残された力をふりしぼっての、それであったと、私には思える。だが矢つき刀折れた恨みの残っていることはわかる。運命だよなァ。

もはや静かに瞼をとじてくれ。君の子供さんやお孫さんは、みんな御元気だ。

若い学問を目ざす者たちは、これまでもそうであったように、これからも君を乗りこえようとして眼をぎらつかせるであろう。

今後の人々にすべてをまかせ、安らかに眠ってくれ。

＊『歴史評論』四三六号、一九八六年八月

藤間生大著作文献目録

水野公寿 編
礒前礼子 補訂

＊本目録は、水野公寿編『藤間生大著作文献目録』（藤間先生の著作を読む会、一九九五年）に基づきながら、大幅に訂正と補足を施したものである。
＊本目録は編年とし、執筆時期ではなく、おおむね発表順によって配列した。
＊各文献のはじめに記号を付して、以下のように著作を区分した。○＝論文等、◎＝単著（太字）、●＝対談・座談・インタビュー等、※＝書評等。
＊いくつかの雑誌名・団体名の表記は、以下のように省略した。歴史学研究→歴研、歴史評論→歴評、民主主義科学者協会→民科。
＊雑誌等の巻数と号数は、単位語（「十」「百」）を使用せず、さらに「第」「巻」「号」を省略した。例：第七十号→七〇、第九巻第十二号→九―一二。
＊文献名において、年号等の算用数字は漢数字に改めた箇所がある。

一九三八年（昭和十三）

○地理学の方向――「歴史地理学」派の批判(上)(下)（筆名、堀英之助。『学芸』七〇、七一）
○会報（『歴研』六〇）
○歴史学の研究と地理学（筆名、堀英之助。『読書と人生』一―一、三笠書房）

一九三九年（昭和十四）

○初期庄園分布の型態とその分析――東大寺庄園を例証として(1)(2)(3)（『歴研』六七、六八、六九）

一九四〇年（昭和十五）

○「日本史篇・考古学」／「日本史篇・上代史（一）」（『歴研』

七六）

一九四一年（昭和十六）

○北陸型庄園機構の成立過程⑴⑵⑶（『社会経済史学』一一―四、五、六）

○野麦峠をこえて白川村へ⑴（『ひだびと』九―一二）

一九四二年（昭和十七）

○野麦峠をこえて白川村へ⑵⑶（『ひだびと』一〇―一、二）

○日本史・古代政治・経済（『歴研』九九）

○庄園不入制成立の一考察――初期庄園の崩壊過程⑴⑵（『歴研』一〇〇、一〇一）

一九四三年（昭和十八）

◎**日本古代家族**（日本学術論叢3、伊藤書店）

○日本史・古代・政治経済（『歴研』一一一）

○郷戸について――古代村落史の一齣として（『社会経済史学』一二―六）

一九四四年（昭和十九）

○氏族制について――特にその主体の究明⑴⑵⑶（『歴研』一一九、一二〇、一二一）

一九四六年（昭和二十一）

○天皇制の形成（筆名、佐和宏。『民衆の旗』一）

○古代国家の二元性（『思潮』一―二）

○民主主義革命のために外国から力をかりることは恥ではない（『学生新聞』五月十五日）

◎**日本古代国家――成立より没落まで。特にその基礎構造の把握と批判**（伊藤書店）

※革命挫折の悲劇――嘗てない科学的叙述　石母田正『中世的世界の形成』（『日本読書新聞』三五五）

○家族国家と労働者階級――現代の支配階級はどんなつもりで家族国家を人民に強制しようとしたか（『歴評』一―一）

○国家と階級（『民主主義科学』六）

○東洋の国家（『歴評』三）

○歴史科学と歴史教育――『日本の歴史』について（『中等教育』一―一二）

○神話と歴史的真実――大伴家持の生涯とその民族への影響（『新人』三）

一九四七年（昭和二十二）

※肥後和男『天皇制の成立』、藤直幹『天皇制の歴史的、理論的解明』（『読書倶楽部』一）

○階級闘争の展開（『中央公論』六二―一二）

※永積安明著『中世文学論――鎌倉時代篇』（『文学』一五―三）

※日本史研究会編「日本史研究」一・二号（『歴研』一二六）
●〝くにのあゆみ〟の検討——共同研究（上）（下）（出席者：中野重治〈意見提出〉、小池喜孝、藤間生大、大久保利謙、岡田章雄、羽仁五郎、井上清〈司会〉。『朝日評論』一三、一四）
○執筆者通信（『日本読書新聞』三八八）
○道鏡——歴史の人物をどう見るか（民科編『われらの科学』七）
○日本史をいかに教えるか——古代（『歴評』七）
○古代史（伊豆公夫〈著者代表〉、石母田正、小野義彦、上杉重二郎、信夫清三郎、守屋典郎と共著。『日本史入門』正旗社）
◎**国家と階級——天皇制批判序説**（太平社）
◎**日本庄園史——古代より中世に至る変革の経済的基礎構造の研究**（近藤書店）
○業績は誰れのものか？（『歴評』九）
○文化の深さとひろさ（『歴評』一〇）
○天皇制論（民科編『科学年鑑』第一集）
○歴史家の実践（『歴評』一一）

一九四八年（昭和二十三）

※日本農業史の諸問題——古島敏雄の近著をよむ（『学生評論』四—七〈再刊九〉）
○社会科「文化遺産」の教え方（上）（下）（『歴評』一四、一五）
○現代歴史学の危機（『大学』二—五）
○政治的社会成立についての序論(I)(II)——「アジア的生産様式論」の具体化のために（『歴研』一三三、一三四）
○新しい科学のあり方（『歴評』一六）
●座談会　津田左右吉の著作と人を語る（上）（下）（出席者：渡部義通、藤間生大、遠山茂樹、松島栄一。『書評』三—一〇、一一）
○目標を明らかに組織を確立してファシズムと闘え（『早稲田大学新聞』五三）
●民族文化の問題（座談会：中野重治、石母田正、藤間生大。『展望』三五）
●ファシズムをめぐって（座談会：戒能通孝〈司会〉、藤間生大、堀江邑一、松島栄一、山辺健太郎。『早稲田大学新聞』五六）
○世界史の成立——ファシズムといかに戦うか（『世界文化』三—一二）

一九四九年（昭和二十四）

●学問と政治について（出席者：石母田正、藤間生大、倉橋文夫、石井金之助、桜井恒次〈司会〉。『学生評論』五—二）
○アンケト——私は何を読むか（『書評』四—三）
○起て学生と教授——生きるか死ぬかの瀬戸際（『明大新聞』四月十五日）
◎**政治的社会の成立**（社会構成史体系第二、日本評論社）
○人間と科学の飛躍のために（『駿台論潮』四—一）
○文化遺産は誰れの手でひきつがれるか——法隆寺金堂の焼失を見て（『世界』四一）

○平和社会の建設が急務――変革期の歴史学は何をなすべきか（『三田新聞』五月三十日）
○日本古代史研究の問題点、国家・権力の研究――マルキストとしての一断章（『東京大学学生新聞』一四）
○歴史の正しい学び方（『早稲田大学新聞』七〇）
※私のすすめる本――リリエンソール著「TVA」（『図書新聞』一一）
○七月の戦い――現在の変革期における歴史と文学の本質（『文学』一七―一〇）
○民族学に対する歴史研究家としての若干の要望（『歴研』一四二）

一九五〇年（昭和二十五）

○古い話題と新しい話題（『歴評』二一）
◎**歴史の学びかた――危機における歴史と歴史学**（伊藤書店）
○日本における階級社会成立の特質――政治的社会成立期における族長制（『歴評』二二）
○学界展望、歴史（『京都大学新聞』七月十日・十七日）
○日本に於ける英雄時代（『歴評』二五）
○英雄時代についての断想（『社会構成史月報』八）
○共同体と人間（『歴史学月報』一）
○人麿についての研究ノート――古代天皇制と詩歌との関係・その一つの場合（『文学』一八―一〇）
○かるがるしく信じないようにしよう（『北陸自由大学新聞』二）
◎**埋もれた金印――女王卑弥呼と日本の黎明**（岩波新書）

一九五一年（昭和二十六）

※風に向いて涙をかわかしている――許南麒『朝鮮冬物語』『日本時事詩集』、金達寿『後裔の街』『叛乱軍』（『歴評』二七）
◎**国家権力の誕生**（日本評論社）
○東亜における政治的社会の成立――特にその国際的契機（『歴研』一五〇）
※田中惣五郎著『天皇の研究』（『図書新聞』八七）
※奥行きある考察――家永三郎著『近代精神とその限界』（『（東京）教育大学新聞』二〇六）
○「歴史における民族」のあつかい方――古代史の場合（『歴史学月報』七）
○古代における民族の形成――日本を例として（『歴史学月報』八）
○歴史の研究会のもち方（『歴評』二九）
○〝神武〟も〝徐福〟も架空の人物（『毎日情報』六）
○民族、荘園（日本）、天皇制、日本古代経済、日本奴隷制度、屯倉・田荘（大阪市立大学編『経済学小辞典』岩波書店）
○民族独立絵物語――ごせんぞさまのたたかい(1)(2)(3)（『全逓新聞』八月十六日、二十三日、三十日）
●日本古代国家の形成（座談会：江上波夫、長谷部言人、三上

次男、和島誠一、藤間生大。『東洋文化』六)
○概説(『日本歴史講座』2〈原始古代篇〉、河出書房)
○古代史の理解をふかめるために(『日本歴史講座』月報一)
◎**日本民族の形成――東亜諸民族との連関において**(岩波書店)
○英雄時代(歴研編『歴史学の成果と課題Ⅱ 一九五〇年歴史学年報』岩波書店)
○古代における民族の問題(『歴史における民族の問題――一九五一年度大会報告』岩波書店)

一九五二年(昭和二十七)

●神武天皇(対談者:松島栄一。『図書新聞』一二六)
○天皇制の復活(『民科研究月報』三)
○学生運動についての一つの断想(『岡山大学新聞』一七)
○人物日本歴史(1)仁徳天皇(『全銀連』一月)
※三一書房刊「毛沢東選集」(『京都大学新聞』三月三日)
※新しい世代の歴史学――石母田正著『歴史と民族の発見』(『図書新聞』一三六)
○破壊活動防止法案によせて――最近の経験から(『歴史学月報』一九)
○その後の歴史研究会(『歴評』三六)
●日本民族と日本人種――私達の祖先のおいたち(座談会:長谷部言人、藤間生大、八幡一郎。『改造』三三―一〇)
※有史以前の問題――安田徳太郎氏の意見と対立する 日本人類学会編『日本民族』(『図書新聞』一五八)
○日本社会の構造とその特殊性(『中学教育技術 社会・国語・英語』四―七)
◎**秩父風雲録――秩父農民闘争記**(埼玉県義民顕彰記念刊行準備会)
●南と北のものがたり――日本人はどこから来たか(対談者:安田徳太郎。『図書新聞』一六〇)
○早稲田の史学、分散された庶民性――津田の批判精神と西村の大衆性と(『早稲田大学新聞』一三三)
○歴史的精神について――市川正一をおもう(『歴評』四〇)
●民話劇『夕鶴』をめぐって(座談会:石母田正、木下順二、藤間生大、山本安英他。『文学』二〇)
○民族意識の発展――沖縄の現状報告をきいて(『琉球学生新聞』一二)

一九五三年(昭和二十八)

○続・歴史的精神について(『歴評』四一)
○古代と近代(『創元』一月、創元社)
※アカデミックな手堅さ――井上光貞編『古代社会』(『日本読書新聞』六八二)
○大衆の中で新しく出てきた国民的課題(『歴評』四四)
◎**日本武尊**(創元社)
○大鏡(永積安明・松本新八郎編『国民の文学 古典篇』御茶の水書房)

※考古学の成果から――新しいコースのための反省も必要 八幡一郎『日本史の黎明』(『日本読書新聞』七〇八)
○詩と真実――ヤマトタケルのミコトを中心として(『改造』三四―一一)
○執筆者通信(『日本読書新聞』七二三)
○山々の怒り――秩父騒動七十周年(『新しい世界』七四)

一九五四年(昭和二十九)

○歴史観――民族の動きに関連させて(『歴史教育』二―一)
○計(『教育技術』一月)
○ふるさと――朝鮮の詩についてのノートI(『日本文学』三―三)
※桜井柳太郎著『石川政戦史』、中村静治著『内灘闘争史ノート』(『歴評』五三)
●歴研大会を顧みて――その成果と課題(座談会:松島栄一〈司会〉、遠山茂樹、藤間生大他。『早稲田大学新聞』一七六)
※頑健だった太古の母たち――高群逸枝著『女性の歴史(上)』(『図書新聞』二四七)
○アジア的社会、原始共産制 部民、屯倉・田荘、耶馬台国、大和国家、弥生式文化、縄文式文化、古墳文化(井上幸治他編『総合世界歴史事典』時事通信社)
○ある詩人の生涯――朝鮮の詩についてのノートII(上)(下)(『日本文学』三―六、七)
○詩と民謡――朝鮮の詩についての感想(『文学』二二―七)
○『日本歴史概説(上)』(藤間生大・松本新八郎・林基共著、河出書房)
○今昔物語(近藤忠義編『日本文学史辞典』日本評論新社)
○大伴家の歴史(『万葉集大成5 歴史社会篇』平凡社)

一九五五年(昭和三十)

◎**民族の詩**(東大新書)
◎**歴史と実践**(大月新書)
○一つの経験(『政治学講座』月報三、理論社)
○原始共同体の生産方法、用語解説(民科経済部会編『経済学教科書学習講座』1、蒼樹社)
○日本奴隷制社会についての研究ノート――林屋辰三郎氏「律令制より荘園制へ」に関連して(『歴研』一八七)
○原始・古代史――生産力と生産関係の解明を主として(『講座歴史2 科学としての歴史学』大月書店)

一九五六年(昭和三十一)

○歴史学への反省――『講座 歴史』出版にさいして(『学園評論』一月)
○研究と実践――傷ついた心の人のために(副題「傷つける心の人のために」を改題)(『立命評論』一二)
○序論(歴研・日本史研究会編『日本歴史講座』1、東京大学出版会)
○歴史をつくる大衆、あとがき(『講座歴史1 国民と歴史』大

月書店）
○「相（逢）対替」「明石覚一」「秋津島物語」「字限画図」「アジア的生産様式」など（『日本歴史大辞典』全二〇巻、河出書房）
○『講座 歴史』の完結にあたって（『講座歴史』月報三）
○日本歴史講座I 原始社会・国家の成立――日本史のあけぼの（藤間・松尾・豊田・前野共編『社会科学総合講座』1、社会科学普及協会）
※無二の史料集――部落問題研究所編『部落史に関する綜合的研究』（『図書新聞』三六〇）
○現代朝鮮文学の一つの見方――金素雲の言葉に関連して（『文学』二四―八）
○「英雄時代」について――歴史研究の一つの近況、大井広介氏の発言にふれて（『日本読書新聞』八六六）
○階級社会成立についての研究ノート――安良城氏の「律令制の本質とその解体」に関連して（『歴研』一九九）
○新しい条件（『新日本文学』一一―九）
○「風物と歴史」（『北海道地方史研究』二〇）

一九五七年（昭和三十二）

○古代豪族の一考察――和泉における紀氏・茅淳県主・大島氏の対立を例として（『歴評』八六）
○吉備と出雲（『私たちの考古学』一四、考古学研究会）
○大和国家の機構――帰化人難波吉士氏の境涯を例として（『歴研』二一四）

一九五八年（昭和三十三）

○歴史学への反省――『講座歴史』大月書店出版に際して（『学園評論』五八―一）
○日本の紀元（歴史教育者協議会編『紀元節』淡路書房新社）
○高千穂の峯（『歴評』九三）
◎**やまと・たける――古代豪族の没落とその挽歌**（角川新書）
※江口朴郎「現段階における歴史学の課題」（『歴評』九六）
○歌の本棚――本とその人、広い歴史の把握を（歴史の中の生活者）（『短歌研究』一五―五）
○古事記の周辺（『日本古典文学大系』月報一四、岩波書店）
※日本文化研究会編『神武天皇紀元論』――紀元節の正しい見方（『歴評』九八）
●歴史と考古学（対談者：後藤守一。『日本歴史大辞典』第一二巻月報、河出書房）
○日本人の季節感（『政界往来』二四―一〇）
○一つの提案（『中労』三、中央労働学院）
○ソ連邦歴史家ナローチニッキー氏をかこんで（『歴評』九九）
○『天平の甍』のことなど（『歴評』一〇〇）
※斉藤忠著『原始』（『歴評』一〇〇）

一九五九年（昭和三十四）

○皇太子妃の決定と紀元節（『歴評』一〇一）

○奈良時代の風俗——精神構造を中心として（『講座日本風俗史』4、雄山閣）
●日本の保守主義（座談会：家永三郎、色川大吉、藤間生大他。『歴評』一〇二）
※浅香年木「手工業における律令制成立の一様相」（『歴評』一〇二）
○古代権力強化の国際的契機——道鏡即位の意志がうまれた地盤についての一考察（『歴研』二二八）
○神功紀の編者（『文学』二七—四）
○神功紀成立の過程——モデル論と理想型論に関連して（『日本文学』八—七）
○建国ということについて（『歴評』一〇四）
※三笠宮崇仁編『日本のあけぼの』（『歴評』一〇四）
○神話の英雄・神武天皇（『特集人物往来』四—四、人物往来社）
※坂口安吾の『道鏡』を読む（『歴評』一〇五）
※有効性は消滅しない——石母田正著『歴史と民族の発見』（『図書新聞』五〇四）
○日本人としての負い目——朝鮮人の帰国に思う（『アカハタ』六月十九日）
※歴史学の中立性ということ——『日本の歴史Ⅱ——飛鳥と奈良』（読売新聞社刊）をよんで（『歴評』一〇七）
○道鏡の出世の原因は唐の政変（『特集人物往来』四—七）
○戦後科学運動史の見方——久野収・鶴見俊輔・藤田省三『戦後日本の思想』の見解について（『歴評』一〇八）
○大島郷戸籍の一断面——門脇論文についての補註的批判（『日本史研究』四四）
※今堀誠二著『原水爆時代（上）』——現代史の証言』（三一書房刊）（『歴評』一〇九）
※橋川文三「乃木伝説の思想」（「思想の科学」五九年六月）（『歴評』一〇九）
○歴史の推理 朝鮮帰化人の創作・神功皇后（『特集人物往来』四—一〇）
○専制国家の論理（『真説日本歴史』第二巻、雄山閣）
○古代国家の繁栄(1)(2)（『歴評』一一〇、一一一）

一九六〇年（昭和三十五）

●ソ連邦の学者がみた日本——トペーハ氏を囲んで（座談会：宇佐美誠次郎〈司会〉、トペーハ、塩田庄兵衛、中林賢二郎、野原四郎、伊豆公夫、藤間生大。『歴評』一一三）
○思想史研究の現況についての一つの感想（『歴評』一一三）
○高千穂峰は何処にあるか？（『人物往来歴史読本』五—二、人物往来社）
○継体天皇擁立の思想的根拠——万世一系天皇神格化の思想の確立（『歴評』一一四）
○いわゆる「継体・欽明期の内乱」の政治的基盤——古代豪族論の一齣（『歴研』二三九）
※研究動向を示す——さまざまの学説を整理 井上光貞著『日

本国家の起原』（『図書新聞』五四八）
○教科書の検定（『歴評』一一六）
※上田正昭著『日本古代国家成立史の研究』（『歴評』一一八）
○一九日午前零時零分（『歴評』一一九）
○民主主義科学者協議会歴史部会総会報告――おわびにかえて（『歴評』一二一）

一九六一年（昭和三十六）

○古代天皇列伝Ⅰ 継体天皇（『春秋』二八）
○古代天皇列伝Ⅱ 天智天皇（『春秋』二九）

一九六二年（昭和三十七）

○古代天皇列伝Ⅲ 神功皇后（『春秋』三〇）
○津田さんの民族主義（『歴研』二六二）
○古代天皇列伝Ⅳ 応神天皇（『春秋』三一）
○古代天皇列伝Ⅴ 神武天皇（『春秋』三二）
○四・五世紀の東アジアと日本（『岩波講座日本歴史』1）
○古代天皇列伝Ⅵ 推古天皇（『春秋』三三）
○古代天皇列伝Ⅶ 称徳天皇（『春秋』三四）
○民族・民族文化論についての一つの反省――『講座 日本文化史』第一、第二巻によせて（『歴評』一四二）
○世界史の方法論についての一考察（『日本史研究』六一）
○古代天皇列伝Ⅷ 桓武天皇（『春秋』三六）
○古代天皇列伝Ⅸ 持統天皇（『春秋』三八）
○古代天皇列伝Ⅹ 聖武天皇（『春秋』三九）

一九六三年（昭和三十八）

○世界史的な考察を必要とするための一つの提案（『歴評』一五〇）
○東アジア世界形成の契機（『歴研』二八三）
○八月十五日を思う（『歴研月報』四五）

一九六四年（昭和三十九）

※佐伯有清著『新撰姓氏録の研究』（本文篇・研究篇）（『歴評』一六一）
○東アジアにおける諸国家・諸民族の歴史的諸関係の形成と発展／東亜各国各民族之間歴史関係的形成和発展〔中国語〕／The Formation and Development of the Historical Relations between the East-Asian States and Nations〔英語〕（『一九六四年北京科学シンポジウム歴史部門参加論文集』京都歴研連絡事務所）
○近世における東アジア認識の精神構造(1)（『歴評』一七二）

一九六五年（昭和四十）

○近世における東アジア認識の精神構造(2)(3)(4)（『歴評』一七三、一七四、一七六）
○世界の発見（『大航海時代叢書Ⅺ』月報一一、岩波書店）
※直木孝次郎著『日本古代史2 古代国家の成立』（『歴評』一八

三）

一九六六年（昭和四十一）
◎東アジア世界の形成（春秋社）
○『朝鮮文化史』（朝鮮社会科学院歴史研究所編）が持つ意義（座談会：末松保和、藤間生大、旗田巍、渡辺学。『図書新聞』八六九）
○古代日本の一つの転換（『朝鮮史研究会会報』一二）
○人間としての手工業技術者（『日本の考古学』月報五）

一九六七年（昭和四十二）
○日朝関係の世界史的考察（『日朝関係の史的再検討』朝鮮史研究会第五回大会報告論文集）

一九六八年（昭和四十三）
●一二・九討論集会記録「明治百年祭」をめぐって（討論：永原慶二、犬丸義一、色川大吉、黒田俊雄、藤間生大他。『歴研』三三三）
○世界史方法論の発展のために——最近における歴史学の状況の一端とその批判（『歴評』二一〇）
◎倭の五王（岩波新書）

一九六九年（昭和四十四）
○白鳥さんとランケ（『白鳥庫吉全集』月報一、岩波書店）

一九七〇年（昭和四十五）
○冊封について——坂元論文に関連して（『続日本紀研究』一四八・一四九合併号、大阪歴史学会古代史部会）
●古代史の謎を探る(1)(2)(3)（対談：松本清張。『歴評』二三三、二三四、二三五）
◎埋もれた金印——日本国家の成立（第二版、岩波新書）
○地域の鼓動を求めて——西郷信綱の『古事記の世界』に関連して（『古代の日本』月報三、角川書店）
○「歴研」の若い仲間たち——主張しあう青年像、専門外の会合でも刺激（『朝日新聞』三月三日）
○国造制についての一考察（『遠藤元男博士還暦記念 日本古代史論叢』）
○認識—実践—総括—認識（『文化評論』一〇四）
○「二〇〇〇年前の日本——弥生人展」をみて（『赤旗』五月十五日）
○現在における思想状況の課題として——金錫亨著『古代朝日関係史』について（『歴研』三六一）
○「魂志倭人伝」の官について——「魏志東夷伝」に関連して（『朝鮮史研究会論文集』第七集）
○民族学に対する歴史研究者としての若干の要望——世界史の方法論の一齣として(I)(II)（『歴評』二四二、二四五）
○民族のことば（『新埼玉』十月十八日）
○金錫亨（朝鮮史研究会訳）『古代朝日関係史』をめぐる一つ

の感想（『朝鮮史研究会会報』二五）

一九七一年（昭和四十六）

○李朝末期の思想的課題――特に朝鮮国自立の意識と思想を中心として（『朝鮮史研究会論文集』第九集）
○大院君政権の歴史的意義――東アジア近代史研究の方法論と関連させて(1)(2)（『歴評』二五四、二五五）
○小楠の偉大さ――熊本の町を歩いて（『熊本日日新聞』十二月十六日）
○和島誠一先生の逝去を悼む、「和島山脈」形成の端初（『考古学研究』一八―三）

一九七二年（昭和四十七）

○近代中国人の思想変革の端緒（『熊本商大論集』三六）
○一八四〇年代の中国における思想変革の方向――魏源の「海国図志」の理論(I)(II)（『歴研』三八五、三八八）
○民族理論における沖縄（『歴評』二六六）
○「世界の地図展」に思う（『熊本日日新聞』十月十三日）
◎**邪馬台国の探求――〝埋もれた金印〟を中心としたゼミナール**（青木書店）
○琉球民族体の形成とその後――民族理論における沖縄（『歴評』二七一）

一九七三年（昭和四十八）

○のあそび（『熊本日日新聞』一月一日）
○世界の地図展（『熊本商大 海外事情研究』一―一）
○三世紀までの東アジアと日本（『NHK大学講座 歴史1 古代日本と東アジア』）
○四～六世紀の東アジア（『NHK大学講座 歴史2 古代日本と東アジア』）

一九七四年（昭和四十九）

○天皇における諸問題（『日本の科学者』七二）
※姜在彦『近代朝鮮の変革思想』（『歴研』四〇六）
○倭の五王はだれか（『日本古代史の謎』朝日新聞社）
○民族理論についての若干の覚書（『熊本商大 海外事情研究』二―一）
○琉球民族体の日本民族への転化(I)(II)（『熊本商大論集』四三、四四）
○気になること（『古島敏雄著作集』第三巻月報三、東京大学出版会）

一九七五年（昭和五十）

○琉球民族体の日本民族への転化(III)（『熊本商大論集』四五）
●論争――邪馬台国は熊本に？（座談会：藤間生大、井上辰雄、藤芳義男。『熊本日々新聞』三月十二日）
○歴史学研究会に入会した頃（『歴史学研究 戦前期復刻版』第

一二巻月報、青木書店）
●わが内なる国家と民族――邪馬台国（座談会：松本清張、藤間生大、上田正昭、田辺昭三、水谷慶一〈司会〉。『日本史探訪 別巻 古代篇Ⅱ』日本放送協会）

一九七六年（昭和五十一）

○指南車と記里鼓（『熊本商大論集』四八）
○シンポジウム邪馬台国――流動する東アジアの中で（松本清張・藤間生大・上田正昭・田辺昭三・水谷慶一共著、角川選書）
○回想「会議は踊る」（『春秋』一七七）
●「歴史評論」創刊のころ（座談会：藤間生大、林基、松本新八郎、松島栄一、矢代和也〈司会〉。『歴評』三一八）
○「民科書記局」時代の甘粕さん（『見田石介著作集』第三巻月報、大月書店）
○第二章 遺跡の位置と環境（『大江青葉遺跡報告集』熊本商科大学）

一九七七年（昭和五十二）

◎**近代東アジア世界の形成――東アジア世界の形成 第二巻**（春秋社）
○わが著書を語る――『近代東アジア世界の形成』（『出版ニュース』一〇六八）
◎**東アジア世界の形成**（第二版、春秋社）
○コミュニケーションを求めて――第二二巻解題にかえて（『歴史学研究 戦前期復刻版』第二二巻月報、青木書店）
○現代史における国家理性（『歴評』三三七）
※石母田正『戦後歴史学の思想』（『歴研』四五〇）

一九七八年（昭和五十三）

○つながり（『歴史科学 復刻版』第一三巻月報、青木書店）
※游仲勲著『華僑政治経済論』（『熊本商大 海外事情研究』一一）
○古代の技術と倭人伝の里程記事――指南車、記里鼓、倭人伝（『歴史と人物』八三）
○鉄刀銘文の意味するもの―稲荷山古墳と江田船山古墳（『熊本日日新聞』九月二十九日）
○寒門詩人と勢族（『現代経済学の諸問題 熊本商大経済学部開設十周年記念論文集』一）
○東アジア現代史（『私学研修』七九、私学研修福祉会）

一九七九年（昭和五十四）

○北海道旅行での一、二の断想（『北海道史研究』一七）
○宣誓とつかえ奉る――船山古墳と稲荷山古墳と（『歴史と人物』八九）
○植物生態学の一端に接して（『歴評』三四六）
○「倭の五王」時代の肥後（『新・熊本の歴史2 古代（下）』熊本日々新聞社）

○沖縄研究と私(上)(下)（『沖縄タイムス』二月七日、八日）
○『熊本評論』第二一号〜第二三号について（『熊本近代史研究会 会報』一一九）
○高橋さんについて（『熊本歴史科学研究会 会報』六・七合併号）
○学生から学ぶ（『熊本学園通信』一四三）
○民族と社会主義国家——現代世界史についての一つの覚書（『歴評』三五五）

一九八〇年（昭和五十五）

○前近代東アジア史研究の方法論についての一考察（『歴研』四七六）
○資料紹介・竹添井々（進一郎）と佐々友房（『熊本近代史研究会 会報』一二八）
○日本古代史から東アジア史へ（歴科協編『現代歴史学の青春』第二巻、三省堂）
○資料紹介・熊本国権党についての一断想(1)(2)（『熊本近代史研究会 会報』一三一、一三二）
○東晋時代の反乱（『熊本商大論集』五六）

一九八一年（昭和五十六）

○第一七回大会に出席して（『朝鮮史研究会会報』六一）
○鉄剣の銘文と倭王武（『季刊邪馬台国』七、梓書院）
○大学入試問題雑感（『歴史地理教育』三三二）
○寒門詩人の精神構造——陶淵明と孫恩・盧循の反乱（『熊本商大 海外事情研究』八—二）
○ポーランドでの模索（『歴研』五〇三）

一九八二年（昭和五十七）

○ポーランド雑感——バシリエボバ・ズデンカさんの話し（『熊本近代史研究会 会報』一四七）
◎**東アジア世界研究への模索——研究主体の形成に関連して**（校倉書房）
○歴研五十年によせて（『歴史地理教育』三三八）

一九八三年（昭和五十八）

○渡部義通の学問と人（『歴研』五一二）
○周辺諸科学とパラダイム——日本の古代史学を主たる例として（『月刊歴史教育』四八）
○海外事情研究所（『熊本商科大学 熊本短期大学四十年史』熊本学園）
○壬午軍乱と熊本県（『熊本近代史研究会 会報』一六四）
○自由民権の研究に初めて接した頃——拙稿「秩父風雲録」刊行の事情（『近代熊本』二二）
○資料紹介・明治一五年の「壬午軍乱」に対する「紫溟新報」と「信濃毎日新聞」の対応（『熊本近代史研究会 会報』一六七）

一九八四年（昭和五十九）

○大教室での歴史教育（『歴史地理教育』三六二）
※生者と共生・共闘する証――上村希美雄『宮崎兄弟伝 日本篇（上）』（『熊本日々新聞』三月五日）
○倉橋君の人と業績（『法学志林』八一―三・四合併号）
○朝鮮史研究会第二〇回大会についての感想（『朝鮮史研究会会報』七四）
○〝男はつらいよ〟（『文化評論』二八二）
○壬午軍乱と日本の経済構造（『熊本近代史研究会 会報』一七八）

一九八五年（昭和六十）

○一つの思い出（『忘憂清楽――渡部義通追想集』渡部義通発行）
○「壬午軍乱」と自由民権論者（『熊本商大論集』三一―一・二合併号）
○「壬午軍乱」と日本近代軍の確立（『熊本商大 海外事情研究』一二―二）
○日本近代軍成立の経済構造――「壬午軍乱」を媒介として（『朝鮮史研究会論文集』第二二集）
○「壬午軍乱」の構造（『熊本商大論集』三一―三）
○のあそび（熊本県部落解放研究会編『朝鮮・韓国を正しく理解するために 部落解放研究くまもと』一〇）
○資料紹介・メッケルの一史料――日本文化論に関連して（『熊本近代研究会 会報』一九〇）

一九八六年（昭和六十一）

○石母田正氏告別式弔辞（『歴評』四三六）
○管野スガ（上田穣一・岡本宏編『大逆事件と『熊本評論』』三一書房）
○東アジア世界史の研究と現代の歴史意識（奥崎裕司・小林一美編『東アジア世界史探究』汲古書院）
○古代末期における終末観克服の歴史的意義――中国における生産力特に手工業の発展に関連して（前掲『東アジア世界史探究』）

一九八七年（昭和六十二）

○子供の世紀――一葉ノート（『熊本近代史研究会 会報』二〇〇）
○老兵の想い（『歴史学研究 戦後第Ⅰ期復刻版』月報三、青木書店）
◎**壬午軍乱と近代東アジア世界の成立**（春秋社）
○私の勧める三冊の本（『熊本日日新聞』十月十二日）
○ロイ・メドベージェフ寸描（『熊本近代史研究会 会報』二一二）

一九八八年（昭和六十三）

○「王賜」剣と五世紀の大和国家（『歴評』四五六）

○韓国旅行寸感(1)(2)(3)(4)（『熊本近代史研究会 会報』二一六、二一九、二二〇、二二一）
○一応の答え（『熊本近代史研究会 会報』二一七）
○明治の青春（『津田左右吉全集』第二三巻月報〈第二次〉、岩波書店）
○年輪（『石母田正著作集』第三巻月報、岩波書店）
○What Could the Overcoming of the Eschatological Thought of Ancient China Bring to the East Asian World? (T. Yuge and M. Doi eds. *Forms of Control and Subordian in Antiquity*, Brill)〔英語〕

一九八九年（平成一）

●歴史学と学習運動——全体史と地方史の視座から（座談会：藤間生大、西嶋定生、斉藤博〈司会〉。『我孫子市史研究』一三）
○「天皇制批判」の批判(1)(2)（『熊本近代史研究会 会報』二三〇、二三一）

一九九〇年（平成二）

○「天皇制批判」の批判（上）（下）（『歴評』四七八、四七九）
○古代東アジアの終末感（観）——発端としての中国を主たる例として（『民族史の展開とその文化』韓国永新文化社）〔ハングル〕

一九九一年（平成三）

○東欧革命と天安門事件に直面して——国家論への関連として（『近代における熊本・日本・アジア』熊本近代史研究会）
○古代東アジアの終末感（観）——発端としての中国を主なる例にして（『歴研』六二二）
○追想（松尾尊兊編『北山茂夫 伝記と追想』みすず書房）
○論評に答えて 広島正の問題提起（『熊本近代史研究会 会報』二五五）

一九九二年（平成四）

●じっくりインタビュー、委細面談（『熊本日日新聞』一月十二日）
○ペレストロイカにおける民族の問題——一・一三事件から三・一七国民投票にいたる歴史構造（『熊本学園創立五十周年記念論集』）

一九九三年（平成五）

※荒野泰典・石井正敏・村井章介編『アジアと日本』（『歴研』六四三）
○足あと（赤城健介遺稿編纂委員会『赤城健介追悼集』）

一九九四年（平成六）

○旧谷中村をたずねて（『熊本近代史研究会 会報』二八一）
○世界史上的魏源（記念魏源誕辰二〇〇周年国際学術研討会

『論文提要集』〔中国語〕
○旧谷中村の石仏（『歴評』五三四）
○潜熱のひと（『歴史家信夫清三郎』勁草書房）
○魏源誕辰二〇〇周年国際学術研討会参加記（『近きに在りて』二六）
○邵陽での「記念魏源誕辰二〇〇周年国際学術研討会」に参加して(1)（『熊本近代史研究会 会報』二八九）

一九九五年（平成七）

○邵陽での「記念魏源誕辰二〇〇周年国際学術研討会」に参加して(2)(3)(4)（『熊本近代史研究会 会報』二九〇、二九一、二九三）
○二つの敗北期（『歴研月報』四二二）
○古代国家論への一考察（『歴評』五三八）
○魏源誕辰二〇〇周年国際学術研討会報告（『熊本学園大学 海外事情研究』二二―二）
○谷川雁ノート「北がなければ日本は三角」考(1)(2)（『熊本近代史研究会 会報』二九七、二九八）
○縄文人への展望（『熊本近代史研究会 会報』三〇〇）
○雁と知明と――三角形の日本にみる接点（『熊本日日新聞』十二月十四日）

一九九六年（平成八）

○レッドパージ断片（『歴評』五四九）
○第二九回大会「シンポジウム 国家形成の再検討」への寸感（『歴評』五五五）
○思惟像を尋ねて（『九州ケイザイ』六六〈九六年盛夏号〉）
●日本史・東アジア・世界史について語る――藤間生大先生の歴史研究の歩み（『熊本学園大学 経済論集』三―一・二）

一九九七年（平成九）

●〝日本〟をどうイメージするか――藤間生大先生が語る歴史の海（『十代』一六―一二）
○みなさんへの期待（『俳句十代』三一）

一九九八年（平成十）

○小楠思想第二の転機(1)(2)(3)（『熊本近代史研究会 会報』三三四、三三六、三三七）
○尾崎秀美の中国認識（『熊本近代史研究会 会報』三三〇）
●アジア全体に目を開く〈転機あの時〉（『熊本日日新聞』十一月十一日）

一九九九年（平成十一）

○小楠思想第二の転機 再考（『近代熊本』二七）
○尾崎秀美の方法論形成の前提（『ゾルゲ事件研究』五）

二〇〇〇年（平成十二）

○小楠の最も暗い夜（『熊本近代史研究会 会報』三四八）

二〇〇一年（平成十三）

○ウチナーンチュの二人の歴史研究者とヤマトの一人の作家――琉球＝沖縄における主体の構築（小林一美・岡島千幸編『ユートピアへの想像力と運動』御茶の水書房）

二〇〇二年（平成十四）

●日本古代史から東アジア世界史へ(1)(2)(3)（聞き手：宮地正人。『歴評』六二二、六二四、六二五）

二〇〇三年（平成十五）

○解説――五〇年の歳月を経て（石母田正『歴史と民族の発見――歴史学の課題と方法』平凡社ライブラリー）

○映画「スパイ・ゾルゲ」の歴史方法論（『歴評』六四三）

二〇〇五年（平成十七）

○「歴史の創造主体としての民衆」寸評（『歴研月報』五四九）

二〇〇六年（平成十八）

○ケーテ・コルビィッツと樋口一葉と(1)(2)(3)（『熊本近代史研究会 会報』四一四、四一六、四一七）

○ケーテ・コルビィッツと樋口一葉と(I)（『熊本学園大学 海外事情研究』三四―一）

○上村希美雄氏を悼む（『熊本日日新聞』十月七日）

二〇〇七年（平成十九）

○ケーテ・コルビィッツと樋口一葉と(II)(III)（『熊本学園大学 海外事情研究』三四―二、三五―一）

二〇〇九年（平成二十一）

○ささやかな思い出(1)（『熊本近代史研究会 会報』四五二）

二〇一〇年（平成二十二）

○ささやかな思い出(2)――入会一〇年とその後（『熊本近代史研究会 会報』四五七）

○ささやかな思い出(3)――六〇年代と七三年の石母田と私（『熊本近代史研究会 会報』四六三）

二〇一一年（平成二十三）

○ささやかな思い出(4)――五〇年代後半から六〇年代なかば過ぎまで（『熊本近代史研究会 会報』四七〇）

○「東アジア世界論」再考――『民族の詩』論争、『ヂンダレ』のことなど（『歴研』八八二）

二〇一六年（平成二十八）

●藤間生大さんに聞く『歴史評論』の青春時代（小嶋茂稔、戸邉秀明、藤間生大。『歴評』八〇〇）

解説　希望の歴史学——藤間生大とマルクス主義歴史学——

磯前　順一
山本　昭宏

哲学者たちは世界をいろいろに解釈してきたにすぎない。たいせつなのはそれを変更することである。[*1]

——カール・マルクス

われわれの期するところは歴史の解釈ではなくしてその変革である。歴史を変革するとは、過去の歴史的事実を改革することではなく、未来を創造することである。だがわれわれはそれを勝手に創ることはできない。すでに与えられたる一定の諸条件に基づいてのみ、歴史の変革も創造も可能にせられ、問題の真の解決は期待し得るであろう。[*2]

——野呂栄太郎

はじめに

戦後歴史学を支えた石母田の良き朋友。そうした印象が藤間生大にはある。石母田の代表作は、世間的には、彼が実証史学を摂取しようとした晩年の『日本の古代国家』ということになるだろうが、藤間は石母田のその仕事に何か物足りなさを感じている。「晩年の石母田の周りに忠告できる人がいれば」と残念な思いがあるというのだ。では、藤間が夢を託そうとした戦後歴史学とは何だったのか。そこには、私たちが見落としたものが、もう一つの戦後歴史学があるように思われる。

「石母田君は『中世的世界の形成』では希望を語ることができなかったね。戦争末期の暗い時代だからこそ、希望を語るべきだったんだ」。藤間は、自分たちの人生を振り返って、今そのように語る。私たちは思う、藤間は希望の歴史学者なのだ、と。

藤間と石母田は渡部義通のもとで一九三八年末から共同研究を開始し、松本新八郎や林基らとともに、戦後日本のマルクス主義歴史学を支えてきた。藤間といえば、一九五〇年代冒頭の英雄時代論や一九七〇年代の東アジア論を、今でも思い出す人もいるだろう。そして一九七一年、五十八歳での熊本商科大学への赴任。晩年での中央の人々からの忘却。生涯、民間の歴史学者であり活動家でありつづけてきた。百歳を越した今も市井に生きている。

藤間が生まれたのは一九一三年の広島市。現在、平和記念館のある中ノ島という、市の中心部の繁華街のただ中の商家に育った。一人の姉と二人の兄の下の、甘えん坊の末弟として、親の愛情に恵まれて育った。お手伝いさんもいる経済的に豊かな家庭で、兄は二人とも東京の早稲田大学に進学した。藤間もまた、地元広島の広陵中学校を卒業したあとの一九三一年、早稲田大学予科第二高等学院に入学する。そこで、学生運動で留年した和島誠一と同級生になる。[*3]和島は、三井財閥の番頭である郷誠之助の息子だった。

当時、藤間は中野重治の文学作品や蔵原惟人の評論など、マルクス主義への関心はあったものの、歴史学とは異なる知的関心を、特にロシア文学や評論に有していた。[*4]彼は若い時期に傾倒したロシアの文芸評論家として、ベリンスキーやドブリューボフの名を挙げ、その評論を通してツルゲーネフやゴンチャーロフの作品を読んでは、「最もすばらしい歴史的精神の所有者」[*5]の手によるものと強い感銘を受けた。後年、その読書経験が彼の学問に与えた影響について、「とにかく私の本の読み方は随分せまかった。しかし当時のやりかたとしては、かなりよかったとも思っている」[*6]として、次のように語っている。

学問のカン所と判断力・実践力の体得は、どんな科学を専門的に勉強しようとする人にも、その前提として必要である。……歴史家にかぎらず、すべての科学の正しい学び方は、要するにいかに高く正しく生きるかという道をのぞいてはなく、また高く正しい精神をもって書かれた業績に対して、いかに吾々の魂が立派に反響しうるかという訓練をへないでは、ゴマかしになる。[*7]

藤間を実際に知る者であれば皆、この文章が後年にいたる藤間の、嘘のない実直な人柄を如実に物語るものだと納得するであろう。一方、和島からはエンゲルス『家族・私有財産・国家の起源』を一緒に読もうという計画を持ちかけられたりもした。そして、早稲田大学文学部史学科に進んだ後は、非常勤の地理学者、小田内通満のもとでフィールドワークに赴くなどしていた。[*8]文学好きということもあって、同じ大学の哲学科教授の津田左右吉の『文学に現われたる我が国民思想の研究』(一九一六〜二一年)も手に入れて熱心に読んでいたようである。[*9]

そうするうちに卒業論文を書き始めなければならない三年生の春となり、唯物論研究会に出入りして、筋金入りの政治活動家の渡部義通や早川二郎に知己を得る。そして一九三六年春に早稲田大学を卒業するが、その年暮れには渡部が和島や早川らと『日本歴史教程第一冊』(白揚社)を刊行する。すでに一九三二年には日本共産党の三二テーゼを承けて、平野義太郎や羽仁五郎らの『日本資本主義発達史講座』(岩波書店)も刊行されており、マルクス主義による近代と古代の分析が始まった画期的な時期に、藤間は多感な学生時代を東京でマルクス主義への傾倒という形で送ることになる。

戦前の古代奴隷制論とアジア的生産様式

まずは藤間たちの歴史学の前史をなす戦中のマルクス主義歴史学の歴史を、学問上の恩人たる渡部義通を軸とするアジア的生産様式論争および『日本歴史教程』の編集経緯から見ておこう。

アジア的生産様式とは、マルクスが一八五九年に自著『経済学批判への序言』で「アジア的、古代的、封建的、および近代ブルジョア的生産様式が、経済的社会構成体の進歩していく諸時期」[*10]として言及した資本制社会に先行する発展諸段階のひとつとされる。この術語が一九二〇年代にコミンテルンによる中国革命戦略を進める中で鍵概念として用いられるようになり、世界史の基本法則にのっとった普遍的段階として理解すべきものなのか、それともアジア特有の地理的形態なのか、その理解をめぐってソ連にて論争が起きた。[*11]

だが、中国革命の現実可能性が低下するなか、スターリンの判断によってこの論争自体が一九三一年に停止されてしまう。その結果、原始共産制・奴隷制・農奴制・資本制という単系的な発展段階論が一国革命論とあいまってソ連では党是になる。ロシアという、ヨーロッパとアジアの狭間で揺らぐ地理的場所は、こうしてアジアに対してはヨーロッパとして表象されることになった。しかし、そのヨーロッパ中心主義にこそ、マルクス主義がアジアで受容される過程で大きな歪みをはらむ原因も含まれることになる。

幸いなことに、スターリンの政治判断は遠く日本にまでは及ぶことがなく、日本における革命戦略の問題とあいまって、羽仁五郎の論文「東洋における資本主義の形成」[*12]（一九三二年発表）をはじめ、依然としてアジア的生産様式論争はマルクス主義の経済学者や歴史学者によって続けられていく。それは日本の歴史をめぐる特殊性と普遍性の兼ね合いの議論となり、近世末期の厳マニュ論もふくめて、西欧発の理論であるマルクス主義の日本適応に際して、戦後にいたるまで研究者の大きな関心事となっていった。確認しておくと、「厳マニュ論」とは、幕末期の日本資本主義の発展段階が「厳密なる意味におけるマニュファクチュア時代」に達していたとする仮説で、服部之総が提唱したものである。

一九三六年に刊行されたマルクス主義の立場から編まれた日本古代史の著作『日本歴史教程第一冊』においても、アジア的生産様式という言葉は直接見られないものの、その論者であった早川二郎や秋沢修二を含んでいたことからも明らかなように、世界史の基本法則としてのマルクス主義の普遍性と、そこに収まらない特殊性がどのように交差しているのかを考えることは大きなテーマであった。その点で、日本歴史をめぐる社会構成史の理解は当初から統一されていたものではなく、西洋発の理論であるがゆえに日本の状況にぴたりと合致することはなく、研究者のあいだで大きく揺らいでいたのである。

その観点から見れば、一九三三年の日本共産党員の大量転向問題もまた、天皇制をめぐる問題が西欧的な理論では克服することのできない日本固有の問題と考えたために生じた出来事と捉えることができよう。渡部義通と早川二郎という理論家を軸とする『日本歴史教程』がこの転向現象のあとに具体的に企画されていったこともまた、こうした普遍性と特殊性の問題に日本のマルクス主義が取り組まざるを得ない状況に陥ったためなのである。奴隷制が古代日本においても存在するのか否か、存在するとすればどのような形で存在するのか。そうした問題に対して、『日本歴史教程』の企画者である渡部は次のように自説を開陳している。

奴婢（奴隷）制の一定の発展を前提として、奴婢制に歴史的に規定されて「部民」制なるものが発生し、二つの関係が必然的に一体制のうちに結合するのだ、というのがぼくの見解であった。そうしてぼくは、このような「奴隷制の日本的形態」の出現を必然ならしめた特殊日本的条件として、この段階における共同体関係の広汎な存続状態と、日本社会の不均等な発展とをあげたのです。[*13]

西欧のように氏族共同体が解体して家父長制大家族が出現するのではなく、その共同体が強固に残存していく。共産党から離脱した三木清の「東亜共同体」や、講座派から転向した平野義太郎の議論のように、大東亜共栄圏傘下に入った諸地域をアジア的な特殊性のもとに捉える見方も、この転向現象とあいまって強まっていく。それに対して一九二七年の検挙後も共産党にとどまった渡部は、アジア的な歴史特質を理解しながらも、その全面的な肯定に終わらない批判的なアジア理解を試みようとしていたのである。それが共産党員の大量転向が起きたあとに、マルクス主義の議論を近代の資本主義分析で終えることとなく、古代にまで遡ってその歴史的淵源を渡部たちが研究しようとした理由である。そこには雪崩を打ったように起きている大量転向のさなかで、自らのうちにも潜む天皇制への志向性にどのように向き合うかという痛切な問いが渡部の胸の内に存在していた。その点について、渡部は次のように述べている。

日本コミュニストの転向は、社会民主主義やブルジョア自由主義などに変身するのではなく、きまって〝天の下知ろしめす〟スメラミコトを奉戴する〝社会主義〟へ転ずるのが特徴なんだ。……そのことの根元は、とくに明治以来、国民の日常生活意識にまで培育されてきた天皇制イデオロギーであり、民族の母斑みたいになったこの意識が、国民の一部であるコミュニストのあいだにも、転向・非転向を問わず、多かれ少なかれ潜流しつづけていたということだと思う。[*14]

天皇制の問題が共産党として正式に問題にされたのは、コミンテルンから日本共産党に指示された三二テーゼにおいてである。それは渡部の要約従うならば、「一八六八年に成立した天皇制（絶対主義君主）は、封建的な地主階級とブルジョワジーの上層とが永続的なブロックを結び、同時に独自の官僚機構と相対的に大きい役割を持って独裁体制の背骨をなしている」[*15]というものである。それは、先行する二七テーゼに比して、「天皇制というものの概念がはっきりしてくる」[*16]画期的なものであったと評される。

しかしそれでも、その直後に起こった大量転向の問題に向き合うならば、三二テーゼでも、「天皇制の機構的性格や政治的役割はやや明確にされたとしても、天皇制的イデオロギーが日本の歴史と政治に果たしている至大な役割とか、またその根元とかについては、まったくふれていない」[*17]と断ぜざるを得ず、天皇制の問題はこれから新たな方法で解明されるべき問題として渡部には映じていたのである。

その研究の成果が、一九三六〜三七年刊行の『日本歴史教程』第一・二冊（白揚社）において早川二郎や秋沢修二らと議論した、古代奴隷制的な社会構成をめぐる問題ということになる。「歴史教程」という名前の由来は、早川の訳したボチャロフ『唯物史観——世界史教程』全五冊（白揚社、一九三八年）など、ソ連の唯物史観の教科書的書物に一般的につけられていた呼称による。

当初は日本共産党幹部でもある経済学者の岩田義道の企画で唯物史観に基づく『日本通史』が、一九三一年に上野書店で野呂栄太郎・羽仁五郎あるいは服部之総・渡部義通らを編者として準備されたが、岩田が地下活動に潜伏したため中止になり、それが後に野呂の遺志を汲んだ羽仁や服部による『日本資本主義発達史講座』（岩波書店）、渡部による『日本歴史教程』として近代と古代からそれぞれ中世に向かって唯物史観的な通史的な叙述を目指して個別に実現されていく。

『日本歴史教程第一冊』は人類の発生から、原始社会の崩壊までを扱っている。共著者は、渡部の外に、永田広志の紹介でやってきた若い和島誠一（筆名三沢章）、ロシア語の翻訳者として知られる早川二郎、『日本古代史』の著作を出し、検挙後には出版社に勤務するようになる伊豆公夫であった。古代社会を唯物史観の立場から奴隷制社会として把握し、「奴隷制と部民生の連関＝結合—家父長的関係の下におけるその統一」を日本的特質として把握する。そのうえで、日本の講壇史学や考古学の成果を摂取し、天皇制の成立を批判的に解明することを試みた。

『日本歴史教程第二冊』は三世紀から大化の改新までを扱うが、大化の改新以後の理解に相容れない齟齬があるとして早川が執筆を辞退した。代わって、ソ連大使館に勤務することになる秋沢修二が加わり、渡部と伊豆と和島も従来どおり執筆を担当したが、第一冊に比して、渡部の比重が格段に大きくなった構成となった。

早川は在学中よりソビエト史学などの翻訳・紹介を行いながら、一九三三年にアジア的生産様式論争に参加、一九三四年の『日本歴史読本』では、三〜七世紀の社会を、奴隷制を欠いた氏族制度最終段階である原始貢納制、「部民＝ヘロット的農奴」とし、その後の律令社会をアジア的生産様式の社会である国家的封建制とする説を唱えていた。それが渡部義通や伊豆君夫らとの論争を経て、一九三五年秋には「奴隷所有的社会経済構成の社会」と捉えるようになり、奴隷制として古代を捉える見地が共同研究として成り立つ目処が立ったことで、渡部と共に『日本歴史教程第一冊』を刊行する。しかし、依然として律令社会を国家的封建主義、すなわち『資本論』の言葉を引きつつ、「国民的規模で集中された土地所有」[*18]とする見解は渡部と相容れないままであった。渡部は早川との違いを念頭において、自説を次のように説明している。

なるほど、奴婢・賤民は人口の一割内外にすぎないにしても、それは支配収集者たちの手に集中されていて、彼らにとっては基本のまたは前提的な生産力なのである。それに依存して、彼らは個人的な富と権勢を拡大させ、この関係から歴史は動いていたのだ。また、公民とは、国家を通じて行なわれる貴族階級の共同の所有に属する生産者に他ならない。[*19]

この公民という存在の隷属性について、渡部はさらに次のような説明を加える。

奴婢＝部民制乃至奴隷性的関係は……上代社会構造の土台として・また骨組みとして発達して来た。……従つて、それ以外の階級・すなはち自由民の立場（諸階級に対する関係）と動向とは、右の階級関係の特質と動きとによつて認定され・左右された。この関係の進行と共に彼の地位は低下し、不断に奴婢＝部民的方向に引きづられて行く。[*20]

渡部と早川の見解の違いは、秋沢修二と伊豆公夫も参加した共著『日本古代史の基礎問題』（白揚社、一九三六年）、やはり同じ一九三六年に刊行された同じ三笠書房の唯物論叢書に収められた渡部『日本古代社会』と早川『古代社会史』から確認される。この論争を通して、マルクス主義の世界史の基本法則としての原始共産制から奴隷制、そして農奴制への展開が日本にも当てはまるのか否か、そして日本の固有性はどのような形で認められるのかという議論が、一時早川が唱えた奴隷制の飛び越え段階説も含めて、深められるはずであった。しかし、この議論自体が一九三七年末の早川の秩父山中での遭難死によって途絶してしまう。

結局のところ、教程グループはアジア的生産様式をアジア固有の停滞として捉える立場を取ることはなかった。「社会発展における世界的な法則性、すなわち世界史的な法則性をあきらかにしようとする積極的な志向」[*21]があると渡部が述べたように、あくまでマルクス主義という社会構成史の普遍的法則の中で日本の歴史を捉えようとしたのである。それは次の早川の発言に端的に表れている。

奴隷制なく集取なき社会が如何に理想の平和境であったにしても、それは生産力の極端な未発達の上に生じたものである。従って人類はつねに自然の脅威を受け、この方面では決して幸福ではなかった。……只奴隷制のみが生産力の一層の発展を可能にし、当時の如き生産力発展の水準のもとにも兎に角富の集積と人類の一部の生産労働からの解放をもたらし、ある種の分化の創造を許すことになったのである。[*22]

それに対して、アジア的な社会をこの地域に固有な「停滞」[*23]したものとする理解は奴隷制論のみならず、近代資本主義分析においても講座派に支配的に見られるものであった。渡部は彼らの問題点をこう抉り出している。

この傾向は……いわゆる〝資本主義論争〟で、〝講座派〟の諸君、日共系の研究者たちが、資本主義日本に残存する先資本主義的な、封建的な、あるいはより古い諸関係に第一義的な力点をおいて、特殊性を強調したことにつらなっていたんだ。そうした研究から……明治維新後は、マルクスがアジアについて論じているのとまったく同質の土地関係、すなわち国家が最高の地主であり……そのうえに絶対主義的体制が成立する、というコースで展開するわけです。[*24]

たとえば、その代表が『日本資本主義発達史講座』の中心人物であり、明治維新を三二テーゼと同様に半軍事的な絶対王政と捉える平野義太郎であった。そして、平野に大きな影響を与えたのが、アジア的生産様式を大規模灌漑農耕から捉え、欧米の天水農業と区別するウィットフォーゲルであった。平野は一九二七〜三〇年の留学時代に彼に出会い、その著書『解体過程にある支那の経済と社会』（中央公論社、一九三四年）の監訳をはじめ、戦後に至るまでその著作の翻訳を行なった。それはアジア的生産様式を大規模灌漑として理解し、社会が国家に埋没したアジア的停滞論を基調とするものであった。

そして、平野は、一九三六年のコムアカデミー事件での検挙後、自身の著書『民族政治の基本問題』（小山書店、一九四四年）などを発表する。そこで平野は、アジア停滞論を克服するものとして大東亜共栄圏を位置づけようとした。日本は停滞した東洋的専制国家には属さないとするウィットフォーゲル流の見解は、日本がアジア解放の盟主であるという論理と結びつき、結果としてアジア・太平洋戦争を理論的に正当化する役割を果たした。

大東亜戦争の戦争目的は、第一にわが帝国の自存自衛のためであり、第二に東亜の安定を確保することであり、そして究境において世界各国がその処を得、相倚り相扶けて、万邦共栄の楽を偕にせんとするに在る。……即ち戦争において、東亜の諸邦が生死を一にし、相互に捨身の行動をとり、献身帰一して敵を倒すことが、東洋の道義であると共に又、将来の真の共存共栄を約束する基礎である。[*25]

渡部ら歴史教程グループは、こうしたアジア的停滞論に対して徹底的な距離を置くがゆえに、「ディスポティズムの成立でさえ、その段階では……前進であり進歩であった[*26]」という理解を明確に打ち出していく。その一方で、ウィットフォーゲルの「水の理論」は、戦後日本のアジア的生産様式論において、彼自身の反共主義と平野の転向があって、積極的に評価されることはなかった。しかし行き過ぎはあるものの、日本と他の地域の関係を始め、アジア的形態の多様性を考えるうえでいまも重要な課題を突き付けている。事実、石母田正もまた戦後の労作『日本の古代国家』の中で「人工灌漑という農業[*27]」の重要性の触れたうえで、エンゲルスとウィットフォーゲルの区別を強調している。それは石母田よりも早く、すでに一九三〇年代に羽仁五郎や早川二郎が試みていたことでもあり、[*28]藤間生大もまた一九三九年の段階で次のような留意点を指摘していた。

私はこの際、「灌漑栽培」なるものが単なる一個の定まったものとして永遠の昔から有ったものでなく、それ自体が大きな歴史的変化をなし且同じアジアの地域によっても大きな相違があることを認めざるを得ない。[*29]

平野のようなアジア停滞論は皇道主義のような日本優越論と表裏一体をなすものであるが、日本が特殊な社会であると理解する点では共通している。それが裏が表になるか、表が裏にひっくり返るかはそのときの状況次第であったと、今から見れば考えられる。だとすれば、渡部らが依拠した「世界史の基本法則」は、こうした自民族の特殊性を他民族に対する優越性と結びつけた日本の帝国主義の論理を批判するものであった。その点については、河音能平が次のような指摘をしている。

ファッショ的「天皇制」国家に直接対決するためには、……「日本民族」はけっして他の諸民族とは異なった特殊な「神聖」な民族ではなく、他の世界の諸民族と同じく自然とのきびしいたたかいおよび階級闘争を通じて歴史的発展をとげてきたのだということを具体的に論証し、そのことを通して「天皇制」国家の相対性を、それが実はほりこのとらにすぎないことを、すなわちその崩壊の不可避性を、その繁栄の一時性を証明することがなによりもまず必要であった。……日本民族における社会主義的変革への展望は、この過程なくしては全然現実性をもたなかった。[*30]

さらに、河音は戦後に一般化する「世界史の普遍法則」については、日本の特殊性を強調する議論を克復するには普遍性を説くだけでは十分ではなかったと考え、「民族史（国民的課題）と世界史（人類的課題）との正しい相互連関のもとに、歴史のもっとも深部に徹底的にその矛盾＝原動力を求めることができなかった」[*31]と問題点を指摘する。しかし、この点については今は指摘するにとどめ、戦後の民族論争の項目で論じることにしよう。

再び話を、渡部を中心とする教程グループに戻したい。少なくとも藤間や石母田の第三次教程グループが再出発する一九三八年暮れには、マルクス主義歴史学から早川や平野が不幸な出来事から退場していくという出来事が起こっていた。それによって、古代のマルクス主義歴史学は渡部の見解でほぼ一色に染められることになってしまった。それは、教程グループにおいて、世界史の基本法則が原始共産制、奴隷制、農奴制という展開順で日本にも貫徹していることを確認したことを意味するものであった。

思えば、一九三六年に刊行された『日本歴史教程第二冊』の段階で、渡部の執筆部分が全体の半分に及ぶという偏りが出てきていたのはその予兆でもあった。だとすれば、新たに加わった藤間や石母田が、先達である渡部の理論的見解に対してどのようにして生産的な議論をもたらすことができたか否かを考えることが、マルクス主義歴史学において彼らが果たした役割を見定めるうえで重要な視点となろう。

藤間の登場と古代家族論

早稲田大学史学科の三年生になったばかりの一九三五年春に、それまで文学好きであった藤間は卒論テーマの「武士階級の形成」[32]に役立つ知識を求めて、知人の和島誠一を介して唯物論研究会において渡部ら、後の教程グループと呼ばれる面々に出会う。そのときの発表者は、渡部のほか、早川二郎、伊豆君夫、秋沢修二で、彼らの論集『日本古代史の基礎問題』(白揚社、一九三六年)のための討論会であった。早川が渡部に口角泡を飛ばして反論し、それを聞いた伊豆が「君はすぐ外国の例を引用して反論するが、今問題にしている日本のことで答えるべきだ」[33]と、ソ連の文献に精通している早川に食って掛かった光景を覚えているという。

この会合に回を重ねて列席するうちに、藤間は「渡部さんの「奴隷制社会論」と早川さんの「農奴制社会論」が対立し、一九三五年頃の日本古代社会論の論争は、この辺ら中心があると考えるようになった」[34]。藤間は渡部の家にも出入りするようになり、早稲田の学帽をかぶって金ボタンの学生服を着て、自宅を訪ねる藤間の様子を後年の渡部は楽しそうに述懐している。

ほどない一九三六年春、藤間が卒業して出版社の冨山房の臨時職員として地理の教科書担当で働いていた頃、渡部は『日本歴史教程第三冊』を執筆するために、渡部・伊豆に加えて藤間生大、さらに歴史学研究会の中心人物であった遠藤元男を誘い、第二次教程グループを再編成した。しかし、政府の言論の弾圧の高まりのなか、白揚社も出版も躊躇するようになり、遠藤の出席も途絶えてしまう。[35]この頃、伊豆が東大の学生であった北山茂夫を誘ったこともあるようだが、古代社会を農奴制のもとに捉える立場の違いゆえであろうか、北山は「わたしのめざすところと一致しなかった」[36]として辞退している。

一九三七年末の清水三男らの『世界文化』グループの検挙、一九三八年の唯物論研究会の解散声明と、左翼の文化活動がいっそう困難になるなかで、第二次教程グループの活動もまた暗礁に乗り上げてしまう。この頃、藤間は伊豆の紹介で彼の勤めていた日本評論社で編集者として勤務していた。そこで藤間は、石母田や松本あるいは北山茂夫といった当時無名の若手研究者の著作を含めて、日本歴史学大系という叢書の企画を立てる。[37]石母田の『中世的世界の形成』(当初の書名は奴隷制論集としての『日本古代家族の研究』)と清水の『日本中世の村落』という、後に名著として知られる二人の著作もすでにそのラインナップに挙げられていたのだ。

そこから石母田と清水の交流も書簡を通して始まっていく。「清水さんの手紙は一通ものこっていない。手紙と写真と日記は、私に何か事のあったさいには、敵に有力な手段をあたえ、友人に迷惑をかける結果となるので、それらをすべて焼却しておくことが、当時の慣行になっていたからである」。このように石母田は思い出を語る。[38]官憲の目をくぐりぬけるようにして、すでに東西の若いマルクス主義歴史学者の交流が始まっていたことがわかる。そして、一九四二年十月、清水が軍隊に徴兵される前に『日本中世の村落』は刊行される。一九三八年に検挙された清水は、懲役二年執行猶予三年、一九三九年からの保護観察と、当時官憲の厳しい監視の下で執筆を行なっていたのだ。

「本書のもつ力強さは実に史料の豊富にあるよりは寧ろ事実の思想のもつ考察が常に恵まれるところの気力と自信の賜物による。このため本書の価値は将来内容の事実に於て幾多の欠陥が見出されようとも決して減ずることがないであろう」[*39]。このように藤間が清水の著作に見出した思想的節操は、藤間や石母田たち第三次教程グループに共通するものでもあった。戦後、藤間はこうした清水の執筆活動を転向と呼ぶべきではないという主張を、清水に私淑しながらも、その村落論に天皇制のにおいを嗅ぎ取った大山喬平に宛てた私信の中で、次のように開陳している。

清水は誠実な方です。弾圧と処刑によって所信の放棄を余儀なくされた時、苦渋を余儀なくされ、いろいろ考えられたことでしょう。しかしその成果としての『日本中世の村落』の内容は、これまで書かれたものとくらべ深みは加わりこそすれ、内容の変貌はありません。こうした沈潜を転向と見なす根拠はないと、私はみます。政治的行動の中止を転向として評価することは可能だとしても、研究者の場合はその業績を考慮に入れない転向のよばわりは、正確でないとみています。[*40]

「国家をリアルに見ることなく、その現実のあり方との格闘を避けた」[*41]という大山の清水評価のほうが、戦後に生まれた私たちには妥当に見えるが、ここで藤間が言いたかったことは、「たとえそこに奴隷の言葉があったとしても、また見解の対立が我々の間にあっても、我々との「共同」の一環として清水さんの業績をみていただきたい」[*42]という、暗い時代を生き延びるためには、偽装することで始めて可能になるような抵抗しか存在しえなかったということなのであろう。

ここで、第三次教程グループに話を移すことにしよう。石母田と松本が渡部に出会うのは藤間より数年遅れて、一九三八年暮れのことになる。渡部は、藤間を介して石母田と会い、さらに石母田の友人である松本新八郎とも出会う。藤間が渡部の経堂の家に石母田と松本の二人を連れていく。初対面の渡部は、「猫背ぎみの石母田」と「松本はひどくやせっぽち」という印象をもったという[*43]。当時、石母田は冨山房の編集部で中学の歴史教科書の担当、松本は東大史料編纂所教授の中村孝也の紹介で同所所員になっていた。

一方、藤間と石母田は、嘱託と正社員という違いがあったものの、同じ冨山房で働くものとしてその存在を知るようになっていた。一九三八年春に遠藤元男に教えられて石母田の歴研での報告に出て、彼の研究についても具体的に知るようになった。その翌日、会社の昼休みでの場面を今も藤間は覚えているという。「石母田君も藤間は渡部さんのところへ出入りしているということがわかった。……翌朝早々、彼、たったったーと来てね、「やあやあ」っていうわけよ。私もおう、この秀才がきてくれたのかと。それでその後は昼食が終わると、わずかな時間だが散歩したり、あのニコライ堂の石段のところに座り込んでね、わいわい。よくしゃべったなあ」。

晩年になっても藤間は石母田については、「私もね、学校もちがったのに、あんな奴にお目にかかったのは、生涯の幸福でしたからね。いい奴でしたよ」と、その人柄と学識を幾度となく賞賛しているのを筆者たちも記憶している。そして石母田に続くように、藤間も一九三八年九月には歴史学研究会日本史部会で「初期荘園分布の様式と其意義」という報告を一七人の参加者を得て行なっている。ただし、この報告は最初は一九三七年に渡部、早川、伊豆らの前でおこなっている。そのときは、「しどろもどろで、まだよく摑んでいなかった」[*44]ため、石母田や松本らが揃ってから、歴研で再報告となった。

だが、石母田は担当の教科書検定の関係で文部省に通わなければならなくなり、多忙になる。そのあいだに、藤間の仕事の任期が切れて、一度は「さよならも言えないで縁が切れた」。そして、一九三八年暮れに再び、藤間を仲介者として、『日本歴史教程第三冊』の主題となるはずの、「日本の封建的構成の成立過程を分析して、奴隷制から封建制への転化における法則性を明らかにしよう」という目的のもと、御成敗式目の講読を、渡部、藤間、石母田、松本の四人で始めることになる。[*45]

藤間と松本が二十五歳、石母田が二十六歳、渡部が三十七歳のときのことである。藤間と松本はともに一九一三年生まれの同じ学年、石母田は一年早い一九一二年生まれで本来は彼らの一学級上。しかし、中学入学のときから飛び級を重ねた末に、東大哲学科から国史学科に転科しているため、卒業は彼らと同じ一九三七年となった。

渡部が総括、石母田が政治過程、藤間が所有関係、松本が生産関係の担当であったという。そこに三井礼子が陪席し、会計のすべてを担当してくれた。[*46]そのときのことを渡部はこう語っている。

藤間・松本・石母田の三人〔とは〕……『教程』第三冊以下を執筆し、〝マルクス主義史学〟のために協力していこうと〝盟約〟が、あと一、二回の会合でできたわけなんです。……ぼくはこの共同研究が持続できれば、以前の場合とちがって、アカデミーの進歩派＝歴研などの研究者のあいだに、またその学問的な方向に、やがてそうとうの影響をひろげていくだろうという希望をもっていた。[*47]

すでに石母田は一九三八年春に処女論文「天平十一年出雲国大税賑給歴名帳について」[*48]を発表していた。それは同じ東大国史の先輩である北山茂夫が前年に発表した論文「大宝二年筑前国戸籍残簡について」[*49]に影響を受けての、籍帳から古代家族の発展形態を模索するものであった。職場の同僚であり、地理に詳しい藤間に地図の読み方を教わった成果でもあったという。松本もまた辻善之助の紹介で東大史料編纂所に勤務し、北山をはじめ羽仁門下のところに出入りするなどしていた。歴史学の実証力という点で渡部は自分と藤間と、石母田と松本との違いを痛感していた。

この四人の関係を「渡部さんの「弟子」」と捉える通俗的理解に対して、藤間は「渡部さんは一度としてそんなことを言ったことはなく、友人としてつきあった」として、次のように語っている。「石母田・松本の両君は既に研究者として一人前であった。私自身は、地理学と実地調査をすこしばかり勉強したが、在学中も卒業後も歴史学についての訓練は未だしであったから、私だけは渡部さんの弟子というのにふさわしい」。藤間は、活動家から研究者へと過渡的な性格を持つ第二次教程グループの若手としてそのキャリアをスタートさせた。こうした違いをかかえながらも、藤間が言うように、「各人これまでの研究課題を追求しながら、四人の研究会ではひたすら日本の奴隷制社会の存在意義を論議していました」。[*50] 再度、渡部の奴隷制に関する発言を引用しておこう。

全国的征服・被征服関係が成立するということ自体、征服者側、すなわち畿内の先進社会の内部に、征服という歴史の動きをつくり出すものとして、ある種の階級関係（支配・搾取関係）がすでに発生していたことを示すものではないか。そうして、その最初の階級関係は奴隷制的な関係（奴婢制）ではないだろうか。[*51]

そもそも奴隷制とは自己意識に反して、他者に隷属している状態を指す。芝原の理解を援用しながら、奴隷制を定義するならば、奴隷は自分の労働を時間決めで販売するのではなく、その労働能力自体が生産手段の一部として他者によって所有される不自由労働を強要される存在である。そこでは、労働能力が奴隷主あるいは領主に属するという人格的依存関係が基礎になっているため、それが不当なものであると自覚することはきわめて困難である。[*52]

人間の意識から独立した生産諸関係の総体として人間の存在を捉える唯物論の立場からすれば、社会は経済的社会構成という下部構造によって制約されつつ、法律的・政治的上部構造や社会的意識諸形態の三範疇として成り立している。こうした社会構成の時代的変化は、生産力の増大に伴う生産諸関係の変化に規定される。すなわち、社会構成体論とは、人間の自意識とは異なる歴史的規定要因を自覚することで、その行動様式を含めた主体の存在様態を変容させていく視座に他ならない。[*53]

他方、藤間には影響を受けたもう一人の先達がいた。早稲田の津田左右吉である。そもそも藤間の卒論は津田の『文学に現われたる我が国民思想の研究』に着想を得たものであったという。[*54] しかし、藤間は学生時代に津田の講義に出た記憶があるものの、学生時代には個人的な面識をもつまでには到らなかった。「当時津田さんは哲学科の先生で、私が属している史学科とは縁がなかった。このため津田さんの話しはぬすみききというやり方で出かけねばならない。しかし津田さんの時間は、史学科の中心必修科目の時間とかさなるので、津田さんの講義は、なかなか出にくかった」。[*55] そう述べつつも藤間は、自分もまた魅了された津田の文献批判を、「和辻博士が嘗つて二十年前「日本古代文化」を書いた動機が改訂版の序文に初めて発表されているが、それによつて吾々は津田博士の「刺激」の偉大さを認めると共に、嘗つて肥後〔和男〕氏が日本古代史の研究者は一度は津田博士の著書の前を通過しなければならぬと云つた言葉を思ひ出す」[*56] と高く評価していた。

一九四〇年、津田の著作発禁事件が起きた後、当時日本評論社に勤務していた藤間は津田の紀尾井町の自宅を思い切って訪ねる。携えていった抜刷「一九三九年度の回顧と展望日本史篇・上代史（一）」（『歴史学研究』七六号、一九四〇年）の中で、藤間は津田の古代史研究を論じていたのだ。この訪問は、一九四五年六月に津田が戦火を避けて岩手県平泉に疎開するまで、「月に一回か、二ヵ月に一回、先生の下にうかがう」[*57]といったかたちで続いていく。

かくして吾々は思ふ、成程東亜新秩序、東亜協同体の叫ばれてゐる時、事実として嘗ての日本文化と支那文化が歴史的に同一のものであつてくれることは非常に有難い。然しそれが事実でないとすれば吾々は眼をとざして日本文化と支那文化の同一をとなへ、東亜協同体論を唱へることが真に「政治的意義」をもつてゐるのであらうか。……吾々はたとへ科学的研究により津田博士と同じ様に……過去に於ける両民族の文化の差異を認識し得たとしてもそれは少しも現在の吾々日本民族の行為に悪るい影響を与へないであらう。むしろ相手を治するには相手の症状を知ることがもっとも肝要である意味に於て、反つて良き影響を与へ得るであらう。この秋に当たり博士の著書の一部が吾々の眼前から去つて行つたことは残念こと、云わねばならぬ。[*58]

この藤間の発言の末尾に出てくる発禁処分の話は、一九四〇年春の蓑田胸喜ら原理日本社のメンバーによって津田が訴訟されたことを指す。教程グループにとって津田の記紀批判は、「記紀の素材の性質や、その全体的な構成の特徴や、その成立年代および編述の目的といったようなもの、一言でいうならば、その画期的な記紀批判[*59]」として、彼らがマルクス主義的な歴史研究を展開するうえで重要な理論的前提をなすものであった。すでに渡部は、一九三六年の『古事記講話』で津田の記紀批判を取り入れたうえで、天皇制に回収されることのない民族の記憶を、和辻哲郎の記紀論の発想を批判的に利用しつつ、考古資料を用いて記紀から読み解こうとした。さらに、それが歪められた記憶の残存として記紀を読み解く、戦後の石母田・藤間の英雄時代論への道をも切り開いていったのである。

しかし問題は、記紀に描かれた出来事の代わりに、なにを見出すかである。藤間が津田に見出したのは記紀批判によって自由に想起することの出来る古代史の空間、中国と日本を区別することで大東亜共栄圏の帝国主義を批判する視点であった。いまだ、そうした批判の彼方に津田が何を見出していたのかは、藤間たちは十分には意識していなかったのかもしれない。しかし、津田はすでに一九一六年の段階で、藤間が影響を受けた『文学に現われたる我が国民思想の研究』のなかで、日本の始原的な社会についてこう述べている。

我々の祖先は個人としても民族としても、其の生活に於いて甚だしき欠乏と苦痛とを感じないほど都合のよい土地に住んでゐたから、其の欠乏を補ひ其の苦痛を除いて生活の内容を豊富にしやうといふ努力の念が薄く、従つて自分から自分の文化を開発してゆく力が弱かつた。……多くの豪族等は喜んで我が皇室に帰服していたので、皇室と諸氏族の間には親和的な関係が成り立つやうになつた。……一般国民についていふと国家の統一もその実際生活にはさして大きい変動を与へなかつたらしい。*60

津田によれば、戦闘の記憶である叙事文学が存在しないということは、日本の国民性が温和であることを物語るものとなる。それは天皇と豪族の関係においても当てはまるものであり、天皇制が存続してきたこと自体が、日本における調和的な共同性の存在を物語るものであり、何よりも日本帝国において民族より優れた証拠とに映じたのである。しかし、藤間たちは英雄時代の到来によって、この温和な社会構造が激的に変質すると考えたのだ。藤間は、渡部と石母田と松本を結びつけただけでなく、教程グループと津田左右吉を結びつける役割も果たしていたのである。

さて、石母田と藤間は同じ神保町の冨山房、松本も本郷の史料編纂所、渡部は経堂の家から東京都港区青山（旧高樹町）の三井集会場にある三井礼子の図書館と、四人の生活圏は密接していた。その下宿も藤間は荻窪、石母田は吉祥寺、松本は新宿に近い牛込であった。同年代の和島誠一もまた北区滝野川に住んでいた。そのため、神田の学士会館で毎週土曜に勉強会が開かれることになった。ちなみに、彼らが当時頻繁に報告していた歴史学研究会もその本部は東大の本郷キャンパスに置かれていた。その議論の様子を渡部はこう描写している。

議論は徹底的で激しかった。松本のやりかたは体当り式であった。石母田が例のくせで目ばたきの速度をましながら応答していた。ニコニコしている藤間が時おり猛虎の勢で反撃した。整然として見えた論理の中にも大きな錯誤が指摘され、思いつきの饒舌に埋もれた創造的なヒントも見落とされなかった。お互は真理の前にのみ屈し合った。*61

学士会館の帰りは水道橋まで一緒に歩き、マイネ・クライネという喫茶店にはいり、ホットドッグを食べたり、館内を流れるクラシック音楽に耳を傾けながら、国内外の情勢に関する意見交換をしたり、互いに日常生活について語り合ったという。*62 そんなとき、石母田は事あるたびに、「戦後に備えよう」と口にしていた。貧しく暗い状況であったにもかかわらず、真理の灯火が彼らの孤独を暖めてくれていたこともまた事実であろう。学閥や国家権力といった制度的保証がないがゆえに、彼らは自分を取り巻く社会状況や、それに対する表現欲求に純粋に向き合うことができたのである。藤間は当時の状況を次のように語っている。

『日本歴史教程』第二巻の作成は引き続き進められたが、次第に激しさを加へた暴虐な天皇制下の暴圧によって、これらの人々は、多少程度はあれ、いづれも惨憺たる境遇に落し入れられて活動の自由がうばはれるに到った。従つて具体的な成果としては太古から大化改新までの歴史叙述で打ちきられ、人々の素志はついに挫折させられてしまつた。我々の共通の思ひはクヤシサの一言でつきる。しかし陣列は間もなくと、のへられた。渡部義通氏を先輩として石母田正・松本新八郎の両氏と私を加へた、この四人でひたむきに突進して行つた目標こそ、先に序文であげた問題〔「古代奴隷制社会から中世封建制社会への変革は、いかにしてなされたのかといふ課題」〕であったことはいふまでもなかろう。[63]

藤間の「初期庄園分布の型態とその分析」（一九三九年七〜九月）、石母田の「奈良時代農民の婚姻形態に関する一考察」（一九三九年十・十二月）、「クロオチェの歴史理論についての感想」（一九四〇年六月）、松本の「土一揆の一断面」（一九三九年十月）など、戦後になって彼らの名前を世に知らしめる初期の論文群が、この孤立した無名時代に生まれてきたのも故なきことではない。

その一方で、当時朝鮮半島や台湾は日本帝国の植民地であり、そうした植民地状況下の帝国の臣民たちの著作に対する書評、場合によっては彼らの執筆した論文もまた、藤間たちの活動の場である『歴史学研究』に掲載されていた。そうした人々との交流、少なくともアジアにおける異民族の存在を身近に感じる状況が、後年の彼らの東アジア論、さらに戦後直後の民族論争に目に見えないかたちでの影響を与えていた可能性も否定できない。

藤間が津田にエールを送ったように、この時点では両者ともに日本帝国の大東亜共栄圏構想を批判するうえで、日本民族の同質性をその抵抗の論理に用いることになる。そこで想起された民族というものが津田と藤間らでは異質のものであった。同じマルクス主義陣営でも羽仁らの近代史グループとも異なっていた。しかし、そうした相違は、日本帝国が消失するまでは顕在化することはなかった。いずれにせよ、神保町や本郷という都会の一角は、ほんの小さな空間ではあったが、日本帝国の中の中心地であるがゆえ様々な人々が入り混じった帝国を体現する空間であったといえるだろう。

さて、一九四〇年末に左翼文化団体に対する一斉検挙により渡部が再び検挙され、『日本歴史教程第三冊』の計画は完全に座礁する。[64] 一九四〇年十月末、留守中に渡部の経堂にある自宅に四人の男が現れたのがその前触れであった。すでにその年の三月に津田の発禁事件が起きたことを知っていた渡部は、いよいよ自分の番が来たと感じ、滝野川の和島宅にかくまってもらい、残された藤間たちに研究の指針を渡すべく『鎌倉幕府成立の研究』における基本テーマ」を二日がかりで書き上げる。それは、「（A）鎌倉幕府機構の解明、（B）幕府成立当時の社会経済的構造の分析、（C）律令制社会の崩壊＝鎌倉的機構成立過程（必然性）の究明[65]」という三つのテーマからなるものであった。

このメモを渡すために渡部は十一月三日前後に石母田・松本・藤間と新宿にて会い、三越近くの小さなビルの地下室で四人で写真を撮る。そして四人で「最後の晩餐[66]」だといって、水炊きに舌鼓を打ったのである。

その時の自分の気持ちを渡部は、「いつなんどき逮捕されてもよいという腹が、〝研究テーゼ〟を手渡したときにはすっかりできていた。ぼくはさわやかな気持ちになって、終電近く、経堂の自宅にもどり、そしてたぶん二日後に――十一月五日払暁に世田谷署へ連行されるのです」[*67]と述べている。しかし当然のことながら、渡部の逮捕は残された三人に大きな不安を与えるものとなる。事実、中野重治が藤間を心配して自宅を訪れ、家宅捜査に備えて身辺を整理しておくようにと忠告をしてくれた。[*68]当時の心中を藤間は次のように述懐している。

検挙されると日本評論社にはおれなくなるかもしれない。これからは研究をしても、その成果を発表する場所はないかもしれない。時間がほしい、書きあげたあとの検挙なら、あきらめもつくがの感慨を禁じえなかった。……我々三人はまだ二七、八歳の、年齢的にも研究者としてはひよっ子ではあったが、各人全力の相互検討によって、我々の目ざす課題は、追及し解明できるにちがいないと思っていた。しかしまだ、その成果は芽生えの状態である。この状態で踏みにじられるのではたえきれない。我々三人の共通の憤りであり、くやしさであったといえよう。[*69]

石母田が、「大衆の支持なくしては自信も強さも明るさも出てこないのだと思います。……私どもの時代には強い明るさがなく、孤立した悲壮感が支配してしまったのだと思います」[*70]と回顧したように、リーダーの渡部を失い、真に孤独な状況が藤間・石母田・松本の三人を覆い尽くそうとする。しかし、その暗闇の中でも三人は必死に目を凝らし、自分たちを苦しめる時代状況の正体を摑もうと、自分の研究をとおして苦闘していた。

一九四四年に書かれた著作『中世的世界の形成』の執筆動機について、石母田は「本書の主題となった黒田庄の歴史のように暗い世界においてわれわれが学問のために努力してきた一つの成果である。……暗黒のなかで眼をみひらき、自己を確乎と支えてゆくためにはわれわれは学問の力にたよるよりほかになかった」と語っている。[*71]

封建時代の始まりを渡部同様に鎌倉時代に求める石母田と藤間、南北朝時代に求める松本と、成立時期をめぐる見解の相違はあったにせよ、残された三人は渡部に代わって「律令制の崩壊過程」を明らかにするために、それぞれの研究を推し進めていった。

そこから、石母田は「古代村落の二つの問題」(一九四一年十・十一月)、「奴隷制についての一考察」(一九四二年十一・十二月)、「奈良時代の村落についての一資料」(一九四三年五月)など、松本新八郎は「郷村制度の成立」(一九四二年二月)、「名田経営の成立」(一九四二年七月)など、意欲的な諸論文を個々に『歴史学研究』(一九三二年創立)や『社会経済史学』(一九三〇年創立)といった在野の研究者にも開かれた若い雑誌に発表していく。

たとえそれが藤間の言うように「奴隷の言葉」[*72]を強いられた時代であったとはいえ、学問的に実りのある時代でもあったのだ。そのなかで単著としてまとめられた藤間の『日本古代家族』(伊藤書店、一九四三年)は、渡部が不在のなかで進められた三人の共同研究の成果を初めて世に問うた作品であった。伊藤書店とは「いわゆる進歩派の人」[*73]の著作を刊行していた出版社で、これもまた伊豆公夫の口添えであった。
非合法的なマルクス主義に対する世間の厳しい目にもかかわらず、本書は好評を博し、二刷を重ねた。清水も戦地から賞賛する葉書を送ってくれ、石母田も発起人として、六人だけだが心のこもった出版記念会も開かれた。そうした仲間だけでなく、プロレタリア文学の作家、徳永直もまた『東京堂月報』で「私の読んだ本」の一冊として取り上げる。そうして自信を得た藤間は、プロの研究者として生きていく決意をするにいたる。[*74]
この『日本古代家族』は、敗戦直後に新たに二つの章が加えられて『日本古代国家』（伊藤書店、一九四六年）として再刊される。それについては、朋友である石母田が「本書は第一章古代家族、第二章氏族、第三章古代国家、第四章総括……最も単純な範疇である古代家族から、複雑な政治的社会としての国家へと上昇してゆく方法論的意味をふくんでいる。同時に注意すべきことは古代家族、氏族、古代国家が……歴史的な展開過程でもあるということであ〔る〕」とまとめている。[*75]
『日本歴史教程』や、渡部や早川の著作では具体的に分析されなかった古代家族のあり方を、藤間や石母田は籍帳記載された五十戸（郷戸）一里の分析からおこなっていった。その結果、郷戸こそが自然村落として古代社会の実態を示すものとして、戦後にいたる古代家族研究の地平を形作っていく。そして、実態としての家族は、「血縁団体たる性格を本の性格とする「世帯共同体」が、地縁的な性格が基本となり各単位家族の独立性が強いといはれる質的に違ふ村落共同体に発展・転化する」[*76]エンゲルスの『家族・私有財産・国家の起源』[*77]のテーゼを、特に藤間の場合は「親族共同体」が崩壊して「家族共同体」（世帯共同体に相当）の自立化の過程と並行させて捉えた。[*78]石母田は藤間のように親族共同体を大化前代の所有主体とは考えていなかったが、日本においては郷戸こそがその家族共同体に当たると結論付ける点ではやはり藤間と共通の認識地平に立っていた。
具体的には、下総国大島郷と美濃国の郷戸とを比べ、前者のような奴婢や機構を含まない同一血縁者からなる「著しく各戸間の平等な立場」のものから、後者のような「血縁者以外の異質的なものを抱擁することによって大家族が形成されて来る」家族共同体へと、「最初の牧歌的な共同体の分解に沿って寄人といふ労働力が生み出されて上層の家族の抱擁される」歴史的見取り図を示した。[*79]ただし、共同体が解体して生じる奴婢に対しても「共同体的な所有形態が強く残存してゐる」[*80]ことから、家父長的世帯共同体が成立した後も、「親族共同体」を所有の単位とするような共同体の根強さが日本の特質として指摘される。
しかし、この理解は、同時期に活動した清水三男のように小経営の自立性を強調する立場とは相容れないものであった。だからこそ「二人のあいだに意見の相違がだんだん明らかになっていったが、その相違を具体的な仕事を通して明らかにすることが私の目標の一つであった」[*81]と石母田や藤間はその違いの関係性が明らかになることを望んでいた。

だが、清水の徴兵と無惨な死によって、この問題が学問的にはっきりと主題化されるのは、河音能平や大山喬平が登場する戦後、一九六〇年代までを俟たなければならなかった。しかし、次の石母田の発言、「辺境地方が重要な歴史的意義をもつてきたことは中世の発端の特質をなす点で、古代研究が都市及び畿内から始まるのに対して中世の研究は辺境から始めなければならない」[*82]を聞くと き、すでに戦争末期に執筆された論文「宇津保物語についての覚書」に、清水と教程グループの見解の相違が、都市と農村の違いというかたちでの、同時期における地域性の問題として組み込まれていたことに気づく。

その同時代に展開された違いがどのように交差していくかという点に、藤間や石母田の関心は存在した。この共同体の解体過程の相違を地域差として捉える観点は、清水に先立って渡部が「日本的奴隷制」の成立要因として掲げたところのものでもあった。渡部が明らかにしたように、古代奴隷制もまた共同体の未分化な地域と家父長的大家族へと分化が進んだ地域との同時期に並存する地域格差として、未分化な地域はそのまま奴隷制に包摂されていくと捉え直される。それはアジア的生産様式をめぐる論争を踏み越えて、藤間ら三次教程グループが渡部の日本型奴隷制論から継承した遺産でもあった。

ちなみに、藤間・石母田と渡部の奴隷制論との関係については、「渡部の奴隷制及びそれと結合した家族・共同体論の欠を補い、それを発展させたものとして出された」[*83]というのが今日にいたる学説史上の理解である。とくに「家父長的奴隷制〔渡部の家内奴隷制〕の分析」に焦点を据え、「渡部により日本に適用された農業共同体理論が放棄され、それと表裏一体の関係として……親族共同体と命名される共同体が実体化され〔る〕」作業を行なった。[*84]具体的な籍帳分析に立脚して「日本社会の現実に立脚してのM、E〔マルクスとエンゲルス〕の理論の積極的な修正」をおこなった点で、「M、Eの家族・共同体論の再検討の国際的な試みの中でも大きな意義を持つ」という関口裕子の評価は、「〔奴隷ではなく小家族を単位とする〕寄人の理解にまず賛成出来ない」という留保も含めて、今日でも妥当であろう。[*85]

しかし、戦前において国家論を批判的なかたちで展開するのは困難であり、マルクス主義研究は家族論に即したかたちで藤間、石母田、松本、そして関西の清水らによって、かつての教程グループよりもはるかに実証的な次元で進められていった。そうした困難な状況を、次の藤間の言葉は生々しく伝えている。

いつであったか、石母田への清水さんの手紙で、時節がら、あなたの論文叙述の仕方なら大丈夫ですが、藤間は配慮したほうがよく、松本は其の中間。石母田がにこにこしながら、私に伝えてくれたことを、思い出します。この時の注意は小さなことかもしれませんが、弾圧下の孤立した状況のもとでは、激励になり危険から身を護ります。共同戦線の出現といってよいと思いませんか。[*86]

清水が徴兵されるが一九四三年二月であるから、この手紙はそれ以前の一九四一年から一九四二年にかけて出されたものであろう。『日本中世の村落』の刊行された後、一九四二年の暮れには、藤間は清水の住む京都を訪れて激論を交わしている。

この頃、清水三男もまた論文のみならず、『日本中世の村落』と『ぼくらの歴史教室』（いずれも一九四二年）といった単著を相次いで刊行するなど生産的な時期を迎えていた。執筆活等が旺盛になるほどに、人目に触れる機会が増えるがゆえに、自らの作品執筆において用心深さが求められることになったのである。一九四二年九月に北山茂夫の報告「万葉における慶雲期の諸様相」[*87]を聞いたときに、「人民たちはたちあがれ、進め進めといった調子の〔北山の〕話に、塹壕を掘り進めながら戦いをしようとする私は質問する気持がおこらなかった」と藤間は感じていた。この感情は、藤間のみならず、清水や石母田たちに共通するものであったと思われる。[*88]

清水を含めた、藤間ら四人は、『資本主義発達史講座』から始まった近代・近世の研究と、『日本歴史教程』の原始・古代の研究が、律令制の崩壊期そして鎌倉幕府の出現をめぐる研究を通して、具体的に橋渡ししていくことになる。ただし、古代と近代が「日本通史」として整合的につながったかというと、羽仁派と渡部派が激しくぶつかり合った戦後の英雄時代論争や、河音能平や戸田芳実のような古代日本の社会構成体を農奴制として捉える立場の出現など、後々まで多様な問題をはらむ架橋ではあった。

「アジアの大地がこれほど軽くなったことはありません」[*89]。これはアジア的生産様式論争に対する石母田による批判の言葉である。マルクスが「アジア的、古代的、封建的、および近代ブルジョア的生産様式」[*90]（『経済学批判への序言』）として言及した言葉をめぐって、その論争は始まったわけだが、石母田の言うように、「「アジアの停滞性」をうちやぶる使命をもった理論がいつかアジアの停滞性を基礎づける理論――帝国主義のアジア支配の理論――にひきづられていったばかりでなく、自分自身の無気力と行動の停滞の合理化となり、西欧にたいするいわれのない讃美となり、アジアの大衆にたいする絶望ともつながっ〔た〕」[*91]。

こうしたステレオタイプ化された理論研究への反省から、藤間や石母田は具体的な籍帳分析に基づいて、古代日本における奴隷制の存在形態を模索していった。それは「奴隷制ほど多様な諸形態に分岐している体制はなく、奴隷制ほどその上に複雑多様な国家形態、観念形態、文化形態を成立せしめた体制は他に存在しない」[*92]と、石母田たちが認識していたためである。大政翼賛会体制下にあった当時の日本社会ではマルクス主義者たちはコミンテルンとの連絡も断ち切られていた。

しかし、こうした孤立した状況がソ連の政治的干渉からの自由をもたらしていた。同時に、藤間と石母田は学問で生計を立てられない苦労はあったものの、それ故に国家権力に監視された当時の学問制度からの自由もある程度は確保していたのである。たとえ本人たちはそれが奴隷の自由にすぎないと思っていたにせよ、孤立の代償ゆえに手に入る自由というものも確かに存在したのである。

何よりも彼らは、渡部が「セクト的・官僚的な党運営[93]」と呼んだ共産党の組織の意思決定からも自由であったのだ。

そもそもアジア的生産様式とは、『経済学批判への序言』においてマルクス自身が言及したものではあるにせよ、彼の生存中には明確な内実を伴わない概念であるにとどまっていた。その後の文化人類学の発展を省みるならば、その内実はマルクスやエンゲルスの過去の言葉のなかに求められるべきではなく、藤間や石母田が行なったように、具体的な史料の分析を通してその内実を未来に向かって与えていかなければならなかった。その意味で、「「アジア的生産様式」という便利な名称を与えられた異種混淆的で不均等な社会的な編成物[94]」と捉えるスピヴァクの、次の理解は示唆に富む。

> 「アジア的生産様式」は、類的生活のうちに閉じこめられて規範的とはなりえない逸脱へと永遠に捕え戻された他者の場所を表示している。……「アジア的生産様式」のほうも、歴史的‐地理的に見て「アジア的」でもなければ論理的に見て「生産様式」でもないことを自らに開示してきたのであった[95]。

世界史の基本法則に収まらない余白と逸脱の表象としてアジア的な場所は、マルクスにおいては非西洋的なものとして想起されるにとどまっていた。それに対して、歴史の余白として想起されたアジアの人々がその概念に対してどのような内実を自ら与えていくべきなのか、それがまさに日本におけるアジア的生産様式を論じるさいの目的であった。ただし、アジア的生産様式が歴史の中に実体化されたとき、余白として歴史を代補する機能もまた失われる危機に曝されることになる。

概念化を拒む外部のままでもなく、普遍的な概念になるのでもない。もちろん、停滞したままの特殊性でもない。普遍性に解消されない外部性を保ったままに、どのように概念化するか。それが、歴史学者が史料を解読する作業の中核をなすものであろう。「普遍（universality）」とは、「特殊（particularity）」と二律背反するものではない。誤って二律背反すると考えてしまったとき、西洋は初めて普遍となり、そこに合致しないものが逸脱や停滞と見なされることになる。ここにおいて「普遍主義（universalism）」と「特殊主義（particularism）」は表裏一体の「共形象（co-figuration）」となるのだ。

アジア的生産様式をめぐる抽象的な議論は、それに対してどのような立場を取るにせよ、その多くがこうした対形象の言説の枠内に絡み取られてきたと石母田は見て取った。だからこそ、彼はアジア的生産様式という術語の解釈ではなく、「支配と被支配との社会的関係」という視点から、「奴隷制という所有関係の差別」として「奴隷制社会のもつ極度の錯綜制と多様性」の解明に挑んでいったのである[96]。

この特殊性という理解に甘んじるがゆえに、日本こそが類希なる「神国」という言説もまた、停滞ではなく、その真逆の優越性という特殊性の表明にも容易に転じるものになる。つまり特殊という評価付けは長所にも短所にもなりうる両義的なものである。だが、普遍とは特殊を通してしか現われないと理解するとき、特殊性は現前不能な普遍性が具体的な時空に分節化された多様な「局所(locality)」として位置づけ直されることになる。だとすれば、アジアもヨーロッパも同じく局所的な場であり、現前不能な普遍をそれぞれ固有の歴史的文脈のもとに分節化したものとなる。それが、歴史的存在が自らの余白と現実に接しうる唯一の回路なのだ。

だとすれば、『経済学批判への序言』における「アジア的」な生産様式も、時間的前後関係とともに地域差としても現われ出ることが可能なものとなる。その点で、藤間らがアジア的生産様式という概念に回収されることなく、実際の戸籍史料を通して奴隷制のアジア的な展開過程を具体的に模索したのは適切な判断であった。ただし、普遍的な概念がなければ、個々の史料分析は単なる多様性に堕してしまう。個々の史料がそうした普遍の枠組みを前提としながらも、その枠を読み替えていくところに、理論的でありつつも、史料読解に長けた第三次教程グループならではの長所がある。

事実、アジア的生産様式という西洋的な眼差しに回収されることを拒否した石母田は、代わって自分たちの奴隷制研究の意義を「東洋がその完全な主体性を確立しようとする歴史的基礎を獲得〔する〕[*97]ためであると述べる。当時、彼は執筆中の著作の主題について次のように、静かにかつ情熱を込めて語っていた。

日本の社会の根底にあるのは奴隷制だと思う。室町時代ごろからは封建制が支配的になったが、しかし奴隷制の遺制は近畿地方ですらも、あとまで強固に残存した。現在の日本の支配勢力の基盤にしても、奴隷制の遺制を基礎にもつ半封建的資本制というべきであろう。日本で支配勢力の中核がながく連続してきた理由は、封建遺制の底にあるこの古代的遺制の存在に求められよう。[*98]

それは、「隷属のみが支配し、自由な精神の萌芽がなく、堅氷のごときデスポティズムがすでに風土の一部になっている」、西洋人のオリエンタリズム的なアジア観を読み替え、「東洋がその風土化されたデスポティズムをその内部から崩壊せしめる革命の歴史をもつに至った十九世紀中葉以後の歴史」へと、アジア人が自らを語る歴史を確立するためのものであった。[*99]

「暗い時代」の人的交流と「戦後歴史学」の胎動

さて、敗戦直前の一九四五年になると、警察の思想的な取り締まりだけでなく、アメリカ軍の空爆も激しくなり、戦況は苛烈を極める。都心部にある牛込で下宿をしていた松本もまた三月十日の東京大空襲と五月二十五日の再空襲で蔵書をはじめ一切合財を焼かれてしまう。そして、学問を諦めるつもりで、高専の教授として、故郷の松山へと疎開することを決める。その松本のための送別会が七月十七日に開かれた。[*100]

「自分は君達のように長男でなかったら、あの市ヶ谷の焼け跡へ小屋を建てて二年でも三年でも頑張るんだが。……田舎の教師をして、本当の国の役に立つ腹のすわった青年をこしらえる」[*101]と惜別の言葉を述べる松本に対して、石母田は「お前みたいな奴をもう十人作ってこい」と応え、藤間は身振り手振り入りのシューベルトを歌って、みんなの心を和ませた。石母田は一九四三年四月から日本出版会という戦時出版統制団体の普及課に移り、「都市と農村における読書調査」[*102]を担当していた。

藤間もまた、環境の変化を余儀なくされていた。職場の中心的存在であった社員たちが一九四四年十一月に横浜事件の一環として検挙され、激しくなった空襲を避けるために、都心部の京橋にあった職場を離れざるを得なくなる。一九四五年八月頃に入ると、旧制中学の名門校、埼玉浦和中学の担任教師として、再び伊豆公夫の縁故を頼って引越しをした。[*103]藤間は終戦の直前、八月七日に就任の挨拶を在校生の前でしたことを記憶しているという。

見合いをした藤間が所帯を構えたのが一九四二年、長女が生まれたのが一九四三年。家庭を構えてからの引越しだった。浦和に移ってからは、一九四六年に次女、一九四八年に三女が生まれる。妻房子は埼玉県羽生の裕福な問屋の生まれであったが、見合いの席で「私の思想信条から言って、出世は望めないよ」と正直に語る藤間に対して、「大丈夫です」と気丈に答えたという。それから約二十五年間、一九七一年に熊本に引っ越すまで藤間は浦和の地で家族と生活をともにすることになる。

石母田も同じく東京を引き払って、勤務先での都市と農村の調査から示唆を得たのであろうか、工場に入って現実を学ぶべきだと主張していた。すでに学部学生時代に非合法の労働組合に参加していた石母田はセツルメント活動を行なった経験があり、そこで東京深川白河町の朝鮮人部落の人たちと交流をした経験を有していたのだ。それを藤間は、「とにかく大衆の中に入らなきゃだめだ……。中央の出版社その他へ入っただけでは空襲の危険もあるし、内部が頽廃している……っていう意識があるわけだ」[*104]と、傍にいたものとして説明している。

しかし、石母田は、結果として杉並区に残り、一九四四年十一月に転職した朝日新聞社東京本社で『日本古典全書』の編集で、『宇津保物語』(宮田和一郎校注、一九四八年)や『平家物語』(富倉徳次郎校注、一九四八年)を担当していた。他方、京都の清水は兵隊にとられ、心配した藤間が清水の弟のもとを訪ねたものの、何の情報も得ることができなかった。

石母田は一九四二年十一〜十二月の「宇津保物語についての覚書」、松本は一九四三年六〜七月の「昭和一七年歴史学年報日本史中世政治経済」、藤間は一九四四年二〜五月の「氏族制について」をもって、執筆断念を余儀なくされていく。そして彼らの発表の場であった歴史学研究会もまた一九四四年八月をもって活動停止してしまう。当時、石母田は歴研の幹事を務めていたから、彼の判断も少なからず反映されていたようである。

すでに三月十日には東京大空襲、その直後に結局不採用にはなるが、石母田にも白紙徴用の通知が来る。[*105]藤間もまた石母田同様に

「背が低くて兵隊検査に落ちた」[106]という。しかし、そのわずか数カ月後の八月六日には藤間の故郷である広島に原爆が落とされてしまう。新型爆弾によって広島市は全滅したという情報は東京に届いてきたが、具体的な様子が把握できず、両親は既に亡くなっていたものの、広島市街地に住む兄夫婦の安否は一向につかめず、心配が募るばかりであった。結局、この原爆で藤間は実姉を失ったことを戦後ほどなく知るようになる。余りの衝撃に口を衝いて出たのは、「しょうがねえな」という力のない言葉だけであり、「日本が行き着くところまで来た」[107]と感じたという。

しかし、東京大空襲で一切を焼かれて故郷に戻った松本を別にすれば、石母田は一九四四年九月に藤間が編集を担当する日本歴史学大系シリーズの一冊、『中世的世界の形成』を一カ月で書き上げ、藤間は一九四五年二月までに『日本古代国家』（伊藤書店、一九四六年）の「第三章古代国家」を脱稿する。この二つの作品には東大寺領伊賀国黒田庄周辺の史料が多用されているが、それもまた渡部や松本との共同研究会で、東大の社研に籍を置いた三井礼子が編纂所員に頼んで入手した筆写本をともに読み進めた成果の一端であった。[108]三井は留学時代からの関心である女性史の研究を、渡部の勧めによって、藤間らと同様に古代戸籍の分析から始めようとしていたのだ。ともあれ、東京大空襲で都心部の印刷屋や出版社が壊滅しなければ、藤間『日本古代国家』と石母田『中世的世界の形成』はともに戦争末期に出されていた作品なのであった。

『中世的世界の形成』のなかで、石母田は「領主とともに庄民がその統治を承認せざるを得ないが故に、……庄民は統治者の頽廃を多かれ少なかれ分かち持たねばならない。政治の頽廃とはその世界全体の頽廃として現象せざるを得ないので、庄民のみ独り清潔であることは出来ない」[109]と述べ、自分の価値観が無自覚に生活世界観に呑みこまれている様を、黒田庄の庄民や悪党に仮託して次のような「暗い時代」の歴史として描き出した。

在地においてはすでに村落と武士の封建的秩序が確立していたにかかわらず、彼らの祖先が東大寺の寺奴であった数百年以前の事実を唯一の根拠として、彼らを寺家進止の土民として支配していること自体のなかに、東大寺の政治のあらゆる頽廃の根源が存在した。黒田庄の世界を支配していたものはこの頽廃以外にない。……平安時代以来村落生活のなかから徐々に形成されて来た新しい秩序が否定され、在地民には納得の行かない南都の悪僧と神人の暴力が支配する世界の暗さが長い時代にわたって覆っている時には、それはその世界の住人の心をも蝕んで行かずにはおかないであろう。[110]

社会の思想統制が徹底されていた戦中期においては、批判的発言を口にすることが社会的にも身体的にも死の危機に曝されることを意味する。それゆえ、藤間は石母田が完成した『中世的世界の形成』の原稿を日本評論社に持ってきたとき、「立派な遺言が出来たのだからという意味」で「まあお前も死んでもいい」という表現で労ったという。[111]

だが、より危険なのは、自分が発言を封じられた状態に置かれていることにさえ気づかなくなってしまうことなのである。そのような自分たちを取り巻く世界の価値観に呑みこまれてしまう状態を、石母田は現代と中世を重ね合わせて「頽廃」と呼んだ。その想いは藤間も同じものであったのだろう。彼もまた敗戦ほどない時期に、戦争末期の自分たちの活動の孤立を次のように振り返っている。

それは私自身の未熟の致すところかも知れない。即ちわれ〳〵の仕事の地盤はサークル活動以上に出ることができなかったのである。そこには問題を常に大衆検討に附し、しかも毎日刻々と高まって行く歴史を形成する人民の動きに、歴史のなにものたるかを教へられながら、たえず課題を現実的にしかも飛躍的に発展させることができなかった。このため問題は停滞して、解決への道を見出すことができず、三者相対して暗澹たる気持ちになり、渡部氏の姿などを脳中によび起したりなどしたこともあった。[*112]

後年、石母田本人が「私にとっても最大の課題は……天皇制に呪縛された多数の日本人民との対決の問題であった。それは同時に自己との対決の問題でもあった」[*113]と認めているように、農民を寺奴として縛ろうとする東大寺の論理は、人身支配の論理を貫徹しようとする点で古代律令制が冠にいだく天皇制を象徴するものでもあった。続けて石母田は戦中期の自分の研究関心のありかを、「以前にマルクス主義を学んでいた結果、歴史の進歩や変革の原動力が人民にあるという認識は変らなかったが、この正しい原則をネガティブな側面からいえば、人民の力と意識の停滞、あるいは後退は、歴史の発展を停滞または後退させるということでなければならない」[*114]と告白する。

戦中期の総力戦体制に人々が容易く組み込まれていった日常世界を実際に生きていた石母田にとって、人民側の隷属意識を変えるためには、下部構造の法則的必然性を説くだけでは不十分であった。それを認識する人間の意識であり政治的行動のあり方を問う必要があったのだ。必然性に貫かれた経済構造を前提にしながらも、人間の主体性を前面に押し出して歴史を捉えようとする観点こそが、同じマルクス主義歴史学者でも、渡部義通らの旧世代だけでなく、清水三男や藤間生大らの同世代に対しても石母田の歴史研究は特異なものとなる。

事実、一九四四年に入り、悪化する時局の中で石母田と会うことさえ容易ではなくなった藤間は、石母田が『中世的世界の形成』を執筆していることさえ知らなかったという。藤間がこの作品のことを知ったのは、石母田がその原稿を脱稿した一九四四年十月過ぎになってからのことであった。執筆のため、約二カ月のあいだ職場を休んだ石母田は、程なく朝日新聞社に異動せざるをえなくなる。

石母田は渡部や早川たちの社会構成体論から西欧マルクス主義の主体性論へと、松本や藤間と離れたひとりの世界に沈潜することで、独自の世界を形成し始めていた。それが、戦後の英雄時代論となって多くの人々を突き動かしていくのだが、実のところ、すでに一九四三年末に、石母田にとって戦中期最後の発表となった論文「宇津保物語についての覚書」でその構想は語られていた。

そこで石母田は、英雄時代を、「英雄は自己の属する社会集団を全体的に代表し、その集団の情熱と倫理と欠点さえもの体現者でなければならないが、かかる英雄はその集団自体が客観的に見て前進的な歴史的使命の荷担者として古い構造に対立している段階、したがってまた内部的対立がまだ全体を頽廃せしめることのない歴史的に若い集団おいてのみ発生する[115]」と定義している。

それに対して、古代社会とともに没落する貴族の生活は「公的、共同的意識の欠如した小都市生活」にとどまってしまうため、その「自由で孤独な反省的魂」は「社会的倫理」をもたない「頽廃」に染まってしまう[116]。こうした孤立した小都市生活者とは、戦中期に公共空間はもとよりマルクス主義の仲間からも、彼らが理想とした社会主義国からも切り離された石母田や藤間たち自身のことでもあったのは言うまでもない。

石母田英雄時代論の特質は、エンゲルス『家族・私有財産・国家の起源』から示唆を得ることで、反省的個人と公共的共同意識との重なり合いを説くヘーゲルの議論を階級対立という緊張関係のもとに把握し直した点にある[117]。同時にそれは、唯物史観のなかに個人の主体的意識を導入した試みであり、マルクス・レーニン主義の枠には収まらないミハエル・バフチンやジェルジュ・ルカーチあるいは三木清の上部構造論を再度展開させようとしたものであった。事実、石母田の蔵書には、日本語に訳された彼らの当時の著作が収められており、石母田が目を通していたことが確認される。

石母田の背景にある西欧的マルクス主義の主体性をめぐる議論は、渡部からマルクス・レーニン流の社会構成史論を継承した藤間にとっては、聞き覚えのないものであった。たとえば、左の文章は『宇津保物語』に対する、藤間の関心のあり方をその『日本古代国家』の記述[118]から石母田が要約したものである。

> 藤間も宇津保物語……を例として典型的な古代家族の経済が自給自足であった旨を考察すると共にそれによって他者との政治的接触における孤立性が彼らのうちに起ることを結論し、彼らが律令制を使用するために必要な力を蓄積・結集することの困難に言ひ及んでゐる[119]。

藤間も石母田と同様に当時の古代家族の孤立的な性質を指摘しているが、そうした民衆のもつ主体性の問題にまでは踏み込んではいない。それは一九四四年秋以降、藤間、さらには研究を離れた松本と石母田のあいだに生じた学問的な隔たりがどのようなものであったかを示すものになっている。

だとすれば次の論点は、こうして石母田が提起した歴史における主体性の問題を、藤間や松本がどのように咀嚼して共同戦線を再構築していくかにある。離れ離れになった三人が再び結集し、公共的な場で自説を展開していくためには、戦後の幕開けを待たなければならなかった。戦後、それは天皇制国家から解き放たれた自由が保障された空間であったはずである。しかし、戦中の孤独が彼らにもたらした創造的な空間自体が、戦後の始まりと共に終わりを告げてしまうことまでは、この時点では誰も気付いてはいなかった。いまだ日本帝国の支配下にあった彼らにとって戦後とは、実在するはずのないユートピアとしての希望に他ならなかったからである。

英雄時代論と国民的歴史学

大日本帝国の崩壊する日がやってきた。一九四五年八月十日過ぎ、当時朝日新聞東京本社に勤めていた石母田が浦和にある藤間家を訪ねてくる。

つっていた蚊張の片方のとっ手をはずし、布団をすみにおしやって彼のすわるところをつくったのだから、かなり晩かったにちがいない。彼はすわりもせず「戦争はおわった。おめでとう」といって、ひくい声で手みじかに事情を話した。燈下管制をしたうす暗い電灯の下で、「そうか」といって、私はおしだまってしまった。話しもとかくとだえがちであった。……私の気持ちは、一つの点に向かってしずみ、黙しがちになった。一つというのは特攻隊や自爆をした人々のことである。／南の海で死んだ人が可哀相だ「、」「なぁー」とぽつんといって私はあわててしまった。……石母田のことだから、誤解はないとは思ったが「戦争に勝てばよいと思ったのではないよ」とつけ加えた。[*120]

日本帝国の瓦解を素直に祝した石母田に対して、藤間の示した反応はその人柄をよく表わすものであった。浮かれることの出来ない当時の心中を藤間自身が次のように説明している。

アッツ・タラワ・マキンでの敗戦以来、玉砕ということがしきりにおこった。どうしてあんなにまで兵隊たちは戦うのだろう。といったことを絶望感をもって、石母田ともよく話しあった。あれは強制だけではできることではなかろう。……そうした玉砕を、たゞみている自分たちの無力と無策を、そうしたことを話しあうたびにつきつけられて陰うつになってしまう。……戦いに死んだ人に対する気の毒さということが、敗戦の知らせと共に、第一に胸中にうかんできた次第である。[*121]

藤間の心に湧き上がったこうした感情は、二本に分かれてそれぞれの思考を紡ぎ出していく。一つは打倒すべき多民族帝国が瓦解することによって、その対抗軸として浮上して来た単一民族というアイデンティティである。被害者としての玉砕する兵士たちへの同情もまた、こうした想像の共同体と呼ばれる民族的な感情的紐帯とはあながち無縁なものではないだろう。

もうひとつは、天皇を象徴とする国民国家の感情的吸引力の強さである。そうした同胞あるいは天皇に象徴される民族的感情にどのように向き合うのか。社会構成史の図式に依拠した近代資本主義の解体から、社会主義への移行を自動的に想定することを困難にする、上部構造における感情的なエネルギーの凝固の仕方。それを自らのうちの止みがたい衝動としてどのように見極め、対決していくべきか。戦後の社会構成体派にとっての課題がそこにあった。

こうした現実の民衆を目の当たりにした草の根の民族主義との対決こそが、藤間や渡部、石母田らの大きな課題になっていく。藤間たちの危機感にもかかわらず、彼らが戦中に書いた本は世の中に厚意を持って受けいけられた。一九四六年六月に、藤間の『日本古代国家』と石母田の『中世的世界の形成』がともに伊藤書店から発行される。ちょうど藤間が共産党に入党した時期である。

その反響はすぐに現われる。一九四六年七月の『日本読書新聞』では、「新しい国史創建へ　藤間・石母田両学究の成果」という見出しのもと、藤間『日本古代家族』と石母田『中世的世界の形成』が同時に両者の相互書評という形式で掲載された。興味深いのは、その見出しにおいて石母田本が「革命挫折の悲劇　嘗てない科学的叙述」と評されたのに対し、藤間本は「解放への情熱　掲げられた学燈の高さ」という言葉が与えられたことである。

人民の敗北を描いたペシミスティックな石母田評価とは対照的に、藤間の仕事は前向きの情熱が高く評価されたのである。いずれにせよ、「三十から三十一ぐらいで石母田や藤間は、大家になっとった」[*122]と、後から上京した松本は驚いたという。それは新しい学問の担い手というだけでなく、多くのマルクス主義者が戦中に転向あるいは戦時協力を余儀なくさせられる中で、「傷を受けていない学者は……数えるほどの人だった」[*123]ということとも無関係ではないと説明している。

この時期の藤間の家庭は浦和中学校の給与に加え、執筆依頼の増えた原稿料である程度の潤いを得ていた。この当時の東京の様子を、一九四七年春に藤間らに促されて松山から上京した松本は「旧い帝都は亡びてはいるけれども、民主主義文化の国を象徴するにはまだ遠い東京の姿があった。そして荒地野菊のかわりには荒れすさんだ人間の生活と喧騒があった」[*124]と振り返っている。

その松本も含めて、石母田や林基、和島誠一たちが藤間の家を訪れては、活発な議論を交わしていた。松本が「革命はもうすぐに起こる」と言っていたことを覚えていた三女が、松本に「おじちゃん、革命ってまだできないねえ」と聞くと、「う〜ん、悪いやつが多くてねえ」という返事が帰ってきたなど、暖かいエピソードが、藤間家にはいくつも残っている。こうした荒廃した空間のなかでこそ輝くたくましい明るさ、そこに藤間のオプティミスティクな思考力の源泉を見ることもできるだろう。

さらに、藤間の『国家と階級——天皇制批判序説』（太平社、一九四七年）、『日本庄園史——古代より中世に至る変革の経済的基礎構造の研究』（近藤書店、一九四七年）、疎開していた共同研究仲間の松本新八郎の『封建的土地所有の成立過程』（伊藤書店、一九四八年）。彼らのリーダーである渡部義通の『日本古代社会』（三笠書房、一九四七年復刊）、『古代社会の構造』（三一書房、一九四八年）、好敵手の早川二郎『古代社会史』（三笠書房、一九四七年復刊）、教程グループの記念碑『日本歴史教程』（人民社、一九四六年復刊）。藤間たちの論争者であった清水三男の『日本中世の村落』（日本評論社、一九四八年復刊）などが相次いで刊行されていく。

近代史においても、ここで逐一著作名は挙げないが、羽仁五郎、服部之総、平野義太郎、山田盛太郎、そして野呂栄太郎など、資本主義発達史講座に寄稿した諸論文を中心に、その執筆者たちの単著もまとめられて刊行されていった。

そして、渡部を中心とする古代史研究と、羽仁を中心とする近代史研究を橋渡しすべく、渡部義通・平野義太郎・大塚久雄を責任編者者として『社会構成体史体系』が一九四九年から刊行され出す。[*125] 出版元はかつて藤間が勤めていた日本評論社。上京したばかりの松本が嘱託の仕事を勤めながら、藤間や石母田や林基、そして渡部や平野とともにその執筆者の人選を行なった。

こうして戦後ほどなく、真理をめぐる知に飢えた人々に支えられて、藤間たち教程グループは、一躍、戦後を切り開くものと期待されるマルクス主義歴史学の中心人物と目されるようになったのである。一九四七年、藤間と松本が弱冠三十四歳、石母田が三十五歳のときのことである。

『社会構成史体系』は第一部が日本、第二部が中国を中心とする東洋、第三部が西欧を中心とする西洋という構成をとる。日本史中心主義という視野の狭さを脱却し、広く世界史の基本法則とその多様性を探る試みであった。井上清・遠山茂樹・西嶋定生・堀江英一・西郷信綱ら、若い世代のマルクス主義者の名前も多くみられる。それだけでなく、林の中学時代の同級生である丸山真男など近代主義者の名前も編者の大塚久雄とともにあり、その広汎な交流を反映した意欲的な企画になっていた。

時はおりしも、一九四七年に岩波書店から刊行された『西田幾多郎全集』が、発売三日前から岩波書店の周囲を購入希望者たちが幾重に取り巻くほどの人気を示していた。戦時体制下で情報から遮断されていた国民たちが真実を求めて人文書に飛びついていったのである。賑やかな出版状況のもと、藤間はマルクス主義歴史学者として打倒天皇制を声高に宣言する。

> 全日本の一切の階級支配の暴圧と惨酷を典型的に代表する天皇制、あらゆる良識と心理を芽生えの内に粉砕しうる天皇制、世界の人民に不安と荒廃をあたへた天皇制、われ〳〵は旧日本をたたきつぶしてわれ〳〵人民のための日本を新につくるために、これに対して舌なめづりしてとびかゝりたい所以である。[*126]

それはひとり藤間にとどまらず、歴史学研究会編『歴史家は天皇制をどう見るか』（新生社、一九四六年）など、羽仁派・渡部派を問わず、マルクス主義歴史学の陣営の主たる傾向であった。それを学問的なかたちで提示してみせた仕事の一つが、藤間『日本古代国家』であったのだ。

その一方で、敗戦直後に藤間が「なほ天皇制は新憲法の発布以後あらたな動きを始めようとしてゐる。天皇制のあらたなあり方は、ますます明確にせられねばならぬと共に、これが理論的根拠として、旧天皇制及び天皇は一段と厳密に考察、批判される必要がある」[*127]と警戒したように、戦後天皇制の新たな役割を見抜く必要もあった。まず、ここでは戦後の象徴天皇制の支持者、津田左右吉の動きを見ておこう。

藤間の証言から分かるように、津田とマルクス主義陣営は、少なくとも渡部や藤間の教程グループとは記紀批判という点で良好な関係にあった。しかし、敗戦程ない時期に雑誌『世界』に相次いで掲載された二論文、「日本歴史の研究に於ける科学的態度」と「建国の事情と万世一系の思想」[*128]が示すように、津田の記紀批判は天皇制廃止を唱えるものでは決してなく、むしろ戦後や大正期のような、天皇が直接政治に関わらない象徴天皇制のもとで国民主権を望んでいることが明らかになる。その点で、藤間の津田理解は、論敵として津田を批判する石母田や渡部の鋭い舌鋒とは異なり、そのマルクス主義批判の背景に、津田ならではの理由を探ろうとしたものであった。

津田さんの仕事の発想法と理論は民族問題から第一義的には出ている。記紀が描いた天皇の姿については批判が出るが、津田さんが現実と考える天皇については、批判が出ないのはそのためである。……実際の日本人の生活は日本特有のものであり、それはまもらなければならぬという持論があるからである。／かつての儒教道徳が日本人の知識人に影響をあたえ、日本人の実際の生活とはなれた思想や道徳がうまれたとか、……民族的エネルギーをなにかとさまたげる中国古来の思想と文化といった場合との類似において、このマルクス主義者の動きをみたにちがいない。[*129]

戦前の政治状況では、天皇制を盾にして軍部や政治家たちが帝国の版図を拡大していった。そのなかで津田は自著を発禁処分にされ、早稲田大学の職も失ったわけだが、戦前の体制が終わりを告げ、武装解除と植民地放棄がなされると、日本社会における津田の発話の位置は百八十度といってもおかしくないほど変わってしまう。藤間も、「私も戦後、津田さんから……叱りとばされ、反論したことがあります」[*130]と、戦後における両者の関係性の変化を語っている。

戦中において日本の単一民族国家論を唱えることは、当時の日本帝国の体制である多民族国家を批判することを意味するものであった。しかし、戦後においては、それは東アジア諸国を蔑視した自国中心主義的な発言として、単一民族国家を擁護する体制的なイデオロギーとなる。

戦中から戦後への以降の中で、自分の研究のもつ意味が本人の意図と関わりなく、変わってしまうことを、藤間は自分自身の研究を振り返りつつ、自戒をこめて「戦争中、つづけてきた研究……をできるだけ早く発表するとかいろいろ計画はたて努力はしてきた。しかしそれらの仕事のほとんどが、これまであったものの再建や一時的な加工であった。新しい事態をつくり出す上で、これまでの成果を考えてゆくという立て前では、なかったようである」[*131]と語っている。

占領初期にアメリカの占領軍を解放者だと規定していた左翼陣営は、次第にアメリカが新たな帝国主義者であるということを思い知らされるようになっていた。この認識転換の決定的な契機は、一九五〇年五月の共産党員の公職追放だった。そのときまでは、「まことに今次大戦における日本の指導者階級の敗北は、連合軍側の著しい労働者階級の労働攻勢によるといはれている。故にこの貢献と実力によって、米国は勿論、その他のソ・中等の諸国のわが国に対する態度は、大なり小なりこの世界に於ける労働者階級の意向と意欲に左右されてゐる」[*132]と藤間が述べたように、現在から見れば少なからず楽観的な認識が主流であった。その背後に、「占領軍を解放軍と規定し、日本民主化の推進者とみたてた日共の〝平和革命論〟[*133]」があったことは言うまでもなかろう。

こうした戦後の解放的な雰囲気のなか、藤間は『古代家族』に、戦争末期に書き下ろした国家論を加えて、『日本古代国家』という題名のもとに一九四六年六月に刊行したのである。この本を構成する家族・氏族・国家の関係を、藤間は「それらの家族は非血縁者や奴婢をも包括する大家族形成の出現を内在する奴隷制社会を形成し、それは擬制としての「氏族」という政治的社会を出現させ、ついで古代天皇制国家という擬制的な家族国家に到達するが、もはやそこでは血縁の表現は思想の範囲にとどまり官僚組織が貫徹する国家になっている」[*134]と説明する。

しかし、それは古代国家の成立がどのように古代家族論と結びつくか、両者を結びつける中間項としての氏族共同体や村落共同体の果たす役割が具体的に把握されていないために、抽象的に国家権力の暴力性を指弾するのにとどまらざるをえなかった。まず藤間は、「わが古代国家の二元性」として、「天皇制にまとひつく血縁的・慣習的・神秘的・家父長的・豪族的・人情的なもの」と「律令体制が目ざす地縁的・理知的・闡明的・個人的・官僚的・機構的な政治的社会」を同時へ依存するものと捉えたのである。[*135]

そのうえで、摂関政治の出現を「血縁的なものと地縁的なものとの二元性はつひにこゝに後者による前者の止揚といふ方式によつて完結し、まことに古代国家は矛盾なき単一性となつて来た」[*136]と考えた。そして、やはり戦前の論文を収録した『日本庄園史』において、藤間は議論の射程を封建時代初期にまで延ばし、「この荘園はついに律令的古代国家を克服するには到らなかった」として、「古代革命」の完了を封建社会の成立、すなわち「十四世紀の半ば頃から盛んとなる分国領及び幕藩体制の郷村制生まれてゐる時[*137]」に求めた。

そこに、奴隷制社会の解体を古代から中世にかけて考える藤間と石母田、その後の歴史的展開として農奴制の成立までを考える松本の学問との協業関係を窺うことができる。いずれも、その目的は、「小所有者階級といふケチクサイ性格をもつて、辺境の草ぶかい所に日を過ごしてゐた地方武士がすざましい奴隷的な抑圧を中央の官僚と貴族から受けながらも、ついに古代革命をなしとげた……特にわが国の場合、革命の経験としては維新革命をのぞいては、この古代の革命しかないのである」[*138]という言葉に集約されるところのものであった。

不十分にしか克服されなかった古代国家の一つの柱であった奴隷制社会の残滓が、八紘一宇という帝国日本の家族国家観に採用されていると藤間は考え、「天皇制もまた、独占資本によつて最もその繁栄をあたへられた。天皇制の本有的な性格である奴隷制的な抑圧態度の端的なあらはれを、ここに見ることができる」[*139]と述べた。たしかに、これは戦中の天皇制を支える家族国家論を批判するためには有効であったかもしれないが、実際のところ古代家族と近代国民国家を支える家族制度が異なる以上、実証的な次元では論証困難な議論に終わらざるを得ない運命にあった。

マルクス主義的な階級国家の定義が、「領域による国民の区分」「公権力の樹立」「租税」「官吏」といった、エンゲルスが『家族・私有財産・国家の起源』で示した指標に基づくものである以上[*140]、古代国家も支配階級の搾取組織という点で近代国家と直接に繋がりうるものである。しかし、今日の国民国家論が国民という存在の近代性を前提として成り立っているように、古代国家もまた近代に回収されない特徴、少なくとも近代的な国民の不在を前提とした支配形態も明らかにされなければならなかった。

それを本格的に始まったばかりのマルクス主義歴史学に求めるのは時期尚早なことではある。しかし結局のところ、藤間の分析が、「天皇制が人民にあたへる奴隷根性と天皇にあたへる置物的な性格を廃除して、これら両者に人間的位置をとりもどすことは、民族の不幸を救ふ所以である」[*141]という掛け声の域を出ることができなかったことも、今から見れば確かである。そこには国家機構の具体的分析はいまだ見られず、在地領主制のようにその二元性を結びつける媒介項も想定されていなかった[*142]。しかし、藤間が籍帳の分析から描き出した具体的な家族論は批判はあるにしろ、十分に学問的な討議の対象になりえるものであった。ただし、それが性急に国家論の次元に移行されたときに、具体的な史料を欠いた観念性に陥るという問題があったのである。

そうした性急性は、学問の描き出す希望に人々が素直に夢見ることのできた時代の表れでもあったのだろう。平和を希求する強い気持ちは、藤間の場合には故郷・広島の被爆という出来事がいっそうの拍車をかけたと思われる。戦後、一躍、学者としての知名度の高まった藤間は、敗戦からちょうど一年の経った一九四六年八月十五日に生まれ故郷の広島市を再訪することになる。筆者によるインタビューで、藤間は次のように述べている。「広島の未解放部落の人たちによる終戦の祈念祭に招かれたんです。原爆が投下されてから、私は初めて広島に入りました。それまでも情報は集めていたんですが、断片的な知識にとどまっていました。目の当たりにした広島市外はあたり一面焼け野原でした。山間部の可部に疎開していた次兄の家族は全員命は助かりましたが、爆心地の中ノ島にあった実家は焼けてしまい、兄の家族はそこに戻って小屋を建てていました。物資は何も手に入らない状態だったのでしょうが、それでも未解放部落の人たちが一生懸命もてなしてくれたことを覚えています。市内には泊まる場所がなく、私は尾道の方の、解放運動を支援している方の家に泊めていただきました」。

ここで藤間が目にした廃墟の光景が「民族の危機」の原点であったのだろう。さらにそこからは、藤間が戦後となえた「民族」という言葉が、被差別部落の人々も含めた、多様性と階級対立を踏まえたものであったことが確認される。「階級対立を含む民族」という言葉は当時藤間が盛んに唱えたことではあるが、こうした個人的経験が具体的に語られることはなかったため、多くの研究者たちは戦中の民族主義と安直に混同してしまったのではないだろうか。

では、ここで、英雄時代をめぐる藤間の議論に移ろう。藤間の議論に英雄時代が入ってきたのは、一九五一年の『日本民族の形成』(岩波書店)である。一九五〇年の民主主義科学者協会での報告「日本に於ける英雄時代」(『歴史評論』七号)をはじめ、この時期の著作をまとめたかたちのこの書物のなかで、藤間は「国家と民族の確立期を意味するもの」として「日本の英雄時代は、三世紀の卑弥呼の時代から、五世紀の倭の五王が出現するまでのあいだの時期」に求めた。[*143] そして、「英雄時代の英雄は……古い蒙昧な時代を破る先駆者としての位置を身をもってつとめ、しかも多くの人々の意志を自己に集約している魅力のある姿をもっている」[*144]としたうえで、それが専制君主に転化するのか、より民主的な政体になるのかは、まさに英雄時代の経験の仕方で決まってくると考えた。

この闘争において、王あるいは大衆が王の王との闘いに勝つ方向において、物質的な生活も進展して行けば、そこには古代デモクラシーがさかえ、個の逆の場合には、デスポットが生じてくる。こうした人間社会発展の最初の大きな岐路は、まさに英雄時代にあった。[*145]

この文章からは、英雄時代はアジアにおいてもギリシアにおいても、言及はしていないもののゲルマンにおいても、基本的に同じ社会構成体を有するものと藤間が考えられていたことが分かる。ここには諸形態の提起する問題を、単系列の時間的発展に置き換え、奴隷制以前の社会を「牧歌的」と捉えた藤間ならではの解釈が見て取れる。問題は、英雄時代の構造そのものではなく、その同じ構造をどのように克服していくかという、主体のあり方の相違にあったと考えられたのである。事実、一九五一年に刊行された『国家権力の誕生』(日本評論社)において藤間は、英雄時代の前史を「氏族時代の人々が、友愛において、信義において、更に自由と平等において、いかにすばらしい性格の所有者であったかということは、すべての人々が肯定している」[*146]と述べている。

アジア的生産様式を総体的奴隷制として、英雄時代の後に置くことで、藤間はその前の社会に牧歌的な社会を想定したものと思われる。ただし、津田が思い描いたような、没個性ゆえに調和的な共同体とは異なり、マルクスの表現を借りれば「ゲルマン的」ともいえる個性を兼ね備えたものがそこには想定されていた。それゆえに、英雄時代もまた「階級社会に一歩入りかけてはいたが、共同体的なものをつよくのこすことによつて、なお後世のいかなる時代にもみない魅力のある人間類型をつくりあげ〔る〕」[*147]と、その主体性が高く評価されることになる。

本源的所有の三形態については、藤間の理解によれば、理念的には時間系列に並ぶものと理解されており、議論の関心は同一の構造とみなされる下部構造のあり方よりも、それを分節化する上部構造のあり方に関心が払われたことは確かである。ここにおいて、石母田のみならず藤間においても、渡部以来の教程グループの社会構成体のアプローチに対して、上部構造への比重を重視する主体論が力を握るようになったといえる。しかし、社会構成体史と主体論の関係がどのようなものなのか、主体に対する下部構造の規定力とはいかなるものなのか、それが曖昧なままに藤間の議論の中にも流れ込んできたのである。

そして、このような上部構造の問題にいち早く取り組んだのが、石母田であった。戦中期の「『宇津保物語』についての覚書」にはじまり、一九四八年の「古代貴族の英雄時代」において、文学的形象を通して下部構造の規定を受けつつも、それを主体においてどのように受け止めるかという議論が展開されてきた。そして、中世紀の英雄時代を論じた『中世的世界の形成』においては、奴隷制から農奴制という下部構造の進展過程が上部構造の動きによって遮られていく様子を描き出していた。石母田は下部構造が規定力をもつ社会構成史の「必然」的な展開の中で、主体にイニシアティヴが与えられる「偶然」に主体の可能性を見出そうとしたのである。まさに、三木清の主体論と同じものをここに見ることができる。

しかし、下部構造の規定力という「必然」が消えてしまえば、石母田が津田を批判したように、観念が過剰になり、現実を変えるための主体性ではなく、現実から目を背けるための幻想に主体は呑み込まれていってしまうのである。一九五〇年前後の政治的現実といえば、アメリカの占領からの日本の独立のかたちが目下の課題となり、アメリカからも独立できるのか、それとも対米従属下という条件付きで主権回復するのかという、いわゆる民族独立の問題が盛んに議論されるようになっていた。

藤間たちは自らも党員として日本共産党の反米＝民族独立路線を指示し、農村や工場でのサークル活動あるいは大学での細胞活動を展開することで、歴史学研究会や民主主義者科学協会の学問活動を、政治的実践を担うものとして鍛え上げていこうとした。藤間はこうした活動について、「歴史家にかぎらないことだが、専門家あるいはインテリゲンツィアが、大衆を知り、大衆から学ぶ方法として、研究会サークル活動をもつことは一つの有効な手段だと思う」[*148]と、その大切さを語っている。それは、民衆の日常生活へ知識人が下降していくことで、抽象に走りがちな自分たちを変革すると同時に彼らを自分たちの知で変えていこうとする相互関係的な試みであった。

ただし、藤間において「サークル」と呼ばれているものが時に「細胞」と呼びかえられていることは十分に注意しなければならない。いずれもソ連の共産主義運動に由来する言葉と思われるが、サークルにおいては各組織の自立性を前提にしていたのが、細胞と呼ばれるようになると党の一方的な下請け機関となる。[*149]共産党が真理を体現していると考えられている限り、両者の存在に齟齬は生じない。しかし、その幻想が露呈したとき、民衆の自発的な動きが一党独裁を謳う共産党に回収されたことの責任が問われることになる。

そうした政治的実践性の強いサークル運動を、藤間たちは「国民的歴史学」と名づけ、「人民戦線」から、「社会主義民族の形成につながる」「民主民族戦線」への移行を次のように説明している。[*150]

世界帝国主義勢力の圧迫によって行なわれるこの日本民族の戦争の用具化と隷属は、国際的、特に東亜の諸民族に大きな影響をあたえる。……こうした民族の危機に対して抵抗するには、民族的なほこりを全民族に知らせて、わが民族に自信をもつこと、これまでの民族形成の苦心を知らせて、現在のわが民族の団結をはかるための教訓にしなければならぬ。コスモポリタン・近代主義等の思想に貫徹された教養主義は、外国人に対する必要以上の劣等感を全人民大衆にあたえ、また民族的な団結をさまたげている。……まだ不十分であるが、労働者を指導者にする民族の団結、すなわち民主民族戦線の形成がなされようとしている。[*151]

そこには冷戦下の一九四八年に起きた朝鮮半島の南北分断、そして一九五〇年に勃発した朝鮮戦争と、隣国が冷戦という国際情勢のもとに振り回され、その恩恵の軍事特需で景気回復する日本の犠牲になって、焦土と化する様を聞き知っていたこともあるだろう。そして何よりも、「民族」という名前のもとに、国内の「労働者階級」[*152]の結集を意図するものであった。それは既に紹介したように、藤間および彼の代弁していた共産党が、かつての福本の分離結合論を批判するなかで、「組織と個人の問題」として「生きた現実の中で、大衆に訴えて行こうとする」方針を採ったことと密接に関係していた。[*153]

藤間や石母田の民族概念は、一つは戦前から戦後にかけての政治体制の変化が大きな影響を与えている。日本帝国時代の戦中には、多くの日本人はその内実である多民族国民国家を支持したが、マルクス主義者である藤間たちは当時からその批判の帰結として、津田と同様に単一民族国民国家を支持していた。さらに日本の敗戦を機に「民族の衰弱と危機」（一九四五年十一月）を強く感じるようになった藤間は、「戦ひに破れたことは必ずしも民族の滅亡を意味するものではない。然し新たな環境に即応した拠点を見出し得ないで自己の歩むべき道を獲得する能力を失ったら滅亡である。……正に民族の危機と呼ばれる所以である」と、民族という共同性の大切さを改めて口にするようになっていた。[*154]

それが一九五〇年代冒頭になると、アメリカの帝国主義による占領に対抗するかたちで、いっそう単一民族国民国家体制が肯定される。自分の帝国か他者の帝国かを問わず、帝国を批判するなかで単一民族が本来的という考えがおのずと浮上してきたわけである。帝国主義批判は民族主義批判ではなく、むしろ韓国の例からも明らかなように、民族主義の擁護というかたちをとるほうが一般的なのだ。

加えて、藤間と石母田の民族概念を観るうえで重要な点がある。それは、日本の政治的文脈から生じた民族概念に、一九五〇年に日本語に訳されたスターリンの論文「言語学におけるマルクス主義について」（『前衛』一九五一年）での民族概念が重ね合わされたということである。戦前のスターリンは民族（nation）観念の作為性を説いたが[*155]、戦後は国民になる資格は民族（ナーツィヤ）という単位にあり、その前身である民族体（ナロードスノチ）では不十分であると述べていた。こうしたスターリンの論文は、作為を強調するものがベネディクト・アンダーソンのネイション論、民族体との連続性を強調するものがアントニー・スミスのエトニー論とある程度重なる点で、現代のネイション論の先駆をなす[*156]。しかし、問題はそれが転用される当時の政治的文脈における意味なのだ

戦後のスターリン論文ではナーツィヤやナロードスノチという概念は、ソ連の中央集権的な連邦制のもとで、そこに属する諸民族の自治権を中央政府がどの程度認めるのかという「行政上の基準」として機能していた。それは、ソ連という多民族帝国主義を維持していくために政治的に必要とされた概念であった[*157]。これらの概念が単一民族とされる日本の場合に転用されると、日本もまたアメリカに対して自治権をもつのは、連続的な歴史を有する独立民族だからであるという解釈も可能になる。特に、言語が民族体全体のものであるとする理解は、今では一国社会主義を維持する政治的要請から出たものだということが理解されるが、階級史観をとる当時のマルクス主義者にとっては良くも悪くも驚き以外の何ものでもなかった。

一九五〇年の石母田報告「歴史学における民族の問題」（『歴史と民族の発見』所収）、そして一九五一年の藤間報告「民族問題のとりあげ方」（『日本民族の形成』所収）はまさにその解釈装置としての役割を果たした。事実、藤間は騎馬民族国家論を唱える江上波夫との対談の中で、「文化が入ったことはわかるのですが、その主体が分からない――というのに、民族の移動をここで引っ張り出されると、非常な危険だと思うのですが[*158]」と、日本民族を空間的な移動によって生まれたものではなく、むしろその同一性によって連続性を確立したものだという理解を明示している。

結局、日本の主権回復を保障するサンフランシスコ講和条約の名のもとに一九五一年九月に締結されることになるのだが、それは日本がアメリカの軍事的保護下にはいる日米安全保障条約の成立を同時に意味するものであった。それの締結まではその条約を阻止するために、締結後は無効化を訴えて、日本共産党は占領軍を解放軍と規定した平和革命＝議会民主主義路線を捨て、ソ連のコミン

フォルムの指示に従い武装革命論へと転じる。そのなかで日本共産党は日本の民族の独立の名のもとに反米独立路線を唱えることになり、藤間もまた石母田や松本さらには林基とともに歴研と民科を拠点に展開することになるのであった。

「民族の英雄」と讃名のもとに選ばれた勤労青年や学生たちが山村工作隊として、工場や農村・山村へと派遣されたことも、藤間たちの学問的な「英雄時代論」と決して無縁なことではなかったのである。ナショナリズムとの曖昧な関係から、英雄時代の議論に距離を置いていた渡部義通は、「民族の英雄」とされた山村工作隊たちの青年たちを取り巻く様子を、疑問をもって次のように記している。

地区委員長らしいのや、地区の幹部連中が出て、……隊員に選ばれた人たちの名誉をたたえて、〝民族の英雄〟という言葉をさかんに使っていた、……そして隊員に選ばれたものの番になると、「断固として党と革命に一身を捧げる。そして山村工作隊として出発します」というような決意表明をやるわけなんだ。そして〝日本共産党万歳〟、〝民族の英雄万歳〟というようなかたちで送られていく。[*159]

この山村工作隊が考え出された背景について、同じく渡部は「中国戦法」にヒントを得て、「農村によって都市を包囲する、つまり、僻地の武装人民闘争によって、敵権力の出先機関の手薄なところをついて、つぎつぎに攻略を進めて根拠地を拡大し、武装勢力を倍増しながら敵の本拠地で本隊を包囲・撃滅する」という「典型的なゲリラ戦法」であったと説明している。[*160]当時、渡部は民科幹事長を経て、一九四九年に日本共産党候補として埼玉一区から出馬して衆議院議員に当選していたため、共産党の上層部として、その内情に詳しかった。

渡部と同世代の羽仁五郎もまた一九四七年に参議院議員に当選しており、羽仁派の学問の中心もまた藤間と同年代の井上清らに移っていた。後で述べるように渡部グループは主流をなす民族派、羽仁グループは少数派の国際派に共産党内でも対立していた。こうした一九三〇年代にさかのぼる両派の学問・政治的な緊張関係のうえに、歴研や民科の実践的な活力は生み出されていったのである。

民科は一九四六年の結成直後はマルクス主義者に限らず、社会民主主義者や自由主義者を含む、「日本の変革と民主的な復興の一翼としての使命を担わされるというような共通の理念」に広く支えられたものであったが、一九四七年頃から日本共産党の下部組織のように変化していった。[*161]藤間や石母田はその民科において常任書記を務めて、渡部の下で働いていたが、学問的な実践性においてはもはや彼から独り立ちして、自分の力で民科や歴研といった組織を政治的にも指導していかなければならない立場にあった。

『歴史評論』創刊の座談会での藤間や林基たちの発言を読むと、この雑誌の名前も石母田が藤間らと相談しつつ、『祖国戦線』などのタイトルも候補に置きつつ、「実証主義ではだめだ、評論的な」、すなわち「大衆にわかる歴史学、そういうものを評論的につくり出していこう」という狙いのもとに選ばれたことが分かる。[*162]ちなみに、当時の活動の記録を綴った貴重な記録が、藤間の著作『歴史の学びかた――危機における歴史と歴史学』（一九五〇年）および『歴史と実践』（一九五五年）であり、石母田の『正・続歴史と民族の発見』（一九五二・一九五三年）である。

すくなくとも、民衆の世界に身を投じ、民衆の心とともに民族という主体を変えなければ、戦中同様の知識人の孤立に終わるというという藤間たちの反省がその根底にあったことは明らかである。例えば、藤間は大衆からの知識人の分離したうえでの再結合論を説く一九二〇年代の福本主義を、「意識だけの終結であり、組織をまったく抽象したところの観念的主体であった」[*163]と厳しく戒めている。

先のサークル活動に見られるように、知識人の孤立から、「要求を中心として統一行動をくむ」[*164]民衆へのヘゲモニー論へと共産党の方針も転換していくなか、そのなかで藤間の著述法も『埋もれた金印』（一九五〇年）と『歴史の学びかた』（一九五〇年）を皮切りに、『日本武尊』（一九五三年）、『歴史と実践』（一九五五年）、『民族の詩』（一九五五年）、『やまと・たける』（一九五八年）、『倭の五王』（一九六八年）、『埋もれた金印　第二版』（一九七〇年）と、一般向けの新書や単行本を相次いで執筆するようになる。

そして、藤間に併行するように石母田正も『歴史と民族の発見』（一九五二年）、『続歴史と民族の発見』（一九五三年）、『歴史の遺産』（一九五五年）、『日本史概説Ⅰ』（一九五五年）、『物語による日本の歴史』（一九五七年、共著）、『平家物語』（一九五七年）、『歴史と民族の発見、抄』（一九六〇年）、『戦後歴史学の思想』（一九七七年）など、やはり一九五〇年代を中心に、一般向けの著作を相次いで発表している。同様の傾向を有する松本の一連の著作――その代表が『民謡の歴史』（一九六八年）――を加えてその主題の傾向を読み取ってみるならば、彼等の関心が、歴史的伝統の探求のもとに、特に藤間においては民族と英雄、言い換えるなら日常世界と主体の関係を明らかにしようとしてきたことが顕わになってくる。

藤間は一九五〇年代冒頭の活動を総括した著作『歴史と実践』の中で、党組織を通した実践運動の大切さについて、レーニンに倣って次のように述べる。「実践をぬきにしては思想、特にマルクス＝レーニン主義の思想は、考えられないということについては、多くの人が大体否定しない。しかし組織活動――特に党組織の活動――を除外してはマルクス＝レーニン主義の発展は考えられぬ」[*165]。そこから、先の山村工作隊や、民話の会や紙芝居のようなサークル運動、そして英雄時代における指導者と共同体をめぐる理解も出てくることは明らかである。藤間は「党より個人をという論理」[*166]を掲げる中国文学者、竹内好の立場を批判して、次のように個人と組織の関係を捉える。

要するに組織と個人、全体と部分の矛盾というものはないのにちがいない。実は全体と部分の相互の矛盾とみえたものは、個人の個人主義と組織の内部にある個人主義の対立であるにちがいない。したがって組織と個人、全体と部分といったものの間に、矛盾が大きく存在しているという見解は、個人主義が根本となっている資本主義の時代の産物であると思われる。[*167]

そこから議論を、「組織の必要はみとめるが、組織によって個人がだいなしにされてしまうといった、絶望感や感傷を克服するために、組織と個人についての原則的な研究が必要である」[*168]を展開する藤間は、こうした個と共同体との矛盾の解消された調和的関係を古代の英雄時代、さらには「社会主義民族の形成」[*169]に求める。特にプロレタリアートの英雄時代は、マルクス主義を介して流れ込んだヘーゲル弁証法の、あらゆる対立が止揚された最終的な真理の顕現する希望の場と目されたのである。

ただし、藤間や石母田は、知識人と大衆の緊張をはらんだ相互関係の中で全体性が確立するものだと考えた。それが、藤間が「民族」と名づけたものの意味である。藤間は「民族内部の階級闘争は抹殺されるべきではない。ただ民族解放闘争によって調整されるべきものであって、この内部の闘争を媒介することなくしては、民族解放闘争は強固なものとなることはできない」[*170]と、民族にとっては異質性が肝要であると言明している。特に藤間の場合は、石母田にとっての朝鮮人部落の人たちと同様に、最底辺層の人々の存在を捨象することなく研究を続けていたことを考え合わせれば、民族概念が異質性を前提するものであったことは否定しようのないところである。

異質性のもとに民族を捉える理解は、藤間が古代奴隷制の研究において共同体解体の議論を展開した成果によるところが少なくない。藤間も石母田も共同体が解体することで家父長的大家族が大化前代には成立すると理解する。ただし、それは先進地域のことであり、後進地域では共同体が未分化なまま、先進地域に共同体のまま取り込まれていく。ここでいう共同体とは部を単位とするものであり、政治的に創出された氏族に相当するといえる。その内部に家父長的大家族が含まれるのである。そんななかで英雄時代は、共同体と族長の拮抗関係から、原始共同体の崩壊する社会に出現すると考えられたのである。

それを一九五〇年代のサークル運動に即して言うならば、民衆と知識人とのコミュニケーションには了解不能な要素が横たわっているこそ、だからこそ両者を橋渡しする翻訳行為が求められることを、「大衆は専門家とちがって、現在の必要から歴史を勉強しようとしている。……当人自身がなんだかわからないが、とにかくモヤモヤしてるということは、しばしばでくわすことである」[*171]としっかりと藤間は認識していたのである。

ただし、大衆を知識人が学ぶべき正しき解答を秘匿する存在と捉える一方で、彼ら自身がその答えを自覚していないために、正しく取り出す手伝いをすることも知識人の務めだとも考えていた。その意味でも彼の考える民族は異質な存在の集まりであり、そこに対立や矛盾あるいは意思疎通の齟齬があるがゆえに、共約可能な意思疎通の場が生まれうると考えていたのである。だからこそ、民衆のもつ「ゆたかな経験が、個人の能力に蓄積されるのみで、国民のものにならない」、そうした自体を克服するために、「理論」や「叙述と発想法」を知識人が鍛錬して、民衆自身が自覚し得ないでいる貴重な個人的経験を民族全体のものへと普遍化する。そこに藤間らの国民的歴史学運動の狙いがあった。[*172]

その点で、学者や政治活動かは英雄に重ね合わされるべき存在であり、民衆の一人ひとりが現代においてはいまだ自立した個人ではありえないことも、そのサークル活動などの現場体験をとして彼らは深く認識していた。英雄時代の個と共同体、そして原始的共同体が解体するなかで出現する英雄時代という構想は、まさに当時の社会の混迷と希望を映し出したものであったのだ。もっとも、それを現実の歴史的存在にすぎないソ連共産党をして、「全世界の共産党の源であり模範である」[*173]と、真理性を体現した存在と目さざるを得なかった点に、当時の時代的制約があったことは今では言うまでもないことである。

社会主義になれば、「組織と個人、全体と部分の矛盾というものはない」と最終的な真理が実現すると考えてしまったところに、異質性をはらんでいたはずの彼の英雄時代的な民族論が、最終的には同質性に回収されてしてしまう危険性もはらまれていた。それはアントニオ・グラムシが説くところの、知識人のヘゲモニーによって民衆とのあいだに「歴史的ブロック」を確立するための戦術として、あらためて検討されなければならない課題であり続けている。

グラムシのヘゲモニー論をジャック・ラカンの主体論の観点から再解釈するエルネスト・ラクラウとシャンタル・ムフの議論を参照するならば[*174]、それは両者のいずれかが全面的に肯定される同質的な主体ではなく、双方に変容をもたらす影響関係の産物として主体は縫合される。そうした異種混淆的な主体化のありかたを、藤間は熊本時代に知り合う谷川雁の言葉を引いて、「大衆に向かっては知識人の言葉と思想を持って妥協せず語る。知識人に向かっては、大衆の言葉と思想で語る工作者」の存在が触媒になると後年語っている。[*175]そのさいに、主体をまなざす言説が一方的にイデオロギーとして固定化されてしまうと、もはや歴史的ブロックとしての主体——ここでは共産党や日本民族——は状況に応じて柔軟に状況に自らを開いていくことができなくなる。

こうした固定化したヘゲモニー論は、一九五六年二月にソ連で批判されたスターリン時代のみならず、レーニン時代にも見られた中央集権的なセクト的な党組織運営に遡るものである。[*176]日本共産党が多元的な複数権威を謳うヨーロッパのコミュニズム運動ではなく、ボリシェヴィキに象徴されるソ連共産党の指揮下に戦中から一貫して動いていたことを考えれば、こうした独裁党に真理の体現者を投影する傾向は、日本国内を支配する天皇制の特質とも重なり合って、渡部が指摘するように回避することが容易ではなかったのであろう。

そうした問題を、鶴見俊輔は「科学の担い手を個人から国民に移したということがいわれたわけですが、この時は非常に、翼賛運動に似て来てね、……その国民という巨人の名前でひとつひとつの意見を断罪されちゃった」[177]と、民族イデオロギーの弊害を指摘している。同様に、当時、共産党の内部にいた渡部は、「大衆団体や人民大衆の運動における自立性・独自性を押しつぶして、根本的には党による人民支配にいたらざるをえない」として、「大衆工作主義とともに、一般党員は工作隊にされちまう」という現実の運動の惨状を、苦渋をもって振り返っている。[178]

まさに歴史的ブロックにおけるヘゲモニー確立の失敗例、その全体主義的な均質化をそこに反省として見て取るべきであろう。そこに西欧に源を発するマルクス主義の思想と運動が、アジアにおいて実践的に根付いていくことの困難さを見ることになる。戦中は孤独な思索にいそしんでいた藤間や石母田のマルクス主義思想が、戦後の社会運動として広がりを見せていくときに、彼らが出会ったのはまさしくこうしたアジア的あるいは日本的な土壌の固有性であった。事実、その躓きは、少なくとも藤間と石母田においてはその眼差しを東アジアに向けるように誘っていくことになる。

さて、こうした意欲的だが危うい民族論を底流として、歴史学研究会大会が一九五一年に「歴史における民族の問題」、一九五二年に「民族の文化について」を統一テーマとして開催される。前者は英雄時代がその中心主題となり、藤間が「古代における民族の問題」を、後者は歌謡・民話までに射程が広げられ、松本が議長を勤めた。藤間は自分の報告した一九五二年の大会の様子、およびそれが与えた衝撃を「この大会は一つの事件であった」として、次のようにまとめている。

> 立場を異にし、思想はちがっても、これまでの手なれた自分たちの研究方法や研究対象について、動揺と反省を、この大会を機会として、おこしはじめた人は多い。……祖国が植民地になり、革命の対象と革命の方法さえも、大転換を余儀なくされた時代である。……このふきすさぶ嵐にふきまくられて、われわれはよろめいてたおれたり、おきあがって二、三歩あゆんだ所で、またころんだりもした。……しかしわれわれはこうした失敗と鍛錬としてうけとるだけの能力と気迫だけはもっていた。[179]

藤間はその報告において、「今日私が古代及び中世にかけて「民族」という言葉を使いますが、これはいわゆるフォルクの意味であって、ナチオンの意味ではありません」と断ったうえで、「フォルクとナチオンの異質性を明白にさせるとともに、その間の連関性をもはっきりさせる」とまず述べる。[180]そのうえで、ヤマトタケル伝承を例にとり、「フォルクの精神に含まれていた人民的な要素」、すなわち「民族的な意識は国家意識にすりかえられて、貴族の意識に堕しやすくなる」として、次のようにヤマトタケルをめぐる人物形象が古事記と日本書紀で著しく異なるのを次のように解釈する。

> あの英雄的な人物が、天皇の命令があれば泣き〳〵ながらも東の方に遠征して行かざるを得ない。ああいうような形に英雄的な人物が上の権力によってひん曲げられてしまう。これまでヤマトタケルミコトの言動の内にあらわれていたはずの大衆的な言動

が大衆の共感をそそってやまないことはひたすらはぶかれて、政治的な一個の道具としてのみ再現されてしまう。*181

藤間の報告においては、「〔それまで〕意識的に使用を排除した記紀を生かすための方法論」として、石母田英雄時代論の提言を受けて、古事記の人物像から英雄時代の主体のありかたを、民族意識の目覚めとの関係性のなかで探った。しかし、その英雄時代論は石母田の英雄時代論文とは、書かれた時期の政治的状況の違いもあって、その議論の立て方にかなりの相違があった。後年、それを藤間は、「石母田論文のやまと・たける論は、古代天皇制思想の批判を目指したものですが、私は『古事記』のたけるの叙述は古代天皇制思想の批判のみでなく、民族の貴重な文学遺産として強調しました」*182と、自らまとめている。

石母田が古代において民族は「古代貴族の英雄時代」といった表現にあったように、近代的な国民国家に重なり合うかたちの民族（nation）ではなく、貴族など特定の階級や集団に限定的に用いたのに対して、藤間は『日本武尊』（創元社、一九五三年）に代表されるように、近代的な民族を論じるための方法として原始時代末の英雄時代を語る傾向があった。それは状況を批判するだけでなく、批判的に介入することで状況を現実に変えていくことを具体的に願っていたがゆえの言動と捉えることも可能であろう。なかでも、彼はのちに竹内好が「近代の超克」論文（一九五九年）で展開するのと同様に、日本浪曼派の保田与重郎に一定の評価を与えている。

> 太平洋戦争のさなか、特に若いインテリゲンチャが、戦争の意義に望みをうしないながらも、戦争に行かざるをえない境遇におとされた時、……国定教科書の〔日本書紀的な〕タケルと、保田のえがいた〔古事記的な〕タケルと、どちらの方が、若い人の心にくいいったでしょうか。いうまでもなく保田の方だと思います。……我々はたとえ天皇制によって「処女性」をうばわれた日本の民族主義とその運動であっても、それへの対決なくしては――忘却や無視ではなくて――それの克服もできないとわれわれは考えていたのです。*183

こうした保田や竹内ら日本浪曼派の流れを汲むものに対する注目は、文学に造詣の深い藤間ならではの目配りであろう。そして彼は民族という混沌とした記憶の中に、社会主義における社会のありかたを取り出そうとしたのだ。ヤマトタケルを通したその探求は、一九五〇年の民科報告「日本に於ける英雄時代」に始まり、一九五一年刊の『日本民族の形成』をその理論的骨子として、同年の歴研大会報告「古代における民族の問題」、その熱が去った後も『日本武尊』（一九五三年）、六全協後の『やまと・たける――古代豪族の没落とその挽歌』（一九五八年）、さらには『倭の五王』（一九六八年）、『埋もれた金印第二版』（一九七〇年）、『邪馬台国の探求――〝埋もれた金印〟を中心としたゼミナール』（一九七二年）と、直接に英雄時代論を主題としたものだけでも二十年以上の歳月にわたり、驚異的な持続力をもって彼のなかで少しずつ深められていくことになる。

事実、この主題がいかに藤間にとって重要なものであったのかは、「五〇年代には歴史畑のみでなく、方々でも話題にされたが、六〇年代には話題にされなくなった」と認めたうえで、「石母田は生涯をつうじてそうであったように、私自身も今もってこの主題に愛着し、六〇年代以後、日本古代史関係の著書や論文には必ずといってよいほど言及し〔ている〕」と語っていることからも分かる。[*184]そして最終的には、古事記の倭健命像を「三・四世紀から五世紀の初めあたりの時代に生きた県主階級の風貌」[*185]を反映した伝承と考えるにいたる。

だが、こうした藤間の英雄時代論は戦前の天皇制国家への回帰を促すものとして、当時から国際派の井上清らから強い批判を浴びてきた。

今日のわが国で征服者を民族の英雄とほめたたえてもよいものか、もちろんよくないにきまっています。……古事記・日本書紀に伝えられているヤマトタケルノミコトは後の天皇制専制主義者がねじまげたもので、本当はそんなものではないのだ、といってみたところで、やはり、彼を古事記・日本書紀の記載からはなしてしまうことはできないのであって、……そうすると、われわれはヤマトタケルノミコトを民族の英雄だと宣伝しているうちに、もういっぺん金鵄勲章をぶら下げることにならんともかぎらないと思います。[*186]

この議論の背後には日本共産党における民族派と国際派の対立があり、国際派の学者たちの中には共産党から除名処分を受ける者も少なくなかった。藤間の議論の学問的な質とは別に、英雄時代論を批判することは山村工作隊を「民族の英雄」と称賛する共産党主流派の方針に異議を唱えることを意味するものであったのだろう。そこには、自らの用いる術語が社会の通俗的意味を帯びてしまう問題があった。当然ながら、藤間もまたそうした雰囲気から無関係ではいられず、一九五四年頃に日本共産党の指示に基づいて、井上に「プチブル的な生活態度」[*187]の自己批判書を書かかせる役目を務めることを余儀なくされた。その後、藤間も井上もその当時の論争を、「「見解の対立」が組織によって規制されたところに主な原因がある」[*188]と、その政治的な介入を苦渋に満ちて振り返っている。

しかし、藤間報告そのものは、現在の時点で先入見なく熟読するならば、均質化された国民国家の出現を望むような全体主義者という意味での通俗的な民族主義を鼓吹するものではなかったことは明らかである。たとえば藤間は、フォルクとしての民族体を、「政治的権力の初めての誕生があって、広汎な政治領域がうまれる奴隷制社会の成立とともに、大概の場合出てくる」[*189]と捉える。それに対して、ナチオンとしての民族を「経済的生活というものが、著しく発展して人間結合のための重大な媒介物になっている」として、同じ「言語・地域・経済生活・文化の共通性のなかに現われる心理的な性格の共通な基盤として発生したところの人々の強固な共同体」としての民族でも、時代によって性格を異にすると考えた。[*190]

ちなみに一九四九年に、藤間は石母田とともに、自分たちの封建革命論を「武士を発見すると、そこにとどまってしまい、人民に及ばれなかった」[*191]と、羽仁派の鈴木良一に批判されている。それに対して、藤間の考えも代弁するかたちで石母田は、「「下からの革命」はいつも「上からの革命」に負けてしまったのである」[*192]と単純化する鈴木に対して、「拙稿において第一に人民の力が無視あるいは軽視されているであろうか。……問題と困難はむしろ第一に歴史上のそれぞれの変革におけるこの「妥協」と「不徹底」の特殊なあり方と独自の法則性を明らかにすることにある」[*193]として、次のような論駁を加える。

> 土地を保有した班田農民さえも、律令制とたたかうことによって律令制を直接倒すことができず、したがって直ちに自由な農民的土地所有者になり得ず、……その地主制を媒介とすることによってのみ律令制あるいは古代国家の強大な組織を徐々にではあるが否定することができたということは、動かすことのできない歴史の進行の仕方である。[*194]

そこには、超歴史的理念としての「人民」を歴史に実体化することは、史的唯物論の法則性を無視した非現実な願望に他ならないという石母田らの認識がある。むしろ、各時代の歴史的制約のなかでどのような主体形成が現実に可能であったのか、その歴史的ブロック形成における力点の置かれかたを冷静に見極めて評価しようとするのが藤間らの戦術であった。それを無視したときに、彼らは福本のような観念的な知識人論や人民論の陥穽におちいると考えていたのである。ここからも、藤間らは民族と言っても、時代によってその特質も中心になる担い手も異なると批判的に考えていたことは明らかである。

フォルクとナチオンは連続性でも繋がっているが、一方で来るべき新たな社会主義的な民族を創造するために、止揚されるべき対立物でもある。石母田が「ブルジョア的民族を過大に評価し、それ以前の歴史から当然くみとることの必要な遺産、新しく発見されるべき可能性にたいして窓を閉ざすこと」[*195]のないように、フォルク的な民族伝統を掘り起こし、そこで資本主義的なナチオンを読み替えていく戦略を述べている。藤間も同様の立場を取っており、「忘却というものは、問題の処理に役に立つものではありません。我々は現在もっているものとの対決を通じてのみ、はじめてその相手を克服できるのだと思います」[*196]と、弁証法的止揚の必要性を述べている。

さらに歴研報告において藤間は東大寺の建設、そして神仏習合と議論を展開していき、いかに国家権力と人民のせめぎ合い、あるいは共犯関係によって民族観念が成り立っているかを再確認していく。そこにはヤマトタケル論の場合と異なって、天皇制の問題が表に顕れ出ていないために、議論の狙いがすっきりしたかたちで見て取れる。つまり、人民と国家権力が二項対立的な関係で理解されており、拮抗関係から国家による人民の抑圧へと関係性が変わっていくという唯物史観の構図が前提とされていた。

ただし、彼は歴史を国家権力による人民への一方的な抑圧的関係として、単純な読み解きかたをしていたわけではない。武士階級に担われる封建革命において、本地垂迹説のように「初めは民族全体の思想ではなかったでしょうが、社会発展のヘゲモニーを握ってきた領主的豪族層や権力をにぎる貴族たちの思想となってきたために、広汎な影響力をもち、この思想は民族の思想と次第になってきた[*197]」と考えている。

そこには、大学時代に藤間が感銘を受けた津田左右吉の国民文学論の考え方、国民文学というは支配層の思想が長い時間を経るなかで、その形式を借りつつも、民衆がその内実を読み替えて独自のものに鋳直していくという理解が存在する。藤間は、「津田先生のこと気になります。まだ眠っている鉱脈があるとはみています[*198]」と、立場は違えども、後々まで津田の学問の可能性を見出そうとしているのだ。その典型が戦後に焼失した法隆寺金堂壁画をめぐる藤間の議論である。

彼は、「封建社会の下では、文化遺産を未来にいかに媒介するかという認識と方法を提供することを目的とする歴史学の発展は、あまり必要でない」と旧来のあり方を批判したうえで、「これからの文化を創造する新しい人間は、下々の労働階級を中心とする人民であり、実はこの人々こそが、創造文化に役立つものがあれば、……そうした文化の保存のために努力するものである」と、その抱負を述べている[*199]。

それは、法隆寺のような支配階級のイニシャティヴのもとで作られたものが、近代において民衆のものとして位置づけなおされていくとする、レイモンド・ウィリアムスやスチュアート・ホールのようなカルチュラル・スタディーズ流の流用行為（appropriation）と極めて類似するものといえよう。なぜならば、カルチュラル・スタディーズが論じる思想や主体というものは、異なる時代や地域あるいは社会集団へと分節化される中で、その力点や特質が変容をきたすと考える文化変容論だからである。

カルチュラル・スタディーズが同時期のイギリスに起こったマルクス主義の上部構造論であることを知るならば、同様の発想が藤間によって抱かれたことも驚くには当たるまい。こうした長期の歴史的尺度で支配層の文化が被支配階級に読み替えられるという発想は、同じマルクス主義的な主体論に傾斜したものであっても、やはり石母田には見られないものであった。それは津田の文学論に親炙していた藤間ならではの視点であり、石母田よりは、むしろ松本の民謡論のような、田楽や鉦叩きなど芸能者や下層宗教者のより広い世界へと開かれていく方向性を秘めたものであったと言える[*200]。

繰り返しになるが、それでも藤間の英雄時代論は民族の歴史的性質の変化よりも、その連続性を強調する傾向にあったことは確かである。それゆえに、英雄時代論における彼の記紀論は、「どちらかがまちがっており、どちらかが正しいといった」二者択一的な価値判断のもと、時間的な前後関係のもとに、日本書紀に対して古事記を優位な位置に置く単一発展論的な議論を展開する。しかし、その後の記紀作品論の立場からすれば、そうした本質と派生といった捉え方自体が、本質主義的な性急さが生み出した錯誤行為なのであった。

それゆえに、奴隷制や封建制の移行期に見られる変革期の時間の隙間的な部分よりも、そうした社会構成体がどのように展開していくかという、単系進化論的な視点が強く見られる。それゆえに、原始時代に始まって中世後期まで、さらには近代の自由民権運動まで、英雄時代の痕跡を捜し求める通史的俯瞰も可能になったのだ。「日本共産党は民族独立の方針を他の政党とくらべて早々と提起し、反帝国主義の意図を明白にしたが、それを実践する主体としての民族の認識は未だなしであった」[*201]と藤間が振り返るように、政治的スローガンを現実に実践する主体の拠点として英雄時代的な主体が模索されたのである。

だが、その一方で、一九五二年の歴研大会「民族の文化について」での北山茂夫の発言に見られるように、議論の安易な実体化という批判が当時の藤間に対して幾人かから行なわれることになる。

藤間君のやられたことに言及すると、そこに何ら石母田君の所論を充実させまた批判し、建設することなしに、英雄時代をすでに動かない前提として分析をすゝめています。石母田君の論説自身、提案の仕方や、実証の中に多くの疑点があるが、それが問われていない。[*202]

それに比すると、三木清やベンヤミンの影響を受けた石母田は、すでに戦争末期の『中世的世界の形成』の段階から、上部構造としての主体化論のみならず、主体に伴う欠如や傷といったものが、社会構成体の移行期に顕在化してくる時間の余白に強い関心を抱いていた。石母田にとっての英雄時代は、その意味では既存の支配から逃れ出た時間に顕れ出る例外状態であるがゆえに、有意義なのである。他方、藤間や松本からすれば、固定化した時間を脱臼させるよりも、もう一つの別の秩序化された体制を作ることのほうが喫緊の課題とされた。それゆえに、一見、火急に迫った「社会主義革命」あるいは「民族の解放」という政治的実践を念頭に置くとき、主体は脱臼されるべきものではなく、確固たる歴史的ブロックとして樹立されるべきものと見なされたのである。

「皆さんの郷土にも、ヤマトタケルのミコトの伝説はあると思います。……人民大衆の郷土文化のいとなみとして、さらに民族の文化をゆたかにしているいとなみとして研究していただければ幸いです[*203]」。この藤間の発言も、以上の文脈からみれば、現代における社会主義的民族の実現を招来するための民衆史の掘り起こしの試みにほかならなかった。

石母田にしても同様の革命的使命に突き動かされていたことは、どれほど彼の学問的水準の高さを力説したにせよ、間違いのないところである。ただ、その過程において脱臼した時間を介入させるか否かで、学問のみならず政治的実践においても、構想される共同体や主体のありかたは大きく異なるものになるだろう。もし英雄時代をめぐる議論が途絶せずそのまま深められていったならば、同じ英雄時代論者、石母田と藤間、そして松本のあいだにもかなりの認識の相違が明らかになったはずである。それが道半ばで途絶えたことは残念である。

たとえば、松本は中世の民謡について、「民話は民話なりに、それが描いた時代の社会なり、農村の生活なりをリアルに描いているんだと思います。……その時代の民族的なもの、精神的なものが農村に生きている」[*204]とする。しかし、藤間は「民話を神話と比べてみると、対社会的な動きがない」ことを懸念する。[*205]そこには、石母田が木下順二の現代民話『夕鶴』に「奥行きが欲しい」[*206]と注文を加えたように、真に民族的なものとするためには、時代と対峙するような作品の強度すなわち超越性が必要であると、古代英雄時代の論者である藤間と石母田は考えていた。

他方、松本の議論は記紀神話のような支配層の所産とは異なり、底辺民衆の呪術的世界を包摂するものであり、確かに超越性は欠くものの、それと対をなす日常生活に内在する世界を射程においたものであった。事実、それは当時松本とともに民族運動をした網野善彦に引き継がれて大成することになる。その意味で、緊張感を孕む松本と藤間・石母田の民族文化論もまた、相補い合って日本の民族文化のありかたを提示する作業へと進められるべきものであった。

これまで英雄時代論争をめぐる評価は、マルクス主義が民族主義に傾斜した「革命的ロマンチシズム」[*207]という否定的見解が支配的なものであった。しかし、以上の考察をふまえるならば、当時の英雄時代論＝民族論の対立陣営のどちらかが唯一の正しい答えを有していたと考えることは適切な問いの立て方ではない。むしろ、その対立を抱え込んだ言説布置から、戦後日本に固有の植民地状況を読み解くことが何よりの今日的課題となるはずである。

「たとえわれわれの手の内ににぎれた文化が低くて、これまでの支配階級の手によってけがされたところがあったとしても、国民がこれまで育ててきた文化の蓄積は、大切だと思います」と述べる藤間は、英雄時代論争を通して「従属国という境遇から、……これまで国民がいだいていたものの見方の変革をはかり、新しい事態の認識ということをすること」を課題として取り組んだ。[*208]それは成功を収めなかった試みと評されるが、植民地状況を脱しようとする時に、戦後において否定された民族主義というかたちを纏わざるを得なくなる状況そのものが、まさに戦後のポストコロニアル状況を体現したものなのである。

その点で、「五一年の歴史学研究会の大会の紛糾は、吾々の科学がもっているよわさのあらわれであって、こうした紛糾という形をとってしか、吾々の研究をあらわす以外に方法がなかったのが、実情だと思います」という藤間の認識は、後日譚ではあっても的確な状況把握であり、そうした現実に批判的に介入すべき「理論のひくさ」が藤間の指摘するように問われるべきであったといえる。[*209]

そもそも日本の近代という時代が植民地化の危機とともに始まり、アジアとの関係を含め、植民地化と脱植民地化のせめぎ合いとして現代にいたることを考え合わせるならば、少なくとも日本においてマルクス主義はその抵抗の根拠としての民族観念と切り離せないものとして、その他の多くの思想・運動と同様に、当初から存在してきたのである。帝国主義に対して自分が宗主国側として関わるならば、そのイデオロギーは多民族国民国家のかたちをとるが、逆に植民地化される側に立たされたとき、自民族の独立という形をとった抵抗になることは、日本に限らず近代において必然的な経緯であった。それがある程度、戦後社会のなかで達成されてきたからこそ、一九九〇年代以降、西川長夫や酒井直樹による国民国家批判もまた可能になったことは見落としてはならない。

だとすれば問題は、その民族史をどのようなかたちで構想するのかという点にある。藤間たちは同じ普遍法則のなかでの現れ方の違いとして日本民族の歴史を捉えようとした。そして、彼らの民族論は、時間的には連続性を想定しながらもそこに変化を含み、たえずその内容を更新していく異質的な同質性として考えようとしていたことである。そこに保田與重郎とも竹内好の民族論とも異なる、異質性を基調とした共約性の場としての藤間の民族論の特質がある。戦前の全体主義的な観念にあえて手を突っ込み、民族観念の読み替えを図ろうとしたことは高く評価されるべきであろう。

しかし、そのなかで同質性と異質性がどのように絡み合い、普遍性と特殊性がどのように交差して局所的なものとして分節化されるか、そうした議論が現実の政治的な課題のもとに熟成する時間を与えられないままに、英雄時代をめぐる議論は混迷を深めていくことになる。

挫折の経験

一九五五年七月の日本共産党の第六回全国協議会（六全協）において、武力闘争路線の撤回が党の方針として発表されると、学問的意義をめぐる議論を十分に果たせないままに、英雄時代と民族をめぐる議論も人々の関心を失っていく。結局、一九五一年に締結された日米安全保障条約を梃子とする、アメリカによる日本の植民地化に左翼的な知識人たちは歯止めをかけることはできなかったのである。

六全協の趣旨を、歴史家の遠山茂樹は、「極左冒険主義と左翼セクト主義の自己批判、五〇年以来の党分裂の克服および統一の回復、集団指導および党内民主主義の樹立、大衆団体の自主性尊重を決議した」と手際よくまとめている。ただし、それが実際にどの程度深められたかという点については、渡部が「六全協決議というものは、党の分裂と分派闘争について明確な総括を示していなかった」*210と批判するように、いくつかの根本的問題がきちんと討議されないままに放置されてしまったことも確かな事実である。とくに渡部は武装闘争路線から平和主義への方針転換が本当に妥当なものであったかという点について異論を唱え、右から左へと容易に方針を転じえる党の体質こそが組織論として問題であるとして次のように指摘した。

有力な外国の党などの鶴の一声で右へならえを常にやってきた党なんだから、いつどっちへも方向転換はできるんだけれども、党の体質ということになるとそうはいかない。その体質は、日本社会そのものに根ざす、家父長的な人間関係とか、しきたりとか、生活意識とかいうものに加えて、三〇年以来定着してきたスターリニズムの党理論と、セクト的・官僚的な党運営の中で、長いあいだにわたって作り出されたもので、いわば血肉となった伝統的な習性だからだ。[*211]

渡部からすれば六全協もそうした方向転換を示す習性のひとつにすぎず、組織の体質そのものを変えなければ同じことを繰り返すことになると懸念されたのである。かつてレーニン『組織問題』を翻訳した渡部らしい指摘であり、まさに組織におけるヘゲモニー確立のありかたを問う提起であった。それゆえに、渡部は一九六四年末に共産党から除名されることになるのだが。

おりしも、英雄時代論争の末期、一九五二年八月に衆議院が解散し、三年八カ月の間、国会議員を務めた渡部義通に代わって、藤間が同じ埼玉第一区から同年十月に衆議院に立候補することになる。その一カ月前には自分の思想を埼玉の人々に理解してもらうために、結局は事前運動になると配布が禁じられたが、埼玉県の共産党の機関の支援を受けて、「とうませいた」の筆名で『秩父風雲録——秩父農民闘争記』（埼玉県義民記念刊行準備会、一九五二年）を刊行している。ここで取り上げられた秩父事件は、当時の百姓一揆や自由民権運動の高まりに刺激を得て、「自分たちの自由民権運動とは縁なきものとして切り捨てられていた[*212]」この出来事を、平野義太郎や井上幸治の先行研究に導かれつつ、地元の誇るべき歴史として掘り起こしを試みたのである。

すでに藤間は一九四八年八月に浦和中学の教員を退職していた。歴研で英雄時代論を展開する一方で、定職から離れ、日本共産党から選挙候補として出馬しているわけだから、その議論もまた過度に政治的なものと受け取られても仕方ない面も多々あった。そして、執筆依頼の多い原稿料で生計を立てるとともに、一時は貸本屋の経営、さらには妻が小学校の教育教材を販売することで家計を補うようになる。家に選挙カーが立ち寄るなど、喧騒に満ちた生活になるが、藤間自身は淡々としていて、開票の時にはすでに自室で眠りについていたという。同選挙落選後、再び、一九五三年四月にも同区から立候補して落選する。

推薦した渡部もまた、後年、「あとで考えると大変うっかりした推薦だった。藤間ならやれると思ったわけだが、藤間も学究なんだし、すぐれた歴史家であるし、彼の本命はやっぱり研究者として成長してほしい人なんだからなぁ[*213]」と、後悔の念をもって振り返っている。「本当に参りましたなぁ」と、いま本人が振り返るように、渡辺が詫びたようにやはり学者として望まぬ出馬であった。しかし、それを推薦した渡部とともに笑いながら振り返ったところに、藤間の愛すべき人柄の一端を見ることができる。

その後、藤間は選挙候補になることを辞退するが、共産党員であることが公になってしまったため、研究者として大学に職を得ることがきわめて困難になる。石母田はいち早く、一九四七年に法政大学講師になり、翌年には教授に昇進している。松本も党務に献身的に尽くした後、またかなり遅れるが一九六六年に専修大学教授に就職する。それに比して、藤間が熊本商科大学に職を得るのは、さらに五年後の一九七一年、五十七歳の時のことであった。そんな不遇の状況でも、藤間の人のよさと明るさは減ずることはなかった。

実のところ、それまでにも藤間にはいくつか就職の口はあったようである。早い時期のものとしては、藤間が戦後歴史学の旗手のひとりに躍り出た一九四七年にはその年に非常勤講師を勤めた早稲田大学文学部に常勤講師として就職する話があったが、先方の人事委員会が拒否した記録が残されている。[*214]また、都立大から来た就職の話を、「あいつの方がもっと大変だから」と、松本に譲ったという。

研究成果という点でも、この政治活動の時期は『日本武尊』（一九五三年）を除いてまとまった著作や、専門的な論文は発表できていない。彼が専門的な著作を発表するのは、一九五五年冒頭の『民族の詩』と『歴史と実践』を俟たなければならない。『歴史と実践』は自らが民族運動の先頭に立った五〇年代前半の疾風怒濤の時期の総括であり、『民族の詩』は挫折した民族論を東アジアの視点から克服し、さらに発展させるための宣言書であった。

しかし、この立候補が藤間の学問や家庭に暗い影を落としたかといえば、そうとはいえない。

妻の家計の才覚、共産党員の家族であることを負い目に感じない伸びやかな子供たち、いつでも「明るさに満ちた家庭」であった。怒るということが滅多にない藤間ではあったが、子供たちには「自分が努力しても直せないことで人の悪口を言うな」と戒めたことがあるという。こうしたエピソードが示すように。石母田のヒューマニズムともまた異なる、下からの目線の、独自のヒューマニズムというものが藤間の学問を支えてきたことは疑いようのないところである。その一方で、高度経済成長に湧き立つ世の中に対しては、「残念ながら発展したという感じはない。せいぜい書いたり、読んだり、演説したりすることが自由になったと思ったぐらいだな」[*215]と、その物質的な豊かさに対しては一貫して醒めた思いを抱いていた。

そして、藤間の家庭を支え続けてきた妻の房子が一九六〇年九月、安保直後に、交通事故で死去してしまう。妻のなきがらに寄り添う藤間に代わって、石母田が葬式の一切を取り仕切ってくれた。そこから藤間が妻の商売を全面的に引き継ぐようになり、「商売でこれまでの研究時間は少なくなり、交友の仕方が変化した」[*216]。それまで建て直しに携わっていた『歴史評論』の編集も、時間が取れなくなり、第一線を退くことになる。

それ以後、小型自動車の免許を取り、背広をジャンパーに着替えて「毎度ありぃ」と、出入り先の学校回りをする。商売は妻が取り仕切っていた頃と変わらず、三人の使用人を雇い続けることができた。藤間家の玄関には教材用の風車の見本や裁縫セットの見本が置かれ、子供たちも進んでそうした見本作りの手伝いをしていた。

藤間と旧友の石母田や松本たちの交流も疎遠になり、かつてのように藤間家で議論を交わすこともなくなり、石母田と会うのも年に二、三回にとどまるようになる。それが一九六八年三月まで、約八年半続くことになった。そのあいだに、藤間は家業のために小型自動車を運転中、追突事故に遭い、車から放り出されたこともあった。

時代の移り変わりのなかで、マルクス主義歴史学者の合言葉も藤間たちの「民族」から、色川大吉らの「民衆」が主流になりつつあった。民族という言葉は、政治的挫折の責任を負わされて忌み嫌われるタブーとなった。ひとつの熱い季節は確実に終わりを告げていた。藤間の学問もまた、反省と熟考を強いられる雌伏の時期を迎えていた。この時期、藤間は節と再婚している。一九六四年、五十一歳の時だった。新しい母をなかなか「お母さん」と呼べない長女に対して、「君がまず呼ばなくっちゃためだろう」と石母田が教え諭したというエピソードが残っている。こうして、藤間を支える家庭の体制が再び整うことになる。

話を六全協後の歴史学に戻そう。一九五六年五月の歴史学研究大会は「時代区分上の理論的問題」が統一テーマとなり、安良城盛昭の藤間たちに対する理論的批判報告をふくむことになった。同時にその総会では、英雄時代論争期の、藤間たちを中心とする歴研の民族独立路線に対する厳しい批判が、会員から寄せられた。その先方の一人、禰津正志は六全協における共産党の自己批判は皮相的なものに過ぎなかったとして、歴研運営の問題点を指摘した。外部団体による「ひきまわし」、主要テーマの「おしつけ」などを挙げ、「学問と組織の両方面において、民主的学会としての健全な発展を希望」するというのが、禰津の提案だった。[*217] そこには六全協で民主的な組織運営を唱えたものの、実際には変化の感じられない日本共産党及びそこに関わる藤間ら歴研中心メンバーに対する不信感があった。事実、禰津は「石母田、藤間、松本君が学者である以上、国際状勢や朝鮮戦乱といった政治的問題を口実とすることなく、歴研並びに学会に与えた誤りやマイナスを、自分の学問の中に原因を求めて反省すべき」[*218] といった名指しの批判を行なっている。

それに対して石母田も同じ『歴研』紙上で、歴研と共産党の混同など性急すぎる批判や誤解を認めたうえで、「われわれが歴史における民主主義の問題をとりあげると同じように、民族の問題もとりあげる必要があり、民族主権の問題は民主主義の一環をなしていると考える」[*219] と、民族論という主題の基本的な妥当性を主張する。ただし、別稿「弱さをいかに克服するか——丸山静氏への返事」（一九五三年）でも述べていたように、「「民族」の問題の提起の仕方自体が「民族的」でなかった」[*220] という自己批判もおこなった。

その自己批判を具体的に言えば、「民族の基礎概念について、とくに階級と民族の関係、および民族と人民大衆との関係についての私のとらえ方に、混乱、または誤りがふくまれていた」こと、そして「アジア・アフリカ諸民族の広い国際的な共同連帯のなかで、それぞれの民族文化を擁護するという新しい視野」の欠如ということであった。[*221] さらに歴研大会の統一テーマ決定の委員会手続きなど、組織の民主主義的な運営についても、自分たちが独裁的な判断を行なっていなかったことを明言したうえで、さらなる工夫の必要性についても認めている。

藤間もまた、孤立を感じながらも、学問と実践の関係を問い直し始めていた。藤間は、一九五六年の論文「研究と実践――傷ついた心の人のために」と一九五九年の論文「科学運動の見方――久野収・鶴見俊輔・藤田省三著「戦後日本の思想」の見解について」の二度にわたって、「清算主義をとらないで、これまでの実践を生かすことが必要だと思います」という観点から、国民的歴史運動の批判的継承を唱えていた。しかし、石母田と歩調をあわせることの多い藤間にしては珍しく、石母田の『歴史と民族の発見』に対する批判があるのは注目に値する。藤間は、「本書の価値は、今日なお生きつづけている」[*222]としたうえで、「理論と実践を問題としているのに、両者を媒介すべきものである組織のことが出てこない」[*223]と、その議論に組織論が抜けていることをはっきりと指摘しているのだ。

それは「組織がないと責任の所在が分散しやすく、経験は結集しがたくなる」と、思想を実践する場を組み上げなければ社会を実際に変革することはできないと藤間が常日頃から考えていたためである。さらに彼は「私は今後とも学生運動や科学運動は必要でありたいせつなものだとも思っています。たゞそのやり方においてあやまっていたことがあったのであって、運動そのものを否定することはできません」[*224]とも述べている。それゆえに、藤間は禰津のひきまわし批判を念頭において、次のような発言を当時している。

このひきまわしは、革命運動の場合、主体を強固にするのに役立ったこともある。主体の自主性が強固になり、効果的な自己運動ができるようになれば、これまでの上部のひきまわしも下部は適度に収拾してゆけるものである。……ひきまわしという形態だけをみて、ひきまわしを否定するなら、それは時として弱小な主体をつよくするための唯一の方法をうばいさることになることがある。これでは主体をつよくすることができず、ひきまわしをたえずくりかえす条件を再生産することになる。[*225]

ここには、革命の主体を自律した諸個人による対等な結合体に求めるのではなく、有機的知識人や党による思想的へゲモニーの確立を必要とする歴史的ブロックに求める発想が明確に認められる。主体というものは平等な個人によって構築されるのではなく、むしろ明確な主体を持ちえる者と持ち得ない者の協力関係の結果、ひとつの「組織」として構築される。そのことを藤間は決して見のがさない。学問が現実に接合する着地点、それがないがしろにできないという点で、藤間の学問は政治活動的な有効性と緊密に結び合わせられたものであった。

そこに藤間と石母田の主体に対する理解の違いを見るのは筆者だけではないだろう。丸山真男らと同様に、自律した個人の確立を目的とする石母田。そうした西洋的個我を確立しにくい劣悪な状況に置かれた存在が社会では大多数であることの現実から議論を始める藤間。そうした認識から、「組織と個人の関係という問題は、資本主義があり、小ブル・インテリゲンツィアが存在するかぎり、難解な問題として簡単には消滅しないと思う」[*226]といった藤間の発言も現われてくる。

ただし、石母田は、共産党批判が激しかった時期に、「政治に悪はつきものだから」[*227]とも語っており、自身への批判に対してはつねに真摯な反省をする一方で、政治活動には組織構成員の切捨てなども含む、体制を保つための冷徹なまなざしもまた組織の指導者として保持していたように思われる。だとすれば、組織論への言及が欠落しているのは、彼の革命ロマンティシズムだけでなく、議論をしてもどうにもならない必要悪の問題として組織を考えていたためであるのかもしれない。いずれにせよ、そこは藤間と石母田の政治的感覚のあり方の違いとして受け止められるべきものであろう。

再確認すれば、藤間において組織論は学問的思考と社会的実践を橋渡しする媒介項であり、一つの思想のもとに歴史的ブロックをどのように構築するかを考える際に欠かすことのできない思想実践の場であった。こうした観点からみれば、知識人と民衆の異質な関係を含みこんだ不均質な歴史的主体の統一体、それが藤間の言うところの「民族」であったことも納得がいく。藤間は福本和夫の分離結合論を再び批判して、次のように歴史的主体の形成の仕方を説く。

実践と理論にみちびかれて、方針や本質の純粋さは保持しながらも、この純粋さを玉砕させるのではなく、つらぬき通すための方法が具体的に考えられてきました。すなわち自分自身の方針をつらぬくのに、自分たちでできるものではない。……大衆の実情を考えないで、純粋のおしつけを大衆にやったら、どうでしょう。……これでは指導者はひとりよがりとなり、大衆からうきあがってしまいます。[*228]

来るべき社会主義的民族のありかたを睨みつつ、藤間が熱く語った英雄時代論もまた、そうした個と共同体のへゲモニー関係を過去に模索した試みであったことが、熱狂の鎮まった現在なら無理なく理解できる。組織論を支える思想の重要性を認識するがゆえに、「吾々の力のよわさは……組織論の根本である科学論のうえにもあった」、さらに「サークルに出ても独習のない討議では、単なる思いつきや自分のせまい経験をもととして、話すより方法はありません」として、その議論は学問論へと展開していく。[*229]

それは民科の運動がサークル活動に力を入れるあまり、人々が研究から離れていくという現状を踏まえてのものであった。事実、一九五六年度大会を最後に民科は全国総会を開けない状態に陥り、歴史部会の機関誌であった『歴評』もまた一九五七年から五八年にかけて出版社が変わる中で、休刊を再三余儀なくされる。[*230]そのような状況を受けて、藤間は一九五八年十一月から編集実務者の立場を引き受ける。それは傷ついた学問の鍛えなおしの任務を、自分がその責を負うべき者として引き受けたがゆえであろう。藤間ならではの責任のとり方である。その後、「内容が多様になった」[*231]『歴評』は、藤間の編集者かつ執筆者としての八面六臂の活躍もあって再び盛り返していく。

せめて科学論での成功があれば、たとえ力関係で組織はつぶれて、個人は孤立せざるをえなかったとしても、将来への自信はうしなわれず、今なおのこる虚脱や相互不信も最小限度にくいとめることができたであろう。……マルクス主義がまちがっていたのではなく、吾々マルクス主義者の能力のひくさと努力のそそぎ方にあやまりがあったのであり、さらに実践の成果に対する責任感の弱さがあったのであると考えている。[*232]

学問的な認識の果たす役割を藤間は、戦中期の体験への批判として、「自分自身の体験のみを主なる基準として、いろいろなことを考えたり、やってきたためだと思う」という理由を挙げ、「自分自身の体験の位置づけ」、すなわち後に安丸良夫が唱える全体性という認識に先立って、「全体をつかむということ」の大切さを挙げている。[*233] そこから、自分の純粋さに酔う安易なヒューマニズムが、すなわち観念論が自分たちの運動でも跋扈することになったと藤間は自己批判する。

大衆のためにつくすというヒューマニズムの意図が結果において、非人間的な酷使を活動家に課することになりました。ヒューマニズムがかけているということが、「運動」の指導者を避難する言葉の中にあります。しかしその原因は精神ではなくて、理論のひくさにもとづく方針にあったと思います。……どうしても吾々が社会や組織の運動を、法則的に把握して行動ができるだけの能力をつけなければなりません。そうでなければ主観的にはヒューマニズムでも、結果において、そうならないということを、克服することはできないと思います。[*234]

たしかに藤間や石母田が英雄時代論で問題提起したように歴史における主体の役割は重要だが、問題は下部構造論をふまえたうえでその主体がどのような認識を提示するがまず問われなければなるまい。革命尚早論をふくめて、主体のよって立つ情況の的確な把握があってこそ、はじめて主体の判断力も行動も意味をなす。それは、石母田が下部構造論の展開する必然性の歴史の枠内において、主体に委ねられた偶然的な契機として議論を展開したところでもある。

そこで藤間の議論はさらに学問論から、知識人の責任論へと移行していく。六全協をどのように受け止めるかという問題について、藤間は「私たちも、科学運動の参加者の一人として、しかも年配者の一人としてそうした苦しみを若い人々にあたえている責任の一端をおわなければなりません」としたうえで、「あやまちをなおすには、あやまちの性格にまでたちいる必要があります。私は私の職業がら……歴史的な展望の下に、この問題を考えてみたいと思います」[*235]と、その経緯を思考するなかでこそ自分の責任を引き受けていく決意を示す。

少なくとも、誤りを避けることの出来ない人間のもつ弱さを正面から見据え、それを踏まえたうえで前を向こうとするリアリズムが、清算主義と一線を画する藤間の学問の特質としてこの時期に明確な姿を現すようになったことは間違いがない。その点で、六全協から約二十五年経った一九八二年に、藤間が共産党の民族独立路線を自由民権運動の秩父事件との比較のなかで振り返った次の言葉は、彼なりの日本共産党との関係を総括したものと思われる。

当時窮乏革命論の考えが強かったが、事態の単純化であり、また上部の命令主義で事態は動くものでないことを知らされた。それに敗北しはしたが「〔秩父〕事件」をたどっていくと、……五〇年代初期の我々の組織づくりは砂を手ににぎりしめるようにつかんだと思うと間もなく、さらさらと指の間から砂がこぼれていくのとくらべて、ひどく違う。方針・思想・行動が現実に即したものがあったためである。やがて我々の実力闘争は破産した。*236

ここで藤間は、明治初期の「「秩父事件」の実力闘争を可能ならしめた状況・手段・組織・更に意識などを検討していく作業*237」を通して、自分たちの運動が組織論でも思想論においても明らかな「戦術」の間違いだったことを認めている。藤間は「戦術」を「戦略」という術語から明確に区別して考えており、戦略を目的やそのための思想と定義する一方で、戦術をそこに到達する具体的な方策と考えている。だとすれば方策が間違いだったといって、目的自体が誤りであるである考えるは短絡的であろう。*238そして、藤間が最も重視したその組織論においてさえ、「上部の命令主義で事態は動くものでない」という中央集権的な党運営のありかたの誤りを認めたところに、少なくとも一九八〇年代には藤間と共産党との間に亀裂が生じていたことを推察することができる。

一方で、清算主義的な態度を戒める藤間は、その誤りを凝視しつつ、依然として社会という現場にはこだわり続ける。「誤った方針に立つということは不幸である。……しかしそうした方針にまきこまれながらも、そうした方針にともなういろいろな戦術の規制をこえて、無意識のうちに現実に導かれた叙述の形成ということは必ずしも不可能ではなかったのではなかろうか*239」。それでも現場に踏みとどまることにおいてこそ、学問の可能性は生じると考えるのだ。

今となっては明らかとなった根本的な誤りの中に、希望の匂いを嗅ぎとろうとする。希望の歴史家としての藤間の真骨頂である。「何らかの現実に即応した客観的認識*240」が学問の成果として残る。たとえ政治運動としては失敗したにせよ、その失敗を引き受けることで、学問的な表現主体が確立すると藤間は考えた。そこに、生涯にわたって彼が英雄時代論の展開にこだわり続けた理由もある。多くの者が表現行為を手放していく中で、失敗を乗り越えて表現をし続けた者こそが、後で述べるようにその方向を異にしていくとはいえ、藤間であり石母田であった。彼らこそが学者としての実践的主体を確立しようとする者であったのだ。

だからこそ、藤間は自分の研究のあり方について、「「秩父風説録」は、私にとって単に現代の問題ではなく、近代はもちろん、古代史や近代史にかかわるものであった*241」と述べる。優れた歴史家がそうであるように、藤間にとっても批評性のある古代史の議論は現代の文脈の中でこそ生じるものであり、近代史の議論もまた前近代の歴史研究に通底することをはっきりと認識している。ここに、彼が一九五〇年代後半から徐々に古代史から近代史へと研究対象を移行させていく大きな理由も存在する。

古代史と近代史の二重写しの関係の中で、「政治や実践」[*242]といったかたちでの学問の批評性をいかに獲得していくか。六全協以降の藤間は、一九五〇年代前半における自分の責任を引き受けて、学者としての主体形成を継続していくためにも、「学問と政治」という問題設定を前面に押し出していく。他方で、共に国民的歴史学を実践した石母田は、政治と学問の接点を思考するよりも、むしろ両者の関係をひとまず分離することで、学問内部における「理論と実証」の関係を主題化させていく。

石母田は、一九五三年の論文「弱さをいかに克服するか」の後も、一九五六年にも自己批判をした論文「歴史科学と唯物論」を発表する。前者が自らの民族観を問題としたものであるのに対して、後者は歴史学における客観性を論じたものになっている。石母田は藤間と同様に、「主観をまじえずに、その内にある法則を自分で発見する能力」をもって「客観的な世界を承認」することを「科学」と呼び、歴史学固有の問題として考えるべきだと主張した。[*243]こうした客観主義の立場から、石母田はみずからの民族路線を次のように総括した。

もっとも大切なこと自分のこと、味方のことを客観的に分析することが欠けやすい。これはいわゆる客観情勢の分析よりは困難なためでもあるが、科学的態度がまだ不徹底なためもある。……またそのように客観的に分析し、法則がつかめても、それに自分を従属させ、それによって自分を規律することが習慣になっていない場合が、われわれのなかにことにつよい。……科学＝唯物論がわれわれの性格にまでなっていないのである。[*244]

ここで、「唯物論が、研究方法のみならず、物を見る眼、行動や生活までを律するようなもの[*245]」になっていなかったとして、研究対象の次元のみならず、研究主体である研究者自身のありかたに踏み込んで批判を加えたのである。われわれ自身のあり方が、「科学＝唯物論」にもとづく「客観的」なものでなければ、歴史学の客観性もまた成り立ち得ないものであると考えたのだ。

それは、目的は正しかったものの、それを実現するための戦術に誤りが含まれていたとする藤間の見解に近いものである。しかし、このような客観性のもとに、マルクス主義的な唯物論が実証主義と手を携えて「歴史科学」を支えるべきであると、これからの歴史学の方向性を捉えた点では藤間と違いが生じることになった。

実証主義とは「史料……の発見・読解と断片的な事実の連結との技術」にほかならぬがゆえに、それは一方で石母田が言うように「個々の歴史的事実の相互の連関、その発展を全体的に認識する点、いいかえれば対象の法則＝本質を認識する点などにおいて不十分」にならざるをえない。[*246]それをもって、石母田は実証主義を「不徹底な唯物論[*247]」として分類づけた。だからこそ、その不徹底な唯物論を徹底させるためには、「客観主義をいっそう深く、完全におしすすめる」必要があり、「実証主義歴史学とマルクス主義歴史学との統一と団結」が不可欠なものになると結論づけたのである。[*248] 事実、「石母田さんの全労作には、理論と実証という、学問・研究にとって不可欠の緊張関係にもとづく格闘がみられ〔る〕[*249]」と、安良城盛昭は高く評価している。

客観主義のもとに重なり合うとされた唯物論と実証主義の関係であるが、「歴史科学と唯物論」論文が出された同じ年に太田秀通は、「マルクス主義歴史学の法則性の理論的認識は、公式であり、実証されないものであろう[*250]」と、石母田の科学主義に対して論駁を加えている。同様に黒田俊雄も、唯物論のような「理論」は、「歴史的世界が秘める論理（法則）を解明するための……体系であって、たとえ史料が欠けていても、なお真実が追及される次元ということができます」と、その解釈学的な性質を指摘している。[*251]

その意味で、石母田が自著『歴史と民族の発見』を観念論的な「実存主義」に陥ったとやや清算主義的な性急さで自己批判をしたときに、それは「せっかちな自己批判」であり、やはり「国民に対する責任感に支えられ〔た〕運動ではあったのであり、「観念論的な方向への逸脱があった、ということをみとめれば足る」とした太田秀通の発言を、今いちど熟慮する必要がある。[*252]

たとえばサークル批判においても、石母田が「サークル活動は研究に役に立たない、サークルは楽しいから行く、義務や強制で行くとすればそれは止めるべきだ」というのに対して、藤間は「五〇年代から六〇年代のサークル活動は多様性と現実性をもって存在していた」のであり、「学生時代長年にわたって接触する必要はなくとも、労働者や農民とのサークル活動は人生のチャンスであったと私は今でも確信している」と、その総括の仕方の違いを明示している。[*253]

ここでも藤間が政治活動を含む日常的な実践の中で学問を磨き上げる必要性を堅持しているのに対して、石母田はむしろそうした実践活動から一線を画することが学問の客観性を保つためには必要だと考える。是非はともあれ、やはり藤間と比すると石母田の思考には組織論というものが、少なくとも意識的なかたちでは欠如していることは明らかである。

「哲学者たちは世界をいろいろに解釈してきたにすぎない。たいせつなのはそれを変更することである」とマルクスは語ったわけだが、問題はその言葉を紹介した福本和夫がそうであったように、それをどのように実践するか、その戦術のありかたである。世界を変えるのは個人を単位とする主体性なのか、それとも集団を単位とする歴史的ブロックなのか。そこから石母田は知識人としてアカデミズムの中に立脚点を求め、藤間は市井の人として自らの学問のアイデンティティを確立していくことになる。

黒田が言うように、石母田の論文「歴史科学と唯物論」においては「歴史学の数ある諸潮流のなかからマルクス主義史学と「実証主義史学」の二つが取り出され」、「マルクス主義史学と「実証主義史学」との共存という戦後歴史学の大勢を規定するとともに……そのようないわば体制を根拠づけ〔る〕」ものとして、「歴史科学と唯物論」論文はその後の戦後歴史学の中で一定の役割を果たしてきた。*[254]

しかし、このふたつの歴史学が「それぞれが自己の立場の完全性に確信をもち、また互いの立場を尊重し合う風習が固定してしまったとき」には、「そこにはもはや保守主義としか呼びようのない体制が成立している」のだと、黒田は石母田の理解の通俗化を懸念していた。*[255] 同様のことは、藤間もまた、石母田は実際の論文の論証過程において、「マルクス主義歴史学と実証主義史学との……協力」につとめてはいるものの、「唯物論としての共通性」を打ち立てるにはいたっていないと、その不十分さを指摘している。*[256]

その点で、藤間論文「研究と実践――傷ついた心の人のために」や石母田論文「歴史科学と唯物論」が発表された一九五六年、亀井勝一郎によって議論の口火がつけられた昭和史論争は、藤間も石母田も論争に参加してはいないものの、戦後歴史学における主体ならびに主観のあり方を考えるうえで示唆に富む。*[257] 亀井は、遠山茂樹らによって唯物史観の立場から書かれた『昭和史』（一九五五年）に対して、「型にはまった砂をかむやうな無味乾燥な史書」であり、「人間」不在の歴史であると文学者の立場から厳しく批判した。*[258]

そして、「歴史に入りこむことは、様々な人間と翻弄の関係に入ることである」以上、「歴史家は「断言」と「懐疑」とのあひだの迷ひや苦痛を味つてゐる筈」であり、「彼自身の内的葛藤こそ歴史家の主体性といふもの」になる。*[259] 亀井にとって、歴史家とは「史上の人物の自分にのしかゝってくる重量感」を身をもって体験するがゆえに、主体と主体がぶつかり合うさいに生ずる不安や葛藤に向かいあわざるをえない存在なのである。*[260]

「主体性とはかうした不安定に堪へるからこそ主体性ではなからうか」*[261] と亀井が言うように、歴史的主体のかかえる不確かさ――それを主観性と名づけることも可能であろう――を引き受けることは、客観的と称することで、自分をその不確かな世界の外部の傍観者として安全圏にあると盲信することとは正反対の行為となる。もちろん、歴史民俗学者の和歌森太郎が言うように、「個人が歴史にとつて決定的な役割をもちきることはまずない」*[262]。あるいは遠山がマルクス主義の立場から述べるように、「個性の差をふくみこみながら、人間が階級として存在すること、偶然を貫きながら必然性が実現されてゆくこと」*[263] も、それが下部構造決定論を意味するものでない限りにおいて、存在を拘束する歴史的企投性として、藤間も石母田も同意するところであろう。

このような拘束性を認めたうえで、歴史的主体としての人間と人間が出会うことは、統一された客観的な答えなど存在しない多様な世界にわれわれが投げ込まれていくことを意味する。かつて藤間や石母田が英雄時代論をとおして主張した「英雄」とは、このように不確かな状況のなかでみずからの意思を信じて状況を打破しようとする主体的意志をもった人間のことであった。時代の移行期にあらわれるアノミー状況のもとでは、法や国家など、統一された客観的制度は存在せず、人間はみずからの主観的な意志や感情を手掛かりとして、生きていかざるを得ない。

むろん、そこにも歴史的必然性は存在する。それゆえ、石母田は狩野派の絵師を例にあげて、歴史学者は「歴史における人間にたいして安易な考えをもっているからではなく、反対にそれがとらえがたいほど複雑なものであることを知っているから」、「彼の作品のみならず、……この時代の風俗画のことも、……この時代の百姓や農村のことも、要するに……絵師に繋がる一切のことがらを媒介として、この絵師の人間にせまるより仕方あるまい」と述べる[*264]。そのうえで、人間がどのような主体形成をするかは、当人の行動と意志によって左右されると石母田も藤間も考えたのだ。

そこから、藤間は人間にとって試行錯誤の避けがたさを語る。「誤謬の中につらぬき通して行く発展の過程は正確につかまれている。しばしば誤りをくりかえすといって、絶望していたのでは、複雑なジグザグな道を通って発展してゆく党や大衆の動きはつかめるものではない」[*265]と、人間の思考には最初から明確な答えは用意されておらず、苦渋に満ちた試行錯誤の年月を経るなかでこそ、すこしずつ前進していくものだと藤間は考えていた。であるから石母田に対しても、五〇年代の民族路線の反省の仕方については、戦術のみならず戦略そのものを否定しかねないと違和感を抱いていた。

後に彼が自己批判めいたものを書いた時に、少し希望的観測的な形で文章を書いたという意味のことをちょっと言っているんだが、これは彼の行きすぎで、やはり彼自身が実践的にも直感的にもやったように、感性的認識としてあれは大いに評価されるべきだと私は見ています。また運動としても工場、農村の状況を摑むということは、実践の上で必要でしたからね[*266]。

藤間は、当時盛んに引き合いに出されていた毛沢東『矛盾論』に触れながら、「そこに出ている感性的認識と理性的認識というような問題を考えてみると、工場の歴史などは感性的工場の歴史などは感性的認識として重要なステップになる。その後の欠陥は、その歴史の調査と叙述が一つの歴史学として完結するんじゃないかという評価が弱かったところにあった」[*267]と考える。実践を分節化する理論づけが弱かったことに問題があるのであり、その実践行為そのものを全否定することはその理論化の土台を掘り崩すことになると懸念していたのである。

そうした思考は藤間が革命の挫折を通して少しずつ彫琢していったものであろうが、その志向性そのものは彼が生来持っていた粘り強い気質に根ざすところが大きかったと見るべきであろう。かつては石母田にとっても主体とは、そのような主観的側面を伴うものとして存在していたのであった。しかし、一九五〇年代後半の批判を経験するなかで、藤間と石母田の分岐点が生じるようになる。「政治と学問」という問いを立てる藤間と、「実証と理論」という主題化をおこなう石母田との、国民的歴史学運動の総括の仕方、すなわち挫折のあり方の違いが露わになってきたのである。

実際、藤間は六〇年代の石母田の活動に対して、その随筆集『戦後歴史学の思想』（一九七七年）の書評を通して、編者や大学行政人として「六〇年代の彼の活動は目覚しい」と褒める一方で、依然として政治活動は激しいものがあった時代状況にもかかわらず、「現代のきびしい問題について取りあげたエッセーは、六一年以降のものにはみえない」と、「歴史科学と唯物論」論文を契機として現実の政治からの思考の後退がみられると指摘している。*[268]

彼等の同胞である松本は共産党に深く関わり続け、学問の世界から次第に遠ざかったようにみえる。松本は、六全協後にも『民謡の歴史』（一九六五年）、『中世の社会と思想』（一九八五年）という単著を刊行しているが、いずれも一九五〇年代半ばまでの研究の延長上にあるものであり、一九五六年に刊行された主著『中世社会の研究』をさらに展開した見解を提示することはできなかった。戦後、どんどん研究から遠ざかって行く松本に対して、藤間もまた「松本君は戦後、政治活動に忙しかったですからね。残念ながら彼の持味、十分その後発揮できなくて……*[269]」と、その活動を惜しむ所感を述べている。

他方、藤間といえば一九六〇年安保の条約改定阻止のデモにも参加し、強行締結の瞬間を「一九日午前零時零分」という小文で報告している。そして、「当初の希望はとげられなかったが、とにかくよくやったな。……今度の二回戦はうまくやろう」という持前の不屈の明るさで人々を励ます一方で、「現在闘っている諸勢力統一がより以上しっくりするために、……構想・理論・組織において一段の発展がほしい」と、五〇年安保の時と同様に理論と組織の彫琢という抱負を述べている。*[270] それは学問に重きを置く石母田と、政治に専従する松本の中間の立場とでも言うべきものと考えることができよう。

一九三〇年代の暗い時代から学問の道を同じくし、日本共産党の民族独立路線をともに戦った三人は、その挫折を経て、六〇年代には異なる道を歩み始めていた。その生活基盤も石母田は大学人、松本は政党人、藤間は、昼は商売人として、まったく異なる日常生活を送るようになる。もっとも、藤間は夜には読書をしたり、研究会に出席したりするなど、限られた時間のなかで研究活動を続けていた。

こうした一九五〇年代から六〇年代冒頭にかけての歴史学界には、少なくとも藤間らの専門や分野に関するだけでも、三つの大きな動きがあった。第一に、近代史における色川大吉や安丸良夫らによる民衆史。第二に、マルクス歴史学内部、とくに歴研における経済史学者の安良城盛昭による藤間・石母田の奴隷制論批判。そして第三に、実証歴史学においては京大の古代史学者、岸俊男による籍帳擬制説の登場である。

藤間が官邸周辺にいた六月十八日の深夜、色川と安丸もまた国会議事堂周辺で「組織をもたない「声なき声」の人*[271]」（藤間）たちの押し寄せる現場に居合わせていた。そこから安丸は「日本社会の多層的な現実が、よくも悪しくもそこには凝縮していた……全体性の経験」という視点のもと、自らの民衆史を「困難と苦渋を生き、しかも根源的には不思議な明るさを失わない民衆の生き方・意識の仕方」として言葉を紡ぎ出していく。[*272]そこでは藤間や石母田が拾い出せなかった民衆の蒙昧さもまた、「近代的人間類型とはまったく異質の……みごとで魅力的な〔民衆の〕人間像」[*273]の一部として積極的に位置づけられるにいたる。

通説的な理解では、民衆という言葉は天皇制や国民国家とは関係の薄いものであり、むしろ積極的な権力批判を可能とする潜在性を有するものと考えられた。その対比のなかで、民族という言葉は戦前の国家主義一辺倒の言葉として片付けられることになり、藤間たちがその言葉の中に民衆の生活や権力批判を見出そうとした側面は捨象されてしまう。しかし、藤間が一橋大学に転任した安丸に面談を東京で求め、「君の学問に期待しているよ」と述べたように、そして安丸もまた石母田の『歴史と民族の発見』に自分が描く民衆の世界を発見したように、当事者たちの間ではその距離はさほど遠いものではなかった。

次に、安良城盛昭による藤間・石母田の奴隷制論批判を確認しよう。やや長くなるが、藤間を戦後歴史学に位置づけるためには、安良城による批判の内実を知る必要がある。

東大社会科学研究所の気鋭の経済学者、安良城盛昭は、一九五六年の歴研大会「時代区分上の理論的諸問題」において、通説となっていた藤間や石母田、そして松本の奴隷制論に対する批判「律令体制の本質とその解体――石母田・藤間・松本三氏の見解の検討を中心として」を展開する。すでに安良城は一九五三年の論文「太閤検地の歴史的前提」で、律令制解体過程に関する藤間ら三人の所説を批判しており、歴史学界に「安良城旋風」を巻き起こしていた。この二論文の骨子は共通したものであり、かつて松本に親炙していた網野善彦のまとめに倣って次のように理解してよいだろう。

それまでは……戦後も中世・近世全体を「封建社会」として捉えようとしてきたと思います。一時期、南北朝から後が中世だという議論を松本新八郎さんが展開され、南北朝動乱を「封建革命」と規定されました。……いずれにせよ中世と近世とをはっきり区別しないで連続してとらえようと見方が、一時的には支配的だったと思います。これに対して、安良城さんは中世は封建制ではない、家父長的家内奴隷制を基礎とする「奴隷制社会」であると主張したわけで、古代といわれる時期をアジア的な総体的奴隷制の段階だと規定し、近世になって初めて、小農民が自立することによって封建制が確立、展開したという捉え方をしたわけです。[*274]

安良城の批判の主眼は大会テーマが示すように時代区分であり、網野の指摘するように「中世と近世の違いを明確にしたことこそに、重要な意味がある」と言えよう。[*275]

安良城の議論の背景には、『資本制生産に先行する諸形態』におけるマルクスの「総体的奴隷制」を社会構成体史にどのように位置づけるかというテクスト解釈の問題があった。「直接生産者が土地保有者……であり、共同体が真の土地所有者……であるという、アジア的共同体の基礎構造が変革されないままに、剰余労働が発生し、総体的奴隷制という特殊な階級社会が成立する」というマルクスの記述をふまえ、安良城は総体的奴隷制を「二つの生産関係の相互規定を構造としている」と捉える。

それは、「天皇・寺社・官僚が個別に奴婢を持っている。この奴隷制的生産関係が基本的な生産関係であるが、これだけであるならば律令制社会にならない。もう一つは、こういう個別的な奴隷所有者が権力の構成員となっている専制国家を通じてアジア的共同体成員としての班田農民を支配している。この両方の関係が統一されて存在する、相互に規定しあって存在する」と、藤間や石母田ら渡部グループとほぼ同じ理解である。[*276]

では、両者の分岐点はどこにあるのか。それは、藤間らが「班田農民層にも奴隷所有者があってよろしい、つまり「総体的奴隷制」においても、班田農民が奴隷所有者たりうると考えておられる」のに対して、安良城が「一般班田農民は本来的には奴隷制所有者ではありえない」とする点にある。[*277] 藤間たちと異なって、安良城は「班田農民の階級分化を通じてこの班田農民相互間に家父長的奴隷制が展開してまいりますと、実はこの律令体制が現実に壊れてくるのであります[*278]」と、中世を総体的奴隷制とは区別される家父長的奴隷制の生産様式と規定したのである。

この家父長的奴隷制の観点から行った時代区分は、網野が振り返るように、「石母田さん、松本さん、藤間さんという、私がそれまで信奉していた方々の理論……を、痛快なほど見事に批判されたわけです。これは石母田、松本、藤間諸氏をはじめ、マルクス主義者の考えるべき方向を、論理的徹底させたという方向での批判で〔ある〕[*279]」と、当時、高い評価を得ていた。敗戦直後から一九五〇年代冒頭にかけて歴史学界を席巻した藤間ら第三次歴史教程グループの勢いに安良城は歯止めをかける象徴となった。

しかし、安良城の文章を丹念に読むならば、その批判を通じて彼が問題にしたかったことは、単なる時代区分ではないことは容易に分かる。それは、『諸形態』で言及されたギリシア・ローマ的な奴隷制とアジア的な総体的奴隷制の差が、単系発展史上の時間的な前後関係なのか、それとも本来的に構造の異なる地域差として理解されるべきものなのかという普遍史のあり方をめぐる認識論であったのだ。

アジアとギリシア・ローマ的形態の差を「質的な差」、すなわち構造的な相違として捉える安良城は、さらに「従来の奴隷制→農奴制→資本制という三つの発展段階は、一般にヨーロッパ社会の発展を基礎にして抽出されてきているわけですが、アジア社会の特殊な発展の結果として存在するこの〔家父長的奴隷制の〕生産関係は、これまでのヨーロッパ社会から抽出された概念には直ちに結びつきにくい[*280]」と述べ、社会構成体史の複数系列的発展という歴史構想の必要性を唱える。

それに比すると、安良城にとって藤間らの社会構成体史論は、「アジア型奴隷制社会の特質を、共同体の広汎な残存……生産力の未発達に帰着させる[*281]」量的な差に基づく単系発展史であった。こうした認識を前提として、階級社会の成立契機を安良城は「土地私有[*282]」に求めるが、藤間や石母田は「生産力」がより重要であると考える。基本が生産力である以上、そこから生まれる違いは同じ数量の変化に還元されてしまうのではないかと安良城は懸念したのである。それに対して藤間は、「根本的には、生産力というものの理解と研究が未熟であったことに原因がある」と認めたうえで、次のように反駁する[*283]。

「土地私有」が生まれること自体が生産力の発展に規定されるものであり、そのときの共同体の歴史的条件によって規定されて生まれるのである。土地の私有制は私有制の徹底的な発展の象徴にはなるが、そのような土地私有制が発展しなくても、奴隷制そのものは、社会構成にまで発展できる[*284]。

藤間は土地私有制を「資本制生産様式」に特徴的なものであり、社会構成体を貫く指標にはなりえないと考える。「もしこの違いを無視して、土地私有制の契機を過大評価して、古代史に適用するなら、それは近代主義的な理解の仕方となる[*285]」と、安良城の理解が資本主義分析に過度に傾いたものであると再批判したのだ。

一方、石母田は「生産力の発展を量的な発展に還元しない」としたうえで、「名主が「被支配身分」でありながら、同時に「支配階級」であるという特殊な形態[*286]」への考察が自分には欠けていたことを認めた。そこで生じた支配者である同時に被支配者であるという二重の階級関係の視点は、後年、『日本古代国家』（一九七一年）の在地首長制論において議論の中に組み込まれていくことになる。

しかし、それ以上に重要なのが、「自己の直営田のほかに、所領を名主＝在家層の小経営に分割し、それを隷属せしめることによって成立している領主層[*287]」の存在といった、名主層の中には支配層的な性格と被支配層的な性格のものが並存していることの安良城の指摘である。安良城と石母田の意図とは関わりなく、こうした典型的な農奴制に収まらない名主の形態を論及していくことで、後年、大山喬平の「散田作人」などの土地に固定されない農民層といった、西洋的な農奴制には収まらない農民の姿が、「アジア的停滞性」を支えるものとして掘り起こされていく[*288]。

結局のところ、両者の議論もまた、「世界史的な基本的な発展段階というものを個別的な日本的な特殊の結合の問題としてどこまであらわれるか[*289]」と石母田が要約したように、普遍性と特殊性、あるいは単系発展史と複数発展史をめぐる解釈の問題へと帰結していく。それに関して、安良城は次のように石母田に応えている。

今の段階において研究を進めていくときには発展段階論だけでは不十分であり、発展段階を通じて把握された側面が一般であって、それからややはずれた、つまりたとえば農奴制・奴隷制という範疇を適応しながら、範疇からはみ出たものが特殊である、というような一般と特殊の把握の仕方には実は疑問をもっているのであります。……つまりそういうはみ出た特殊性を単に特殊性として指摘するにとどまるのではなく、その特殊なあり方自体を把握する論理、こういう問題を発展段階論と一緒に追及する必要があるのではないか。[*290]

一方の石母田は、「二つの道はアジア的、ヨーロッパ的という地理的な対比ではなく階級形成の二つの典型の法則的な把握である。……アジア的なものが、アジアに固有なものでなく、ヨーロッパにおいても存在すること、また逆に第二の古典古代的な道がギリシャ＝ローマにだけ固有なものでなく、アジアでも問題になることを念頭におくことが必要である[*291]」と述べ、単系発展史の時間的相違として捉える立場を保持していた。

安良城は地域的な相違は構造の固有性に帰結すると考え、複数系列の社会構成体史を想定する点で、奴隷制が存在しない構成体史を構想する河音たちと同じ立場に立つ。一見、河音たちの議論は戦前の早川二郎の見解への回帰のように思える。しかし、早川が単系発展史を前提としたうえで、その単線上での「飛び越え理論」であるのに対して、彼らは異なる経路の複数発展史を考えていたのである。[*292]ここに、『諸形態』における所有の三形態をめぐる議論を媒介として、一九三〇年代のアジア的生産様式論争が普遍性と特殊性という相のもとに一つの帰結を見ることになった。

再度確認すれば、普遍性と特殊性は対になる術語である。かつてアジア的形態がギリシア・ローマ的形態の遅れと見られたように、普遍的とする立場から離れたときに特殊になる。ただ、すべての歴史的現象が特殊であり、普遍とは決して歴史上に顕現しない理念であるとすれば、その対概念は普遍性と局所性というものに言い換えることができるものとなる。同じ量的な変化はそれぞれ異質な質的変化に変換されるとみるべきなのだ。その点で、生産力の比喩を用いた藤間の組織論に関する次の発言は、藤間や石母田の立場を如実に示すものといえる。

吾々は、四〇年代の後半における多くの科学者の結集、五〇年代の初めにおける多くの国民から寄せられた期待と動き、こうしたいわば生産力の発展に寄与したが、それに即応した生産組織（民科のあり方や位置づけ）をつくりだすことができなかったのである。[*293]

そこから、藤間は藤田省三の民科批判に対して、こう応える。「多元的方法を民科はとらなかったから失敗したのだという藤田たちの見解は、吾々が新しい「生産力」の発展に対応できないためにおこってきた多様な欠点の一つを説明するものに過ぎない。……しかし吾々は依然として一元主義を取りながらも、藤田たちがいう多元主義が発揮する機能と同じような機能の発揮を、実践の成果に忠実に学ぶというやり方で行うことができるものと思っている」[*294]。

ここで藤間が言う一元主義とは「マルクス主義者としての一元論的な立場」のことである。しかし、それは内容が固定化された均質なものではなく、内容が読み替え可能な異質性に満ちた容器のようなものである。そこから、西欧マルクス主義、ロシア・マルクス主義、さらには中国や日本のマルクス主義へと、マルクス主義の理論は異なる社会状況のもとに分節化されていく。

藤間の理論もまた、こうした日本におけるマルクス主義受容のひとつとして、「アジア的生産様式論」を日本において読み直す試みにほかならなかった。それは、渡部義通が一九三〇年代に藤間たちに提案した問い、「古代奴隷制社会から中世封建制社会への変革は、いかにしてなされたのかという課題」に対する彼なりの一つの答えでもあったのだ。

最後に、岸俊男による藤間らの戸籍論批判も瞥見しておきたい。岸俊男による批判は、英雄時代論争の行なわれていた一九五〇年代冒頭から展開されていた。岸は同じ京都大学の三浦周行らの戸籍擬制論を引継ぎ、「大化後の籍帳にみえる郷戸は〔藤間らが古代家族の実態と考えた〕世帯共同体の遺制を示すものではなく、またそのすべてが家父長的な古代家族を表わすものではなく、さらに房戸もそのまま実態としての郷戸的大家族が分裂したものであるとは私は考えていない」[*295]と、藤間たちの郷戸実体論と自説の違いを明示した。この岸説の与えた学史上の影響について、南部昇は次のように特記している。

> 郷戸＝大家族＝農業経営の基本単位、という藤間・石母田理論の基礎すらも、戸籍の上にのみ生じたみかけの現象にすぎないと一蹴されたのであるから、もし岸説が正しいのであれば、藤間・石母田理論は、両氏によって発見された個々の新事実は別として、一つの体系としては砂上の楼閣として崩壊するほかはない。……しかも岸氏と同じころ、〔やはり京大出身の〕赤松俊秀氏が石母田氏の古代農民の婚姻形態に関する研究に反論を加え、……両氏のようにモルガンやエンゲルスの理論を武器に籍帳を史料として「古代家族」を論ずることをためらっていた多くの研究者が、藤間・石母田理論に深い疑問をなげかけたのである。[*296]

その結果、藤間たちの古代家族論について、「この壮大な理論も定説の座を降り、一仮説の地位に転落した」[*297]と、南部が結論づけるような事態が訪れる。そこには、英雄時代の民族論と同じような、敗戦から一九五〇年代冒頭までの、藤間たちに対する沸騰的な支持が一九五〇年代半ばを境にして、精緻な実証主義の復活の前に急速に冷めていくさまを見て取ることができる。

こうした当時の文脈を念頭に置く時、先の石母田の「実証と理論」という問題意識が、岸らの実証主義と同時に安良城ら同じマルクス主義陣営からの批判に対する、彼なりの直裁的な反応であったことが分かる。それに比して、「政治と学問」という問いを立てた藤間は、良くも悪くもこうした批判に直接に対応することなく、五〇年代冒頭までの状況がもたらした遺産を批判的に継承するかたちへと、問題の設定の仕方を置き換えようとしていたのである。

さて、岸説の登場により、この時期の戸籍論は擬制説と実体論の対立状況を迎えたが、それを新たな視点から総括したのが、ここでも安良城説であった。安良城は一九五五年に執筆されたとされる論文「班田農民の存在形態と古代籍帳の分析方法――石母田＝藤間＝松本説と赤松＝岸＝岡本説の学説対立の止揚をめざして」において、対立するように見える両説が前提とする問題を次のように鋭く指摘した。

両説が相対立し相違しているのは、再生産の基本単位を、一方〔の岸らの説〕においては、「家族共同体」としての「戸」に求め、他方〔の藤間らの説〕においては、「家族」としての「房戸」に求める点に相違があるのであって、再生産の基本単位それ自体は、律令国家権力がさしたる規制を加えず、したがってまた、再生産それ自体もさしたる変容をうけないまま「戸籍」に表現されているとみなす点においても全く共通なのである。[298]

たしかに安良城の指摘するように、どの水準にそれを求めるかは別として、古代家族の実態が籍帳のいずれかの次元に反映されているとする点では両説とも立場を同じくする。しかし、そうした実体反映論自体が、「この共通の前提を十分に吟味・検討した結果、両説の前提とされているのではなく、むしろ、余りにも当然のこととして、分析・検討を経ないままに前提とされているのが、研究史的事実といわれねばなるまい」[299]と、安良城は明快に論ずる。

そこから安良城は、籍帳とは「律令国家権力の恣意的「編戸」」の反映物であり、「農民の再生産単位たる「戸」それ自体が、律令国家権力によって編成替えされた存在であるという事態のうちに、律令体制社会における直接生産者の悪しき地位が象徴されている」と結論づける。[300]つまり、籍帳というテクストが民衆の日常生活そのものを忠実に反映したものではなく、「戸籍作成の主体である律令国家権力がいかなる原則を以って農民を把握し郷戸という集団を創設したのか」[301]という視点から、律令国家による支配のなかで権力から民衆世界に下降する働きかけの中で生じた政治的所産と考えたのである。

こうした見方は、記紀を政治的所産として捉えた津田左右吉のテクスト論を籍帳に応用したものでもあり、津田に刺激を受けて古代研究を出発させた藤間らのテクスト論をより徹底されたものと言える。津田は記紀というテクストの外部にありのままの民衆の生活世界を措定した。しかし、安良城はそうした民衆世界そのものが国家権力に組み込まれるなかで、その軋轢も含めて、初めて構造化された法的主体としての家族として結晶化しえるものに他ならないと考えた点で、よりラディカルなテクスト論の立場にたっていた。

国家権力によるテクストに先行して現実の民衆世界が実体として存在するのではなく、むしろそのテクストを通して民衆世界は初めて具現化しうる。そうしたテクスト間が安良城の認識論を支えていたのである。それゆえに、「この「戸籍」・「計帳」の分析から、

「戸」の変質・解体の具体的様相を把握できるとともに、さらに律令国家権力が、いかなる仕方をもって「戸」の分解を阻止せんと企てているかを、同時に把握できる」[*302]と、安良城は古代家族の解体と構築を政治的テクスト化のもたらす作用として両義的に考えたのである。

その点で、石母田が岸らの擬制論を承けて、「籍帳はそれによって共同体の実体をさぐるべきたんなる外皮ではない。その法的擬制とそのあり方自体のなかにすでにこの時代の政治的構造の特質、そこにおける共同体の地位、共同体が貢献的に組みこまれる仕方がしめされているような性質の資料である」として、「制度的なものと実体的なものとの関係、固定的なものと動的なものとの矛盾……、両者の矛盾を統一的にとらえる方法論的練磨が必要になってきている」というテクスト論を提示するに至ったのは、いずれも津田の記紀論に端を発する立場であるが故に当然の帰結といえるのかもしれない。[*303]

この発言に明らかなように、権力から生の世界の実態を確保するのではなく、むしろ権力的なテクスト生成の中に織り込まれた民衆と権力のせめぎ合いを捉えようと石母田は一九五〇年代後半以降、次第に考えるようになる。こうしたテクスト論的な転回が起きたがゆえに、石母田は族長が共同体を体現したとされる調和的な英雄時代観から離れ、権力を通して民衆世界が顕在化する古代国家論へと議論を大きく展開していく。

もはや彼にとって古代国家論は藤間の『古代国家論』のように、民衆世界を一方的に抑圧する支配階級の道具であるにとどまらず、エンゲルスが言うような、「国家は、けっして外部から社会におしつけられた権力ではない。……社会からでてきながらも、社会の上に立ち、社会からますます疎外してゆくこの権力が、国家なのである」[*304]という認識のもと、社会全体と国家権力の相互関係の中で捉えられる複雑な法制度史論となる。かつて安良城が籍帳分析で手本を示したように、令集解のような法律の注釈書の中にこそ、民衆の生活世界の痕跡は求められていく。そうした実証的なテクスト解釈の行為を通してこそ、理論的な仮説は見出されるものであり、先行する仮説はテクスト上において絶え間なく是正されていくものとなる。

他方、藤間にとって安良城や岸の批判はテクスト論の次元で受け止めた形跡はさほど見受けられない。当時、藤間も石母田と同様に門脇禎二の戸籍論に対する論評の中で、戸籍の「作為」を言及しているものの、大和王権からのものというよりは、依然として「現地の状態＝共同体に基本的に規制されるという意味」[*305]に留まっていた。

そうしたところにも、彼が「実証と理論」という問いを立てなかった理由が求められよう。この点で、藤間は実証主義の復興するなかで、その内部でマルクス主義の理論をどのように読み直していくのかという作業には加われなくなっていく。大学に職がなく、図書館などでの史料活用や、若い研究者の卵たちとの研究室での日常的な討論が困難な状況は、実証主義を前提とする学界状況から藤間を切り離していくことになる。もはや戦後とも呼べない豊かな社会の中、市井で歴史研究を第一線で続けることの困難な時期が訪れていた。

ここにおいても藤間と石母田のあいだの、五〇年代後半から六〇年代冒頭にかけての民族論・奴隷制論・戸籍論に対する厳しい批判への反省のなかから生じてきた相違が存在する。すでに松本はこうした批判に対する明確な反論を示すことさえも困難になっていた。そして、彼らにとって指導的存在であった渡部義通も一九六四年末には共産党から除名処分を受け、党から離れることになる。そこでも政治問題のみならず、個人的な生き方も含めて、渡部に一線を画す石母田に対して、親交を保ち続けた藤間と松本というように、その対応は異なるものがあった。

東アジア論への展開

藤間の東アジア論を考察するに際して、民族論の余燼がくすぶる一九五五年に刊行された単著『民族の詩』を、まずとりあげたい。この著作について、藤間は「『民族の詩』……が私の東アジア研究への一つのバネになっているわけです。以後、古代から近代まで続く私の東アジア史研究についての原点にもなっています」と、自分の研究上の「転機」になったと位置づけている。[*306]

この著作は植民地期の朝鮮人の詩集、金素雲訳編『朝鮮詩集』(一九五三年)を、藤間が埼玉図書館で偶然手に取ったことに端を発する。同じ一九五三年に刊行される自らの英雄時代論の単著『日本武尊』の中扉に、「現代におけるふるさと、そして軍事化、隷属化の国の状況の両方を踏まえた詩」[*307]を探して、古事記のヤマトタケルの詩と重ね合わせて載せようとしたが、結局見つけることができなかった。

ところが、植民地期朝鮮の詩には、「「日本武尊」にのせたいと思う詩が、無数にある」[*308]ことに藤間は気づく。そこから訳者の金に面談を申し込んで聞き取りをした藤間は、朝鮮の詩について「全くの素人である」[*309]ことを自覚しつつも、やむにやまれぬ衝動に駆られて三本の論文を一九五四年に雑誌に発表する。それが軸となって編まれた一冊の著作が『民族の詩』であった。

出版社は東京大学出版会。一九五二年と五三年に続けて石母田の『歴史と民族の発見』を刊行した出版社である。藤間も出版社も、同じ「民族」の題名をもつ『民族の詩』を、石母田の作品の延長上に位置するものと考えたことは想像に難くない。だとすれば、同じ民族論であっても、一九五〇年冒頭に刊行された石母田や藤間の著作に比したときに、その「転機」はどこにあったのかが問題となろう。

ふるさとを恋ひて何せむ/血縁絶え　吾家の失せて/夕烏ひとり啼くらむ/村井戸も遷されたむ/……/はかなしや　ふるさと・

のゆめ／いまははた踏みしだかれて／契りつつ人に堰かれし／初恋のせつなさに似る[*310]

藤間はこの朴竜喆の詩を引用して、「村井戸が遷されたのは……日本帝国主義の「開化政策」による村の荒廃が推察され……、初恋を民族の運命と同一次元で表現しえている。金素雲の『朝鮮詩集』……をみると、こうした人々の生活や国土の風物に民族の運命をこめた詩が次々に出てくる[*311]」という印象を述べる。ここで藤間は、個人の経験が社会全体と重なる表現を持ちえることが、古代の英雄叙事文学に匹敵する近代の民族詩であると考えたのだ。

ただし、近代的な英雄時代――藤間にとっては来るべき社会主義の英雄時代も――は、スターリンのような卓越視された個人ではなく、市井の民衆によって担われるものだという理解が同時に提示される。そこから藤間は、「日本の近代詩はなぜたけるのふるさとのような人間や風土を表現しえなかったのか。……隣りのことを、ひいては東アジアのことを知らなければ、日本のことはわからない」という問いを抱く。彼はそれを「被圧迫民族と圧迫民族の違い[*312]」として受け止め、「日本の近代詩は……多くはふるさとと断絶した世界で、詩を作っている」との答えにたどり着くことになる。[*313]

具体的には、藤間は北原白秋の作品に出てくる故郷の形象を分析する。そして、「故郷の一切の風物は、彼の「一種の感覚史なり性欲史」をかたちづくる材料や背景としてとりあげられている。ふるさと自体がもっているゆたかな運命や事情では問うところではない[*314]」と、ふるさとが近代的個人にとっては自己の外部に切り離された無関係な風景にすぎなくなっていることを批判した。「大地と伝統の遊離によって、新しい世界をつくりあげた」日本の知識人は、「自分たちの世界と、故郷の世界とは別個のものではなかったのである。苦しいゴツゴツした地盤ではあっても……この地盤の上でしか、近代的な自我の解放はありえない」。植民地の知識人たちとは真逆の主体形成をおこなったと藤間は考えた。[*315] そして、その政治的背景を次のように推察する。

日露戦争に勝って、朝鮮を合併したほどの日本帝国主義は、アジアのどの地域でもみられないほどの多くの「西欧的な教養」をもったインテリゲンチャを生み、小ブルジョアを生んだ。……問題は日本帝国主義の発展によってたくさん生まれたインテリゲンチャ……が、天皇制支配の圧力で、こじんまりとした一つの世界をつくり、そして〔一九四五年八月十五日まで〕つづけて行けた所にある。[*316]

すでに一九五〇年代冒頭の英雄時代論争においてアメリカの帝国主義的な日本支配を藤間は批判し、戦中には日本帝国の植民地支配に違和感を抱いていた。一九五〇年代後半には帝国宗主国が日本からアメリカへと入れ替わるものの、つねに温存される帝国主義の植民地支配の構造を問題とするようになるのだ。「この世界の内にいるかぎり、それはそれなりに、近代のよそおいをこらした花を、さかせることができた」という言葉に見られるように、他者を犠牲にして確保されるかぎりでの調和的な世界を藤間は厳しく指弾することになる。藤間の民族論の視界に、東アジアの他者が入ってきた瞬間である。それは、商売で潤っていた実家、被差別部落を排除しつつ自分たちの社会的権利を享受する市民など、藤間が生まれ育った故郷で目の当たりにした光景と重なるものでもあったのであろう。そうした他者に対する感受性を育むかたちで藤間は少年時代を送ってきたのだ。

　同書に対しては刊行後まもなく、「朝鮮の詩について、しかもその現代史について相当まとまった考究がなされたものとしては、これが最初のものではないかと思う」といった評価が与えられる[*317]。そんななか、この藤間の議論が思いもかけぬところから厳しい批判を浴びてしまう。その訳者である金素雲が、「憶測と独断の迷路——藤間生大氏の『民族の詩』について」という苛烈な批判論文を発表したのだ。同書の中で、藤間は素雲訳を高く評価しながらも、次のような問題点を指摘していた。

> 素雲という人は、きびしいものや、抵抗的な内容の民謡にあまり興味がないかもしれない。しかしそれ以上に朝鮮人に対する特有の日本官憲の検閲のきびしさを考慮したためかもしれない。……また素雲のこの持味は、そのホンヤクをして、実質以上になめらかにして、よわよわしいものにしている場合もあろうかと思う[*318]。

『朝鮮詩集』を被植民地下の叙事詩として捉える藤間からすれば、素雲訳は過剰に叙情に流されたものと映じたのであろう。それゆえに藤間は、植民地解放後の新訳への期待を明言したと思われる。たしかに、素雲訳『朝鮮詩集』は一九四〇年にその原型となる『乳色の雲』が、そして一九四三年に増補版が『朝鮮詩集』として出版された帝国期の産物であった。

　自分への批判への苛立ちもあったのだろうか、素雲は藤間のテクスト解釈を「荒唐無稽な憶測と独断」に満ちた誤読であると指摘し、「日本帝国を憎むのははなはだ結構なことであるが、詩という詩を悉くそれに結びつけるような「憎みかた」はいただけない。帝国主義を打つべき理由は、ほかに、いくらも見出せるはずである[*319]」と批判した。それが「朝鮮民族への悪意から為されたものではなく、〔藤間の〕善意のヴェールを纏うがゆえに[*320]」、素雲も藤間もいっそうその対立に戸惑うことになる。

　さらに素雲に問題とされた議論には、先に引いた朴竜喆の詩のように植民地の悲哀を見事に表現した例と対置された、日本帝国への転向者とされる李光洙の詩に対する「ゆがめられた民族性論[*321]」という藤間の理解もあった。そうした藤間の二項対立的な理解を、素雲は「藤間氏の人間論は甚だしく感情的である。好悪のケースを予め用意しておいて、悪玉は悪へ、善玉は善へ、何がなんでも詰め込んでしまう。かりにも生きた人間を取扱う態度としては、これは考えものである[*322]」と、図式主義的理解として退けている。

　無責任な「書生論」と断じられた藤間は、素雲に対してすぐさま反論「現代朝鮮文学の一つの見方——金素雲の言葉に関連して」を発表する。最終的に字句の誤読については、「原文に即しない私の記載ですから「憶測と独断」、朝鮮語を知らないからという非難は甘受します」と認めつつも、「私は素雲の詩人としての才能がよりよく発揮した「誤訳」を高く評価することになり、私の朝鮮詩の理解はまんざらでもないようでした」[*323]と、素雲訳にのっとった自分の理解を保持することを表明する。
植民地の問題が日常生活の詩に重ね合わせて読むことができるという藤間の詩理解は、字句の誤読云々に左右されない地点で成り立っていると彼は応答したのである。それは現在から見ても、研究者の解釈に委ねられる部分であり、藤間の解釈が成り立つ可能性は十分にあるものと言えよう。事実、在日コリアンの作家、金達寿はすでに当時、藤間の植民論的解釈は自分の個人的体験からいっても、そして「「手さぐり」であるにもかかわらず、その鑑賞はたしかであり、この本にとってもっとも大切な解説も正確である」といった高い評価を与えている。[*324]

しかし、金素雲、金達寿、後に『朝鮮詩集』を再訳する金時鐘を含めて、在日コリアンと祖国の関係は多様であった。後年、藤間自身も、素雲と時鐘の日本語訳の違いについて、「両人の思想の違い、日本帝国に支配された時期とそれから解放された時期の違い、等々。それぞれ重大な課題が、そこに存在している」[*325]と述懐している。

そのあたりの事情に詳しい四方田犬彦の表現を借りれば、「一方は植民地統治下での朝鮮人であり、もう一方は祖国分断状況を生きる在日朝鮮人であ」り、「韓国語と日本語の間の関係は著しく異なっている」ことになる。[*326]つまり、素雲にとって朝鮮語は回復されるべき母語だが、時鍾にとっては望まぬものであっても日本語が母語であり、朝鮮語は始めから喪失された母語なのだ。とすれば、藤間のような門外漢の日本人がその関係を論じることには、否定的な見解も含めて複雑な反応が出る可能性が当初から孕まれていたのである。

日本帝国を激しく批判する民族派、そして日本人と融和的な共存を優先する親日派。在日コリアンの世界では、祖国との関係を重んじる民族派が一般的な立場だが、日本社会のなかでは日本人とのナショナルな軋轢を引き起こすものでもあった。藤間の民族論と異なり、一般に民族主義では、自民族を親密な内部として同質化するためには、他民族を異質化して憎悪する必要があったからである。

一方、親日派の立場は祖国では売国奴として激しい批判に曝されるが、日本の植民地支配を近代化の推進役と評価するがゆえに、植民地支配の罪悪感に悩む日本人とは円滑な関係を築きやすい。後者の立場に立つ素雲訳においては、「政治的寓意性を強く帯びた詩」は採用されず、「詩の非政治化」が施されていたと言ってもよいだろう。[*327]

帝国支配の記憶が生々しく疼く一九五〇年代であれば、民族派か親日派かといった二項対立的な思考を避けることは、現在と比べ物にならないほどに困難であった。だが、こうした二項対立的な思考は、すでに日本の民族論争でアメリカとの関係で議論の紛糾を経験していた藤間にとっては、それ自体が戦争の生み落とした陥穽として学問の対象に据えられるべきものであった。戦前の民族主義を批判すれば、それを打ち負かしたアメリカの占領を肯定することになり、アメリカの帝国主義を批判すれば、日本民族の伝統を持ち出すことになる。それと同様の、日本の帝国主義か朝鮮の民族主義かという二者択一的な心性が、旧宗主国の臣民であった藤間の自意識と関わりなく、彼の解釈を受け取る側の旧被植民地民、金素雲も存在していたのである。

しかし、当時の藤間にとっての関心事は「朝鮮とは何であったか」という問いにはなく、一九五〇年代冒頭の英雄時代論の座礁を受けて、「日本とは何であったかという問いかけ」を解くための手段として朝鮮詩は存在していた。[*328] 素雲からすれば、そうした藤間の態度が朝鮮に関する乏しい知識と重なって、他人の庭に足を踏み込む旧宗主国の人間の無神経さと映った可能性は否定できまい。だが、藤間にとってはこうした素雲との議論が契機になって、コリアンの主体形成のあり方そのものへと関心が移っていく。素雲への反論の中で、藤間は当初「ゆがめられた民族性論」と名づけた李光洙の転向について次のように再定義し直すことになる。

> 今にして思へば、李光洙のこの時代の態度に対する私の評価は、当時の先進的な独立運動の反省との関連で、考えなおさなければならないと考えている。すなわちこれらの先進的運動も多分にセクトがあった、このような運動だけでは独立の達成は困難であったにちがいない。……金が李光洙にこだわって、一九二〇年代の後半における独立運動の重大な新しい要素を見失ったように、私も先進的な動きにとらわれて、一九二〇年代の後半期における独立運動の複雑さをつかみえなかったように思われる。[*329]

そこから藤間は李のいわゆる転向についても、「「裏切った」と思われたことについても、転向者が日本で行った場合と同じであろうかという不審から」、李の「創作力」を再評価すべきであるとして、「全体的なそして相互浸透的な立場で、観察する力」の必要性を自らに求めるようになる。[*330] こうした藤間の省察には、植民地ならではのねじれた主体は公共空間から排除されたものが味わう苦難ゆえに、複雑な主体化過程を伴うものになる予感が満ちていた。

事実、一九九〇年代以降の韓国においては、金哲や尹海東によって李光洙や崔南善らの再解釈が進められ、日本国民に積極的に同化していくことで、日本民族の独自性を掘り崩す効果がもたらされる可能性もあったという見解が提示される。[*331] その立場からみれば、日本民族とは異なる民族の独自性を説く戦後のコリアン民族主義は日本帝国時代の記憶を拒絶しようとして、かえって帝国主主義の副産物である民族主義の陥穽におちてしまったことになる。むしろ、日本人になるほかなかった植民地の状況のなかで、日本臣民を名乗ることで、いかにして帝国の同化力を切り崩していったのかを問うポスト植民地論的な視点が、金哲や尹によって提示されていった。

決して回復することの出来ない祖国に対するノスタルジアを利用して、どのように異種混淆的な民族を語りなおすか、それがポスト植民地論のアイデンティティ論となっている。こうした視点は藤間や石母田が一九五〇年代冒頭に体験した日本の民族論争で、民族の同質性に疑問を呈した姿勢に相通じるものである。後日、自分の東アジア理解を振り返るなかで、藤間は大東亜共栄圏との違いを次のように説明している。

今でも、というよりは、今また装いをあらたにした共通性・同一性（アジアは欧米と違い人情・非個人主義など……）をときたてて一つの世界、ここでいう東アジア世界を設定しようとする方がいるようである。この発想こそ一人よがりの共通性や同一性の強制を生み出す源である。……しかし東アジア世界という用語は一般にも普及してきた。実態は明白ではないが、なんらかの形で東アジア世界というものが現実に存在しているためであると私は考える。……東アジア世界は無視で済むことではなく、研究し、対決しなければならぬ課題である。[*332]

ここからは、北山茂夫たちが懸念した戦前の民族主義による同質化を前提にした理解とは、藤間たちがおおよそ異なる地平に立っていたことが再確認される。今日、東アジアという言葉は、中国の漢字文化圏を前提としながらも、日本・朝鮮の近代国民国家の諸国を包摂する世界を指す。そこから、各近代国家の主権を尊重した多文化主義的な理解が成立するが、藤間の理解はむしろこうした近代国家の境界を越境する交流主体のあり方――「東アジアの流通経済のメカニックスを体得した国籍にこだわらぬ民間の人間の存在、ないし知恵」[*333]――に関心を注いでいくことになる。

共約可能性を措定しながらも、固定化した同質性で東アジア世界を理解することを拒否する。ポスト植民地論的な表現を借りれば、「共約不能なものの共約性」とでも呼ぶべき理解を、藤間は「同一性がそうした世界形成の重要な契機になることは否定しませんが、私は相互の主体が異なろうとも、相互の関係の総和がもたらす効果と規制力」[*334]への関心というかたちで、東アジア論に対しても民族論についても有していたのだ。

しかし、一九五〇年代後半の議論にそのような冷静な認識を求めることは容易ではなかった。しかし、日本民族の問題性を論じる日本中心の考え方から、藤間の議論が「今度は、日本ではなく相手のことである」として、「たとえ植民地になっても、なお主体の表現としてすぐれた朝鮮近代詩の出現を見ることができたので、東アジアの個人・団体・民族がいかに逆境のもとに沈殿していても、持続的な関心をもって其の主体性を研究しなければならぬ[*335]」方向へ展開していく。

そして藤間の交友関係もまた、一九五九年にはじまる朝鮮史研究会の同人である朴慶植や李進熙あるいは宮田節子、韓国の歴史学者である李佑成や閔斗基らと交流を深めていく[*336]。そして一九六七年には、第五回の朝鮮詩大会で「日朝関係の世界史的考察」という報告をするに至っている。なかでも、「金時鐘に指導された在日朝鮮人と日本人の文学的・社会的・組織的な行動に依拠する思想と認識[*337]」から大きな刺激を受け、国民国家を越境する彼の東アジア論が形成されていく。

藤間の記憶では、日本共産党の民族運動が挫折した一九五〇年代末に、金時鐘と思わしき人物から、「石母田と藤間は揚げた旗を下ろしたが」[*338]といった文面の手紙があったという。時鐘もまた日本共産党の民族運動に身を投じ、後に作家となる梁石日らとともに『ヂンダレ』という文学・研究雑誌を主宰していた。その雑誌が停止したのが一九五九年のことであった。時鐘も藤間も民族という観念にこだわり続け、それを東アジアという他民族と共存する文脈から見つめ直して発展させようとする点で共通する姿勢を有していた。こうした経緯からすれば、藤間が論争に関わった『朝鮮詩集』を再翻訳した人物が金時鐘であったことは決して偶然ではない[*339]。「私はいまもって植民地下の自分を育てあげた宗主国の言語、日本語の呪縛から自由でない」旧植民地民として自分を捉える時鐘は、それゆえに「自分の原語への立ち帰りを図る」試みとして、素雲訳『朝鮮詩集』を原語に立ち戻り日本語に再訳出する[*340]。それは、「ただの一度も朝鮮人の側から吟味されることもないまま」、日本人の読者によって賞賛されたこの詩集を、「いやおうもなく日本語を併せ持ってしまった」旧植民地民として、言語の不平等さを是正する試みでもあった[*341]。ここにおいても、藤間のねじれた主体論は日本帝国の記憶が消えない東アジアにおいて共通した課題として残り続けていることが確認される。

そして、やはり藤間の関心は英雄時代から一貫して、「やっぱり人の生き方ってかたちは、もう最後まで残ってしまう」[*342]と、主体のあり方を問題にする。藤間は日本から東アジアへの研究対象の変化でなく、「私の主体の変化」ゆえに、自分の研究「転機」が訪れたと考えていたのだ[*343]。その意味で藤間がとった方向は、英雄時代論の欠点を東アジアへと展開していくなかで克服していくことであった。ここでも、やはり藤間は持続の歴史家であった。

こうした東アジアへの研究関心の方向転換は、ひとり藤間だけのものではなかった。すでに一九五三年度の歴史学研究会の大会報告の統一テーマには「世界史におけるアジア」が掲げられており、前年までの英雄時代論争を承けて、藤間議長のもと、世界史の文脈で議論を展開しようと試みられた。そもそも、前後の歴史学研究会は、東洋史と西洋史と日本史という三つの分野が同じ統一テーマで年度大会を開催することを旨としていた。そうした統一テーマは形骸化したという理由で一九五八年度大会から取りやめになるが、世界史の中で日本の歴史をどのように位置づけるか、戦前の日本例外主義を克服するための大きな反省の契機であった。

しかし、実際には日本史・東洋史・西洋史の三つの枠組みが併置されるだけにとどまり、歴史家自身もどのようにそれを語ったらよいのか手をつけあぐねている感じは否めなかった。一九四九年度の報告に端的に出ているように、社会構成体史として世界史の基本法則が原始共産制、奴隷制、農奴制、資本制という展開と定められていたため、同じ発展史上の遅い・早いといった違いを見つける程度の、単一発展史の世界史の枠内での差異に留まっていたためである。

すでに一九五〇年代中盤から一九六〇年代冒頭には安良城や河音・戸田の議論が、複数系列の社会構成史の発展が存在することを多くの人々に問題喚起し始めてはいた。しかし、政治運動あるいは思想としてのマルクス主義はソ連や中国のみならず、東南アジアや南米などの地域に広まっていったが、いまだ西洋中心主義的な言葉以外でこうしたマルクス主義の散種現象を、普遍と特殊の交差点として概念化する言葉でマルクス主義者自身が思考を熟成させるにはいたっていなかった。

この異なる複数の社会発展史が相互にどのように関わるのかという問題を本格的に取り上げたのが、一九六一年の歴史学研究大会であった。第一日目が「アジア史研究の課題」、二日目が「世界史における日本の近代」。第一日目には西嶋定生や石母田による「古代専制国家の構造」報告があり、第二日目には芝原拓自の「明治維新の世界史的位置」があった。[*344] 藤間もまた、西嶋の冊封体制論と芝原の明治維新論のあいだで、自分の東アジア論を一九六〇年代から一九八〇年代にかけて構想していくことになる。

李成市が指摘しているように、こうした東アジア論の勃興は一九六〇年代初めの「日米安保条約の改定問題やそれに続く日韓会談などに対する批判とそれに対する危機意識」[*345]の反映といえる。新安保条約について石母田は、「たんに日米間の軍事同盟を規定したものではなく、それによって極東という領域における日本の国際的地位と方向を決定したものであり、したがってそれはアメリカの保護と指導のもとに、日本の独占資本が台湾と朝鮮にたいして持つべき役割をあらかじめ念頭においている条約」[*346]と捉え、それを律令時代の日本の「東夷の小帝国論」に重ね合わせたのである。そこから石母田は、次のように一九六〇年代の政治構造の理解における国際的契機の本質的な必要性を述べる。

日本人の安保体制からの離脱、台湾の開放、朝鮮の独立と統一等が不可分の事業としてはじめて可能であること、その前提はアメリカ帝国主義の極東からの排除であって、日本の人民の敵を独占資本＝池田〔隼人〕内閣だけに限定しようとする主張は、安保闘争以後に急速に開かれた国民の国際意識を枯らせてしまう。[*347]

少なくとも石母田については、敗戦直後には「日本の歴史は海によって大陸から切断されているので、そこでは他民族の侵入などによる外部からの作用のないばあいの歴史の発展状況が観察できる」[*348]と、東アジア史の視点が必要だと説く西嶋に消極的に対応していたのだから、一九六〇年代には戦後の国際状況を踏まえた大きな視点の転換があったことは確かである。藤間からすれば、それでも「それの安易な使用は一国完結主義的な視野の持続をもたらす」[*349]と危惧感を覚えていたようである。

藤間や石母田が何度も口にしていたように、戦後の歴史研究においては近代史へのかかわり方こそが、それ以前の時代の研究方法もまた規定すると考えられるようになっていたのである。事実、石母田は一九六五年にはじめて本格的に海外遊学に出て、オーストリア・ドイツ・イギリスの大学や研究所に滞在する。一方の藤間もまた、一九六四年に北京、一九八一年にポーランド、一九八八年に韓国、一九九四年に中国など、とくに一九七一年に熊本商科大学で職を得て生活が安定すると、短期の旅行ではあるが、積極的に海外に出かけるようになる。[*350]研究者自身もまた越した主題を扱う学問表現を熟成させるためには、国民国家の境界を乗り越えたトランスナショナルな活動が必要であると、藤間は一九九〇年代の河音能平との書簡のやり取りの中でも強調している。[*351]

さて、歴研大会で報告した二人のうち、西嶋は中国の冊封体制について、「単に中国王朝を中心とする国際秩序であったのみならず、国際政局を動かす形式であり、それが推移する場であった」[*352]としたうえで、次のように説いた。

冊封体制は……もともと中国国内的秩序であり、皇帝を頂点としてそれと貴族・官僚とのあいだに形成される君臣関係の秩序体制であったのである。それゆえに中国王朝と周辺国家との間に形成された冊封体制は、このような国内秩序の外延部分として出現するものであり、……中国王朝が冊封関係にある周辺国家に対して臣節を要求し、行礼を期待するのはこれによるものである。[*353]

ただし、西嶋は「国際関係の推移が相互の力関係によって推移するというのは当然のことであり、……東アジア世界ないし中国文化圏が、中国によって一元的に形成されたことを意味するものとはならぬのである」[*354]と断りを入れている。それに対して、藤間は冊封体制論が「一国完結主義的な歴史研究の方法に反省を与えたことは事実です」としたうえで、「冊封は支配者と従属者の関係の概念であっても、同一世界のそれにはなりえません」として、冊封体制に回収されない動きをその叙述から漏れ落としていることを次のように批判する。[*355]

冊封を媒介とする唐世界帝国の秩序は、唐を中心とした東アジア世界の発展と持続のためにも内面的な寄与ができないばかりか、その世界政治の内にも、日本のような国が出来て、自己の世界帝国をもつことを余儀なくされるために、その世界政治は必然的に分立的なものにならざるをえない。冊封体制というものは、特に各国の人民相互の結合を意識的に排除している。[*356]

具体的には、一九六六年に発表される自著『東アジア世界の形成』において、藤間は九世紀と十六世紀を東アジア世界形成の二つの画期として考えるようになる。九世紀以前は、「東アジアの各国・各民族の深部にあって、意識・無意識の内に重大な働きをするものが、共通して存在するまでになっていないことの現われである。……したがって厳密な意味では、東アジアというものはまだこの時期までは存在しない」[*357]とされた段階である。そうした無構造な状態について藤間は、「〔皇帝の〕勢力下にある諸国家や豪族たちの相互間家はバラバラ。……〔皇帝の命令を〕強制するための武力装置は前提になく、皇帝権力の一人よがりの発言になっています」[*358]と説明している。それが九世紀を契機として、国際関係の構造が「諸国間の関連を重視」[*359]ものへと大きく転換していくと考えたのである。

たとえば一〇世紀はじめの約三〇年間に、……唐国の滅亡、……新羅王国の滅亡、……日本の将門・純友の反乱がありました。これらを各国の孤立の事件でなく、唐国滅亡の動乱の影響による連動事件と解して、そこに東アジア諸国間の関連の存在を考慮し、「東アジア世界」を構想しました。[*360]

しかも藤間の東アジア論は、諸国の相互関係に留まらず、それ以上の比重で「世界」というものの持つ主体としての意味について考察をなす。藤間は「世界」を「不特定多数の国……の存在する場所」として定義したうえで、「影響」概念の旧弊的な理解を批判して、独創的な文化論を展開する。[*361]

これまでの考え方でゆくと、東アジアにこうした事件や事実があったから、それが日本に影響してこのようになった、という以上のものではない。日本に影響したその東アジアの情勢は、どうしてそのような激しい影響力をもちえたのか、ということは考えられていない。……こうした強い影響力をもつ〔世界という〕主体は、一体いかなるものであり、どんな手段とメカニックを備えているのであろうか。……すなわち、外来的・偶然的なものが内実的・必然的なものになるメカニックはいかなるものであろうか、ということである。[*362]

ここにおいて、藤間の議論は従来の一民族を単位とする民族論、さらにはその民族を併置した多文化主義をこえていく。多文化主義とは、「それらの内部にある同一性は取り上げるが、異質なものには触れず、特に内部にある部分相互の対立・結合といった契機は問題外である」[*363]という欠点を有すると考えられたためである。それを今日のポストコロニアル的な表現で言い直すならば、同質な内部が異質な外部と対立するという二項対立的な理解そのものが民族主義的思考の産物として批判されなければならない。むしろ、一つの境界線を有する固有のシニフィアンのなかに同質性と異質性が「非共約的なものの共約性」として重なり合って共存すると理解されるべきなのである。そのとき境界線は流動的なものとなり、内部と外部は侵食しあいつつも、それを随時制度化する両義性を有するものと理解される。そのとき境界線で縁取られた全体は、実体を欠く現前不能な異種混交体として想起されることになる。

この異種混淆的な視点はどこから来たのだろうか。藤間自身の回想によれば、一九五七年に発表された論文「古代豪族の一考察――和泉における紀氏・茅淳県主・大嶋氏の対立を例として」(『歴史評論』八六号)における帰化人難波吉士が大和王権に果たした役割の考察から、全体性における異質なものの役割に着目し始めたとのことである。遡れば、一九五五年に単行本化された『民族の詩』で取り上げた日本帝国で果たした朝鮮人の役割、あるいは戦後の南北両朝鮮半島国家において果たした日本帝国関係の朝鮮人の存在から、同一民族が単一国家を形成するという国民国家的な見方を批判的に捉えるようになったためと思われる。

しかし内部の異質性だけでなく、この時期は外部の他者にも自らを開いていくという、民族主義とは真逆の視点をも藤間は身につける。さらに「問題の立て方は、外のものとか内のものとかいった程度の方法論では間に合わなくなっている」としたうえで、藤間は他者と交差することで生じる主体の相互変容についてこう述べる。

　我々は、たとえ政策を出した国では、その政策でうまくいっているとしても、その影響において好ましいものが我々に与えられないとするなら、我々は影響の批判を媒介として、影響を与えようとする相手国の主体の究明を新しいやりなおす必要が出てくる。このことは自己の主体の再検討を伴うことは言うまでもない。

そこから藤間は、主体概念が抱える生来的な本質主義までを批判するにいたる。「ここで取り上げようとする主体というものも、他地域での影響＝機能＝属性という関係を含めて取り上げてゆく時、これまで主体と考えられている主体とは、違った形のものが出てくるかもしれない」として、主体の本質主義的理解を、「これまでの主体は本質的・内在的という名の下に、本来備えているいろいろ大切な属性を片っぱしから除いていたからである」と批判した。[*364] この結果、「著しく矮小でかたよった内容の下で主体を考えるようになってきた」[*365]民族主義に陥る危険性とは異なる思考法、今日的な表現で言えば「エージェンシー」としての主体の網の目を藤間は思考するにいたる。

　藤間は東アジアという主題のもと、そうした主体の網の目――ハンナ・アーレントの表現を借りるなら「人間関係の網の目」――がどのように顕れてきたのか、民族という主体と同様に、個としての主体を取り巻く場そのものの顕れ方を歴史的変遷のなかで捉えようとする。最初の画期である九世紀に現れた東アジア世界について、藤間は日本人僧円仁とも交流した張弓福という新羅の貿易商人を通して「「東アジアの人間・集団などの相互関係が形成する網と、その規制力と促進力」の出現」を解明しようと試みた。[*366]

　後年、藤間がインタビューで答えているように、「トータルに東アジアを把握する方法論として、東アジアに内在する流通経済のメカニックスを創造・体得した民間人の意識・行動・組織の能力の軌跡を媒介することの効果をさとりました」[*367]として、国家権力の政治的な規制を超える経済的交通の重要さから、冊封体制の規制された東アジア世界論に回収されないトランスナショナルな個人の活動を探り始めたのである。同様のことは西嶋も指摘しており、「唐の滅亡によって、国際的な政治秩序としての東アジア世界（古代東アジア世界）は崩壊したと解し、これに変わって〔東南アジアからインド方面を含む形で〕経済交易圏としての東アジアが出現した」[*368]と、李成市がその説を簡潔に紹介している。

　また一九八一年に、社会主義国であったポーランドを訪れたさいに藤間は、「一国の枠をこえた思想の表現が、民族の自立・自由の渇望と共に存在してほしい」[*369]とも述べている。振り返ってみればヤマトタケル論もまた、その成否は別として、天皇制国家を取り除いたかたちで民族を回復しようとした点に藤間の主張はあった。藤間にとって民族主義とはやはり単一国民国家に回収されるものではなく、国家権力を相対化するための存在として考えられていたのである。李成市が指摘するように、冊封体制論を掲げた西嶋の東アジア論には一国史批判という契機を有せず、近代的な国民国家の枠が多文化主義のように併置されるに留まっていた。[*370] それに対して、一九六〇年代の藤間の議論は、国家史中心に描かれがちな冊封体制論の弱点を補う視点を示すものであった。

いきおい、その議論は国家の支配や均質化された民族を超えた個人の活動のあり方に関心を注ぐことになる。まず藤間は、新しく西洋世界に開かれた十五・十六世紀の東アジア世界を、「一九世紀のそれと違って、ヨーロッパ人とその文化との出会いにおいて、当時の東アジアは絶対的な自主性をもっていた。……東アジアに対して、ヨーロッパからの動きは非常に大きな影響をもたらしている。ただ、行動の主体性と規制力が、圧倒的に東アジアの側にあった」と、その主体性の主眼を置いて述べている。そのなかで、鎖国状態に入っていく「東アジアへの展望の最後」が「十六世紀の〔後期〕倭寇」であったとされる。[*371]

藤間は倭寇について、壱岐・対馬・松浦の日本人の海賊行為が中心となった前期倭寇と、中国人が主体となって密貿易をおこなった後期倭寇に区別する。後期倭寇の中国人の拠点のひとつが日本の平戸であったことや、日本人を多数手先として使っていたことを挙げて、その活動のトランスナショナルな性格を指摘する。しかも、そこでは商業活動と略奪行為は紙一重であったとされる。[*372] しかし、後期倭寇の場合、「中国人倭寇は、日本人倭寇のように、単なる海商や略奪をやっているだけでは満足はしていない。一つの政治的理想を持っている。彼らは明の祖法ともいうべき海禁政策を、断固としてやめさせて、自由な貿易をやろうとした」として、確信犯的な商業行為であったと考えられた。[*373]

それに対して、手先として使われた日本人倭寇の目的は、「無事に役目をはたし、「金」を手にして日本に帰ること」であったが、「明国の商業資本家の目標が達成されれば、自分たちの雇用が消失することを知っていた」ため、つねに先行き不安な「矛盾」に曝されていたと藤間は考える。[*374] そのうえで日本人倭寇の置かれた精神状態を、「新しい社会状態の出現を望む……鬱勃たる気迫はありながら、身を挺するやり方がわかりかねる。そこから出てくる彼らの混乱と絶望は、「倭寇」の名によっておこなわれて残虐行為や略奪と深いかかわりがあると見なければならぬ」[*375] と推察したのであった。

そして、倭寇の置かれた主体的状況に思いを馳せつつ、藤間はイエズス会宣教師のフランシスコ・ザビエルの来日に焦点をあてる。

日本人倭寇の活動がまだ華やかな時期でも、一五四九年来日以来のザビエルの「誠」の教えは、これまでの強盗・殺人への反省と罪の意識をつきつけました。彼らの職場の現在そして将来への不安の出現です。こうした不安のなかで、彼等はキリスト教を拒否・放棄するのではなく、彼等の信仰を広げかつ深め、隠れキリシタンの存在を可能にさせ、新たな生活の活路を近代的な各種の漁業、とくに捕鯨業技術の発達に求めました。[*376]

そして、「ヨーロッパで生まれたキリスト教が日本で定着する原因の一つに、明国の豪商と日本の倭寇の経済関係という東アジア社会の状況を媒介しなければなりません」[377]と結ぶように、藤間のキリスト教論はあくまで東アジアの交易圏の矛盾のうえでどのように主体が形成されるのかという視点から書かれたものである。しかも、キリスト者と倭寇を同一人物とする点で、信仰者を善とし、倭寇を悪とする二元論的な宗教理解ではなく、むしろ信仰の発生を現実社会に生きる苦悩に重ねて理解しようとする。

藤間はザビエルの説くカトリック教の教えの要点を、「十戒をみずから守ることが大切なのである。たとえ悪魔という誘惑者がいたとしても、悪事の責任は自分にある。最後の審判を受けて地獄に行くものは、永遠にその境遇から抜け出すことはできない」[378]という点に求める。その教えは、「仏教によって、地獄に落ちた人間でも、ほとけさまの力で救われると教えられてきたのが多くの日本人」[379]にとって、「家族の連帯意識や祖先崇拝の強い」状況に置かれていたがゆえに、そこから自分という個人を切り離して行為の倫理的主体として立ち上げる契機になると考えたのである。

松浦におけるキリスト者と倭寇を同一の主体として捉えるのは藤間独自の解釈であり、両者の積極的関係を史料的に裏付けるものはないが、否定する史料もまた存在しない。そこから藤間は「日本で最も激しい殉教の土地」であり「倭寇の土地の最大中心点」であるがゆえに「これまでの生活が、罪の多いものであっただけに、信仰は徹底的に行われた」と解釈する。[380]「現在の私の研究の不十分さからくる実証力の弱さから考えて、私もまた仮説以上のことはいえない。ただ、検討にあたいする問題がここにある、ということはできる」[381]と、藤間は歴史学としての自説の危うさを正直に吐露している。しかし、宗教学的な論理から見れば十分に論理的な類推としては成り立つものである。

同書の冒頭で藤間はふたたび津田のアジア論を引き合いに出し、「津田の場合は、両国の「家族道徳」が違うし、当然両国は同じ世界を構成しないというのであるから、私の場合と比べて結論は同じことだが、前提は正反対である」として、「同一性的な存在というメルクマールだけでは、一つの共通の世界（地域）を構成するに足りる条件としては不十分だという考え」を藤間は取る。[382]すなわち、同一性か差異性かという構造に対する二律背反な理解をするかぎり、二者択一的な本質論に陥ることは避けられない。だが、その構造をどのように民族なり個人なりが解釈してその主体を組み上げていくか、その主体の構築過程こそが問われるべきだと藤間は考えたのである。その過程において、異民族が交渉しあうことは当然のことであるし、個が先に存在して、その交渉過程が結果として生まれるという近代個人主義的な見解よりも、交渉過程の網の目の中でこそ、その結び目としての各主体が成立すると構造論的に藤間は考えたのだ。

ここに藤間は恩師津田のアジア理解についても、一九四〇年の段階では日本と中国を切り離したその理解を支持していたのに比して、そうした異か同かといった物の見方そのものが単純な二元論の域を出ないとして根本的な批判を提出するまでにいたる。日本における英雄時代の存在を認めない津田には、個人においても民族においても、主体構築という視点が著しく欠けていた。

九世紀と十六世紀の東アジア世界という主体の網の目の変化を捉えながら、その網の目を縦横無尽に移動する人間がどのように自らの主体を構築するか、かつて石母田が英雄になぞらえた「世界史的個人」[*383]が生れ出る過程を藤間は描き出した。こうした英雄はヤマトタケルのような族長や在地領主だけではない。弓福や倭寇のような歴史に名を残しにくい人々でさえ、自分の主体に転回(conversion)をもたらしえるのならば、個人としての主体を確立することが可能になる。

そこにはかつての古代英雄時代論のように、個と共同体の関係のもとに主体を捉えるだけでなく、移動する主体に折り込まれた罪意識という内面の屈折を尺度として主体の成熟が測られるようになる。異質性や他者への開放性といった特徴も含めて、藤間の主体理解は五〇年代冒頭に比して飛躍的に変貌していることが窺える。

李成市が指摘するように、そもそも「東アジア」という概念は「「東アジア」にとって外部の人たちであるヨーロッパ人によって命名された便宜的な地域枠組み」[*384]であった。「アジア的生産様式」もまたそうしたヨーロッパから与えられた他者の語りにほかならず、藤間の東アジア論は何十年という歳月を通して、その眼差しを捉え返していった過程で生まれた研究成果といえる。ただし、他者の眼差しを内面化したセルフ・オリエンタリズムの段階に留まるのならば、他者を契機にしつつも、それを分節化する主体化過程は生じない。

他者のまなざしに規定されつつも、他者と交渉しつつ、認識の次元のみならず、身体実践の次元から主体を異質化させていく行為遂行論、それが藤間の東アジア論における主体化論である。一見、それは丸山真男に近い近代合理主義的な主体論にも思える。だが、罪という契機をもって神に帰依するという自己の認識に転回をもたらすという行論において、近代的な合理主義とは異なる。また、身体実践を特徴とする中世カトリックの伝統に基づいた考察という点で、教義に偏った近代プロテスタンティズムとも異なるものであった。

たとえば、藤間の著作には天皇制に対する批判が一貫して見られるが、一方で清水三男のような天皇制に転向したとされるものに対しては、転向以外に選択肢の存在しない状況を念頭に置いた、社会状況を無視した第三者的な批判を戒める発言も行っていた。一方で、ここで見られるように、一九六〇年代に入ると、罪を契機とする宗教的改宗を主体の深まりとして評価もするようになる。正と負のイメージの相違は存在するものの、転向も改宗も同じ転回(conversion)という英語の訳語である。

いずれも大文字の他者の眼差しのもとで、主体を再編成するという意味では同じものであり、その再編がどのようなかたちでおこなわれるかということを藤間は研究主題に据えたのである。藤間の議論を、藤間以上に評価の高い西嶋定生が藤間との対談のなかで、

「東アジア世界」という命題を最初に提唱されたのは藤間さんであったと思います[*385]」と高評価をしているが、それは他律的な東アジア世界という言葉に、東アジア側から主体的な意味を付与したという点において評価されるべきものなのだ。

ただし、思弁的な色を濃くした藤間の論述は、石母田が心がけたような実証的な歴史学の論文とは程遠いものとなる。一方で、マルクス＝レーニン主義的な社会構成体史論とも、呼べるものでもなくなっていた。そして、戦後社会が高度経済成長を謳歌するなか、復興した大学の制度の中でこそ歴史史料の自由な操作が保証されるようになる。大学に定職を持たない藤間にとっては、緻密な実証的論文よりも、先行研究に基づきながら論理的な推察を積み重ねる記述形式のほうが実際に執筆可能なものになっていたのである。

いきおい、実証主義色の薄い藤間の論文は時流にあわないものとして中央の歴史学界のなかで傍流に押しやられていく。

東アジア論に傾斜し始めていたこの時期、藤間の天皇制国家に対する批判の方法が変わり始めていた。近代天皇制が発生する契機となった幕末の天皇論を、横井論の中で藤間は次のように述べている。

まだ軍事力も物質的基礎をもたない天皇を如何に考え、如何に政治闘争の場におくか。天皇自身やその配下である公卿もそのことを考えざるをえなくなってきた。天皇を利用する武士階級の各種の勢力集団は、天皇個人を尊敬しなくても、闘争の相手には尊敬をしいる。こうした作業は相互の相乗によって続ければ、天皇を利用する諸勢力の攻防を越えて、天皇の存在は、天皇個人の意思と能力を越えて、幕末の政治的世界で持続的な存在となり、利用者によって付与されてゆく権威は天皇家の属性として定着していく[*386]。

それは、天皇制は天皇個人の意思を超越した国家的権威であるとした石母田の古代天皇制論とも、安丸良夫が『近代天皇像の形成』で述べた諸勢力のバランス関係から生まれたコスモロジーという見方にも重なるものである。一九三〇年代の天皇制論において、「幕末・維新期の対外的危機感の肥大は、天皇制国家形成の条件となったが、一九三〇年以降のそれは、天皇制国家を自滅させる条件になった[*387]」として、対外的危機感が天皇制のあり方、根源的にはその存否を左右すると考えるにいたっている。

ここでの藤間の民族理解は、民族主義がそれ自体で始原から変わらぬ本質を保ったまま存在するのではなく、帝国主義などの外部によって規定されることで成立する内部にほかならないという歴史的視点に立っている。外部すなわち世界そのものという、認識し尽くすことのできない謎めいた主体によって、内部という主体はその一部として立ち上げられていく。そこで内部がイニシアティヴを獲得するためには、外部の眼差しを能動的に捉え返していく必要が出てくる。

だとすれば、天皇あるいは天皇制は藤間や石母田にとって打倒すべき最終目標ではなく、天皇制という意味体系を利用して国民や民族という主体を均質化したかたちで立ち上げようとする国家権力や経済構造への批判的介入こそが目的となる。戦中期の天皇制ファシズム期に始まった彼らの学問は当初、藤間の『日本古代国家』に典型的に見られたように、天皇制国家批判として、天皇制と国家が等価に近い存在に考えられていた。しかし、その約三十年後に顕れた石母田の『日本の古代国家』では、天皇制という表皮の下にひそむ国家や経済構造そのものが批判の対象としてより的確に据えられるようになったのである。

歴史学界の趨勢は明治維新百年を受けて、国家史研究に代表されるような、機構論を踏まえた国家権力の分析に関心を向けていた。あるいは国家権力に対する抵抗であれば、個人としてではなく、民衆という歴史的ブロックがどのように構成されるか、やはりその主体の構築過程に関心が移っていった。実証と理論という方法論的枠組みのみならず、研究主題の設定の仕方が個人よりも構造へ移動する中、研究者としての藤間は孤立しつつあった。

そんななかようやく藤間に大学への就職の申し出が現われる。石母田が法政大学で教えた弟子が助教授を務めていたことが縁となって、一九七一年四月に熊本商科大学に教授として招かれたのである。もうすぐ五十八歳になろうとする時であった。石母田の『日本の古代国家』が同年一月刊行。それを目にしたうえでの、熊本行きであった。大学教員に関する文部省の規定を充たすために、前年には石母田が静岡大学助教授の原秀三郎に頼んで、同大学で一年間の教鞭も取らせるように配慮してあった。

「野にあって、インフレの到来にびくついていた私を拾っていただいたのは有難かった」[*388]と、この招聘に対して偽らざる心情を藤間は述べている。招聘のために浦和の自宅を訪れた熊本商科大学学長に応対するさいに、和服・下駄履きで現われたという、藤間らしい庶民的なエピソードも残されている。

熊本商科大学としては、藤間の学問的な知名度をもって大学を全国的に知らしめるという期待もあったが、一方でその政治的な経歴を懸念する向きもあったという。しかし、藤間がそうした政治色を大学で出すことは杞憂で終わる。学生や職場に対する配慮もあったろうが、もはや左翼的な政治色を出せば事足りるというような学問状況は終わりを告げていたのであろう。終の棲家となった熊本の地は藤間が傷ついた羽を休め、最後の学問的な飛翔のために力を蓄える場所になった。

大学がキャンパスから程ない菊池郡合志町に用意した自宅には妻と二人で移り住み、後に「藤間温泉」と呼ばれる温泉が引かれた。学生たちとはフォーク・ミュージックの反戦歌を聴き、「ボブ・ディランの「風に吹かれて」をその発表の時期に聞いていたら、六〇年代半ばの私の世界史認識は、その時もっていたものより高まっていたにちがいない」という感慨を持ち、教員たちからは渥美清の「寅さん映画を見る会」の名誉会長に任ぜられるという栄誉に浴した。[*389]

そこには、自分が東京で民族論を論じていた時にさえ思いもよらなかった、市井の人々の日常世界に眼差しを向ける同僚の研究者や学生たちがおり、藤間はそこから民衆的世界の思考や言語を具体的に学び始めることになる。「熊本に来て地方での研究のハンディはありませんでしたか」という、元同僚対の質問に対しては、「「地方の研究のハンディ」同感です。しかし東京や京都にいても同じではありませんか。要は議論ができるかどうかの問題だと思っています」[*390]として、次のように熊本で自分の学んだことの一端を語っている。

映画がかかると、一緒にでかけ、終わると……、いっぱいやりながら、寅さんを論ずる。名誉会長のチャンネルは学術的な論議をもって悪童の研究室に入り込む道ともなった。素人の議論で迷惑だったにちがいない。……「地方での研究のハンディ」にこだわっている余裕はなくなった。[*391]

自由民権運動の研究で知られた熊本近代史研究会という勉強会にも参加し、中心人物として地元の研究者たちと密接な交流を持ち、一九八八年十月から一九九四年二月まで七年間かけて、藤間の著作を、東アジア三部作を中心に読み進める会「藤間先生の著作を読む会」も開催された。この研究会のメンバーによって刊行された私家版、水野公寿編『藤間生大著作文献目録』[*392]（一九九五年）は、研究会のメンバーからの藤間への感謝を表した何よりの贈り物であった。

研究発表の媒体も、中央の学会誌である『歴史学研究』や『歴史評論』だけでなく、熊本商科大学の紀要と並んで『熊本近代史研究会会報』を自分の近代史研究の成果発表の主要な場としていく。そこに発表された論文は多岐にわたる。地元の横井小楠や共産党員であった尾崎秀実など東アジアの近代化に関する人物を論じたもの。谷川雁を通じて関心を深めていったと思われる沖縄論。そして、ケーテ・コルヴィッツと樋口一葉とを往還しながらの近代論。さらには、石母田との交流を回顧した戦後マルクス主義歴史学の歴史に関する文章などである。これらは、東アジア三部作を補う著述やそれ以降の研究構想を記した貴重なものである。また『熊本日日新聞』にもしばしば寄稿し、地域を代表する研究者として、地元の人々に敬愛される日々を送ることになった。繰り返しになるが、一九九〇年代の藤間の関心も、一九四〇年代からの持続の上にあるものだった。藤間は『熊本近代史研究会会報』（三三七号、一九九八年五月）に発表した「小楠思想第二の転機その3」のなかで、次のように述べている。「一国完結主義・明治以前と以後のいはゆる近世と近代の対比のみでなく、東アジアに展開している現象を視野にいれての、各国・各民族の特色のみでなく、それの普遍的理論をしりたいものである」[*393]と。

もちろん、東京や関西の研究者とも交流を続けていた。歴研大会など年二回は上京し、夏には二カ月ばかり軽井沢戸隠の文士宿に滞在をして、熊本の暑さをしのいだ。同宿者には、東アジア論で藤間と並び称された西嶋定生がおり、近くには津田左右吉や、藤間とはすれ違いに長野県黒姫に居を移した熊本サークル村のかつての主宰者、詩人の谷川雁の別荘があった。[*394]藤間は同じ政治思想的運動に挫折した者として、谷川から「敗北と挫折をみつめながらも、作為を持続し思想を作り上げようとする実践[*395]」者の姿を見出し、意気投合したのである。

また、旧友の林基や石母田の弟、石母田達をはじめ、網野善彦や京大の大山喬平や河音能平らとやり取りをした書簡の記録が今も藤間家には残されている。林には熊本では簡単に手に入らない書籍購入の依頼や文献調査[*396]、ときに網野や大山とは清水三男の評価をめぐる厳しい言葉のやり取りがあった。熊本に来たからと言って、藤間には学問の一線から退くといったような気持の萎えはない。その言葉の端々には、九州から東アジアとともに日本を眺めなおす気概に充ちていた。藤間は九州における東アジアの大陸との近さを次のように、西嶋定生に向かって語っている。

> 私は現在、九州に住んでいます。初めてそこの人々と話し合って驚いたことは、その人の両親・おじさん・おばさんなど、親類縁者の誰かが、朝鮮・中国にいったことがあるとか、住んだことのある話を、しばしば聞きます。町名に尉山町（うるさんまち）・唐人町（とうじんまち）などのような朝鮮や中国に関係のあるものがあります。東日本には見られません。自由民権の時代やその後、大陸問題がしばしば論ぜられます。その時、東日本の論者と玄洋社などの九州の人々との議論は、階級や思想は同じ場合でも、発想や表現の上で違うものがあるのではないかと見ています[*397]。

在野の研究者ながらも、東京の知的刺激のなかでまとめた『東アジア世界の形成』にはすでに松浦・壱岐・対馬など北九州地域が取り上げられ、自らの文章を通してこうした地域が東アジア世界や西洋に開かれていることを藤間は熟知していた。彼の赴任する熊本の地には、監禁ともいえるハンセン氏病の収容施設、地域の中に大きな傷痕が残る水俣病、蔑視観の強い被差別部落など、様々なかたちで差別が顕在化する地域であった。

熊本から、キリシタンの子孫が住む長崎へも、有明湾をフェリーで渡れば容易に訪れることができた。そこには、キリスト教と被差別部落民の対立に原爆の被害が絡んで、地域社会は複雑な様相を呈していた。また、からゆきさんと呼ばれる遊女たちが有明海から東シナ海を通って、東南アジアを中心とする地域へと売られていた。差別が潜伏したかたちで存続する東アジアと異なり、アジアと繋がりながら様々な差別が顕在化する九州地方の様子に、同じ西日本出身の藤間とは言え、戸惑うことも少なくなかったはずである。

研究の専門分野ではないが故に短文ではあるが、熊本時代になると、それまでの在日コリアンや被差別部落民に加えて、地元の水俣病に関する発言も見られるようになる。長崎出身のフォーク歌手、さだまさしの楽曲「くにのまほろば」を聴いた藤間は、「水俣のチッソや国や県の権力に対するたたかいによって、海は少しはきれいになり、魚も少しはよってきたといわれているが、死んだ人、病気になった人の体は元のようにはならない[*398]」と感慨を新たにし、国家権力の前に倒れたヤマトタケルの物語に再び思いを寄せている。

現実に目をそむけることのない正直な生き方を旨とする藤間にとっては、こうした見まがうことのない日常世界こそが、自分の東アジア論にさらなる磨きをかけてくれる場であったのである。彼の学問の表現を支える基盤が、共産党ではなく、自分を取り巻く九州の民衆の日常世界とその歴史になっていったと思われる。事実、藤間は一九八二年に七十歳で熊本商科大学を退職するとほぼ同時期に、日本共産党を離れて歴史研究に専念するようになる。

一九七〇年代の後半から、藤間は「一国完結主義的な」社会主義批判、あるいはどのような国家体制であるかを越えて、「一国主体主義」そのものの批判を行なうようになる。*399 その問題点を、「ソ連国家にみられる「民族主義の」の偏向」*400 を典型として、藤間は次のように指摘する。

「内が本質、外は副次的という考え」に基づく「内が本質、外は副次的」という考え……自体は間違っていない。しかしこれまで外なるものとされていたものが内なるものに転化し、これまで内なるものとされていたものが、新しい内なるものの形成によってその役割が変化することに対する配慮が弱いのである。*401

一国社会主義という方針は、スターリンが世界革命を唱えるトロツキーに対抗して打ち出したものであるが、一九五六年のスターリン批判以降、ソ連の公式イデオロギーに対する批判的動きが東欧の社会主義国を中心に次々現れるなかで、自明性を失っていった。「大まかな流れをいうなら、一九五六年のスターリン批判とハンガリー事件に始まり、中ソ対立、プラハの春（一九六八年）、……アフガニスタン介入、ポーランド「連帯」運動と戒厳令等々といった世界史の流れの中で、ソ連公式イデオロギーの威信は一九六〇―一九八〇年代を通じて低下し、批判的な見地からの研究はソ連解体に先立って大量に積み重ねられていた」*402 と、塩川伸明は説明している。

一九五〇年代冒頭の英雄時代論が挫折した後の藤間の民族論に対する模索も、またこうしたソ連公式イデオロギーである、エンゲルスを経由したマルクス＝レーニン主義を批判的に読みかえる世界的な流れに掉さすものであったことになる。同質性と異質性の絡み合う民族論、東アジアを視野に置いた外部に開放的な民族論、国境を越えるトランスナショナルな人間の移動、近代民族とそれ以前の民族体の相違、民族と国家の区別、次々と藤間が提起した民族に対する問いは、社会主義体制を一国単位に閉じ込めようとする名目のもとに、ソ連による帝国主義的な介入を正当化する一国社会主義のスローガンの孕む矛盾に根本的な問いを突き付けるものであった。

藤間はスターリン主義を批判するのみならず、マンデル的なトロツキズム、ベトナムを侵略する中国の社会主義、さらにはユーロコミュニズムもまた議論の俎上にのぼす。「複数社会主義国が、世界革命の上からみると一歩前進していながら、それら相互の結束のための方法・文化・理論の発展が即応しないために一歩後退の状況にある」[*403]として、トランスナショナルな状況にはいたらない多文化主義の萌芽的段階にとどまることを看取している。いうまでもなく、一九八一年に自ら望んで実現したポーランド旅行での現地の研究者との交流は、そうした問題関心をもつ藤間にとって、「連帯」の現状を知るものとして、さらには国家権力に還元されることない民族観念の形成を確信させるものとして重要な示唆を得るものとなった。

藤間の民族論は、むしろ現実の一国社会主義の瓦解をうけてこそ、より自由な飛翔を遂げるにいたる。かつて一九三〇年代の藤間や石母田らがそうであったように、支配体制の桎梏に呻吟しながらも、自分自身は何ものにも制約されない内面の自由。再びそれを熊本での日常世界という場を得て、藤間はヴィジョンとして獲得していったのである。

中央の学界の流行からは離れていった藤間であるが、そうすることで彼は確かな思考の深みを熟成する場を獲得することに成功した。その意味で、一九五〇年代の民族論の総括は熊本時代ならではの成果であり、その認識を以って、かつての民族論争を事後的に批判をする者たちに反論した次の言葉は、有意義な批判であるための資格とはなにかという問題提起をするものとなっている。

我々の理論が低かったと当時を反省する人がいる。しかし、理論を高めるために必要な前提が当時なかったのである。この反省は綺麗すぎる。[*404]

その具体的例として、「世界各国の民族形成の実情、それどころか身近に朝鮮・中国それが、しかもそれはヨーロッパの状態と著しい違いをもっているものが、全くといってよいほどわかっていなかった。あるのはスターリン論文に出ているヨーロッパの一部の知識とそれにもとづく理論である。そしてそれへの日本への適用である。その日本についても、マルクス主義にもとづく検討に対応しうるほどの史料の整理と認識の蓄積は、ほとんどない」[*405]という、資料的な制約の現状を挙げている。

それは藤間の言い訳ではない。限られた歴史的文脈のなかで、研究主体の発話の可能性と限界をきちんと見極めて、そこで可能なことを追求するという、きわめて現実的な態度なのである。それに対して、「単なる高等批判に止まる」第三者的態度として、「階級も民族も両方とも大切だといった折衷案は、我々や我々の批判者にはほとんど役に立たない」姿勢を厳しくし批判したのである。[*406]

一九五〇年代初頭の英雄時代論争からの紆余曲折を経て、藤間の民族論は稔りの時期を迎えつつあった。そのなかで、彼は西洋列強と東アジア世界の接触について、近代の植民地主義と帝国主義に関する自らの思考をまとめるにいたる。そこから、自身の生きた戦中の日本帝国から戦後のアメリカ帝国主義という、現在にいたる植民地主義の時代への直接の連なりが見えてくることになる。そうした民族論の近代での展開を藤間が論じたものが、東アジア三部作の第二弾である一九七七年刊『近代東アジア世界の形成』、第三弾の一九八七年刊『壬午軍乱と近代東アジア世界の成立』である。一九七七年に増訂版を出した『東アジア世界の形成』と合わせて、ここに東アジア三部作が完結することになる。その間に英雄時代論から東アジア世界論に移行する時期にまとめた短編やインタビューを収録した『東アジア世界研究への模索——研究主体の形成に関連して』も、一九八二年に刊行している。これらの著作をまとめるさいに藤間に大きな示唆を与えたのが、一九六一年の歴研報告に始まり、一九八一年の『日本近代史の世界史的位置』にいたる芝原拓自による一連の「世界史の中の明治維新」論であった。

芝原は、「明治維新の変革が、ヨーロッパ諸国のそれとは明らかに異なる歴史的段階で、資本主義世界体制確立後の国際政治と世界経済の圧力をまともにうけた一九世紀後半の変革であったことの意味と問題性とを、あくまでもその世界史的条件に密着させて考えてみよう」[*407]という視点から、複数系列の社会構成体の相互関係として世界史の中の近代日本を次のように捉えた。

> 変革の推進主体は、それまでのわが国の歴史のみが具体的に与えるほかはない……けれども、その変革のプロセスを促進させ、変革の各段階の歴史的課題をそれぞれ制約させ、政争の具体的様相や大義名分のあり方を規定するうえで、明治維新のばあい、アジアと日本をめぐるまったく新たな国際的要因の決定的な意義が、とくに強調されなければなるまい。一八五〇年代以降、いまだアジアの東海上に「鎖国」していたわが封建小国が、突如として先進資本主義列強との従属的な外交関係を強いられ、近代大工業が支配する世界市場の底辺にくみこまれたという背景こそ、維新変革の基本的な契機でさえある。[*408]

こうした芝原の世界史としての日本論について藤間は、民族論争を批判的に摂取した井上清の『明治維新』を媒介として、「羽仁五郎の「東洋における資本主義の形成」が、マックス・ウェーバーの中国社会の知識にたよって叙述せざるを得なかった中国認識を……、中国人の認識と史料によっておこない、一九三二年の羽仁の業績にあともう一歩で、呼応しうるところに芝原はきていた」[*409]と、講座派の羽仁の世界史論に比肩しえるものと評価する。

一九三〇年代の講座派においては、日本はアジア的な停滞した社会の一部に属すると考えられ、それゆえに羽仁は近代への転換には世界史的な資本主義世界への組み込みという外在的な契機を重視した。一方で、同じ講座派でも服部之総は近世以来の内在的発展の一貫性を重視した厳マニュ論を展開した。対立するように見える両者の見解であるが、内在と外在という相補う契機から日本固有の歴史的展開を捉える視点を提供したものであり、芝原の見解はその統合といえる。京大に在籍した芝原が経済学部の堀江英一と、人文研の井上清という、それぞれ服部之総と羽仁五郎の流れを汲む学者から教えを乞うていたことは、決して偶然ではないだろう。

藤間もまた羽仁と服部の明治維新論を、「二人の先駆的な発想は、それが出た時点では前進的であった」と高く評価する一方で、「しかし敗戦後の今日、否一九三八年日中戦争が起こった時期以後は、それの地盤——日本の独立、中国の半植民地——を喪失した。

……かつての独立と半植民地の事実は現代の事実との関連で、その歴史的位置づけを考えなおさなければならぬ」と、戦前の帝国日本と戦後の植民地化された日本の状況の違いが、その視点の継承にさいして加味される必要のあることを申し添えている。[*410]

特に服部に対しては、「停滞ではないが、経済構造の後進は、事実としてあった」としながらも、その後の東アジア諸国の歴史に独自の主体形成がなかったとするような一面的な「停滞論」に厳マニュ論が結びつく論理が含まれていたことを警戒する。[*411]同様に芝原の東アジア論についても、「日本人の立場だけで事件の理解や評価がなされている」「日本人の立場だけで事件の理解や評価がなされている」点で、「壬午軍乱の扱い方が日本国中心の一国完結主義だ」という批判を、その議論の根本的問題として指摘している。こうした停滞性および一国主義をどう考えるかという議論の仕方にこそ、藤間の東アジア論、さかのぼれば民族論の特質を読み取るべきなのだ。

さて、『近代東アジア世界の形成』および『壬午軍乱と近代東アジア世界の成立』の二冊の著作を通して、藤間は次のような東アジア世界の近代的特質を摘出する。

一六世紀の世界においては、東アジア世界はヨーロッパ世界に対して自立的な世界でした。一九世紀の半ば、清国の魏源が「おおよそ南洋（インドを含めそれより東の全アジアの意味）の要津はことごとくすべて西洋の都会となってしまった。……南洋を記すことは、実は西洋をしるすことになる」（『海国図志』）とした、単一世界とは質が違っています。[*412]

その転換の要因として、「東西のこうした対照は、ヨーロッパにおける産業革命、中国における生産力発展の遅々たる状態のために転倒してしまった」[*413]こと、すなわち西洋発のグローバル資本主義の席捲を藤間は挙げる。グローバル資本主義に駆動された帝国主義こそが近代的な「単一世界」をもたらした原因だと藤間は考えたわけだが、なかでも一八八二年の朝鮮で起きた壬午事変——日本の朝鮮支配の野望に対するソウルを中心とした兵士・市民の反日暴動——をその直接的な契機と考える。

「三国の個々の関係はしばしば同時的につながって、東アジア全体の事件になってゆくようになりました。……個々の事件が東アジア全体のそれと一環となり、近代東アジアの全域を規制あるいは促進するものが出現したのでしょう。近代東アジア世界の成立です」[*414]。一方で、そうしたヨーロッパの均質化する力に東アジア諸国が抵抗できなかった原因を、藤間は「中国における東の社会と文化の反映と西欧におけるそれらのものの貧弱さは、近代になるとその位置が転倒する。原因はそれ自体の内にある」[*415]として、次のように弁証法的に説明する。

中国においては、強固な中央集権国家体制がつくられ、西欧においては分権的な国家体制が形成されていったことが、その原因である。前者では民主的な社会秩序を望む人民や商工業者の意欲は実現しにくく、後者では相対的に有利であった。西欧では前近代に強固に存在した共同体が、社会を停滞させる機能ばかりでなく、封建諸侯に抵抗するのに役立つ場合に少なくなかった。[*416]

ここに藤間は東アジア諸国の停滞を強力な国家であったがゆえに、近代になってそれが転倒してもたらされたものだという歴史的な視点から説明する。さらに現代の中国を見たときに、それは再び積極的な主体形成の要因にも転じつつあるという見解を示したのである。ここに一九三〇年代に西洋の眼差しのもとに移入された「アジア的生産様式論」は、停滞本質論でもなく、かといってそのアンチテーゼたる非停滞論でもなく、そうした本質論を克服する弁証法的な歴史論のもとに、グローバル資本主義世界の成立の一環として位置づけ直されるべきだという藤間の見解にいたったのである。

そもそも、「アジア的生産様式論」という言説自体が西洋的な資本主義の波の一部として日本に入ってきたものにほかならないのだが、藤間のような思考過程を経ることで、他律的な眼差しが内在化され、しかも主体的な自己理解として再分節化されるようになったのである。その点で、藤間の東アジア論は、約五十年の歳月をかけたアジア的生産様式論に対するアジア側からの一つの主体的な自己理解の試みといえる。

藤間がそうであるように、近代初頭にそうした西洋資本主義に対して主体的な応答を試みたアジア人として、横井小楠や吉田松陰の例が挙げられる。とくに横井は熊本出身ということもあり、「儒教思想の変革を行ない、また西洋文化摂取のバネとしている」革新的転向を遂げた人物であると同時に、「万世一系の血縁的連続性を絶対視する」天皇主義者という両面性に着目したのである。[*417]その横井に対する評価として、「アヘン戦争の勝敗に目が奪われて、魏源に対する関心は弱い。いわんやアヘン戦争をバネとして「朝鮮の役」を反省することはなかった」[*418]と述べているのが藤間ならではの、この時代に対する視点である。

朝鮮の役については、一見すると、日本社会にその記憶が残されていないように思われるが、「戦国時代を通じて最大の軍事動員が八カ年にわたって行われ、一九五〇年代のアメリカ軍の侵略以外には類をみないほどに朝鮮の広汎な人々の生活を破壊し、しかも侵略は一敗地にまみれた。……これほど大きな災害や影響を朝鮮や中国にあたえた事件が唐の日本人の社会と精神の上に対して影響をあたえない……ということになると、……私の経験では何か重大なものが、歴史研究によって見落とされているように思う」[*419]。

ここでいう藤間の経験とは、九州で感じ取った倭寇とキリシタンの一体性、「悪魔的な所業と聖なる実践が裏腹の関係にあること起こった」「「倭寇」の行為に対する罪の意識」のことである。[*420]「朝鮮侵略の失敗は、多くの日本人の心情をゆりうごかし、その人生観や思想に影響をあたえ、日本の歴史の上に何ものかを刻印づけているのではなかろうか」と考える藤間は、実証史学では窺い知れない不可視の精神構造を論じようとしているのだ。

こうした認識論的な次元では影響が見えないからといって、それが認識主体そのものに本当に影響を与えていないということにはならない。むしろそれは、意識どころか無意識にさえ痕跡の残らないほどに、その主体から排除されざるをえないような受け入れがたい認識困難な経験であったとも言える。精神分析でいう「否認（disavowal）」と呼び現わされている症状とは、まさに心の次元から排除されたが故に、身体に直接顕れる抑圧現象を指すものなのである。それは言葉や心を介した表現にならないゆえに、自覚化されないままに、トラウマとなって深い影響を主体に及ぼし続けるのである。

魏源『海国図志』はアヘン戦争の敗北に対する反省を受けて、清朝の時代、一八四四年に刊行された。軍事・貿易・政治・兵器など、西洋の知識の中国訳を収録し、「ヨーロッパのブルジョア民主政治体制への志向」をはじめ、自身の政論・国防論を加えたものである。「『海国図志』によって世界認識の獲得の下で……その反省が根源的であったことを示すものである。このことによって、日本人や朝鮮人がどれほど恩恵を受けることになったかははかり知れない[*421]」と、藤間は高く評価する。

一九世紀半ばの中国人は、被支配と支配の世界、アジアがヨーロッパにされてしまった世界の発見をした……。幕末期の開明大名・公武合体派・尊王攘夷派・佐幕派・倒幕派、ようするに、幕末動乱期になんらかの現状の批判や変化を志ざす人々は、思想・信条の相違をこえてこの書物によって、世界の状況を知ろうとしたし、知った。[*422]

魏源自身はその死体が鞭打たれるほどの、不遇のうちに洋務運動の只中で亡くなる。むしろ、『海国図志』は横井のような幕末の日本の知識人のほうに大きな影響を与えたのである。そうした資本主義的な帝国主義に対して、東アジア諸国がどのように対応したのかは、周知のように国によって異なるものであった。藤間はそのメルクマールになる事件を、「一八六四年の清国の太平天国の敗北による清朝国家の持続、六八年徳川幕府滅亡による近代天皇制国家の成立、七三年朝鮮の大院君政権の没落と武装解体の関氏政権の成立、わずか九年のあいだに相次いで出現したこれらの政治的事件[*423]」を、各国から一つずつ挙げる。

国家の自立と現状改革の志向をよりつよくもっている者たちの勝敗の状態の視角でみると、日本・清国・朝鮮の三国は、自立と改革を目指したものの勝利が相対的に大きかった順序で並ぶとなると、私はみます。そのことが一九四五年にいたるまでのそれぞれの国家の独立・半植民地・植民地の状態に即応しているとこれまた、私はみます。わずか九年のあいだに直接の関係を持たない三つの事件ですが、共通してその後の各国家の命運に関係するターニングポイントになっています。[*424]

グローバル資本主義に後押しされた西欧帝国主義によって、東アジア世界は密接な単一的な世界を形成するようになる。藤間派、その単一世界を「近代東アジア世界というものは、戦争と革命のそれであった[*425]」と言明している。付言すれば、近代的帝国主義は多民族の領土を同一国民として統合する必要があるため、支配者としての単一民族の強固なアイデンティティの立ち上げが前提とされる。その意味では、藤間は言及してはいないが、国民国家と帝国主義は表裏一体の同時的存在であり、帝国主義が解体して国民国家が生まれるといったような通時的な関係ではない。藤間の議論が国民国家を前提としているという批判がまことしやかに聞かれるが、各国民国家が成立すると同時に東アジア世界という国境横断的な地域圏が出現するのも、必然的な構造なのである。

それゆえに藤間は、近代日本の国民国家である北海道・本州・四国・九州・沖縄からなる日本の地理的認識に対して、問いを投げかける。

現在の日本人の矮小性とその反面の虚構の自大性、自己表現の存在形態が芋虫的になった三島民族体形成のなせるわざではないかと考えています。日本古代国家の形成を三島民族体を地盤として形成されたと認識する私は、これまでの大和民族一辺倒の国家形成史に不審をいだかざるをえなくなっています。琉球国家の出現の意義を無視するなら、それは日本列島人の多様性を無視する自己卑下です。[*426]

三島民族体とは、「弥生時代以来、本州・九州・四国の三島は共通の世界を形成している」、「世界でも珍しい単一民族の社会と国家の形成であり持続」であったという民族体――ネイションではなく、それ以前の段階たるフォルクとしての――の集団である。[*427]そうしたイメージを地図に現わした典型が芋虫型の行基図であると藤間は考える。しかし、縄文時代にまで遡れば、「三島民族体」に加え、「琉球民族体、北海道の「アイヌ民族」」三民族体を合わさったものとして構成されていて、「北は北海道、東は八丈島、南は琉球諸島と、三角形」になる。[*428]

こうした居住空間の違いを通して、日本民族は民族のみならず民族体としても多民族社会であったのが、古代律令国家の成立を頂点として単一民族国家の形成が進むと彼は解釈する。しかし、中世になり、琉球民族体の東南アジア貿易、アイヌ民族の山丹貿易を通して、三島民族体が他の民族体を支配する多民族体としての「日本民族」が出現してくるという見解を提示する。ここにいたって、藤間はスターリン論文に想を得て思考し始めた民族の歴史性を、断絶を前提とする連続性として、経済交流系の構造とそれに基づく自己認識の変化として具体的に提示する。

こうした近代国民国家批判の具体的例が、藤間の言うところの「琉球民族体の形成」[*429]である。藤間は「琉球民族体の日本民族転化の前提」として、一五一一年のポルトガル人によるマレー半島のマラッカ占拠を上げる。[*430]それが琉球とマラッカとの通商を中絶させることになった。それを受けて、一六〇九年の薩摩の「琉球入り」が、本土と琉球の一体化の最後の仕上げになったと藤間は先行研究に拠りつつ述べている。しかし、それ以前の歴史的時期――まさに三島民族体が崩れた時期――において、謝花が提示した「沖縄と本土との関係を同一性の中の差異、差異の中の同一性という契機で捉える方法」[*431]にもとづいて藤間は、次のように異種混淆的な琉球民族体のあり方を記述する。

十五世紀までの琉球は、海外貿易によってその富をつくり、この海外貿易を効果的にすすめるための思想と文化が、沖縄の新しい文化……となってあらわれた。この外国貿易は十七世紀の初頭における薩摩の征服後にあらわれたような中国という一特定国との貿易にとどまらない。南は遠くシャム・インドネシア、北は朝鮮など、不特定多数の国や民族と取引をしている。まさに東・東南アジアを含むアジア世界の一環として、小さな島々と僅かな人数を背景としながら、盛んに活動していたのである。[*432]

藤間はこの一九七〇年の段階において、「四六憲法・独立・反米・平和の闘い」を沖縄において実践していくためには、「本土と沖縄の「個体」の違いを認めたうえでの協力がないと、その協力も持続力を持った強固なものにはならないであろう」として、「「個体」は歴史的につくられてきている。「復帰」はいかなる「復帰」か」という問いに学問的に答える必要があると述べている。[*433] そのためには、「単なるヒューマニズムや平和の愛好。階級闘争の理論のみでは、不十分である」[*434]として、藤間は一九五〇年代の挫折を踏まえて、複雑な現実に呼応できるだけの学問的成果をもたなければならないという認識を獲得するにいたったのだ。

歴史的に変化するネットワークとしての東アジア世界論と共鳴しあいながら、均質で本質主義的な民族論とはいかに違う方向に彼の議論と展開していったのかという思考の軌跡を、ここに確認することができる。そうした問題意識が反映された『近代東アジア世界の形成』の刊行に際して、石母田は宿痾に悩まされつつも、第四章「民族理論についての若干の覚書」から読み始め、「まずはおめでとう。この二〇年の努力――これがいかに大変だったか――の結晶を見る思いです」[*435]という、四十年来の友ならではの労いの手紙を送っている。

一九五〇年代の英雄時代論＝民族論の挫折をどのようなかたちで超えていくのか、その運動の推進役であった責任をどのように引き受けていくのか。こうした課題は、藤間と石母田にとっては逃れることのできない問題であり、そうした罪責感を引き受けていったからこそ、晩年にいたって彼等は新たな研究認識を提示することが可能になったのであろう。彼らは自らの研究実践を通して、民族の担い手であることとしての主体をも、他者のまなざしに開かれた異種混淆的な存在へと再編していったのである。

こうした藤間の議論は、現実の現状を的確に把握したうえで、それをどのように克服していくかという議論の立て方であり、それは一九五〇年代の民族論争の時にも変わるものではない。明治維新の評価についても同様であり、「明治国家に批判はあっても、また歴史の総括的認識の必要をしっていても、政治政府のかわりに徳川幕府・清国政府・李朝朝鮮の道を選択する気持ちにはなりません」[*436]と述べる。そこには「事件参加の態度で解明につとめ」、「全体的認識に基づく歴史の渦巻きに注目」するという藤間らしい歴史認識の姿勢が横たわっている。[*437]

しかし、それは自民族の他民族に対する勝利だという風には藤間は当然のことながら考えない。国民国家の枠内でしか思考しない司馬遼太郎のように、明治時代を輝かしい歴史として一面的に捉えているのではない。「中国は軽蔑する弱者である」という横井の理解を藤間は批判する。[*438] ただし、それが「占領される前に我が方でとれという論理になる」という展開になっていった以上、「アジアの連帯」という言葉自体を手放しで評価することはできず、「連帯にはいかなる条件が必要であるか」と考えなければならないと、さらなる全体的な認識を促す。[*439]

「歴史の流れによぎなくすべっていかざるをえない自分たちの敗北を自覚しながら」、国家権力に対する敗北を歴史的現実として批判的に受け入れつつ、そうした現実を相対化しつつも、無責任な夢想にならない思考の具体的な形をそこで模索する。藤間が歴史に託する希望とは、そうした敗北と表裏一体をなすものである。敗北することを認めていくなかでこそ、希望とは可能性として生じるものなのだ。

おわりに——終末論へ

一九八六年一月十八日、石母田は七十三歳の生涯を閉じる。パーキンソン病から来る十三年間に及ぶ闘病生活の末の死であった。自分との交流を通して知りえたその様子を、「熊本に移り住んでいた私は、休みで浦和の旧宅にいる娘のもとに帰ったときに彼をたずねる程度で、間欠的にしか病状を知り得なかった。一時のひどい症状は乗りこえたが、一進一退のうちに病状は悪くなっていった」[*440]と述べている。それでも、杖をついて歴研大会に参加した姿は藤間のみならず、多くの研究者が目にしている。藤間はそこに石母田の「執念」[*441]を見てとる。

告別式で藤間生大は次のような言葉と共に、弔辞を読み始めた。

石母田君よ／病気にさいなまされた七〇年代、八〇年代のこの十三年間は、くやしい永い十三年間だったろう。[*442]

『日本の古代国家』を刊行してほどない一九七三年に発病し、一時は執筆は勿論、会話さえ困難な時もあったという。一九八六年には編集作業を開始する藤間の東アジア三部作の最後を飾る『壬午軍乱と近代東アジア世界の成立』もまた、刊行されたのは一九八七年三月であり、生前の石母田に届けることは出来なかった。弔辞の中で藤間は「一九六〇年代は君の黄金時代であった」として、自身の研究発表に加え、法政大学での数々の重要な役職への就任、叢書や体系の中心的な編集者の役割、若い研究者の出版支援などをあげ、「社会が君を求め、君もまたそれに応じて、広々とした世界をつくった」と評した。[*443]

だが、一方で藤間は次のように石母田の心中を推し量る。「君のすぐれた弟さん〔石母田達〕たちやその他を通じて、現実の奥深くに、君は垂鉛を下し、それを通じて、違う、もっと別の道があるはずだとする不満と不安が、君にあったのではなかろうか」。[*444] 社会的絶頂期にこそ潜む不安。学者としてなすべきことがまだ終わっていない。石母田が学者であるところから生じる不安があったと、藤間は考える。だからこそ、藤間は「七〇年代は、その不満と不安を克服するための年代にしたかったのではなかろうか」と語る。藤間は、それが石母田の編集になる『日本思想大系 古事記』に書こうとして、叶えることのできなかった英雄時代論の最後の仕上げになるはずであったと感じていたのだ。「可哀想になる」、藤間はそう悔しがる。こうした道半ばの死ゆえに、石母田の「くやしさ」あるいは「あわれ」を感じ取った弔辞となったのである。*[445]

学問の社会的寄与のかたちは人によって様々であり、大学の行政職や出版の編集もそのひとつであろう。しかし、その人の資質に応じた寄与の仕方は千差万別である。「私は口に出しえなかったが、なぜそんな職務に就くのかと怒りの顔を彼に向けたことがあった」*[446]、といった藤間の石母田に対する怒りの感情は、石母田の表現者としての資質を熟知するがゆえに生じた感情だった。学問の社会的発言権を奪われた一九三〇年代から一九四〇年代前半の「暗い時代」から、ともに学問の表現を通して、社会や己れに向き合ってきた両者ゆえに、自分たちにとって最後のよりどころは、その評価が学界や社会と相容れなくても、最後まで学問という表現行為に殉ずることであった。

戦後、彼らは戦中期の自分たちの孤立状態を問題視したが、同時にそれは誰にもおもねることのない真理への渇望を彼らの心のうちに止みがたいものとして養ってくれた絶好の機会ともなった。弔辞のなかで、藤間は石母田の学問について次のようにも語っている。

> 挫折をよぎなくされたものへの共感と尊敬は、彼の生得のものかもしれないが、辛い選択を必要とした前述の転換期に強靭となったのではないだろうか。しかしこの時期に彼は、挫折と敗北の洞察を理論にまで仕上げ、日本古代末期の歴史と研究とその叙述に、それをいかしうるほどに、彼は成長していった。*[447]

「挫折と敗北の洞察」の学問。それは石母田一人のことではないだろう。「自己の思想とその実現のために、実践と研究の途上で、苦渋、自己批判、試行錯誤を時々の内外の研究業績を謙虚に濾過させながら、新たな年輪をきざんだ……歴史研究者」*[448]。それは石母田であると同時に、そうした思いを彼に見出すことのできる藤間のことでもある。一九六一年に津田左右吉、一九七一年に和島誠一、一九八二年に渡部義通と、少しずつ恩師や友人を見送り始めた彼にとっても、同世代の親友ということもあって石母田の死の衝撃は計り知れないものがあった。すでに病床にある段階から、藤間は研究仲間としての石母田の不在を大きく感じていたのだ。

住居を熊本に移しはしたが、学会の大会で年二回と夏休み等の長期休暇で上京。生活のことは何ら気にしないで徹夜でも石母田と論議の出来る条件が、私には出来た。私の研究の状況は、私に欠落し彼に豊かな西欧の文化と科学の摂取を切実とする状況に次第になってきた。彼との議論を必要とする度合いも深まった。七三年以後の病状をみて、私の期待はすべて破産。一九七七年二月発行の『近代東アジア世界の形成』を作り上げるために書き上げたいくつかの研究論文の切り抜きは一切発送とりやめ。上京の際の彼との面談は、……話題は論議の必要のないものにつとめた。[*449]

藤間らしい思いやりである。一方、病床の石母田はかつて自らが平家物語論で取り上げた平知盛の末期の言葉、「見るべき程の事は見つ」という気持ちでいたのだろうか。石母田は次第に薬を飲むことを拒否するようになっていったという。「人力の及ばない暗黒の力、運命の支配[*450]」を、自分の人生にも感じていたのだろうか。それとも、「滅亡するほかなかったような運命にさからって、たたかい、逃げ、もがいたところの……その悲劇と喜劇」に自分の人生を重ね合わせ、それもまた「現世と生の面白さ」と受け止めていたのだろうか。[*451]

「運命」とはマルクス主義者である石母田にとっては下部構造の「必然」のことであったが、若き日に三木清に私淑したためか、それに抗うことが人間の「自由」であるとも考えていた。では、病気によって表現手段を奪われていく状況の中で、石母田はその運命と自由の関係をどのように考えていたのであろうか。抗争であったのか、あるいは調和であったのか。興味深いことがらであるが、今となってはその胸中は知りようがない。

さらに一九九三年には伊豆公夫、二〇〇五年には松本新八郎、二〇一〇年には林基、二〇一五年には犬丸義一と、その後も戦中や戦後に苦楽をともにした仲間が亡くなっていく。かけがえのない友人たちを見送る中で、藤間は敗北の中の希望、絶望の中の希望を歴史的過去の中に見出そうとするようになる。歴史学者としての藤間の人生の最後を飾る「終末論」の議論である。石母田がその出世作『中世的世界の形成』で、東大寺に覆われた「頽廃の世界」として描いた主題でもあった。「政治の頽廃とはその世界全体の頽廃として現象せざるを得ないので、庄民のみ独り清潔であることは出来ない[*452]」として、石母田は自分たちを覆う世界そのものの頽廃を次のように述べる。

在地においてはすでに村落と武士の中世的秩序が確立していたにかかわらず、彼らの祖先が東大寺の寺奴であった数百年以前の事実を唯一の根拠として、彼らを寺家進止の土民として支配している事実自体の中に東大寺の政治のあらゆる頽廃の根源が存在した。……平安時代以来村落生活の中から徐々に形成されて来た中世的なもの、人間的なものが否定され、在地民には納得の行かない南都の悪僧と神人の暴力が支配する世界の全体としての暗さが長い時代にわたって覆っている時には、その世界の住人の心をも蝕んで行かずにはおかないであろう。[*453]

自分たちの社会変革を説く思想が受け入れられなかった戦中期の社会状況から、一転して戦後の自由主義の社会体制に転じたとき、石母田も藤間とともに大いなる希望を感じていた。その成否はともあれ、さらなる自由で平等な社会を目指した社会主義国家への革命運動の中から、藤間たちを一躍有名にした英雄時代の議論が出てきたことは動かしがたい事実である。だが、サンフランシスコ講和条約締結、スターリン批判と、日本社会を変革する彼らの努力は挫折を余儀なくされていく。それでも藤間は、敗北の中にこそ、それを乗り越えていく希望が生まれていくと考え、挫折をばねとして新たな思想を模索していった。それが結実したのが、晩年の東アジア論であった。

しかし、一九九五年に書いた「二つの敗北」という随筆の中で、そうした彼の前向きな姿勢に戸惑いが見られるようになる。そこで、彼は現代に特有な敗北感を次のように説明する。

　戦後しばらくして、我々の研究に対する批判が出てきた。その批判者に対する批判者も出てきた。……研究の世界では当然のことである。批判されたものは、欠陥があるとすれば、補強すればすむことである。

　しかし現在の私が感じ取っている敗北期には、私自身に不敗の心情がない。敗北の風景は内外に存在し、かつてそして現在の我々の研究に対する反批判の彼方のものであり、世界的な規模となっている。*454

一九八〇年代から始まったペレストロイカの失敗、一九八九年にベルリンの壁崩壊、一九八九年の天安門事件、一九九一年のソ連解体。いずれも社会主義の終焉を告げるものであった。藤間たちが情熱を傾けた社会主義革命は現実の可能性を失い、残ったのは社会主義もまた階級国家の過酷さをいっそう強調するものであったこと。そして、アメリカを中心とする資本主義の独占状態が生じたことによって、社会の変革の可能性は極めて狭まった。

藤間の言う敗北感のない敗北とは、そうした敗北が敗北と認識されない、すなわち敗北を受け止めて前進する主体そのものの溶解を意味する状況の発生を告げていた。人間が明確な形の主体を形成しない方が、国家権力は国民を容易に支配できるという生政治の出現を藤間は感知していたと言えよう。生政治、それは国家権力に抵抗する民族あるいは民衆という主体を構築する契機がことごとく潰されている状況を指す。

国家秩序が転覆する可能性のない状況のもとでは、国民国家の内部で人々は生きるほかにない。東大寺による過酷な庄園支配と戦中期のファシズム状況を重ね、人民がみずから抵抗の権利を放棄するような心理機制を石母田は「頽廃」と呼んだ。それは民衆の存在が東大寺や天皇制に同化され、その主体の一部になっている状態を指す。石母田が中世の東大寺と戦中期の天皇制を重ね合わせていたことは今日では周知の事実であった。こうした自己の主体が形成できない状態、あるいは主体の構築自体が困難な状態として、石母田の「頽廃」を読み直すことができよう。藤間の終末論もまたそうした社会体制の熟爛あるいは崩壊した頽廃とともに顕れる思想である。

藤間は終末論について、「豊かな物質文明にめぐまれた高度成長の資本主義国の一部の人々に終末観がいだかれている」として、「終末観まで行かなくても、それと関係のある未来への不安感」を自分の終末論の広義の理解として提示したうえで、次のように述べる。*455

私は端緒的な階級関係は奴隷制の形態をもって出現すると見ています。ですから、聖書の天国論、阮籍の神仙論、中国最初の釈迦伝の太平（極楽を含む）など、ようするにすべてのパラダイス論は、宗教や無宗教のいかんを問わず、奴隷制社会の終末にもっとも整備されたかたちで、その構想と理論は出発しました……。奴隷制についても生産関係一辺倒ではその社会構成の全体は把握できません。*456

終末観は「将来への転換期となるのか、それとも破局となるのか、四－五世紀の東アジアに前者を、同じ時期の西ローマ帝国の没落に後者を私は〔その典型を〕見る」*457としている。後者はキリスト教伝統の中に求められ、ヨハネ黙示録だけでなく、外典の「シビュラの託言」のような「政治的・社会的な批判の強い終末観」があるとする。*458前者は中国三世紀半ばの詩人、阮籍の作品に見られるような「宇宙論的な終末観に似た天地崩壊の思想が出現している」*459ことを指摘する。その典型として、阮籍の「大人先生伝」を引く。

「陰陽は居るべき場所を失って日月はつぶれてしまい、地はくだかれ、石は裂け、材木は砕かれる。火は冷たく陽は凝り、こころを痛ましむ」。この状況をのがれることのできるのは〔道教で言う〕「真人」である。……大人先生のように「太清」を体得すれば、この天地崩壊の世界から逃れることができるのであるが、それは困難なことである。……同じ時期に、石崇という豊かな財産を持った大官がいた。……阮籍の清貧と石崇の奢侈は対照的ではあるが、その時代に対して不安と絶望をいだくことでは共通していた。*460

そして、「キリスト教と同じく弥勒菩薩の教説……には終末と救いが並存している。しかし阮籍の……終末観には救いが並存していない。……また、阮籍の終末的状況は神の啓示によらず、宗教性がない。……しかし救いのない、そして宗教性の終末観があったことが事実であり、それを文字通り終末観とよんでよいと思っている」*461と、自らの終末観を定義づける。今日、プロテスタンティズム中心主義に対する批判を鑑みれば、それもまたキリスト教的な宗教観とは異なる東アジア固有の終末観として妥当であろう。とくに、「そうした思想が存在する程、三世紀の終りから四世紀初めにかけての中国社会は絶望的な状況下にあったのである」*462という説明こそが、それが宗教であるか否かを越えて、藤間にとって終末観の定義として中核をなすものであった。

しかし、さらに藤間は言葉を続けて、「神の計画による終末と救いの並存するキリスト教と同じ終末観が、東アジアに存在していることを、この際重ねて指摘しておきたい。中国社会は四世紀半ば頃から、終末状況の後にも救いの出現が期待できるとする意識と思想が生まれたのである」[463]と述べる。この「一抹の明るさが出現してきた」[464]という、絶望的な状況下における希望が、藤間の捜し求めるものなのである。藤間はそれを、「絶望は自己批判と結合すると、方向の発見と活力出現の可能性が生ずる」[465]と説明する。古代中国の場合、「それは……視野を広げたので、その成果が獲得できたといった性質のものではない」[466]にせよ、手工業者という賤民に担われた古代の仏教思想であったと藤間は考える。

「賤民身分は、国家権力のみでなく、一般庶民にもあたりまえのこととして信じられていた。この点での意識の変革は大きな意味をもつ」として、「メシア思想の出現」を「生産諸力の発展はもちろん、それらの人々の意識の桎梏」となっていた「賤民制に象徴される奴隷制的な生産関係」から手工業者や農民を解放するもの捉えた[467]。ちなみに、藤間に先駆けて手工業を賤民制と結び付けて理解したのは石母田である。ここにも、藤間による石母田との学問的協業関係が確認される。

一九六三年に発表された論文「日本古代における分業の問題――一つの予備的考察」のなかで、石母田は「分業にもとづく多様な手工業製品の生産」が「奴隷制的な社会体制」――「生産手段から分離された労働力」が、他人（主人または国家）の労働条件をもって労働する関係――の産物であり、「国家自体が作業場を所有し経営するという日本的、東洋的形態」の存在を、マルクス『資本制生産に先行する諸形態』の解釈を踏まえて指摘する[468]。そして、「農業と手工業の補完的関係」が「日本古代の経済史の基本的特徴」であり、「日本では農業経営から分離した自立的手工業者・商人の階層を考慮する余地がなかった」「東洋的形態」を取っていたと考える[469]。

そこには「共同体内農・工の分離」から区別される「族長に代表される共同体間分業」の特質が見られる[470]。こうした東洋的形態が、「専制的国家のもとにおいては、社会的分業の東洋的形態は、……カースト的形態と結合せざるを得ない」理由として、「貢納のために労働するところの、しかも農業を生活の基礎とするところの手工業者は、容易に農民の中に埋没してしまう」ために「身分差別と世襲の強制」を伴わざるをえなかったと石母田は推察している[471]。今日では、中世から宗教的な差別は始まるという見解が主流を占めるが、分業の成立する階級社会の成立と共にそれが始まっていたとする観点は、所有論の立場に立つマルクス主義的な差別論として今後注目されるべきものである。

こうした古代国家の解体が、「社会的分業の東洋的形態を他の形に変えてゆく条件とさえなる」[472]と石母田は結論づける。この石母田の議論をうけて、藤間が注目したのが古代の仏教思想である。

六世紀末の仏教の問題は日本人のそれというよりも、仏教を信じていた渡来人の仏教信仰のそれだったのです。渡来人の多くは

> 手工業者の「部民」でした。「部民」は賤民です。賤民が身分の解放を求めての行動と戦いは、多様な形をとって四・五世紀の中国、次いで朝鮮で行われ、その流れの下に日本のそれがあったわけです。彼らの解放の理論的根拠は、地蔵経などに説かれている「五明」――因明・声明・内明・医方明・工巧明――の教理です。これまで手工業は賤民の仕事とされていました。それが僧として高い位である菩薩になるための資格の一つとなり、工功明の教理としてまとめられました。[*473]

菩薩とはこの世の人間がすべて救われるまでは、自分が救済されることを拒む誓いを立てた人間である。中国の例を引きつつ、藤間は「手工業者や承認の賤民たることを立前とするのに最も熱心なのは貴族階級である。……権力による圧迫、規模や組織の拡大は、物的増大は望めるが、質の発展は困難である。したがって手工業者や商人に対する賤民身分の強制的持続は、芽生えそして成長してきた生産力や流通経済のにない手である手工業者や商人を絶望の淵にたたせることになる」[*474]と、生産力の発展と奴隷制の間に生じた矛盾を指摘する。そうした手工業者の立場を、仏教の五明の論理が後押ししたと藤間は解釈したわけである。

さらに、「手工業は生産諸力の基礎の一つとなるものです。その当事者の解放の理論が、東アジアの「共通した価値体系」として出現しはじめ、支配階級の間でも、そのことを配慮せざるを得なくなりました」[*475]と、藤間は東アジア圏成立の観点から、仏教による賤民解放の思想を評価する。ただし、藤間は東アジアを固定的に本質化することは明確に拒否していた。

> これまで述べてきた史実を方法論としてまとめていいますと、……人間・集団・民族・国家などの相互関係の追及によって、そこに出現してきた東アジアの各地を覆う共通の網として……仏教の存在を結果において指摘したのみで、それを東アジア世界の象徴としたり、絶対化することはしません。……共通の価値体系と見られたものが消滅したり、深い国際関係が解体したり、密接な関係が新たに生まれてきはしたが、その関係はこれまで見たことがないものであるといったこと……も、絶対化をしていないことの現われです。[*476]

仏教が中国においては「外来の思想」として、「中国人の伝統的な華夷思想の批判」ともなり、「中国人の民衆意識の変革」とも関わりながら、「賤民制否定は、奴隷制社会止揚の方向につながる」と藤間は期待をこめて歴史を振り返っている。[*477]但し、日本の場合には「仏教徒となり、また仏寺を建てた人間はすべて渡来人であった」ために、「日本人の信仰問題ではなかった」と冷静に現実を捉えている。[*478]確かに、日本では仏教が神道とともに死や血の穢れを遠ざける教えとして機能してきたことも事実であり、真言律宗の非人保護もまた、彼らを差別から救う教えであると同時に、救済の教えを確証するためにこそ彼らの存在を必要とした表裏一体のものとも考えられている。こうした日本仏教の論理の中に、藤間の言う五明の論理がどのように位置づけることが可能になるものなのかは、神仏をめぐる穢れの教説との関係も含めて今後検証されていかなければならないだろう。

そのなかで興味深いのは、藤間が取り上げたザビエルらのカトリック教の神父たちが、日本のハンセン氏病患者や被差別民の救済と関わっていた事実である。[*479] 藤間はすでにザビエルらの教えに帰依した者たちが九州の倭寇の者たちではないかという仮説を提出しているが、キリスト教が近世日本においても罪意識や業の思想と絡み合いながら、救済の教説として普及していったことがここも確認される。

終末観を前提とした救済への藤間の関心は、年代的には彼が司会を務めた一九五三年の歴史学研究会大会「世界史におけるアジア」において、「民族独立の抵抗運動として黙示録及びメシアの問題」[*480] が論じられたことに遡る。すでにここで藤間は、キリスト教の問題とヤマトタケル伝承を関係づけて、民族運動における絶望と希望の表裏一体性を示唆していた。民族路線に敗北の予感が立ち込めいた一九五三年の議論のなかで、敗北から何を摑み取るのかを藤間は無意識裡にせよ模索し始めていたのであろう。

この関心が、一九六〇年代から一九八〇年代の東アジア三部作を経て、特に『近代東アジア世界の形成』（一九七七年）での古代奴隷制下での手工業者への差別と仏教による救済の議論を手始めに、一九八〇年代から一九九〇年代にかけて東アジアにおける終末論として開花しはじめたのである。そこには奴隷制を下敷きにした差別論、アジア的生産様式論で提起されたアジア停滞論の問題、そして社会を変革する行為とはいったいどのようなものなのか、若き日に藤間がその胸に抱いた問いに対する回答が秘められていた。

その代表的な論文として、「前近代東アジア史研究の方法論についての一考察——一九七九年度歴研大会総合部会の鬼頭報告に関連して」（一九八〇年）、「古代末期における終末観克服の歴史的意義——中国における生産力特に手工業の発展に関連して」（一九八六年）、「古代東アジアの終末感（観）——発端としての中国を主なる例にして」（一九九一年）の三本を挙げることができる。そこでは終末意識に現われた旧来の生産様式の行き詰まり、そこを突破していくことで新たな生産様式へと時代を変革している民衆の力動性が語られている。すなわち、終末感における希望とは、藤間にとっては各時代や地域における革命運動における主体のあり方を模索するものであったのだ。やはり英雄時代に始まった変革主体の模索は、二〇〇〇年代まで藤間のなかでは、形を変えつつも、より過酷な終末論の意識の底に希望を探るかたちで継続していたのである。

この時期の藤間の問いは、東洋と西洋の世界の優劣がヨーロッパの産業革命によって逆転してしまったが、「この転倒以前の中国の先進性はなぜ起きたのかという問題意識」[*481] へと発展していく。石母田は一連の藤間の東アジア論がマックス・ウェーバーの『プロテスタンティズムの倫理と資本主義の精神』と共振しているという指摘をしたが、[*482] たしかに藤間はウェーバーには目を通していなかったにもかかわらず、経済力の根底に宗教的な倫理をめぐる主体の転換現象を、「転倒以前は古代奴隷制社会克服の東西の違い、転倒以後は奴隷制克服の違いから生まれてきた国家体制の強靭さの違いとそれにもとづく新しい経済発展の難易」[*483] として読み取ろうとしたのである。そこから近代にいたる中国の困難な状況が始まったと藤間は考える。

アヘン戦争の原因となった中国人のアヘン吸引は一八三〇年代から顕著になるが、それもまた、「権力に抑圧される中国民衆の絶望の表現」[*484]として藤間は捉える。その一方で、「そうした境遇の下にありながら、……農民闘争の持続、都市労働者の反抗、民営企業の再生、革命的とはいえないが不遇と絶望に圧せられながら、無気力に落ちこまない良心的な知識人の輩出」と、「体制をみずから克服するための条件」を藤間は取り出して見せる。そして、清朝という異民族支配のもと、「漢奸」とよばれた「国家権力に頼らないでというよりは無視・妨害されながら、自力で、自分たちの生命、財産を守った人たち」によって、「民衆は自己を民族にまで形成してゆく思想を得ることができるし、できたのである」と考えた。[*485] ここにあるのは、千年王国論にも共通するような、異端の思想が次の時代の扉を開くという希望の思想である。

キリスト教のように、終末論が異端思想から生まれていくならば、希望もまた異端あるいは最底辺に追いやられた人々の心に誰よりも先に萌すものとなるのだろう。[*486] そもそも、藤間が奉じたマルクス主義思想もまた、過酷な隷属状態に置かれたユダヤ・キリスト教を信じる民の千年王国論の流れを汲むものにほかならない。[*487] だとすれば、藤間はここに自分の信条とするマルクス主義の源流たる終末思想に、しかもその東アジア的な形態[*488]にたどり着いたことになる。

こうして晩年の藤間が得た見解に、本人も認めているように、精緻な実証的な裏づけを求めることは困難である。実証というよりは、二次資料を駆使しての理論な構想力を提示した「希望の哲学」とでも呼ぶべきものであろう。一九三〇年代のファシズム期の暗い時代にはじまり、一九九〇年代の冷戦崩壊後の「敗北感なき敗北期」における、変革主体の希望を彼は一貫して模索した。藤間は親友である石母田の『中世的世界の形成』に描かれた「頽廃」の世界を、あえて次のように批判する。二〇一七年、藤間が百四歳の時の発言である。「石母田は『中世的世界の形成』を書いた後、いわゆる古代の「頽廃」ということを色々言っているんだが、彼はそれを克服することをしなかったという見解を特に最近持つようになったわけです。『中世的世界の形成』を書きながらも、その「頽廃」がただ「頽廃」で終わってしまった。当時としては「頽廃」ということも重要な意味があるが、歴史家としては、「頽廃」というやつを克服するものがなくてはその後の時代は出てこない。だから、私が近来の研究で古代の「頽廃」というものを考え続けてきたのは、その克服をね、考えてきたからです。「頽廃」という意識ではなく、何かそこに新しいものがあるということを発見しないと、「頽廃」が残ってしまう。やはり誤りとか、欠陥とかあったとしても、「頽廃」では、抜け道を自分で閉ざしてしまうと。それを彼の死の直前に言ってみたいと思ったが、彼の晩年の病気の具合を見たのでは、とても言うことができなかった」。

グローバル資本主義が際限なく地球を覆っていくなか、かつてマルクス主義者が想像したような資本主義の経済構造の変革は不可能にも見える。藤間が批判した、民族が国家の中に組み込まれた国民国家制度もそうしたグローバル経済の中に組み込まれてしまい、彼が東アジア論を通して試みた国民国家という意識の外部に出ることもまた、国民国家の中に埋め込まれた国民にとっては想像することさえ困難になっている。「敗北感のない敗北」に倣って表現すれば、「危機意識のない終末」こそが、現在の社会的雰囲気であろう。「深い危機が意識されておらないところに、危機の本質があります[*489]」といった石母田が懸念した一九五〇年前後の植民地の危機状況と、今日もまた重なるところが少なくない。こうした危機意識を欠いた終末感もまた、新しい時代の終末感なのである。そこでは外部の出口のない状況において、一つの抵抗の可能性がその内部において深く潜行することで抵抗や変革の可能性を模索することになる。

三木清の影響を受けた石母田や安丸良夫、あるいは下部構造決定論に強く反撥した網野善彦ら、一部のマルクス主義歴史学者は、歴史を複数段階の社会構成体の接合した連続体として捉えるだけでなく、その移行期に現れる変革の可能性に着目していた。石母田の「英雄時代」、安丸の「ミロクの世」、網野の「無縁・苦界・楽」。いずれも、秩序を転覆あるいは脱臼する時間の隙間に対する彼らなりの呼び名であった。

それを、カール・マンハイムは「この現実のなかではまだ実現されていないような要素にのっとって、体験や思考や行動の方向づけを決めている」「周りの「存在」と一致していない意識」として、文字通り現実にはどこにも存在しない彼方を志向する意味で「ユートピア的意識」と呼んだ[*490]。続けてマンハイムは、「現実を超越した方向づけのうちでも、とくに、それが行動に移されると、そのつどの現存の存在秩序が、部分的もしくは全体的に破壊されるようなもの[*491]」と述べて、現実から想起される超越論的な余白を意味するものとして意義づけた。マンハイムが三木のドイツ留学時の家庭教師であったことを鑑みるならば、三木がマルクス主義のなかでも余白の思想に傾倒していったことも納得がいくだろう。

マルクス主義が革命の思想であり社会運動である以上、時間の隙間としての変革期への注目は原点回帰的な動きとして至極当然と言える。他方、歴史をより実体的に捉える藤間は、異質性という概念は有するものの、隙間という視点を持つことはなく、むしろこうした移行期を制度的に固定化すべきであると考えていた。そうした余白の思想を着目していた三木が、戦中期と末法の世を重ね合わせて『親鸞』において悪人正機について執筆し、安丸とひろたまさきが一九六〇年安保と幕末を絡めて終末論を説く丸山教の即身仏について思考をめぐらしていったのも、マルクス主義思想の持つ千年王国的な要素から言って偶然ではあるまい[*492]。

彼らが説いているのは、余白を現実批判として機能させるためには、ナルシシスティクな自己肯定感から抜け出して、罪意識や自己犠牲というかたちでの自己否定の生き方が、日本さらには東アジアにおいてはその実践者には求められて来たという歴史的事実なのである。[*493] そうした観点に立てば、藤間の議論における倭寇と罪意識、奴隷と差別といった主題もまた、ユートピア思想のもつ希望へと跳躍するための不可欠な前提といえる。

マルクス主義における余白をめぐる議論は、時代を遡ること一九三〇年に、下部構造決定論を主張する社会科学出身の服部之総と、本質還元主義では割り切れない余白の存在を説く哲学者の三木の間で激しい意見が交わされていた。それは残念なことに、三木の共産党脱退という政治的決着によって、半ば強制的に終止符が打たれてしまい、日本のマルクス主義歴史学はその黎明期から客観的な社会科学としての下部構造決定論を自明の出発点に据えることになってしまった。

一九六〇年代以降、前衛としての日本共産党の権威が動揺するなか、ようやくマルクス主義歴史学は下部構造決定論から自らを解放し始めたわけだ。だが、石母田のように三木ではなく、マルクス＝レーニン主義者の蔵原惟人の影響を受けた藤間は、歴史に顕現する時間をどのように扱うかという点では、一九三〇年段階の服部に近い社会科学的な客観主義の立場を保持していたのであった。

いまとなっては、そうした時間論の違いが同じ英雄時代論でも余白論の立場の石母田と共同体論に帰結する藤間、そして岸や門脇の戸籍論に対しても擬制論と実体論の往還を説く石母田と実体論に近い藤間という立場など、両者の違いを随所に顕在化させていったものと思われる。しかし冷戦体制崩壊後、藤間は「敗北感のない敗北」、すなわち危機感のない終末感に出会うことで、内部に潜行する選択肢を選ばざるを得なくないようになっていったかのようにも見える。

同質的ではない異種混淆的な主体、一国社会主義から複数社会主義、単系発展から複数発展としての社会構成体史、多文化主義ではないネットワークとしての東アジア圏、排除された人たちを想定した民族、このように長い時間をかけて概念を手作りで彫琢していった藤間にとって、現代の危機もまたその概念を磨き上げるための格好の機会に映じたことは確かである。事実、藤間は二〇〇八年、九十五歳の時に書いた筆者への手紙の中で、三木清の「現在性」を取り上げたアメリカの歴史学者、ハリー・ハルトゥーニアンの議論を次のように高く評価する。

〔ハルトゥーニアン〕氏の現在性云々は、羽仁〔五郎〕さんに関連しての指摘ですが、石母田にも的確にあてはまります。……今日では下部構造論を軽蔑しても、思想や文化さらに社会構造の実証能力の低下と、それにそれらの存在の把握の難しさもあって、社会性などの言葉の流用で下部構造直結論にはまった議論が横行しています。貴方としては、現在におけるそうした凡俗批判でない、手強い敵性者も増加しています。これまでの石母田研究の水準をあげていただきたい。新たな友と見受けられる、ハルトゥーニアンさんの「現代性」論は刺激になりそうではありませんか。[*494]

ハルトゥーニアンと磯前のマルクス主義論に対する「現在性」の果たす役割の終末論的性質については、安丸良夫もまた、「二人の編者がその論稿の背後においているのは、ルカーチ、ベンヤミンを中心とする西欧マルクス主義だが、とりわけベンヤミンの黙示論的歴史哲学を参照系とすれば、私たち今日の歴史研究者の営みは実証主義と保守主義に跼蹐したものということになるだろう」[*495]と、余白の思想の分かつ実証主義との違いを指摘している。

それ以前から、晩年になると藤間は日本の民衆の日常生活のなかにも、終末に希望を祈る信仰が存在した痕跡を見出そうとする。一九九三年末、義母の葬儀のために上京した藤間は、初めて群馬県谷中村を訪れ、次のような光景を目にする。周知のように、足尾鉱毒事件で人も自然も大きく損なわれた村である。その訪問について、友人に次のように語っている。

墓を集めて一緒にしているなかに、遠く一八世紀初めの享保年間作成の弥勒菩薩像、以後七～八体のそれが並んでいました。弥勒信仰は社会変革の象徴であり、多様な弥勒経も終末的社会の世直しを目標としていることでは、一貫しています。「足尾鉱毒事件」以前、平和で豊かであったとされた「谷中村」に、なぜ弥勒像が多数あるのか。……これまでの「谷中村」の話のなかで、弥勒像について聞いたことがありません。[*496]

このときの印象は、翌一九九四年の随筆「旧谷中村の石仏」の中で、日本における終末感と救済をめぐる思考へと深められていく。藤間は、近世社会には観音信仰が圧倒的に広まっていたことを指摘したうえで、谷中村の思惟像が「腕は六本ではなく二本、宝珠や宝輪の儀器はもっていない」[*497]ことから、如意輪観音ではなく弥勒菩薩を現わしたものだと解釈する。

そうして、「観音は安産・延寿・除難を主として願い、弥勒は終末的世界の救済、日本語でいえば「世直し」が、釈迦の名の下に義務づけられている」[*498]とその違いを明確にする。そして、後世になって足尾鉱毒事件で奮戦した義の人、田中正造を弥勒信仰の流れを引く人物ではないかと思いを馳せる。たしかに、「弥勒信仰は江戸時代にもあり、終末的世界の期待でうけとられていた」[*499]ことは、安丸良夫の民衆宗教史の仕事にも明らかである。

その一方で、こうした弥勒菩薩像であったかもしれないものが如意輪観音像に混同されていった事態がどのようなところに起因するものか、藤間は考えを巡らせる。そして、「皆さんの中には、観音であろうと弥勒であろうと、構わない、どちらにせよ仏さんだろう、という方が多いかもしれない」[*500]という指摘をしたうえで、民衆の信仰世界の習合的な特質を次のように述べる。

信仰の世界は元来そうした多様な内容と重層性をもち、時々の状況でその一つのものが強くあるいは支配的な機能を発揮する。それによって、他の要素が消滅することもあるかもしれないが、生きながらえ再生する場合もある。その時代の条件によって制約され促進される。[*501]

藤間は古代中国の弥勒信仰の例を引き、弥勒信仰は社会変革の思想であったがゆえに、国家によって弾圧され、阿弥陀信仰に取って代わられたと述べる[502]。日本においてもそうした弾圧があって、谷中村の民衆の歴史から弥勒信仰が消え落ちていってしまったのではないかと考える。近世幕藩体制あるいは近代国家神道体制は、終末論を抱えた民衆宗教をつぎつぎに壊滅させていった。ザビエルによって移入されたキリスト教をふくめ、日本の支配者たちは民衆宗教にとっては過酷な弾圧政策を展開していく。その長い弾圧の果てに、近代天皇制は国民国家を支える原理として確立され、日本社会は擬似世俗的な社会として、その秩序に違反しないかぎりでの信教の自由が与えられることになる[503]。

もちろん、「旧谷中村の思惟像を弥勒と断定できる証拠は今のところない[504]」ことは、藤間も百も承知である。それでも、自分の「田中正造と思惟像に触発された想望[505]」として、彼の心に届いた死者の声として、彼は語らざるを得なかったのである。声高に社会革命を説くことは現在の日本社会の状況では、もはや不可能と言ってもよい。「絶望の国の幸福な若者たち」(古市憲寿)には、もはや夢見る権利としての「希望」は惰眠をむさぼる人にとって邪魔なだけだからである。

しかし、その社会の底流に眠っている変革を志した記憶を掘り起こすことは各人の意志に委ねられている。そこに固定化された社会体制下で生きる人々による、公定的な記憶の余白を利用した抵抗も生じえる。こうした余白に触れることで、藤間の思考は実証主義歴史学という枠組みを超えて、希望の哲学を語り始めたのである。

藤間が中央の歴史学界にとどまったままであれば、こうした記述スタイルを獲得することは困難であったろう。中央を離れ地方に赴くことで、彼は日本を東アジアから捉える視点を深めることを可能とし、現実の社会主義国が崩壊していく過程に立ち会うことで、むしろその根底に存在した変革への初発の意志を掘り起こすことに成功した。それは彼の研究経歴が大学制度の外にある出版人として出発し、最後には地方大学教師として一般社会に出て行く市井の青年男女とつねに接していたことと決して無縁ではない。

世界各地を移動するだけでなく、大地に根を下ろすことで見えてくることもある。日常の暮らしもまた、本人が注意深くさえあれば異質性に満ちた驚きの発見の連続となる。象牙の塔が無条件に与えてくれる学者としての矜持とは無縁なところで、藤間は生きてきた。そこでこそ、地の塩たる庶民の声が聞こえてくる。同時に、その声に呑みつくされないための洞察と知識が必要となる。それが藤間にとっての歴史学である。ただし、傍観者たちにとってそれが歴史学に見えるかどうかといったことは、藤間には二次的なことにすぎない。彼の瞳の中には、自分が耳を傾けると同時に語りかけるべき人々の姿がしっかりと見据えられていたからである。

「「現在性」論は、著作の生命ですが諸刃の刃です[506]」として、藤間はかつての石母田の論文「歴史科学と唯物論」での自己批判のあり方に異議を呈する。

刻々と変化する当面の現実の認識や政治的行動に誤りが出るのは必然的でさえあります。〔しかし、〕誤りが本質的・決定的にならない前に、漸次的に現実に即応しうる認識の創出で、我々は納得しなければならないでしょうか。そうした人間の認識を、〔石母田の自己批判のように〕「半身だけの唯物論者」と呼ぶのは、私はあやまりだとみています。しかし心やさしい石母田は、自分の意図を誤解・曲解しての他人の行為に責任感を抱く傾向があります。[507]

それは眼前の仲間への優しさよりも、地の塩たる人たちと生涯を共にする覚悟を優先すべきだとする藤間自身の生き方の厳しさであり、願いであった。近代天皇制国家との批判的対峙、九州での民衆世界への、東アジア論の視座からの再接近。そうした彼の学問の遍歴はすべて、この不公平な世界でもがき苦しむ人々に捧げたものであった。

しかも、晩年に藤間がたどり着いた終末における救済という主題は、民衆が一方的に被害者あるいは変革主体として無責任に美化されるものではなく、むしろそうした正体不明の社会の悪に容易く染まるものもまた民衆であるという苦い認識から議論を始めるものであった。

「末法の自覚は自己の罪において主体的に超越的なものに触れることを意味している。このときには何人も自己を底下の凡悪として自覚せざるを得ないであろう。弥陀の本願はかくの如き我々の救済を約束している。……悪人正機説の根拠は末法思想である」[508]。

戦後を迎えることなく、獄死を遂げた三木清の本願ともいえるこの言葉は、晩年の藤間が、マルクス＝レーニン主義でもなく、西欧マルクス主義でもなく、彼固有の近代の経験を通して獲得したマルクス主義思想を予告するものでもあったのだ。

「「自己批判」をなしとげながら、自己の研究と認識を、最高に仕上げる人はないとはいえないが、少ないといったことがありました。三木も多くの蓄積を仕上げましたが、石母田はやはり同じタイプの人間でした。研討のしがいのある人間と業績でした」[509] それは、石母田と三木を重ね合わせるだけでなく、藤間もまた党派性から離れて、自己の主体を生涯にわたって変革してきた人間であることを指し示す言葉となっている。それが藤間にとって、「英雄的主体」という言葉の意味であったと、藤間本人との十年及ぶ対話を通して今私たちは考えている。

註

＊1　カール・マルクス、フリードリッヒ・エンゲルス『ドイツ・イデオロギー』一八四五〜一八四六年（古在由重訳、岩波文庫、一九五六／一九七八年）二三八頁。

＊2　野呂栄太郎『日本資本主義発達史講座 趣意書』一九三二年（『野呂栄太郎全集』下、新日本出版社、一九九四年）二五二頁。

＊3　藤間生大「和島誠一先生の逝去を悼む――「和島山脈」形成の端緒」（『考古学研究』一八巻三号、一九七一年）二〇―二一頁。

＊4　藤間生大「日本史・東アジア史・世界史について語る——藤間生大先生の歴史研究の歩み」（『熊本学園大学 経済論集』三巻一・二号。本書第一部参照。ただし、以下の引用頁数は初出にしたがう）。
＊5　藤間生大『歴史の学びかた——危機における歴史と歴史学』（伊藤書店、一九五〇年）六頁。
＊6　同前、七頁。
＊7　同前、七—八頁。
＊8　藤間の地理学関係の論文としては堀英之助の名義で一九三八年に発表された処女作「地理学の方向——「歴史地理学」派の批判」上下（『学芸』七〇号、七一号）、および第二作の「歴史学の研究と地理学」（『読書と人生』一巻二号）がある。
＊9　藤間生大・西嶋定生・斉藤博「座談会 歴史学と学習運動——全体史と地方史の視座から」（『我孫子市史研究』一三号、一九八九年）五三頁。
＊10　マルクス『経済学批判への序言・序説』一八五一年（宮川彰訳、新日本出版社、二〇〇一年）一六頁。
＊11　早川二郎訳『「アジア的生産様式」に就いて』（白揚社、一九三三年）。
＊12　羽仁五郎「東洋における資本主義の形成」（『明治維新史研究』一九五六年。岩波文庫、一九七八年）。
＊13　渡部義通述、ヒアリング・グループ編『思想と学問の自伝』（河出書房新社、一九七四年）一七一—七二頁。
＊14　同前、二七四頁。
＊15　同前、二二九頁。
＊16　同前、二二八—二九頁。
＊17　同前、二六八頁。「日本に関する決議（二七テーゼ）」「日本における情勢と日本共産党の任務に関するテーゼ（三二テーゼ）」（石堂清倫・山辺健太郎編『コミンテルン——日本に関するテーゼ集』青木文庫、一九六一年）。
＊18　早川二郎「王朝時代」の「国家的土地所有」について」一九三三年（『早川二郎著作集』一、未来社、一九七八年）五八頁。
＊19　渡部前掲「新しい史学への道」二〇二頁。
＊20　渡部義通「上代の社会組織」（渡部義通・三沢章・伊豆公夫・秋沢修二『日本歴史教程 第二冊』白揚社、一九三七年）二〇一頁。
＊21　渡部前掲『思想と学問の自伝』一四七頁。
＊22　早川二郎「氏族社会の矛盾とその発展」（渡部義通・三沢章・伊豆公夫・早川二郎『日本歴史教程 第一冊』白揚社、一九三六年）二一三頁。
＊23　羽仁五郎「東洋における資本主義の形成」一九三二年（『明治維新史研究』一九五六年。岩波文庫、一九七八年）一三四頁。
＊24　渡部前掲『思想と学問の自伝』二一八—一九頁。
＊25　平野義太郎『民族政治の基本問題』（小山書店、一九四四年）序一—三頁。

*26 渡部前掲『思想と学問の自伝』二一八頁。
*27 石母田正『日本の古代国家』（岩波書店、一九七一年）三三六頁。
*28 羽仁前掲「東洋における資本主義の形成」五四―五六頁、早川二郎『古代社会史』（三笠書房、一九三九年）一八九―九一頁。
*29 藤間生大「古代史研究の回顧と展望（昭和十四年度）」一九四〇年（『日本庄園史――古代より中世に至る変革の経済的基礎構造の研究』近藤書店、一九四七年）四一四頁。
*30 河音能平『中世封建制成立史論』（東京大学出版会、一九七一年）二五一―五二頁。
*31 同前、二五二頁。
*32 藤間生大「渡部義通の学問と人」（『歴史学研究』五一二号、一九八三年）五二頁。
*33 同前、五二頁。
*34 同前、五二頁。
*35 藤間生大「日本古代史から東アジア世界史へ(1)」（『歴史評論』六二二号、二〇〇二年）八七頁。渡部義通「新しい史学への道」一九四七年（『新版 日本古代社会』校倉書房、一九八一年）二〇四頁。
*36 北山茂夫「東京から横浜へのある断章」（『奈良朝の政治と民衆』校倉書房、一九四八／一九八二年）二七四頁。
*37 藤間生大「足あと」（赤木健介遺稿集編纂委員会編『赤木健介追悼集』一九九三年）一六頁、藤間前掲「日本古代史から東アジア世界史へ(1)」九一頁。
*38 石母田正「清水さんのこと」（『清水三男著作集2 日本中世の村落』校倉書房、一九七四年）三四一頁。
*39 藤間生大「古代史研究の回顧と展望（昭和十七年度）」一九四三年（前掲『日本庄園史』）四三四頁。
*40 「一九九八年七月二日付 大山喬平宛 藤間生大書簡」（藤間生大所蔵）。
*41 大山喬平・馬田綾子「解説」（清水三男『日本中世の村落』一九四二年。岩波文庫、一九九六年）三六一頁。
*42 「一九九八年三月二日付 網野善彦宛 藤間生大書簡」（藤間生大所蔵）。
*43 渡部前掲「新しい史学への道」二〇五頁。
*44 藤間前掲「座談会 歴史学と学習運動」六七頁（藤間発言）。
*45 藤間前掲「渡部義通の学問と人」五三頁。
*46 松本新八郎「戦時下のことなど」（『石母田正著作集』月報16、岩波書店、一九九〇年）三頁。
*47 渡部前掲『思想と学問の自伝』一八三頁。
*48 石母田正「天平十一年出雲国大税賑給歴名帳について」一九三八年（『石母田正著作集』一、一九八八年）。
*49 北山茂夫「大宝二年筑前国戸籍残簡について――大領肥君猪手の家族」（『奈良朝の政治と民衆』一九三七年。校倉書房、一九四八／

一九八二年）。
＊50　藤間前掲「日本古代史から東アジア世界史へ(1)」八九頁。
＊51　渡部前掲『思想と学問の自伝』一七〇頁。
＊52　芝原拓自『所有と生産様式の歴史理論』（青木書店、一九七二年）三四頁、七四―七五頁。
＊53　社会構成史に対する説明としては、マルクス『経済学批判』一八五九年（武田隆夫他訳、岩波文庫、一九五六年）、芝原前掲『所有と生産様式の歴史理論』二六―二八頁。
＊54　藤間前掲「日本古代史から東アジア世界史へ(1)」八五頁。津田に関するまとまった藤間の評価および回想は、渡部義通・藤間生大・遠山茂樹・松島栄一「座談会 津田左右吉の著作と人を語る」（『書評』三巻一〇・一一号、一九四八年）。
＊55　藤間生大「津田さんの民族主義」（『歴史学研究』二六二号、一九六二年）四五頁。
＊56　藤間前掲「古代史研究の回顧と展望（昭和十四年度）」四〇一―〇二頁。
＊57　藤間前掲「津田さんの民族主義」四五頁。
＊58　藤間生大「古代史研究の回顧と展望（昭和十四年度）」一九四〇年（『日本庄園史――古代より中世に至る変革の経済的基礎構造の研究』近藤書店、一九四七年）四一〇頁。
＊59　渡部前掲『思想と学問の自伝』一二八頁。
＊60　津田左右吉『文学に現はれたる我が国民思想の研究 貴族文学の時代』一九一六年（岩波文庫版第一巻、一九七七年）三二頁。
＊61　渡部前掲「新しい史学への道」二〇六頁。
＊62　同前、二〇七頁。松本前掲「戦時下のことなど」三頁。
＊63　藤間生大「あとがき」（前掲『日本庄園史』）四七五頁。
＊64　渡部が『日本歴史教程 第三冊』に収録される予定であった論文「律令体制の崩壊過程」（一九四〇年脱稿）、「初期庄園の構造と生産関係」（一九四〇年九月脱稿）は、一九三〇年代に発表された諸論文とともに、渡部義通『古代社会の構造』（三一書房、一九七〇年）に収録されている。
＊65　渡部前掲『思想と学問の自伝』一九二頁。
＊66　同前、一九一頁。
＊67　同前、一九一頁。
＊68　藤間他前掲「座談会 歴史学と学習運動」七一―七二頁。
＊69　藤間生大「一つの思い出」（『忘憂清楽 渡部義通追悼集』渡部義通発行、一九八五年）一六四―六五頁。
＊70　石母田正「歴史と人間についての往復書簡」（『続・歴史と民族の発見』東京大学出版会、一九五三年）一七九頁。

＊71　石母田正「初版跋」（『中世的世界の形成』一九四六年。岩波文庫、一九八五年）四二〇頁。
＊72　藤間生大『日本古代国家』（伊藤書店、一九四六年）三七三頁。
＊73　藤間他前掲「座談会 歴史学と学習運動」七九頁。
＊74　藤間前掲「日本古代史から東アジア世界史へ(1)」九三頁。
＊75　石母田正「藤間生大『日本古代国家』」（『日本読書新聞』一九四六年七月二十四日）。
＊76　藤間前掲『日本古代国家』一〇頁。
＊77　同前、五二頁。
＊78　石母田正「〔書評〕門脇禎二『日本古代共同体の研究』――その一」（『石母田正著作集』二、一九八八年）二九二頁。石母田との相違を含む、親族共同体の理解と問題点については、井上清「「親族共同体」の理論について」（『歴史学研究』一四一号、一九四九年）四一―四五頁。
＊79　藤間前掲『日本古代国家』五六頁、五九頁、七一頁。
＊80　同前、七一頁。
＊81　石母田前掲「清水さんのこと」三四二頁。
＊82　石母田正「古代史研究の回顧と展望（昭和十八年度）」（『石母田正著作集』五、一九八八年）四五七頁。
＊83　関口裕子「戦中に達成された藤間生大・石母田正の家族・共同体論の学説史的検討――渡部義通の所論と関係して」（青木和夫先生還暦記念会編『日本古代の政治と文化』吉川弘文館、一九八七年）一九九頁。
＊84　同前、二〇九―一〇頁、二四〇頁。
＊85　同前、二三七頁、二四一頁。
＊86　「一九九八年七月二日付 大山喬平宛 藤間生大書簡」（藤間生大所蔵）。
＊87　「農民の闘争」や「人民の闘争」あるいは「搾取制度」といった言葉がちりばめられたこの報告は、後に『思想』二九一号（一九四八年九月、六一頁、六五頁等）に収録された。
＊88　藤間生大「追想」（松尾尊兊編『北山茂夫 伝統と追想』みすず書房、一九九一年）八六頁。
＊89　石母田正『歴史と民族の発見』一九五二年（平凡社ライブラリー、二〇〇三年）六六―六七頁。
＊90　マルクス『『経済学批判』への序言』一八五九年（『『経済学批判』への序言・序説』宮川彰訳、新日本出版社、二〇〇一年）一六頁。
＊91　石母田前掲『歴史と民族の発見』六七頁。
＊92　石母田正「モンテスキューにおける奴隷制の理論――『法の精神』の批判的解釈の一つの試み」一九四七年（『石母田正著作集』一三、一九八九年）一四五頁。

*93 渡部前掲『思想と学問の自伝』三七九頁。
*94 ガヤトリ・スピヴァク『ポストコロニアル理性批判――消え去りゆく現在の歴史のために』一九九九年（上村忠男・本橋哲也訳、月曜社、二〇〇三年）一五六頁。
*95 同前、一二九頁。
*96 石母田前掲論文「モンテスキューにおける奴隷制の理論」一五一頁、一四五頁。
*97 同前、一四四頁。
*98 村瀬興雄「日本出版会時代の石母田正」（『石母田正著作集』月報5、一九八九年）三頁。
*99 石母田前掲「モンテスキューにおける奴隷制の理論」一七六頁。
*100 藤間生大・林基・松本新八郎・松島栄一「『歴史評論』創刊のころ」（『歴史評論』三一八号、一九七六年）八頁（松本発言）。
*101 村田静子「石母田さんとの出会い」（『石母田正著作集』月報2、一九八八年）六頁。
*102 村瀬前掲「日本出版会時代の石母田正」一頁。
*103 藤間前掲「日本古代史から東アジア世界史へ(1)」九三頁。
*104 藤間生大他前掲「『歴史評論』創刊のころ」一三頁。
*105 村瀬前掲「日本出版会時代の石母田正」一頁。
*106 藤間生大「戦争、経済発展……二つの時代を生きる」（『熊本日日新聞』二〇一六年八月十五日）。
*107 同前。
*108 松本前掲「戦時下のことなど」（『石母田正著作集』月報16）三頁。
*109 石母田前掲『中世的世界の形成』二九〇頁。
*110 同前、三八八―八九頁。
*111 藤間他前掲「座談会 歴史学と学習運動」七九頁。
*112 藤間生大「あとがき」（前掲『日本庄園史』）四七六頁。
*113 石母田正「国民のための歴史学」おぼえがき――啓蒙主義とその克服の問題」一九六〇年（『石母田正著作集』一四、一九八九年）二五五頁。
*114 同前、二五六―五七頁。
*115 石母田前掲「宇津保物語についての覚書」三四―三五頁。
*116 同前、三五頁、一八頁、一九頁、一二頁。
*117 フリードリッヒ・エンゲルス『家族・私有財産・国家の起源』一八八四年（戸原四郎訳、岩波文庫、一九六五年）三七―三八頁、一

四二―四三頁。
＊118 藤間前掲『日本古代国家』二八〇―八一頁等。
＊119 石母田前掲「古代史研究の回顧と展望（昭和十八年度）」四五〇頁。
＊120 藤間生大「八月十五日を思う」（『歴史学研究月報』四五号、一九六三年）四頁。
＊121 同前、五頁。
＊122 藤間他前掲「『歴史評論』創刊のころ」一五頁。
＊123 同前。
＊124 松本新八郎『中世社会の研究 下』（東京大学出版会、一九五六年）四六六頁。
＊125 松本新八郎「『社会構成史体系』前後」（『歴史評論』三四九号、一九七九年）六六―六八頁。
＊126 藤間生大「序」（『国家と階級――天皇制批判序説』太平社、一九四七年）二頁。
＊127 藤間前掲『国家と階級』三頁。
＊128 津田左右吉「日本歴史の研究に於ける科学的態度」（『世界』一九四六年三月号）、同「建国の事情と万世一系の思想」（『世界』一九四六年四月号）。
＊129 藤間前掲「津田さんの民族主義」四七―四八頁。
＊130 「一九九八年三月二十二日付 網野善彦宛 藤間生大書簡」（藤間生大所蔵）。
＊131 藤間前掲「八月十五日を思う」五頁。
＊132 藤間生大「民主主義革命のために外国から力をかりることは恥ではない」一九四六年五月十五日（前掲『国家と階級』）一六八―六九頁。
＊133 渡部前掲『思想と学問の自伝』三三四頁。
＊134 「日本史・東アジア史・世界史について語る――藤間生大先生の歴史研究の歩み」八二頁。
＊135 藤間生大「古代国家の二元性」一九四六年二月五日（前掲『国家と階級』）七五頁。
＊136 藤間前掲『日本古代国家』三五九―六〇頁。
＊137 藤間生大「序文」一九四六年九月二十二日（前掲『日本庄園史』）一五頁。
＊138 同前。
＊139 藤間生大「家族国家と労働者階級」一九四六年五月十一日（前掲『国家と階級』）一三二頁。
＊140 エンゲルス前掲『家族・私有財産・国家の起源』二二五―二七頁。
＊141 藤間生大「天皇制の研究」一九四六年二月五日（前掲『国家と階級』）七八頁。

＊142 同前、七三頁。
＊143 藤間生大『日本民族の形成』二二二頁。
＊144 同前、二二七頁。
＊145 同前、二二七頁。
＊146 藤間前掲『国家権力の誕生』一三頁。
＊147 同前、一三頁。
＊148 藤間生大「サークルの報告Ⅰ 労働者と学生」一九五一年五月（『歴史と実践』大月書店、一九五五年）一八八頁。
＊149 仙波輝之『レーニン 1902～12 ——前衛党組織論批判』（論創社、一九八二年）一九九—二一七頁。
＊150 藤間生大「「歴史における民族」のあつかい方——古代史の場合」（『歴史における民族の問題』岩波書店、一九五一年）一六七頁（『月報』七号より転載）。
＊151 藤間前掲「「歴史における民族」のあつかい方」一六七頁。
＊152 同前、一六七頁。
＊153 藤間生大『歴史と実践』（大月書店、一九五五年）三一頁、三五頁。
＊154 藤間前掲「序」（『日本古代国家』）九頁。
＊155 田中克彦『「スターリン言語学」精読』（岩波現代文庫、二〇〇〇年）第一二章。
＊156 ベネディクト・アンダーソン『増補 想像の共同体——ナショナリズムの起源と流行』一九八三／一九九一年（白石さや・白石隆訳、NTT出版、一九九七年）、アントニー・スミス『ネイションの生命力』一九九一年（高柳先男訳、晶文社、一九九八年）。
＊157 田中克彦『言語からみた民族と国家』一九七八年（岩波同時代ライブラリー、一九九一年）第Ⅳ章。
＊158 江上波夫「日本古代国家の形成」（『東洋文化』一九五一㈥）八一頁（討論での藤間発言）。
＊159 渡部前掲『思想と学問の自伝』三七一頁。
＊160 同前、三七〇頁。
＊161 同前、三一七頁。
＊162 藤間他「『歴史評論』創刊のころ」一—三頁、一〇頁（藤間生大・林基・松本新八郎発言）。
＊163 藤間前掲『歴史と実践』二四頁。ただし、この引用文自体は、市川正一『日本共産党闘争小史』による。
＊164 同前、二四頁。
＊165 同前、六五頁。
＊166 同前、三六頁。

＊167 同前、五四頁。
＊168 同前、五五頁。
＊169 藤間前掲「「歴史における民族」のあつかい方」一六七頁。
＊170 藤間生大「附篇 民族問題のとりあげ方」（『日本民族の形成』岩波書店、一九五一年）二九二頁。
＊171 藤間前掲『歴史と実践』一九五頁。
＊172 同前、一〇七頁。
＊173 同前、四八頁。
＊174 エルネスト・ラクラウ、シャンタル・ムフ『民主主義の革命――ヘゲモニーとポスト・マルクス主義』一九八五／二〇〇一年（西永亮・千葉真訳、ちくま学芸文庫、二〇一二年）第三章。
＊175 藤間生大「解説 五〇年の歳月を経て」（石母田正『歴史と民族の発見――歴史学の課題と方法』平凡社ライブラリー、二〇〇三年。原著一九五二年）四六六頁（本書第二部参照）。
＊176 仙波前掲『レーニン 1902 ～ 12』一五〇頁、一八〇頁。
＊177 久野収・鶴見俊輔・藤田省三「反体制の思想運動――民主主義科学者協会」（『戦後日本の思想』勁草書房、一九六六年）六三頁。
＊178 渡部前掲『思想と学問の自伝』三三六頁、三七三頁。
＊179 藤間前掲『歴史と実践』二三七頁。
＊180 藤間生大「古代における民族の問題」（前掲『歴史における民族の問題』）一―二頁。
＊181 藤間生大『日本武尊』（創元社、一九五三年）一〇頁。藤間前掲「古代における民族の問題」七頁。
＊182 藤間生大「日本古代史から東アジア世界史へ(2)」（『歴史評論』六二四号、二〇〇二年）八九頁。
＊183 藤間生大『やまと・たける――古代豪族の没落とその挽歌』（角川新書、一九五八年）一三頁、二三頁。
＊184 藤間前掲「日本史・東アジア史・世界史について語る」八五頁。
＊185 藤間前掲『日本武尊』一六二頁。
＊186 井上清発言「古代・中世の部 討論」五九頁。
＊187 藤間生大「老兵の想い」（『歴史学研究 戦後第Ⅰ期復刻版』月報3、青木書店、一九八七年）一頁。
＊188 同前、一頁。
＊189 藤間前掲「民族問題のとりあげ方」二八五頁。
＊190 同前、二八四―八五頁。
＊191 鈴木良一「敗戦後の歴史学における一傾向――藤間・石母田氏の仕事について」一九四九年（犬丸義一編『歴史科学大系29 歴史科学

の理論と方法(上)』二〇五頁)。

*192 鈴木前掲「敗戦後の歴史学における一傾向」二〇九頁。

*193 石母田正「封建制成立の特質について」一九四九年（『石母田正著作集』六、一九八九年）三〇四頁、三二〇頁。

*194 石母田前掲「封建制成立の特質について」三〇六頁。

*195 石母田正「歴史学における民族の問題」（前掲『歴史と民族の発見』）一九一頁。

*196 藤間前掲『日本武尊』一七八頁。

*197 藤間前掲「古代における民族の問題」一六頁。

*198 藤間生大「一九九八年三月二十二日付 網野善彦宛 藤間生大書簡」（藤間生大所蔵）。

*199 藤間生大「文化遺産は誰の手でひきつがれるか――法隆寺金堂の焼失をみて」（『世界』四一号、一九四九年）四三頁、五一頁。

*200 松本前掲『中世社会の研究 下』第三部。

*201 藤間前掲「解説 五〇年の歳月を経て」四六〇頁。

*202 北山茂夫発言「古代の部 討論」（『民族の文化について 歴史学研究会一九五二年度大会報告』岩波書店、一九五三年）一五頁。

*203 藤間前掲『日本武尊』一七八頁。

*204 木下順二・石母田正・藤間生大・林基・松本新八郎他「座談会 民話劇『夕鶴』をめぐって（民話の会）」（『文学』二〇巻一一号、一九五二年）四三頁、四八頁。

*205 同前、四八頁。

*206 同前、四六頁。

*207 原秀三郎「解説 日本における科学的原始・古代史研究の成立と展開」（同編『歴史科学大系1 日本原始共産制社会と国家の形成』校倉書房、一九七二年）四〇八頁。

*208 藤間前掲『日本武尊』一八〇頁。藤間生大「研究と実践――傷ついた心の人のために」（『立命評論』一二号、一九五六年）一〇頁。

*209 藤間前掲「研究と実践」一〇―一一頁。

*210 渡部前掲『思想と学問の自伝』三八〇頁。

*211 同前、三七九頁。

*212 藤間生大「自由民権の研究に初めて接した頃――拙稿『秩父風雲録』刊行の事情」（『近代熊本』二二号、一九八二年）一七頁。

*213 渡部前掲『思想と学問の自伝』三五〇頁。

*214 小嶋茂稔・戸邉秀明「藤間生大さんに聞く――『歴史評論』の青春時代」（『歴史評論』八〇〇号、二〇一六年）二〇頁。

*215 藤間前掲「戦争、経済発展……二つの時代を生きる」。

＊216 藤間生大「ささやかな思い出(3)」(『熊本近代史研究会会報』四六三号、二〇一〇年)一八頁。
＊217 ねづ・まさし「一九五六年度の総会と大会についての所感」(『歴史学研究月報』一九八号、一九五六年)五〇頁。
＊218 同前、五一頁。
＊219 石母田正「ねず氏の批判に答えて」(『歴史学研究月報』二〇一号、一九五六年)五四頁。
＊220 石母田正「弱さをいかに克服するか――丸山静氏への返事」一九五三年(『石母田正著作集』一四)三〇七頁。
＊221 石母田前掲「ねず氏の批判に答えて」五四頁。
＊222 藤間生大「有効性は消滅しない――石母田正著『歴史と民族の発見』」(『図書新聞』一九五九年六月六日)。
＊223 同前。
＊224 藤間前掲「研究と実践」一三頁。
＊225 藤間生大「科学運動の見方――久野収・鶴見俊輔・藤田省三著「戦後日本の思想」の見解について」(『歴史学研究』一〇八号、一九五九年)五八頁。
＊226 藤間前掲『歴史と実践』五一頁。
＊227 廣末保「運命と歴史と」(『石母田正著作集』月報11、一九八九年)一〇頁。
＊228 藤間前掲「研究と実践」六頁。
＊229 藤間前掲「科学運動の見方」五九頁。藤間前掲「研究と実践」五頁。
＊230 民主主義科学者協会歴史部会総括委員会「民主主義科学者協会歴史部会活動総括」(『歴史評論』二〇〇号、一九六七年)九七頁。
＊231 小嶋・戸邉前掲「藤間生大さんに聞く――『歴史評論』の青春時代」二四頁(藤間発言)。
＊232 藤間前掲「科学運動の見方」六〇―六一頁。
＊233 藤間前掲「八月十五日を思う」五頁。
＊234 藤間前掲「科学運動の見方」八―九頁。
＊235 藤間前掲「研究と実践」四頁。
＊236 藤間前掲「自由民権の研究に始めて接した頃」二三―二四頁。
＊237 同前、二三頁。
＊238 藤間前掲「研究と実践」四七頁。
＊239 藤間前掲「自由民権の研究に始めて接した頃」二四頁。
＊240 同前、二四頁。
＊241 同前、二四頁。

＊242 藤間前掲「科学運動の見方」五八頁。
＊243 石母田正「歴史科学と唯物論」一九五六年（『石母田正著作集』一三）七二頁。
＊244 石母田前掲「歴史科学と唯物論」七二―七三頁。
＊245 同前、九六頁。
＊246 黒田俊雄「歴史科学における進歩の立場」一九七八年（『黒田俊雄著作集』八、法藏館、一九九五年）一三一頁。石母田前掲「歴史科学と唯物論」八〇頁。
＊247 石母田前掲「歴史科学と唯物論」八一頁。
＊248 同前、八一頁、八八頁。
＊249 安良城盛昭「石母田さんと私」（『石母田正著作集』月報12、一九八九年）二頁。
＊250 太田秀通「石母田氏の自己批判について」一九五六年（『歴史科学大系30 歴史化学の理論と方法(下)』校倉書房、一九八四年）六五頁。
＊251 黒田前掲「歴史科学における進歩の立場」一三一頁。
＊252 太田前掲「石母田氏の自己批判について」五〇―五一頁。
＊253 藤間前掲「解説 五〇年の歳月を経て」四六六頁。
＊254 黒田前掲「歴史科学における進歩の立場」一二六頁。
＊255 同前、一二七頁。
＊256 藤間生大「書評 石母田正『戦後歴史学の思想』」（『歴史学研究』四五〇号、一九七七年）五〇頁。
＊257 昭和史論争については、大門正克編『昭和史論争を問う――歴史を叙述することの可能性』（日本経済評論社、二〇〇六年）、孫歌「昭和史論争における一つの側面」（『岩波講座 アジア・太平洋戦争3』岩波書店、二〇〇六年）、堀米庸三『歴史と人間』（NHKブックス、一九六五年）。
＊258 亀井勝一郎「現代歴史家への疑問――歴史家に「総合的」能力を要求することは果たして無理だろうか」（『文芸春秋』一九五六年三月号）六〇頁。
＊259 亀井前掲「現代歴史家への疑問」六一頁。同「歴史家の主体性について――現代史の七つの課題（一）」（『中央公論』一九五六年七月号）七〇頁。
＊260 亀井前掲「歴史家の主体性について」六八頁。
＊261 同前、七〇頁。
＊262 和歌森太郎「歴史の見方と人生――現代史の評価をめぐって」（『中央公論』一九五六年六月号）四八頁。
＊263 遠山茂樹「現代史研究の問題点――『昭和史』の批判に関連して」（『中央公論』一九五六年六月号）五六頁。

*264 石母田正「歴史と人間」一九五七年（『石母田正著作集』一五、一九九〇年）二九〇頁。
*265 藤間前掲『歴史と実践』三九頁。
*266 藤間他前掲「座談会 歴史学と学習運動」九八―九九頁。
*267 同前、九八頁。
*268 藤間前掲「書評 石母田正『戦後歴史学の思想』」四九頁、五〇頁。
*269 藤間他前掲「座談会 歴史学と学習運動」九四頁。
*270 藤間生大「一九日午前零時零分」（『歴史評論』一一九号、一九六〇年）二四頁。
*271 同前、二四頁。
*272 安丸良夫『日本の近代化と民衆思想』（青木書店、一九七四年）二九二頁、二九四頁。
*273 同前、二九五頁。
*274 網野善彦『歴史としての戦後歴史学』（日本エディタースクール出版部、二〇〇〇年）四五頁。
*275 同前、四六頁。
*276 安良城盛昭「律令制の本質とその解体――石母田・藤間・松本三氏の見解の検討を中心として」一九五六年（『日本封建社会成立論 上』岩波書店、一九八四年）九七頁、一二二頁。
*277 安良城前掲『日本封建社会成立論 上』一二三頁。
*278 同前、一二三頁。
*279 網野前掲『歴史としての戦後歴史学』四一頁。
*280 安良城前掲『日本封建社会成立論 上』一二六頁。
*281 同前、九六―九七頁。
*282 同前、一二九頁。
*283 藤間生大「階級社会成立についての研究ノート――安良城氏の「律令制の本質とその解体」に関連して」（『歴史学研究』一九九号、一九五六年）二六頁。
*284 同前、二〇頁。
*285 同前、二一頁。
*286 石母田前掲「封建制成立の二三の問題」二七四頁。
*287 同前、二八三頁。
*288 大山喬平「中世史研究の一視角」一九六五年（『日本中世農村史の研究』岩波書店、一九七八年）一七七―八八頁。

＊289「討論 古代・封建の部」（『時代区分上の理論的諸前提 歴史学研究会一九五六年度大会報告』岩波書店、一九五六年）七一頁（石母田発言）。
＊290 同前、七六頁（安良城発言）。
＊291 石母田前掲「封建制成立の二三の問題」三〇四頁。
＊292 河音能平「農奴制についてのおぼえがき」一九六〇年（『中世封建制成立史論』東京大学出版会、一九七一年）二六一頁、二六四頁。
＊293 藤間前掲「科学運動の見方」六〇頁。
＊294 同前、六〇―六一頁。
＊295 岸俊男「律令制の社会機構」一九五二年（『日本古代籍帳の研究』塙書房、一九七三年）三一八頁。
＊296 南部昇『日本古代戸籍の研究』（吉川弘文館、一九九二年）九七頁。
＊297 同前、九七頁。
＊298 安良城盛昭「班田農民の存在形態と古代籍帳の分析方法――石母田＝藤間＝松本説と赤松＝岸＝岡本説の学説対立の止揚をめざして」（前掲『日本封建社会成立論 上』）一三七頁。
＊299 同前。
＊300 同前、一六六頁、一六九頁。
＊301 南部前掲『日本古代戸籍の研究』一二二頁。
＊302 安良城前掲「班田農民の存在形態と古代籍帳の分析方法」一三八頁。
＊303 石母田正「〔書評〕門脇禎二『日本古代共同体の研究』その二」一九六一年（『石母田正著作集』二、一九八八年）二八四―八六頁。
＊304 エンゲルス前掲『家族・私有財産・国家の起源』二二五頁。
＊305 藤間生大「大島郷戸籍の一断面――門脇論文についての補注的批判」（『日本史研究』四四号、一九五九年）六一頁。
＊306 藤間他前掲「座談会 歴史学と学習運動」九一頁。
＊307 同前。
＊308 藤間生大『民族の詩』（東京大学出版会、一九五五年）一九一頁。
＊309 同前、三頁。
＊310 同前、七―八頁。
＊311 藤間前掲「日本史・東アジア史・世界史について語る」九三頁。
＊312 藤間他前掲「座談会 歴史学と学習運動」九二頁。
＊313 藤間他前掲「座談会 歴史学と学習運動」九一頁。

＊314　藤間前掲『民族の詩』一四頁。
＊315　同前、一六―一七頁。
＊316　同前、一七―一八頁。
＊317　金達寿「書評 藤間生大著『民族の詩』」（『文学』二三巻六号、一九五五年）六五八頁、六五九頁。
＊318　藤間前掲『民族の詩』一二七―一二八頁。
＊319　金素雲「憶測と独断の迷路――藤間生大氏の『民族の詩』について」（『文学』二四巻六号、一九五六年）八六頁、九〇頁。
＊320　同前、八六頁。
＊321　藤間前掲『民族の詩』五一頁。
＊322　金前掲「憶測と独断の迷路」九二頁。
＊323　藤間生大「日本古代史から東アジア世界史へ(3)」（『歴史評論』六二五号、二〇〇二年）七八頁。
＊324　金達寿前掲「書評 藤間生大著『民族の詩』」六五九―六〇頁。
＊325　藤間生大「「東アジア世界論」再考――『民族の詩』論争、『ヂンダレ』のことなど」（『歴史学研究』八八二号、二〇一一年）五五頁。
＊326　四方田犬彦「訳と逆に。訳に。――金時鍾による金素雲『朝鮮詩集』再訳をめぐって」（『言語文化』二二号、二〇〇五年）一一九頁。
＊327　同前、一二三頁。
＊328　藤間前掲「日本史・東アジア史・世界史について語る」九四頁。
＊329　藤間生大「現代朝鮮文学の一つの見方――金素雲の言葉に関連して」（『文学』二四巻八号、一九五六年）一〇三頁。
＊330　同前、一〇三頁、一〇四頁。
＊331　金哲「「欠如」としての国（文）学――「民族学」＝「国家学」の誕生」二〇〇九年（『抵抗と絶望――植民地朝鮮の記憶を問う』田島哲夫訳、大月書店、二〇一五年）、尹海東「韓国民族主義の近代性批判」（『植民地がつくった近代――植民地朝鮮と帝国日本のもつれを考える』沈熙燦・原佑介訳、三元社、二〇一七年）。
＊332　藤間前掲「日本史・東アジア史・世界史について語る」九七頁。
＊333　藤間前掲「日本古代史から東アジア世界史へ(2)」九三頁。
＊334　同前。
＊335　藤間前掲「日本史・東アジア史・世界史について語る」九四頁。
＊336　藤間生大「日本古代史から東アジア史へ」一九八〇年（『東アジア世界研究への模索』校倉書房、一九八二年）一五九頁、藤間前掲「日本史・東アジア史・世界史について語る」九五頁。
＊337　藤間前掲「「東アジア世界論」再考」五五頁。

＊338 同前、五七頁。
＊339 金時鐘『再訳 朝鮮詩集』（岩波書店、二〇〇七年）。
＊340 金時鐘「『朝鮮詩集』を再訳するに当たって」（前掲『再訳 朝鮮詩集』）v—vi頁。
＊341 同前、vii頁。
＊342 藤間前掲「日本古代史から東アジア世界史へ(3)」八一頁。
＊343 藤間前掲「日本史・東アジア史・世界史について語る」九四頁。
＊344 石母田正・西嶋定生他「アジア史研究の課題I——古代（要旨）」（『歴史学研究』二五五号、一九六一年）四六—四九頁、芝原拓自「明治維新の世界史的位置」（『歴史学研究 一九六一年別冊特集「世界史と近代日本」』一九六一年）。
＊345 李成市「新たな現実と東アジア史」（『本郷』二五号、二〇〇〇年）二九頁。
＊346 石母田正「最近の諸事件と民衆の国際意識——この一年をかえりみて」一九六〇年（『石母田正著作集』一六、一九九〇年）二三四頁。
＊347 同前、二三七頁。
＊348 西嶋定生「焼酎の空瓶」（『石母田正著作集』月報7、一九八九年）二頁。
＊349 藤間生大「古代国家論への一考察——鬼頭清明著『日本古代史研究と国家論』に寄せて」（『歴史評論』五三八号、一九九五年）九七頁。
＊350 藤間生大「東アジアにおける諸国家・諸民族の歴史的諸関係の形成と発展」（『一九六四年北京科学シンポジウム歴史部門参加論文集』京都歴研連絡事務所、一九六四年）、同「ポーランドでの模索」（『歴史学研究』五〇三号、一九八二年）、同「韓国旅行寸感」(1)—(4)（『会報』二一六号、二一九—二二一号、熊本近代史研究会、一九八八年）、同「邵陽での「記念魏源誕辰二〇〇周年国際学術検討会」に参加して」(1)—(4)、『会報』二八九—二九一号、二九三号、熊本近代史研究会、一九九五年）。
＊351 「一九九三年七月十四日付 河音能平宛 藤間生大書簡」（藤間生大所蔵）。
＊352 西嶋定生「東アジア世界と冊封体制——六—八世紀の東アジア」一九六二年（『中国古代国家と東アジア世界』東京大学出版会、一九八三年）四六二頁。
＊353 西嶋前掲「東アジア世界と冊封体制」四六二頁。
＊354 西嶋定生『日本歴史の国際環境』（東京大学出版会、一九八五年）二三八—二三九頁。
＊355 藤間前掲「日本古代史から東アジア世界史へ(2)」九〇頁、九一頁。
＊356 藤間生大『東アジア世界の形成』（春秋社、一九六六年）九七頁。
＊357 同前、六四頁。
＊358 藤間前掲「日本古代史から東アジア世界史へ(2)」九〇頁。

＊359 同前、九〇頁。
＊360 同前、九〇頁。
＊361 藤間前掲『東アジア世界の形成』あとがきⅳ頁。
＊362 同前、ⅳ―ⅴ頁。
＊363 同前、ⅷ頁。
＊364 同前、一八二頁。
＊365 同前。
＊366 藤間前掲「日本史・東アジア史・世界史について語る」九九頁。
＊367 藤間前掲「日本古代史から東アジア世界史へ(2)」九二頁。
＊368 李成市『東アジア文化圏の形成』（山川出版社、二〇〇〇年）二四頁。
＊369 藤間生大「ポーランドでの模索」（『歴史学研究』五〇三号、一九八二年）五八頁。
＊370 李成市「「東アジア世界論」再考」（『本郷』一九九九年九月号）三〇頁。
＊371 藤間前掲『東アジア世界の形成』二八九頁、同前掲「日本古代史から東アジア世界史へ(2)」九四頁。
＊372 藤間前掲『東アジア世界の形成』三一〇―一一頁。
＊373 同前、三一六頁。
＊374 藤間前掲「日本古代史から東アジア世界史へ(2)」九四頁。
＊375 藤間前掲『東アジア世界の形成』三一七頁。
＊376 藤間前掲「日本古代史から東アジア世界史へ(3)」八二頁。
＊377 同前、八二頁。
＊378 藤間前掲『東アジア世界の形成』三二五頁。
＊379 同前、三二五頁。
＊380 同前、三二〇頁。
＊381 同前、三二七頁。
＊382 同前、一〇頁。
＊383 石母田正「歴史学の方法についての感想」一九五〇年（『歴史と民族の発見――歴史学の課題と方法』東京大学出版会、一九五二年）一九七―九八頁。
＊384 李前掲『東アジア文化圏の形成』二頁。

＊385 藤間前掲「座談会 歴史学と学習運動」一一六頁。
＊386 藤間生大「小楠思想第二の転機 再考」（『近代熊本』二七号、一九九九年）五八―五九頁。
＊387 藤間生大『近代東アジア世界の形成』（春秋社、一九七七年）七一頁。
＊388 藤間前掲「日本史・東アジア史・世界史について語る」一一四頁。
＊389 藤間生大「研究余話 学生から学ぶ」（『熊本学園通信』一四三号、一九七九年）二頁、同前掲「日本史・東アジア史・世界史について語る」一一五頁、同「〝男はつらいよ〟」（『文化評論』二八二号、一九八七年）。
＊390 藤間前掲「日本史・東アジア史・世界史について語る」一一五頁。
＊391 同前、六二頁。
＊392 水野公寿編『藤間生大著作文献目録』（藤間先生の著作を読む会、一九九五年）は、その後の補訂を加えて、本書に収録された。
＊393 「小楠思想第二の転機 その3」（『熊本近代史研究会会報』三三七号、一九九八年）一二頁。
＊394 戸隠での藤間の交流の様子については、「十一月二十九日付 谷川雁宛 藤間生大書簡」（藤間生大所蔵）。
＊395 藤間生大「谷川雁ノート――「北がなければ日本は三角」考」（『熊本近代史研究会会報』二九七号、一九九五年）二頁。
＊396 「一九九四年一月十九日―五月九日付 林基宛 藤間生大書簡」（藤間生大所蔵）。
＊397 藤間前掲「座談会 歴史学と学習運動」一三二頁。
＊398 藤間生大「大学入試雑感」（『歴史地理教育』三三二号、一九八一年）八〇頁。
＊399 藤間生大「民族と社会主義」一九七九年（『東アジア世界研究への模索――研究主体の形成に関連して』校倉書房、一九八二年）二六八頁、「一九九四年一月十九日付 林基宛 藤間生大書簡」（藤間生大所蔵）。
＊400 藤間前掲「民族と社会主義」二六八頁。
＊401 同前。
＊402 塩川伸明『ナショナリズムの受け止め方――言語・エスニシティ・ネイション』（三元社、二〇一五年）二七八頁。
＊403 藤間前掲「民族と社会主義」二九四頁。
＊404 藤間前掲『近代東アジア世界の形成』四八一頁。
＊405 同前、四八一頁。
＊406 同前、四七七頁、四八一頁。
＊407 芝原拓自『世界史のなかの明治維新』（岩波新書、一九七七年）五頁。
＊408 同前、三頁。
＊409 藤間前掲「日本史・東アジア史・世界史について語る」九二頁。

＊410　藤間前掲『近代東アジア世界の形成』四―五頁。
＊411　同前、六頁、八頁。
＊412　藤間前掲「日本古代史から東アジア世界史へ(2)」九五頁。
＊413　藤間前掲『近代東アジア世界の形成』一二頁。
＊414　藤間前掲「座談会 歴史学と学習運動」一一五頁。
＊415　藤間前掲『近代東アジア世界の形成』二七頁。
＊416　同前、二七頁。
＊417　同前、六一頁、六二頁。
＊418　同前、六三頁。
＊419　同前、三三八頁。
＊420　同前、三三八頁。
＊421　同前、一三三頁、一四三頁。
＊422　藤間前掲「日本史・東アジア史・世界史について語る」一〇七頁。
＊423　同前、一〇九頁。
＊424　同前。
＊425　藤間前掲『近代東アジア世界の形成』七二頁。
＊426　藤間前掲「日本古代史から東アジア世界史へ(2)」八五頁。
＊427　藤間生大「「天皇制批判」の批判(下)」(『歴史評論』四七九号、一九九〇年)一四〇頁。
＊428　藤間前掲「日本古代史から東アジア世界史へ(2)」八四頁。
＊429　藤間前掲『近代東アジア世界の形成』三四八頁。
＊430　同前、三六〇頁。
＊431　同前、四三四頁。
＊432　同前、三四五頁。
＊433　同前、三四〇―四一頁。
＊434　同前、三四一頁。
＊435　藤間前掲「ささやかな思い出(3)」二一頁、「二〇〇一年十月二十七日 石母田達宛 藤間生大書簡」(藤間生大所蔵)。
＊436　藤間前掲「日本史・東アジア史・世界史について語る」一一〇頁。

＊437　同前。

＊438　藤間前掲『近代東アジア世界の形成』六五―六六頁。

＊439　同前、六六頁。

＊440　藤間生大「年輪」（『石母田正著作集』月報5、一九八八年）一頁。

＊441　藤間生大「石母田正氏告別式弔辞」（『歴史評論』四三六号、一九八六年）七四頁。

＊442　同前、七三頁。

＊443　同前、七三頁。

＊444　同前、七三頁。

＊445　藤間前掲「年輪」一頁。

＊446　藤間前掲「ささやかな思い出(3)」二一頁。

＊447　藤間前掲「年輪」三頁。

＊448　同前。

＊449　藤間前掲「ささやかな思い出(3)」二一頁。

＊450　石母田正『平家物語』（岩波新書、一九五七年）二四頁。

＊451　同前、五〇頁。

＊452　石母田正『中世的世界の形成』一九四六年（『石母田正著作集』五）二〇二頁。

＊453　同前、二七三―七四頁。

＊454　藤間生大「二つの敗北期」（『歴史学研究月報』四二二号、一九九五年）二頁。

＊455　藤間生大「古代末期における終末観克服の歴史的意義――中国における生産力特に手工業の発展に関連して」（奥崎祐司他編『東アジア世界探求』汲古書院、一九八六年）一三八頁。

＊456　藤間前掲「日本古代史から東アジア世界史へ(2)」八五頁。

＊457　藤間前掲「古代末期における終末観克服の歴史的意義」一三八頁。

＊458　同前、一三九頁。

＊459　同前。

＊460　藤間前掲「古代末期における終末観克服の歴史的意義」一四〇頁。阮籍と石崇については、藤間生大「寒門詩人と勢族」（『熊本商科大学経済学部開設一〇周年記念論文集　現代経済学の諸問題』一九七八年）二〇―二七頁。

＊461　藤間前掲「古代末期における終末観克服の歴史的意義」一四八―四九頁。

＊462　同前、一四九頁。
＊463　同前。
＊464　同前。
＊465　藤間生大「東欧革命と天安門事件に直面して――国家論への関連として」（熊本近代史研究会編『近代における熊本・日本・アジア』一九九一年）四一一頁。
＊466　同前。
＊467　藤間生大「前近代東アジア史研究の方法論についての一考察――一九七九年度歴研大会総合部会の鬼頭報告に関連して」（『歴史学研究』四七六号、一九八〇年）二九頁。
＊468　石母田正「日本古代における分業の問題――一つの予備的考察」一九六三年（『日本古代国家論　第一部』岩波書店、一九七三年）三七八―七九頁。
＊469　同前、三九一頁。
＊470　同前、三九二頁。
＊471　同前、三九六頁。
＊472　同前、三九九頁。
＊473　藤間前掲「座談会　歴史学と学習運動」一一八頁。
＊474　藤間前掲『近代東アジア世界の形成』二五頁。
＊475　藤間前掲「座談会　歴史学と学習運動」一一八頁。
＊476　同前、一二四頁。
＊477　藤間前掲「古代末期における終末観克服の歴史的意義」一四四頁。
＊478　同前、一四七頁。
＊479　沖浦和光『宣教師ザビエルと被差別民』（筑摩書房、二〇一六年）一三六―二一〇頁。
＊480　「古代の部　討論」（『世界史におけるアジア　歴史学研究会一九五三年度大会報告』）三六頁（藤間発言）。
＊481　藤間前掲『近代東アジア世界の形成』一二頁。
＊482　藤間前掲「ささやかな思い出(3)」一九頁。
＊483　藤間前掲『近代東アジア世界の形成』一三頁。
＊484　同前、三三頁。
＊485　同前、三二―三三頁。

＊486 ノーマン・コーン『千年王国の追求』一九六一―一九七〇年（江河徹訳、紀伊国屋書店、一九七八年）二頁。
＊487 田村秀夫『ユートピアと千年王国――思想史的研究』（中央大学出版部、一九九八年）第Ⅳ部。
＊488 鈴木中正編『千年王国的民衆運動――中国・東南アジアにおける』（東京大学出版会、一九八二年）第二部。
＊489 石母田前掲『歴史と民族の発見』一八頁。
＊490 カール・マンハイム『イデオロギーとユートピア』一九二九年（高橋徹・徳永恂訳、中公クラシックス、二〇〇六年）三三九頁。
＊491 同前、三三九―四〇頁。
＊492 安丸良夫・ひろたまさき「「世直し」の論理と系譜――丸山教を中心に」（『日本の近代化と民衆思想』一九七四年。平凡社ライブラリー、一九九九年）、三木清「親鸞」（『パスカル・親鸞』燈影舎、一九九九年）。
＊493 家永三郎『日本思想史における否定の論理の発達』一九四〇年（『家永三郎集』一、岩波書店、一九七七年）。
＊494 「二〇〇八年六月二日付 磯前順一宛 藤間生大書簡」（藤間生大所蔵）。
＊495 安丸良夫「書評 磯前順一／ハリー・ハルトゥーニアン『マルクス主義という経験――1930-40年代日本の歴史学』」（『週刊読書人』二〇〇八年六月二十七日）。
＊496 「一九九四年一月三日付 桜井武雄宛 藤間生大書簡」（藤間生大所蔵）。
＊497 藤間生大「旧谷中村の石仏」（『歴史評論』五三四号、一九九四年）一〇一頁。
＊498 同前、一〇二頁。
＊499 同前。
＊500 同前。
＊501 同前。
＊502 藤間生大「古代東アジアの終末感（観）――発端としての中国を主なる例にして」（『歴史学研究』六二二号、一九九一年）二九―三〇頁。
＊503 安丸良夫『神々の明治維新』（岩波新書、一九七九年）二一〇―一一頁。
＊504 藤間前掲「旧谷中村の石仏」一〇三頁。
＊505 同前。
＊506 「二〇〇八年六月二日付 磯前順一宛 藤間生大書簡」（藤間生大所蔵）。
＊507 同前。
＊508 三木前掲「親鸞」一八六頁。
＊509 「二〇〇八年六月二日付 磯前順一宛 藤間生大書簡」（藤間生大所蔵）。

編者あとがき――辻久保駅への道のり――

編者の一人、磯前が藤間生大先生に初めて会ったのは、一九九八年のことである。石母田さんや藤間先生の英雄時代論を批判した論文を含む、拙著『記紀神話のメタヒストリー』（吉川弘文館）を先生の自宅に送ると、すぐにお礼の手紙が届いた。「熱のこもった論説爽やかです。内容については反対のてんがあります。それより前に議論したいです」（一九九八年七月八日付）。七月四日に水戸の自宅から熊本に本を送ったのだから、数日で一気に読んでくださったのだろう。藤間先生、八十五歳の時であった。

先生の家に着いたのは、夏も盛りのすぎた、ある雨の日の午後。熊本市内から熊本電鉄菊池線で約半時間揺られ、辻久保駅に着いた。蝉の声の降りしきる深緑の森を背景に、無人の駅に甚平を着て傘をさした先生が現れた。泥濘《ぬかるみ》を避けつつ、二人で先生の自宅まで歩いた。

挨拶もそこそこに討論がはじまる。私の英雄時代論批判、特にナショナリズム批判が、先生たちの置かれた一九五〇年代の歴史的状況とその主張とはかなり齟齬のあるものではないのかということを、丁寧に話してくださった。史学史に名を残す研究者であるにもかかわらず、無名の若者を見下すことなく、あくまで対等の議論相手として扱ってくださったことが印象的であった。

議論が終わると、噂に聞く自宅の温泉、〝藤間温泉〟に案内された。「小さいお風呂で恐縮、でも泉質は間違いなし。私はこれで長生きしています」と、先生は冗談めかしながら自慢した。黄緑色の、体の芯から暖まるお湯だった。熊本名物の馬肉のお寿司も、奥様の手料理もいただいた。夜は吊ってくださった蚊帳の中で休ませていただいた。激しい議論と暖かいもてなし。先生が石母田さんや渡部義通さんたちと鍛え合ってきた学問の一隅を覗き見た気持であった。「もう一度初めから石母田論を書いてください。そして、私の研究にも目を向けてみてください」。翌日、そう言って先生は私を見送ってくれた。

それから先生との交流が始まった。毎夏、埼玉の旧宅に住むお嬢さんの家に上京すると、電話で、あるいは東京都内で直接お目にかかるようになった。いつしか、東アジア論を中心とする藤間先生の論文集をまとめさせていただけないかという話をわたしから切り出すようになった。そこに最新のインタビューを加え、単行本未収録の旧稿とともに一冊の本として編むことになったのだ。論文の選定も当人が納得したものに仕上がり、出版社も藤間先生の熱烈な読者であった社長のいる会社に決定した。ただ、先生の民族論をどう扱ったらよいものか、正直なところ、私には答えは出ていなかった。

二〇〇〇年前後といえば、酒井直樹さんや西川長夫さんの国民国家批判が一世を風靡していた頃だ。その批判と先生の議論をどう組み合わせることができるのか。当時の通俗的な理解からすれば、先生はマルクス主義者であるにもかかわらず、民族主義に屈した失敗者ということになる。正直なところ、私もそのように考えていた。しかし、それでいいのだろうかという思いは、藤間先生の自宅を訪れた日から胸を去らなかった。自分の方が、当時流行していたナショナリズム批判という言説に乗じて物を言っているに過ぎないのではないかという疑念が次第に膨らんでいった。

丁度その頃、サバティカル休暇で自分が欧米に一年間滞在できる機会ができた。先生にそのことを報告すると、「いいねえ、ハーバード大学と言えば、ライシャワーの円仁研究があるよね。あれはいい本だ、是非読んでおきなさい」と勧められた。藤間先生は時代状況もあって外国語に接する機会にあまり恵まれなかったため、外国の学問や生活を十二分に吸収することができなかったことが残念だという。

今から考えれば、先生は東アジアに視野を広げた第一人者であるから、海外への強い関心は当然のことなのだが、藤間先生はナショナリストという当時の評判とは噛み合わず、いささか目を白黒させたのも本音であった。薦められたライシャワーの本も単なる実証的な本としてしか理解できず、なぜこんな植民地主義者の本を薦めたのかなと当惑した。

残念ながら、このときに企画された論集は先生ご自身の判断で当然中止されることになる。私が渡米中に、この企画論集に収録するためのインタビューが行われたのだが、その最中に先生が激高したと聞いている。そのインタビュー自体を私は読む機会が与えられておらず、どのようなことが起きたのかは今も正確には分からない。しかし、その中核には先生の民族論を、当時の私のように安易に民族主義と断ずる点で、聞き手との衝突が起こったらしい。私は先生に謝罪の電話をかけたが、君もまだ十年早い。もう十年間、僕のことをしっかり勉強してから連絡してきなさいと言い渡された。自分がアメリカから帰国した二〇〇四年、先生が九十一歳の時であった。

だが、あの段階では私は分かっていなかった。民族論と民族主義の区別も、民族主義が戦後の日本でどのような歴史をたどってきたのかも。何よりも、既存の均質化された言説と格闘をして、その人生経験から血肉として生い育ててきた先生の学問の価値を本当には理解できずにいた。言葉が身についていない。それこそが藤間先生の学問の真価であったにもかかわらず、他人の言葉を借りて物を語る域を私もまた出ていなかったのである。

そんな自分が先生に対して一つの答えを出せたのが、二〇〇八年のハリー・ハルトゥーニアンさんとの共編著『マルクス主義という経験』（青木書店）であった。そこには石母田論としての拙稿「暗い時代に」も収められており、この本を先生に送ると、すぐさま返事が届いた。電話をすると、「一からの勉強し直しを、よく頑張りましたね」と褒めてくれた。だが一方で、少し暗い声で、「これからは不遇の時代がしばらく続くことを覚悟しなさい。世の中の理解とは喰い違うものを書き始めたのですからね」と、当時の私には意外なことを言われた。今から考えれば、比べようなどないことだが、英雄時代論争以降の先生自身の状況と重ね合わせて心配してくれていたことが分かる。その後の十年間を考えると、その予感は本当のことになってしまったのだから。

何はともあれ、「ここから学問は始まるんだよ。自分自身の目で物を見て、自らきちんと調べることだ。良かった」と、最後は自分のことのように喜んでくださった。私はほっと安心してしまったのだろうか。それから約十年間、先生との連絡は途絶えることになる。二〇一〇年から五年間、定期的にドイツの研究所の客員研究員として海外に出ていたこともある。しかしそれ以上に、石母田論はともあれ、いまだ先生の民族論に対して、どれだけ自分の理解が深まったかということを確信することができなかった。自信のもてないままに、その足は熊本から遠のいたままになった。

そんな時に、二〇一六年にあの大きな地震が熊本を襲った。すぐさま電話を藤間家にかけた。呼び出し音はなるものの、何度かけても誰も出なかった。藤間夫妻はどうしているのか、その安否が懸念された。熊本市内や益城町の情報はテレビで流れてくるものの、藤間先生の住む合志市の情報は皆無に近かった。そのうち、知人の新聞記者を通して情報が入って来た。余震を避けて、自宅から介護施設にひとりで移って、百三歳になった今も元気にしているとのことであった。

「ひとりで」という言葉が気になって施設に電話をすると、お世話をしてくれている職員さんが丁寧に応対してくれた。奥様は震災のすこし前に、九十一歳で亡くなられた。その後、奥さんが通っていたこの施設に、ご自身も食事などでお世話になるようになったという。しかし、奥さんの死と、地震で書斎がメチャクチャになってしまい、自宅に滞在できなくなったこともあり、ご本人はひどくショックをうけていると伺った。

先生も私と久しぶりに話したいということで、電話口に出てきてくださった。最初はまだ地震で周辺地域も混乱しているので、もうすこし様子を見てから訪問させていただくことになった。しかし、幾度か藤間先生と電話で会話をするうちに、先生が私に会うのをとても楽しみにされているとのことで、埼玉に住むお嬢さんとも相談のうえ、急遽、地震の傷の生々しい熊本に向かった。

そこで先生は、自分の晩年の研究である終末論を完成したいこと、暗い時代にこそ希望を見出したいこと、それが亡き親友、石母田さんの未完の意志を継ぐことになると熱く語られた。約半時間であろうか、キリスト教圏から東アジア圏における終末論の意義をめぐって、先生はご自身の見解を述べつつ、宗教学者としての私に矢継ぎ早に鋭い質問を浴びせてきた。こんなに元気のよい先生は久しく見たことがなかったと、同席したお嬢さんも介護の方もことのほか喜ばれた。

そんなことから、先生の最後の論文集を作り、私が解説を書くことを申し出ることにした。言うまでもなく、十年前に座礁した企画の再開である。今回収録する諸論文のリストを決めるためや私の解題の聴き取りのために、新たに編者に加わった山本昭宏さんとともに幾度か熊本に足を運ぶようになった。元気を取り戻した藤間先生は、昼間は自宅で終末論を中心とする読書に励むようになっていた。

そして、しばしば話題は民族論の話に立ち戻った。ナショナリズムを批判する人が、自分の研究活動においては仲間を募って、自分に賛同しない者を排除するナショナリストになる現状を、私は話した。戦後歴史学を検証する人々によって、この論集もまた出版が妨げられる経験もした。そうした人たちが口にするナショナリズム批判とは何なのだろうか。そもそも彼らは自分が批判する民族主義者と自分を本当に違うタイプの人間と考えているのだろうか。その批判によって、誰が何を得ているのだろうか。しょせん学問もまた約束事のルール内で動く資本主義のビジネスなのだろうか。

たとえそれが批判の言説であっても、言説に同化されたときには、自分個人の思考が伴わないかぎり、その発話者もまた通俗的な民族主義者と同様に無意識の排除を自ら行なってしまう。藤間は民族主義者だという評価もまた、そうした浅薄な理解に由来するものであり、先生はそうした評価に長い間遮られてきたのである。最初に熊本を訪れた時に、先生が私に教え諭したかったことは、私自身がそうした浅薄さに足を置いた危うい学問をやりかけているということであったのだ。そして二度目の石母田論を書いたときには、違う道を歩む以上、そうした状況を異化する学問のやり方を選んだ以上、自分に対する反発を引き受ける覚悟をしておきなさいよと忠告してくださったのだと、ようやく了解するにいたった。

他方、一見民族主義に見えることでも、自分が関わった概念を一生通して批判的に彫琢していくことで、旧弊的な言説を突破して、自分の言葉を獲得することもある。それを見極めず、批判者のもつ言葉のイメージで簡単に他人の研究を裁断してはならない。それを藤間先生は十年前に、私に問うていたことをようやく理解した。そう話してくださったところで、「今の君に自分の生涯の仕事がどのようなものであったのかを、私におもねることなく評価して欲しい」と、先生が本作りに向けて最終的なゴーサインを出してくださったのだ。

震災での多数の人々の死があった。それは、学者として世間に評価されたいという私の我欲を挫いてくれるものでもあった。学者にしても、一般の方にしても、その人生を締め括る最後の場面に立ち会うのは、容易なことではない。西川長夫と安丸良夫という二人の学者の死に立ち会ったことで、私もまたその想いを強くするようになった。しかしそれは同時に、自分の主体を再編成していくためには、またとない機会になることだろう。先人の仕事を後の世代へと自分の評価を通して伝えていくことで、大いなる時間の流れの一部に触れることが可能になるのである。

そうした観点から学問に携わるとき、藤間先生の学者としての軌跡が示すように、その研究者が大学の内部に属するか否かということは本質的なことではない。偶然の働きにせよ、先生は大学の外にいることで、市井の人々に触れ合うことから自分の研究活動を築き上げてきた。私をはじめとして、大学や研究所の中に帰属する研究者は、先生の生涯に何を感じるのか。マルクス主義幻想に殉じた奇特な人生としてしか感じなければ、かつての民族主義批判と同じように、それは藤間生大を読み取る側の貧弱な感性を示すものでしかないだろう。本書を通じて、その感性が、そして生きる姿勢が問わることになる。

いつしか藤間家にいたる辻久保駅は廃線になり、線路に草がむしていた。我々の多く研究の例に漏れず、藤間先生の仕事も時間の経過の中で人々の記憶から消えかけている。しかし、注意深くさえあれば、そこにはかつて道があった痕跡を見出すことができる。そこには流麗ではなくても、いくつもの挫折を経て、骨太で複雑な思考を紡ぎ出して来た市井の学者ならではの、「希望の歴史学」が息づいているのだ。二十年の交流を経て、今ようやく藤間生大という学者を私は理解し始めている。

二〇一八年二月吉日

編者を代表して　磯前順一

謝辞　本書を編集するに当たって、藤間先生の世話をしてくださっているさくらんぼ須屋の西原里美さん、ご家族との連絡を取ってくださった藤間家長女の新井知子さん、本書の出版を引き受けてくださったぺりかん社編集部の藤田啓介さん、文献を収集してくださった国際日本文化研究センターの司書の高垣真子さん。この四人から多大なご支援を得た。感謝の意を捧げたい。また、小田龍哉さん、前田聡さん、小谷七生さんには資料整理を担当していただいた。出版に関する相談に乗っていただいた安井梨恵子さん、史学史上のアドヴァイスをくださった原秀三郎先生、荒木浩さん、井上章一さん、榎本渉さんにもお礼を申し上げたい。そして、本企画の推進に際して、日文研の所長裁量費による研究プロジェクト支援を受けた。所長の小松和彦先生に感謝を申し上げる。

著者略歴

藤間 生大（とうま せいた）

1913年5月広島市生まれ。1936年早稲田大学文学部史学科卒業。冨山房，日本評論社等勤務の後，1945年埼玉県立浦和中学校教諭（～48年）。民主主義科学者協会事務局常任書記長等を経て，研究活動に従事。1971年熊本商科大学経済学部教授に就任。同大学付属海外事情研究所長を経て，1982年退職。その後，研究・執筆活動に専念し，現在に至る。

専攻―歴史学（考古学・日本古代史研究）。

著書―『日本古代国家』（伊藤書店），『埋もれた金印』（岩波新書），『日本武尊』（創元社），『東アジア世界の形成』『壬午軍乱と近代東アジア世界の成立』（春秋社），『東アジア世界研究への模索』（校倉書房）他多数。

編者略歴

磯前 順一（いそまえ じゅんいち）

1961年茨城県生まれ。国際日本文化研究センター教授。宗教・歴史研究。主著―『閾の思考』（法政大学出版局）。

山本 昭宏（やまもと あきひろ）

1984年奈良県生まれ。神戸市外国語大学准教授。日本近現代史・文化学研究。主著―『核エネルギー言説の戦後史 1945-1960』（人文書院）。

装訂――鈴木 衛

希望《きぼう》の歴史学《れきしがく》
藤間生大著作論集

2018年8月30日　初版第1刷発行

著　者　藤間 生大

編　者　磯前 順一・山本 昭宏

発行者　廣嶋 武人

発行所　株式会社 ぺりかん社
〒113-0033　東京都文京区本郷1-28-36
TEL 03(3814)8515
http://www.perikansha.co.jp/

印刷・製本　閏月社＋創栄図書印刷

Printed in Japan

ISBN 978-4-8315-1515-5